如何发展新质生产力

理论内涵、实践要求与战略选择

王昌林　主编

**HOW TO DEVELOP
NEW QUALITY
PRODUCTIVE FORCES**

Theoretical Connotations,
Practical Requirements
and Strategic Alternatives

中国社会科学出版社

图书在版编目（CIP）数据

如何发展新质生产力：理论内涵、实践要求与战略选择 / 王昌林主编. -- 北京：中国社会科学出版社，2024. 7. -- ISBN 978-7-5227-3778-2

Ⅰ. F120.2

中国国家版本馆 CIP 数据核字第 2024FT2077 号

出 版 人	赵剑英
责任编辑	喻　苗　周　佳
责任校对	杨　林
责任印制	王　超

出　　版	中国社会科学出版社
社　　址	北京鼓楼西大街甲 158 号
邮　　编	100720
网　　址	http://www.csspw.cn
发 行 部	010-84083685
门 市 部	010-84029450
经　　销	新华书店及其他书店

印刷装订	北京君升印刷有限公司
版　　次	2024 年 7 月第 1 版
印　　次	2024 年 7 月第 1 次印刷

开　　本	710×1000　1/16
印　　张	30.5
字　　数	332 千字
定　　价	68.00 元

凡购买中国社会科学出版社图书，如有质量问题请与本社营销中心联系调换
电话：010-84083683
版权所有　侵权必究

前　言

  2023 年，习近平总书记在地方考察调研期间创造性提出新质生产力概念，并在中共中央政治局第十一次集体学习时对什么是新质生产力、如何发展新质生产力作了系统阐述，深入回答了新质生产力的基本内涵、发展动力、主要特征、战略部署、本质要求、制度保障等一系列重大理论和实践问题，为中国推动生产力发展提供了根本遵循，具有重大的理论和现实意义。

  生产力是人类社会发展的根本动力，也是一切社会变迁和政治变革的终结原因。回顾历史，200 多年来，在科学革命和产业革命的推动下，人类社会生产力实现了一次次飞跃，深刻改变了人们生产生活方式和世界经济版图、国家力量对比格局。

  当前，世界百年未有之大变局全方位、深层次加速演进，尤其是新一轮科技革命和产业变革迅猛发展，呈现深度交叉、融合创新、群体突破的发展态势，正在推动新质生产力加快形成和发展。从国内来看，随着人口结构、资本形成、资源禀赋等发生重大变化，中国经济发展进入转变发展方式、优化经济结构、转换增长动力的攻坚期。在此背景下，迫切需要牢牢把握新一轮科技革命和产业变革深入发展带来的历史机遇，加快发展新质生产力，逐步用新的生产力取代和改造原有的传统生产力，大幅提高全要素生产率，扎实推进中国式现代化进程，建设中华民族现代文明。

新质生产力是创新起主导作用，由技术革命性突破、生产要素创新性配置、产业深度转型升级而催生，以全要素生产率大幅提升为核心标志的先进生产力。它由科学研究、技术发明和创新的重大突破驱动，但也不能简单等同于科技，把"因变量"等同于"自变量"；它主要表现为具有颠覆性影响的新产业、新业态、新模式，但也不能简单等同于发展新兴产业，忽视传统产业转型升级；它需要我们全面准确认识和把握，但也不能"雾里看花"，要明确战略目标、主攻方向、路径选择和关键举措，应有比较清晰的路线图和时间表。

发展新质生产力，创新是动力，人才是关键，企业是主体，产业是载体，体制是保障。需要遵循科技创新、产业发展和经济发展规律，切实加强原创性、颠覆性科技创新，加快培育造就一批高水平的科学家、发明家、企业家、产业技术工人队伍，加强科技成果转化，促进初创企业、独角兽企业发展，培育壮大新兴产业，布局建设未来产业。要适应新质生产力发展要求，推进教育体制、科技体制、金融体制、市场准入与监管体制等重点领域和关键环节改革，营造良好的创新创业创造生态，让科研人员和创业者敢创，让企业敢闯、敢投、敢担风险，充分激发各类经济主体的内生动力、活力和创造力。

每一个经济时代都有其生产力的标志，每一次生产力的跃迁都会推动人类文明的巨大进步，每一个国家、每一个企业在生产力变革浪潮中都面临战略抉择。

为深入学习领会新质生产力的核心要义、基本要求和主要任务，我们组织中国社会科学院、中国宏观经济研究院、西湖大学等单位有关专家深入学习习近平总书记关于新质生产力的重要论述，对一些重大理论和实践问题进行了初步研究，努力进行体系化、学理化、专业化、大众化的阐释。

本书分总论和专题两篇。总论篇比较系统地阐释了新质生产力的基本内涵、主要特征和基本要求，同时对社会生产力有关理论和发展历史进行了简要回顾。专题篇主要是围绕新质生产力的若干重大理论和实践问题进行探讨。本书各章撰写作者如下：导论，王昌林、彭绪庶、邓仲良；第一章，黄群慧、郭冠清；第二章，史育龙、于畅；第三章，李晓华；第四章，柳卸林、徐晓丹；第五章，李雪松、李莹、方芳、张慧慧；第六章，张晓晶、李广子、李俊成；第七章，赵艾；第八章，陈曦、易宇；第九章，吕薇；第十章，刘国艳、张铭慎；第十一章，姜江、韩祺；第十二章，蔡跃洲、刘旻昊、沈伟、詹御涛、杨子杰、李晓华、甘中学；第十三章，徐建伟；第十四章，史丹；第十五章，曲永义；第十六章，盛朝迅；第十七章，段伟文。

在本书编写过程中，我们得到了中国社会科学出版社赵剑英社长的大力支持，责任编辑喻苗、周佳，中国社会科学院办公厅杨斌、郑飞、张崇宁等同志为本书的出版付出了心血，在此一并表示衷心的感谢。

由于我们对新质生产力发展理论的认识和有关重大问题的研究还不够深入，有的看法难免有偏颇之处，敬请读者批评指正。

王昌林

2024 年 6 月 16 日

目 录

总论篇

导 论 003
  一 新质生产力的核心要义和内在逻辑 004
  二 新质生产力的主要特征和基本要求 007
  三 发展新质生产力的时代背景和重大意义 011
  四 中国发展新质生产力面临的机遇和挑战 013
  五 加快发展新质生产力的主要任务和关键举措 020

第一章
马克思主义生产力理论中国化时代化的最新成果 029
  第一节 马恩经典作家关于生产力学说的主要论述 030
  第二节 马克思主义生产力理论中国化时代化的发展历程 037

第三节　新质生产力理论对马克思主义生产力理论的重要发展　　042

第二章
习近平经济思想的重要组成部分　　**051**

第一节　习近平经济思想在领导新时代中国经济伟大实践中形成和丰富发展　　052

第二节　生产力是人类社会发展的根本动力　　054

第三节　发展新质生产力是推动高质量发展的内在要求和重要着力点　　056

第四节　习近平总书记关于新质生产力的重要论述是习近平经济思想的重要内容　　059

第三章
新质生产力正在悄然形成　　**063**

第一节　前沿科技创新取得重大突破　　064

第二节　战略性新兴产业蓬勃发展　　070

第三节　加快未来产业前瞻布局　　081

专 题 篇

第四章
科技创新：新质生产力发展的引擎　　**091**

第一节　从创新促进增长理论看新质生产力　　092

第二节　新质生产力催生新的国家创新系统　　100
　　　第三节　新的生产关系：政府与市场关系的
　　　　　　　再确立　　110

第五章
教育和人才：新质生产力发展的基石　　**121**

　　　第一节　畅通"教科人"良性循环与发展
　　　　　　　新质生产力　　121
　　　第二节　完善人才工作机制与发展新质
　　　　　　　生产力　　129
　　　第三节　优化高校学科设置、人才培养模式
　　　　　　　与发展新质生产力　　135

第六章
现代金融：新质生产力发展的血脉　　**141**

　　　第一节　金融支持新质生产力发展的理论
　　　　　　　基础　　141
　　　第二节　金融支持新质生产力发展的探索
　　　　　　　与挑战　　148
　　　第三节　以现代金融支持新质生产力发展　　158

第七章
新型生产关系：新质生产力发展的制度保障　　**161**

　　　第一节　科技革命对新质生产力发展影响
　　　　　　　巨大　　162

第二节　新质生产力是推进中国式现代化的
　　　　　 关键动能　　　　　　　　　　　　　168
　　第三节　新一轮改革的首要任务是促进新质
　　　　　 生产力加快发展　　　　　　　　　175

第八章
创新型企业：新质生产力发展的重要主体　　**181**

　　第一节　创新型企业的内涵和特征　　　　　182
　　第二节　发展新质生产力要充分发挥创新型
　　　　　 企业主体作用　　　　　　　　　　186
　　第三节　中国创新型企业的发展现状与问题　189
　　第四节　典型案例分析　　　　　　　　　　198
　　第五节　发挥创新型企业主体作用的对策建议　202

第九章
创新文化：新质生产力发展的沃土　　**207**

　　第一节　培育创新文化是为发展新质生产力
　　　　　 营造创新环境　　　　　　　　　　207
　　第二节　分类施策，培育各类创新主体的
　　　　　 创新精神和科学素养　　　　　　　217

第十章
创新生态：推动创新链产业链资金链人才链深度融合　　**229**

　　第一节　发展新质生产力对优化创新生态提出
　　　　　 新要求　　　　　　　　　　　　　230

第二节　创新生态的基本内涵与"四链融合"的
　　　　内在机理　　　　　　　　　　　　　233

第三节　以"四链"融合优化创新生态的建议　　241

第十一章
战略性新兴产业：壮大新质生产力发展支柱　　249

第一节　新一代信息技术产业　　250

第二节　生物产业　　257

第三节　高端装备　　262

第四节　绿色环保　　268

第五节　新能源汽车　　273

第十二章
未来产业：引领新质生产力发展潮头　　281

第一节　人工智能　　282

第二节　未来生物医药　　292

第三节　新兴生物材料　　303

第四节　商业航天　　315

第五节　未来制造　　335

第十三章
传统产业：增强新质生产力发展的基础支撑　　347

第一节　传统产业发展的基础优势　　348

第二节　传统产业培育新质生产力的问题制约　　350

第三节　传统产业改造提升的主要路径　　353
第四节　重点行业培育新质生产力的重点任务　　357

第十四章
新能源：推动清洁能源革命　　363

第一节　新能源对发展新质生产力的重要意义　　364
第二节　能源转型的动力与新能源发展的二元引力　　365
第三节　新能源技术创新与发展　　368
第四节　新能源促进新质生产力发展的作用机制　　376
第五节　加快发展新能源的原则与重要举措　　383

第十五章
数字经济：新质生产力的"当头炮"　　391

第一节　数字经济驱动新质生产力发展的逻辑机理　　392
第二节　数字经济驱动中国新质生产力发展的现状分析　　405
第三节　数字经济驱动中国新质生产力发展的对策措施　　419

第十六章
因地制宜：打造各具特色的新质生产力发展高地　　**431**

　　第一节　充分认识因地制宜发展新质生产力的
　　　　　　重要意义　　432

　　第二节　准确把握因地制宜发展新质生产力的
　　　　　　具体要求　　434

　　第三节　扎实推进打造一批各具特色的新质
　　　　　　生产力发展高地　　437

第十七章
防范风险：加强前沿科技发展的伦理治理　　**445**

　　第一节　为科技创新构建伦理软着陆机制　　446

　　第二节　前沿科技的深层次伦理风险与应对之道　　454

　　第三节　走向负责和可问责的生成式人工智能　　465

总 论 篇

导　　论

　　新质生产力是创新起主导作用，摆脱传统经济增长方式、生产力发展路径，具有高科技、高效能、高质量特征，符合新发展理念的先进生产力质态。它由技术革命性突破、生产要素创新性配置、产业深度转型升级而催生，以劳动者、劳动资料、劳动对象及其优化组合的跃升为基本内涵，以全要素生产率大幅提升为核心标志，特点是创新，关键在质优，本质是先进生产力。

　　——习近平总书记在二十届中央政治局第十一次集体学习时的讲话（2024年1月31日），《人民日报》2024年2月2日

　　加快发展新质生产力是推进高质量发展的内在要求和重要着力点，是实现中国式现代化的必然选择。当前，中国发展新质生产力迎来前所未有的重大战略机遇，但也面临现实挑战，必须深刻准确领会新质生产力的核心要义、内在逻辑、时代背

景,全面把握加快发展新质生产力的主要任务,抓好贯彻落实。

一 新质生产力的核心要义和内在逻辑

生产力发展是人类社会发展与进步的根本动力。马克思主义认为,生产力主要表现为一种"物质生产力",是社会进步的基础。生产力的基本要素不仅包括生产工具等劳动资料,还包括劳动者和劳动对象。人是生产力中最活跃因素和决定性力量,科学技术是生产力的重要组成部分,劳动工具是区分社会经济时代的物质标志。生产力决定生产关系,经济基础决定上层建筑,而生产关系和上层建筑又具有反作用。社会主义是以生产力的巨大增长和高度发展为前提的,"如果没有这种发展,那就只会有贫穷、极端贫困的普遍化;而在极端贫困的情况下,必须重新开始争取必需品的斗争,全部陈腐污浊的东西又要死灰复燃"[1]。马克思主义的创始人曾经预言,社会主义在消灭剥削制度的基础上,必然能够创造出更高的劳动生产率,使生产力以更高的速度向前发展。[2]

中华人民共和国成立后,以毛泽东同志为核心的党的第一代中央领导集体,坚持马克思主义基本原则,在确立社会主义基本制度的同时,把发展社会生产力作为重大任务,并领导中国人民自力更生、艰苦奋斗,迅速建立起中国独立的且比较完整的工业

---

[1] 《马克思恩格斯选集》第一卷,人民出版社 2012 年版,第 166 页。
[2] 《十二大以来重要文献选编》(中),人民出版社 1986 年版,第 561 页。

体系和国民经济体系，在解放和发展生产力上进行了艰辛探索。以党的十一届三中全会为转折点，开启了改革开放和社会主义现代化建设新时期。邓小平同志科学总结中国共产党正反两个方面的历史经验，提出社会主义的本质就是解放生产力和发展生产力，并作出了科学技术是第一生产力等重要论断。从党的十三届四中全会到党的十七大，以江泽民同志为核心的第三代中央领导集体提出了"三个代表"重要思想，明确指出中国共产党始终代表中国先进生产力的发展要求，必须坚持不懈地发展先进生产力。以胡锦涛同志为总书记的党中央确立了以人为本、全面协调可持续的科学发展观，强调要坚持生产力发展质和量的统一，坚持物质生产力和精神生产力的辩证统一。

党的十八大以来，以习近平同志为核心的党中央，把坚持高质量发展作为新时代的硬道理，一以贯之不断解放和发展社会生产力，推动中国经济迈上更高质量、更有效率、更加公平、更可持续、更为安全的发展之路，生产力水平实现了巨大提升、突破性发展，形成了生产力发展的新的质态。在此基础之上，习近平总书记统筹"两个大局"，深刻洞察新一轮科技革命和产业变革趋势，创造性地提出要发展新质生产力，并紧紧围绕"发展什么样的新质生产力、怎样发展新质生产力"这个重大问题，深入回答了新质生产力的基本内涵、发展动力、主要特征、战略部署、本质要求、制度保障等一系列重大理论和实践问题，形成了严密的理论逻辑体系，其逻辑层次结构是关键要素—动力来源—战略部署—战略目标。其中，劳动者、劳动资料、劳动对象及其优化组合的跃升是基础，是新质生产力发展的基石；技术革命性突破、生产要素创新性配置、产业深度转型升级是新质生产力发展的动力来源和路径选择；推动产业链、供应链优化升级、积极培育新兴产业和未来产业、推进数字经济和绿色低碳经济等新业态发展是新质生产力发展的战略部署和主攻方向；建立新型生产关系是新质生产力发展的制度保障；推动高质量发展和中国式现代化是新质生产力发展的战略目标（见图1）。

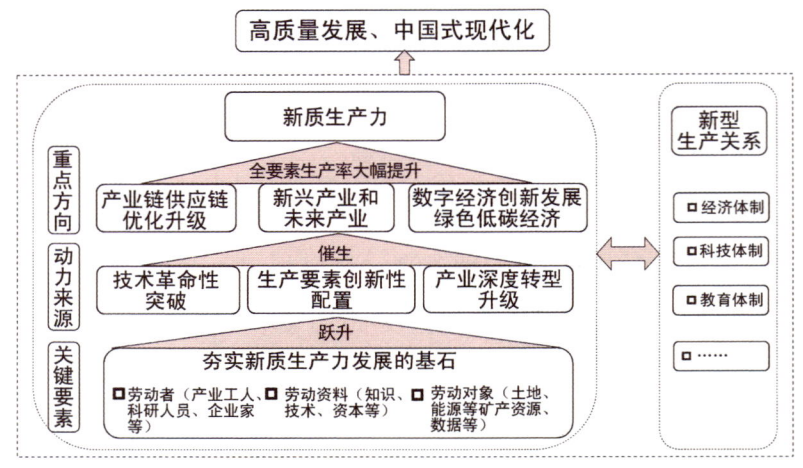

图1　新质生产力发展的逻辑关系示意

资料来源：笔者自制。

习近平总书记关于新质生产力的一系列重要论述指明了推进高质量发展的重要着力点，是对生产力发展规律的深刻总结，进一步创新和发展了马克思主义生产力理论，是习近平经济思想的重要组成部分，不仅对正在推进的新质生产力实践作出了理论总结，而且还为以高质量发展推进中国式现代化指明了前进方向，具有重要的理论和现实意义。

二 新质生产力的主要特征和基本要求

新质生产力是相对于传统生产力而言的，既遵循生产力发展的一般规律，又与一般的生产力有着根本性的区别。

（一）从驱动要素来看，新质生产力是创新起主导作用，以劳动者、劳动资料、劳动对象及其优化组合的跃升为基本内涵的先进生产力质态

生产力发展是一个量变到质变的过程。传统生产力或一般生产力推动的经济增长，主要依赖劳动力、劳动资料、劳动对象的数量投入。而新质生产力推动的经济增长主要依靠劳动者、劳动资料、劳动对象及其优化组合的跃升，也就是依靠颠覆性的创新驱动，主要表现为劳动力素质和结构、劳动工具、劳动对象及其组合实现重大进步，从而改变原有生产函数，形成新的经济增长曲线，推动经济增长实现质的大幅提升和量的大幅增长。其中，劳动者的跃升是先导，是生产力中最活跃、最具决定性的因素。例如，在几次科技革命和产业革命中，先后涌现出哥白尼、牛顿、法拉第、麦克斯韦、冯·西门子、格拉姆、门捷列夫、爱因斯坦、普朗克、沃森、冯·诺依曼等一批杰出科学家，以及瓦特、爱迪生、贝尔等一批发明家、企业家，成为推动科学革命、技术革命和产业革命的决定性力量。以生产工具为代表的劳动资料的跃升是核心，正如马克思指出的，"各种经济时代的区别，不在于生产什么，而在于怎样生产，用什么劳动资料生产"①。劳动对象的跃迁和深度拓展是物质基础，是发展先进生产力的必要条件；劳动者、劳动资料、劳动对象优化组合的跃迁是关键，因为只有实现三者的优化组合和有效配置，才能迸发出更加强大的生产力。因此，发展新质生产力，必须大力培育造就新型劳动者，发展新型劳动工具，拓展新型劳动对象，努力实现劳动者、劳动资料、劳动对象及其优化组合的跃升。

（二）从发展路径来看，新质生产力是摆脱传统经济增长方式、生产力发展路径，由技术革命性突破、生产要素创新性配置、产业深度转型升级而催生的先进生产力质态

传统生产力主要是利用现有成熟技术或对现有技术进行一定程度的改进，其技术路线是比较清晰的。在生产要素配置上，主要采取招聘现有劳动力、银行贷款融资、购买土地等方式。在产业发展方式上，主要是推动产能的规模增加，产业技术结构和产业组织方式等不会发生很大的变化。而新质生产力主要是在技术革命性突破中形成的，其基本演进逻辑是，科学革命推动技术革命，技术革命深刻改变生产方式、商业模式，从而引发产业的深度转型和革命性变化。例如，在第一次工业革命中，蒸汽机的发明和广泛使用，使机械化生产取代传统的手工生产方式，极大提高了劳动生产效率，同时也催生了纺织、煤炭和钢铁、铁路运输、化学工业等新兴产业。在第二次工业革命中，发电机、内燃机、耐用电灯

---

① 《马克思恩格斯全集》第二十三卷，人民出版社1972年版，第204页。

泡、电话、电报、汽车、飞机等一大批重大技术的革命性突破，使标准化工厂规模扩大，生产的社会化趋势加强，催生了电力、石油、汽车、造船、化工等新兴产业，同时也推动了纺织、钢铁等传统产业发展进步。其中，工业部门中重化工业的比重逐步提高，取代轻纺工业成为主导产业。在第三次工业革命中，集成电路、电子计算机、互联网、生物工程、基因技术等一批重大技术的革命性突破，促使原有商业结构向更扁平的网络结构转变，电子信息产业成为当今世界第一大主导产业，大幅提升了传统产业效率（见表1）。因此，发展新质生产力，必须积极参与和推动科技革命，大力推进包括管理创新、金融创新等方面的生产要素的创新性配置，加快培育壮大新兴产业，努力实现生产力的跨越式发展。

表1 三次产业革命中技术突破、生产要素配置、产业转型发展的简要情况

	技术革命性突破	生产要素创新性配置	产业深度转型
第一次工业革命	1764年，哈格里夫斯发明"珍妮机"；1771年，阿克莱特建水力纺纱厂；1782年，瓦特研制"万能蒸汽车"；1814年，斯蒂芬逊研制出第一台蒸汽机车	机械化生产取代传统的手工生产方式，吸引大量劳动力从农村迁往城市，开启了城市化进程	以蒸汽机的广泛应用为标志，催生了纺织、煤炭和钢铁、铁路运输、化学工业等新兴产业，极大提高了生产效率
第二次工业革命	发电机和内燃机，由此催生的耐用电灯泡、电话、电报、汽车、飞机等	标准化工厂规模扩大，生产的社会化趋势加强；出现了垄断组织，工业生产组织方式发生变化	催生了电力、石油、汽车、造船、化工等新兴产业，推动了纺织、钢铁等传统产业进步；重化工业取代轻纺工业成为工业生产主要部分
第三次工业革命	集成电路、电子计算机、互联网、生物工程、基因技术等	大规模生产正在成为大规模定制，商业结构趋于更扁平的网络结构	信息产业成为世界经济的第一大产业；信息化进程大幅提升了传统产业效率。制造业更加细分

(三)从发展结果来看,新质生产力是具有高科技、高效能、高质量特征,以全要素生产率大幅提升为核心标志,符合新发展理念的先进生产力质态

与传统生产力发展主要以扩大规模、实现量的增长不同,新质生产力主要依靠创新尤其是颠覆式创新所催生。第一,具有高科技特征,主要表现为其产品和服务是知识技术密集型,研发经费、研发人员投入占比较高。第二,具有高效能特征,新质生产力发展将引发产业结构、需求结构、要素结构等发生重大变化,深刻改变生产方式和生活方式,大幅提升全要素生产率。例如,有关研究显示,在第一次工业革命的推动下,18世纪后英国经济增长不断加快,1760—1780年、1780—1831年、1831—1873年经济增长分别为0.6%、1.7%、2.4%,其中,全要素生产率对经济增长的贡献率也随之成倍提升。[1] 正如马克思、恩格斯在《共产党宣言》中指出的,"资产阶级在它的不到一百年的阶级统治中所创造的生产力,比过去一切世代创造的全部生产力还要多、还要大"[2]。又如,20世纪90年代,信息技术革命有力推动了美国、英国等国家经济的发展,1995—1999年,美国经济平均增长4.68%,其中信息技术进步对美国经济增长的贡献率为57.05%(见表2)。[3] 第三,具有高质量特征,符合新发展理念要求,其发展能有效推动创新发

---

[1] N. Crafts, "Productivity Growth in the Industrial Revolution: A New Growth Accounting Perspective", *The Journal of Economic History*, Vol. 64, No. 2, 2004, pp. 521-535.
[2] 《共产党宣言》,人民出版社2018年版,第32页。
[3] B. van Ark, "The Renewal of the Old Economy: An International Comparative Perspective", OECD Science, Technology and Industry Working Papers, 2001.

展,促进城乡融合和区域协调发展,推进经济发展向绿色低碳转型,提高开放发展水平,不断创造高质量就业和增加居民收入。这就要求我们发展新质生产力,必须统筹处理好"破"与"立"、自主与开放、发展和安全等重大关系,努力实现生产力的高质量发展。

表2 信息技术革命对一些国家经济增长的贡献(1995—1999年) (单位:%)

实际GDP		ICT相关产业贡献份额		
		总贡献	IT使用	IT生产
加拿大	3.18	1.23	0.88	0.35
丹麦	2.34	1.07	0.84	0.23
芬兰	5.06	2.50	1.02	1.48
法国	1.86	0.75	0.3	0.45
德国	1.82	0.96	0.56	0.40
意大利	1.41	0.71	0.43	0.28
日本	1.09	0.78	0.38	0.4
荷兰	3.66	1.92	1.29	0.63
英国	2.82	1.50	0.87	0.63
美国	4.68	2.67	1.89	0.78

资料来源:B. van Ark,"The Renewal of the Old Economy: An International Comparative Perspective", OECD Science, Technology and Industry Working Papers, 2001,表A.3。

三 发展新质生产力的时代背景和重大意义

新质生产力是习近平总书记深刻总结中国先进生产力发展经验,科学把握国内外形势的重大变化,着眼于进一步推进中国式现代化的客观需要提出来的,有其深刻的时代背景。

(一) 高质量发展的内在要求和重要着力点

高质量发展是当前和今后一段时期中国经济发展的主题,是实现中国式现代化的首要任务。推进高质量发展,要求我们必须着力推进经济发展的质量变革、动力变革和效率变革,努力实现质的有效提升和量的合理增长。近年来,中国创新驱动发展成效显著,新质生产力不断发展壮大,高质量发展扎实推进。同时也面临有效需求不足、企业经营压力较大、重点领域风险隐患较多、创新能力不强等诸多挑战,经济发展已进入转变发展方式、优化经济结构、转换增长动力的攻坚期。在此背景下,迫切需要加强科技创新,加快培育壮大新产业、新模式、新动能,逐步用新的生产力取代和改造原有的传统生产力,不断创造和满足新的需求,大幅提高全要素生产率,实现经济发展从量的扩张到质的提高的根本性转变,为经济增长开辟新的空间。

(二) 推进中国式现代化的必然选择

推进中国式现代化,关键是生产力的现代化。实践证明,生产力的革命性发展是推动传统社会向现代社会转型最根本、最深层的决定性因素。经过中华人民共和国成立以来70多年的努力,中国综合国力和国际地位显著提升。特别是党的十八大以来,中国经济发展取得历史性成就,发生历史性变革。但必须看到,中国正处于并将长期处于社会主义初级阶段的基本国情没有变,中国是世界上最大发展中国家的国际地位没有变,要实现中国式现代化,必须把高质量发展作为新时代的硬道理,不断解放和发展社会生产力。必须顺应当代世界的先进生产力发展趋势,牢牢把握新一轮科技革命和产业变革的历史机遇,大力发展新质生产力,努力实现中国社会生产力可持续的跨越式发展,走出一条新型现代化路子。

(三)应对世界百年未有之大变局加速演进的迫切需要

当前,世界政治格局和国际力量对比加速重组,新一轮科技革命和产业变革深入发展,国际投资经贸规则和全球治理体系深刻变革,全球产业链供应链格局和能源资源版图加速重构,世界百年未有之大变局全方位、深层次加速演进。总体看,世界和平发展大势不可逆转,同时国际合作竞争尤其是大国战略博弈更加激烈,为中国高质量发展和现代化建设提供了历史新机遇,也带来严峻挑战。国际竞争,归根到底是科技实力、经济实力和综合国力的竞争,科技创新是主战场。面对纷繁复杂的外部环境,必须切实加强科技创新,加快发展和形成新质生产力,实现经济合理增长,确保在日趋激烈的国际竞争中立于不败之地。

四 中国发展新质生产力面临的机遇和挑战

当前,新一轮科技革命和产业变革突飞猛进,与中国推进高质量发展和现代化建设形成历史性交汇,这为新质生产力形成和发展提供了"百年一遇"的战略机遇。

(一)中国具备加快发展新质生产力的诸多优势

一是产业基础优势明显。近年来,中国新质生产力厚积薄发，不断发展壮大，呈现群体性突破态势。产业规模快速增长，对经济发展的带动作用不断增强。2022年战略性新兴产业增加值占GDP的比重超过13%，[①]成为经济增长的重要引擎。根据国家互联网信息办公室发布的《数字中国发展报告（2022年）》，2015—2022年，数字经济规模从18.6万亿元上升至50.2万亿元。产业创新能力大幅提升，在部分领域跻身世界领先水平。人工智能、物联网、量子信息领域发明专利居世界首位。基因测序、细胞疗法与干细胞、抗体药物等多项技术水平居世界前列，光伏组件、风电装备、新能源汽车发展处于全球领先地位。制造业高端化、数字化、智能化、绿色化转型扎实推进，高铁、汽车、船舶、大飞机、卫星等正成为中国制造新的"名片"。产业体系完整，产业发展生态不断优化。中国是目前全世界唯一拥有联合国产业分类中全部工业门类的国家，产业配套能力强，产业链供应链不断完善，为发展新质生产力提供了良好基础和条件。

二是超大规模市场优势突出。中国是全球最大的单一市场，且需求层次多样，为人工智能、生物技术等发展既提供了巨大的市场需求，也提供了丰富的应用场景，具有技术创新的规模效应，依托庞大国内市场就能够快速降低成本，提高技术经济性，培育发展新兴产业。

三是科技与人才优势显现。近年来，中国科技创新能力持

[①]《构建以先进制造业为骨干的现代化产业体系——访工业和信息化部党组书记、部长金壮龙》，《人民日报》2024年1月10日。

续提升，根据世界知识产权组织发布的数据，全球创新指数排名由 2012 年的第 34 位上升到 2022 年的第 12 位。① 科研投入规模巨大，根据国家统计局数据，2022 年，全国研究与试验发展（R&D）经费为 30782.9 亿元，占 GDP 的比重为 2.55%，高于经合组织国家平均水平，规模居世界第二位。创新产出实现量和质的同步提升，根据《美国科学与工程现状分析》，2022 年中国的 PCT 专利为 69000 件，高于美国的 58000 件和欧盟的 51000 件，高被引文章指数从 2003 年的远低于基线（0.5）上升到 2020 年的 1.3。"人才红利"不断显现，根据教育部公布的数据，中国受过高等教育的人口达 2.4 亿人，科技人力资源、研发人员总量居全球首位。

更为重要的是，中国社会主义市场经济制度不断完善，能够把有效市场和有为政府较好结合起来，为加快新质生产力提供了坚强的制度保障。

（二）中国面临发展新质生产力的历史机遇

当前，人工智能、基因编辑、未来能源、商业航天等一批颠覆性技术创新不断取得重大进展，科技变革和产业化速度大大加快，正在推动社会生产力发生质的飞跃，深刻改变经济社会发展生产方式和生活方式，为中国加快发展新质生产力提供了难得的历史机遇。

一是人工智能发展突飞猛进，信息技术革命正在孕育新的革命性突破，为中国加速数字经济发展，提高全要素生产率提

---

① 世界知识产权组织（WIPO）：《全球创新指数（2023）》。

供了重大战略机遇。近年来，以 ChatGPT 和 Sora 为代表的人工智能大模型实现重大突破，在文本生成、文生视频等方面取得令人震撼的进步，人工智能技术专利爆发式增长，初创企业快速增加，产业化步伐加快，正在朝着通用人工智能（AGI）时代发展（见图2）。据有关机构预测，到2032年，生成式AI有望形成一个规模达1.3万亿美元的市场，复合年增长率约为42%。[①] 量子计算从2016年的5比特计算量跃升至2023年的千比特规模，在药物研发、高能物理等领域进入实际应用。根据相关机构预测，预计2035年全球量子计算市场规模将超过8000亿美元。自动驾驶已升级至L3（有条件自动驾驶），正从测试验证步入产业化阶段。根据相关机构数据，预计到2025年全球智能网联汽车市场将达到7830万亿元规模。[②] 信息技术革命是效率革命，5G、人工智能、物联网、区块链等技术的发展和广泛应用，将进一步推动制造业变革，同时对教育、科研、医疗、影视、广告、游戏、工业制造等领域产生颠覆性影响，推动社会生产力发生质的飞跃。麦肯锡研究报告指出，当前人工智能正在推动一场社会变革，这场变革是工业革命"发生速度的10倍，规模的300倍，影响的3000倍"。美国美林银行预测，到2025年，人工智能"每年产生的经济影响"可能会达到14万亿—33万亿美元。这为中国发挥制造业基础、

[①] 中国互联网络信息中心（CNNIC）：第53次《中国互联网络发展状况统计报告》，2024年3月。

[②] 国际数据公司（IDC）：《中国车联网安全解决方案市场洞察（2023）》，2023年10月。

海量场景应用等优势，推进数字产业化、产业数字化，加速经济发展数字化、智能化转型，推进经济发展质量变革、效率变革、动力变革提供了难得的机遇。

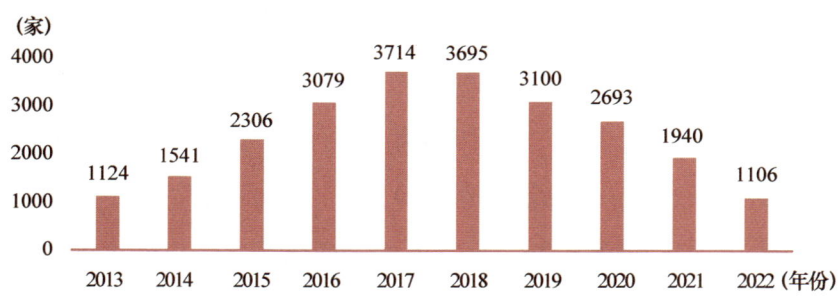

图 2　2013—2022 年全球当年新增 AI 注册企业数量

资料来源：中关村产业研究院和毕马威（KPMG）：《人工智能全域变革图景展望：跃迁点来临（2023）》，2023 年 12 月。

二是生命科学研究不断取得重大突破，生物革命时代正在来临，为中国推进现代农业发展、健康中国建设、工业制造升级，加速生物经济发展提供难得的战略机遇。目前，根据相关新闻报道，人类基因组测序成本由 2001 年的 9526.3 万美元下降到 2019 年的 599 美元，目前下降到 500 美元以下。基因编辑技术已进入临床应用，干细胞药物产业化加快。2023 年，全球销售收入排名前 10 的药品中，几乎全部都是以生物制剂为主的创新药物。全球种业进入以基因编辑、合成生物学和人工智能等技术融合发展为标志的新阶段。全球咨询机构（AgbioInvestor）的研究报告表明，2022 年，全球转基因种植面积达 2.02 亿公顷，是 1996 年的 118 倍，约占全球总耕地面积的 12%。① 生物制造正在迅速崛起，成为未来产业的新赛道和新质生产力发展的新引擎，被视为制造领域的"工业革命"。OECD 在部分发达国家的研究表明，生物制造可降低工业过程 15%—80% 的能耗，减少 35%—75% 的原料消耗，减少 50%—90% 的空气污染，减少 33%—80% 的水污染。世界自然基金会（WWF）预估，到 2030 年，工业生物技术每年可降低 25 亿吨的二氧化碳排放。到 2030 年，生物制造相关产业规模将占全球工业的 35%。生命科学、生物技术发展将揭示生命的本质和奥秘，为解决人类社会发展面临的粮食、健康、资源环境等重大挑战提供新的技术和手段，有利于中国提高粮食安全水平，推进绿色农业发展；有利于中国加快医疗、医药等健康产业发展，培育新的支柱产业，提升人民群众健康水平；有利于中国制造业提升效率和绿色化水平，重塑制造业新的竞争优势。

三是新能源快速发展，绿色转型革命步伐加快，为中国推进经济发展绿色化转型、提高能源安全、实现"双碳"目标，大力发展绿色低碳经济提供了难得的机遇。根据全球风能理事会（GWEC）发布的《全球风能报告（2023）》，2022 年，全球风力发电装机容量新增 77.6GW，光伏发电新增装机容量 228.2GW，在全球可再生能源新增发电装机容量中的占比分别达到 21.7% 和 66.8%，风能和太阳能在全球电力结构中的占

---

① 《转基因技术，给世界多一种选择》，《农民日报》2023 年 12 月 12 日。

比已升至创纪录的12%。与此同时，氢能、储能等新能源前沿技术快速发展。预计到2030年，新能源占一次能源消费的比例将超过25%。可再生能源在一次能源中的比重将逐步提升，化石能源在一次能源中的占比将逐步下降（见图3）。这为中国发挥光伏、风电、新能源汽车等产业和技术基础优势，加速能源转型，减少碳排放，保障能源安全提供了难得的机遇。

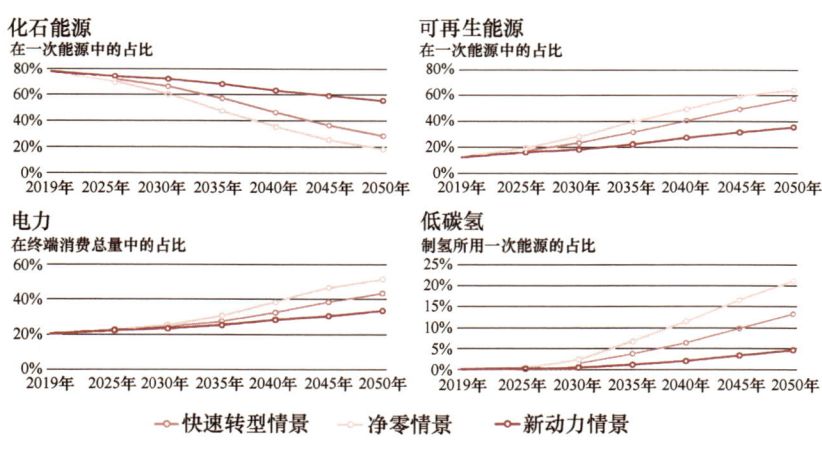

图3　不同情景下各种能源消费的比重

资料来源：2023年的《BP世界能源展望》。

此外，商业航天、深海深地、新材料等领域前沿技术也快速发展，一批新质生产力赛道正在形成，有利于中国加快培育新的增长点，推进高质量发展。历史经验反复证明，在每一次科技革命和产业变革中，总有一些国家和地区抓住机遇，实现社会生产力的跨越式发展。

也要看到，当前中国发展新质生产力还存在一些亟待解决的突出问题，面临不少挑战，主要是原创性、颠覆性创新不足，关键技术、材料和装备"卡脖子"问题突出，高层次创新型人才缺乏，监管体制、科技和金融、政策和法规等还不适应加快发展新质生产力要求，这些问题需要切实解决。从外部环境来看，美西方构筑"小院高墙"，不断加大中国人工智能、生物等技术发展的遏制、围堵、打压，给中国新质生产力发展带来严峻挑战。对此，我们必须加倍努力，变压力为动力，变"卡脖子"清单为"攻关"清单，加快推进高水平科技自立自强。

五 加快发展新质生产力的主要任务和关键举措

推动新质生产力发展，必须坚持以习近平新时代中国特色社会主义思想为指导，紧紧把握战略机遇，面向经济社会发展的重大需求，充分发挥优势，着力加强科技创新，突破关键核心技术，着力推动体制创新，营造良好的发展生态，大力推动以颠覆性技术和前沿技术催生新产业、新模式、新动能，促进经济发展向数智化、绿色化转型，为全面建成社会主义现代化强国提供强大动力。

（一）加强原创性、颠覆性科技创新，着力营造良好的创新创业生态

这是发展新质生产力的核心。从根本上讲，新质生产力的产生都是来源于科技创新，首先是基础理论的创新，其基本发展过程是基础研究—技术开发—初创企业发展和企业家精神—

中小企业发展壮大。因此，加快发展新质生产力，必须把推动科技创新放在首要位置，切实加强原创性研究，弘扬创新和企业家精神。

一是要切实加强基础研究。要顺应科学研究范式深刻变革和国际科技竞争向基础研究前移的新趋势，把握科技发展规律和国家战略需求，坚持"四个面向"，优化完善基础学科建设和基础研究系统布局，持续稳步增加基础研究投入，加快建设基础研究高水平支撑平台，加大力度建设高层次、体系化基础研究人才队伍，加强基础研究国际合作，大力弘扬追求真理、勇攀高峰的科学精神，夯实新质生产力发展的基础理论支撑和技术源头供给。

二是要推进技术革命性突破。适应中国科技创新由"跟跑"向"并跑"甚至"领跑"的发展阶段转变要求，着力加强原始创新和颠覆性创新，实现更多"从0到1"的突破。要打好关键核心技术攻坚战，发挥新型举国体制优势，集中优势科创资源，以重要领域和关键环节突破带动全局发展。

三是要着力营造良好的创新创业生态。包括强大的科学基础、高素质的人才、发达的科技金融、宽容的创新文化、敢于冒险和创新的企业家精神、政府的政策支持等。这就好比一株幼苗要长成参天大树，需要肥沃的土壤以及必要的水、阳光和空气一样，创新的种子要成长为新质生产力，也需要良好的创新、创业、创造生态。国内外大量的实践也证明，人才、资金、技术等创新要素是流动的，只要具备良好的创新生态，新技术、新产业、新模式就会不停地冒出来。

（二）推进产业深度转型，加快建设现代化产业体系

这是发展新质生产力的主攻方向。技术革命性突破只有实现商业化应用，推进生产率的提高，才能变为现实生产力，促进经济社会发展。因此，发展新质生产力，必须大力推进科技成果产业化，加快培育壮大新兴产业，着力营造良好的产业发展生态。

一是要推进产业链供应链优化升级。新质生产力发展不是凭空产生的，离不开传统产业的支撑。目前，中国关键基础材料、核心基础零部件、先进基础工艺以及产业技术基础不强，造成产业链供应链关键环节被"卡脖子"，成为制约新质生产力发展的重要因素。为此，必须大力实施产业基础再造工程，着力补齐短板、拉长长板、锻造新板，推动传统产业高端化、智能化、绿色化转型，增强产业链供应链韧性和竞争力，夯实新质生产力发展的产业基础。

二是要积极培育新兴产业和未来产业。新质生产力发展的重要标志是形成一批新的主导产业和支柱产业。近年来，中国战略性新兴产业快速发展，对经济社会发展发挥了重要引领支撑作用，但与转向经济高质量发展的紧迫要求相比，还存在差距。必须紧紧把握新一轮科技革命和产业变革战略机遇，着力推进关键核心技术突破，完善监管机制和产业政策支持，创造良好的发展生态，加快发展壮大战略性新兴产业，积极打造人工智能、生物制造、商业航天、低空经济等新增长引擎。未来产业主要是由重大科学革命引发技术革命，进而推动产业革命

所形成的新产业，代表新质生产力发展的方向。要超前布局未来产业，在量子信息、基因技术、氢能与储能等前沿科技和产业变革领域，鼓励自由探索，推动重点领域科学突破，推动颠覆性技术创新，打造未来技术应用场景，加速形成若干未来产业。

三是要深入推进数字经济创新发展。当前，数据作为关键生产要素的价值日益凸显，不仅能直接创造经济价值，而且通过数据与其他生产要素结合、融合产生"乘数效应"，正在成为新质生产力发展的主战场。要充分发挥中国海量数据和丰富应用场景优势，加快数字产业化和产业数字化转型，进一步做强、做优、做大数字经济。要加快推动高端芯片、操作系统等研发突破和迭代应用，完善数据基础制度，推动公共数据有序共享和开发利用，促进平台企业规范健康发展。加快数字中国建设，促进数字技术与实体经济深度融合，赋能传统产业转型升级。加快出台重要数据分类分级管理实施细则，制定国家关键安全数据清单，建立数据跨境流动"白名单"制度，大力发展数字贸易。

（三）大力发展绿色低碳经济，推动发展方式绿色转型

这是发展新质生产力的重要着力点。发展绿色低碳经济是新质生产力的重要方向，也是中国实现碳达峰、碳中和的迫切需要。中国在发展绿色低碳经济方面有较好的基础和优势，要大力发展新能源和节能环保产业，加速经济发展方式绿色化转型，推动美丽中国建设。

一是推动新能源高质量发展。以具有优势的新能源为重点，加速推动太阳能、氢能、核聚变等绿色能源技术革命性、颠覆性突破，加快新型储能技术发展，推动引领能源生产和消费方式的根本性变革。

二是大力发展环保产业。未来一段时期，中国将逐步推动能耗"双控"向碳排放总量和强度"双控"转变，为环保技术发展带来广阔的应用场景，也将为生态环保产业带来新的机遇。要变压力为动力，加大环保装备技术创新，完善支持绿色发展的财税、金融、投资、价格政策和相关市场化机制，推动废弃物循环利用产业发展，加快将环保产业培育为新的经济增长点。

三是推进产业结构、交通运输结构、城乡建设发展绿色转型。深化传统产业绿色低碳循环改造。加快绿色先进适用技术推广应用，进一步推动高耗能高排放产业完善循环经济体系和低碳能源改造，推动产业节能降耗提质增效，做强绿色制造业，发展绿色服务业，壮大绿色能源产业，发展绿色低碳产业和供应链，构建绿色低碳循环经济体系。完善支持绿色低碳发展的经济政策体系。

（四）推进重点领域和关键环节改革，建立与新质生产力发展相适应的新型生产关系

这是发展新质生产力的重要保障。要适应新质生产力快速发展要求，推进政府管理体制、科技体制、教育体制等改革，让各类先进优质生产要素顺畅流通，发挥市场配置资源要素的主导作用，形成激励科技创新、科技成果转化与应用的制度和

市场环境。

一是要加快完善数据、知识产权、市场准入和监管等重要领域和关键的体制机制。适应数字经济快速发展要求，加快完善数据基础性制度。要根据人工智能等发展需求，完善相关知识产权制度，加大对知识产权侵权案件的执行力度，提高执行率。加强人工智能、干细胞和基因治疗等领域安全法规建设。加快建立以临床价值为导向的审评审批机制，推进医疗产品和服务价格改革，完善价格形成和费用分担机制，激励生物医药企业创新。完善生物制造新技术和产品市场准入机制，推动生物催化工艺路线替代化学催化过程、生物基材料替代石化基材料，提升传统生物发酵产业效率和绿色化水平。建立健全低空空域管理制度，推进无人机等在农业、物流、旅游等领域的应用，大力发展低空经济。

二是要建立激励原始创新的体制机制。提高基础研究稳定性、持续性支持经费的比例，营造安心研究的良好环境。推进科研成果评价制度改革，突出质量导向，坚持分类评价，弘扬勇于探索、求真唯实的科学精神，激励更多科研人员自由探索、勇闯科研"无人区"。要健全新型举国体制，进一步聚焦重点，加强对关键核心技术全生态链支持，在技术、产业、政策上共同发力，做好体系化布局，集中力量打"攻坚战""歼灭战"。

三是要建立健全人才培养机制。目前，中国教育体制还不适应培养创新人才尤其是培养颠覆性技术创新人才的要求，必须大力推进教育改革创新，培养更多适应新质生产力发展需求的高层次人才。要聚焦科技前沿，优化学科专业设置和人才供需配置。注重创新意识，创新思维和科学兴趣的培养，推动学科交叉融合。深化产教融合，营造人才链、创新链、产业链深度融合创新人才培养生态。

（五）畅通教育、科技、人才的良性循环，夯实新质生产力发展的人才基石

这是新质生产力发展的关键。发展新质生产力，技术是核心，人才是关键。要按照发展新质生产力要求，畅通教育、科技人才的良性循环，完善人才培养、引进、使用、合理流动的工作机制，营造有利于各类人才成长的生态。

一是大力培育科学家和发明家队伍。推动基础研究、关键和新兴关键技术突破，发展新质生产力，需要有一批顶尖的科学家和发明家。为此，必须大力弘扬科学家精神，树立敢于创造的雄心壮志，努力实现更多"从0到1"的突破，不断向科学技术广度和深度进军。

二是大力培育企业家队伍。企业家是技术革命的引领者，是生产要素创新性配置的组织者。发展新质生产力，需要千千万万敢于冒险、敢于投资、敢于创新的企业家。当前，由于发展环境不确定性增加，民营企业家群体的预期转弱，致使以企业家精神为支撑的内在动力不足。对此，需要用更大的精力、更实的举措推进制度创新，营造一个可预期的一流企业家成长生态，培育弘扬企业家精神，支持企业家在新质生产力发展中做出更大的贡献。

三是大力培育高素质的产业工人队伍。以技术工人等为代表的广大产业工人是支撑中国制造、中国创造的重要力量，发展新质生产力，必须加快培育新型产业工人队伍。要在全社会大力弘扬工匠精神，引导人才到制造业企业工作，合理增加产业技术工人劳动报酬，加强产业技术工人保障房或长租房、子女教育、就医、养老等服务保障，畅通产业工人的职业发展路径，改善产业工人工作环境，关注产业工人心理健康，强化舆论引导，让产业技术工人有尊严、有奔头。与此同时，要适应经济社会发展向智能化转型的需要，推进教育和职业培训模式重塑，避免人工智能发展带来的阶段性、结构性失业问题。要鼓励非学校类机构开发新的平台和灵活培训渠道，满足人们日益增长的多元化学习需求。要改变教学和职业教育模式，提高与社会需求的匹配度。

（六）坚持因地制宜，打造各具特色、彰显优势、协调互动的新质生产力区域发展格局

这是发展新质生产力的空间载体和重要支撑。要根据各地的资源禀赋、产业基础、科研条件等，坚持分类指导，加强规划引导和布局，促进各地新质生产力协同发展。

一是发挥经济大省在发展新质生产力中的重要作用。广东、江苏、山东、浙江、河南、四川、湖北、福建、湖南等经济大省是中国经济发展的基本盘，是引领传统产业转型升级、新兴产业发展的主力军。要支持经济大省发挥产业、技术、人才等优势，加快战略性新兴产业和未来产业发展，加快经济发展向数字化、智能化、绿色化转型，实现向高质量发展全面转型。

二是促进区域新质生产力协同发展。中国区域发展不平衡，不同区域发展阶段、发展基础、资源禀赋等存在差异，在新质生产力发展中的战略定位和发展模式不同。要结合区域重大战略实施，加大对京津冀、长三角、粤港澳大湾区、成渝双城经济圈等重点区域的支持，引导人才、技术、资金等集聚，完善创新链、产业链、人才链、资金链，打造成为新质生产力的增长极。要围绕构建优势互补、特色发展的新质生产力产业链供应链，通过发展东数西算、支持西北地区发展大型新能源基地、加强统一大市场建设等措施，促进东部、中部、西部和东北地区协同发展，形成推进新质生产力发展的合力。

三是打造新质生产力发展先行区。通过建设高新区等方式，发展高科技、实现产业化，是中国推进高技术产业发展的重要成功经验。要选择北京、上海、深圳、杭州、武汉等城市，加大科技创新条件和平台建设，支持这些地区在科技体制、教育体制、数据流动等方面开展先行先试，建立新型生产力关系，努力打造成为新质生产力发展的策源地和排头兵。

第一章
马克思主义生产力理论中国化时代化的最新成果

> 劳动生产力是由多种情况决定的，其中包括：工人的平均熟练程度，科学的发展水平和它在工艺上应用的程度，生产过程的社会结合，生产资料的规模和效能，以及自然条件。
> ——《马克思恩格斯文集》第五卷，人民出版社2009年版，第53页

自2023年9月习近平总书记首次提出"新质生产力"概念之后，围绕这个新概念发表了一系列重要论述。习近平总书记指出："概括地说，新质生产力是创新起主导作用，摆脱传统经济增长方式、生产力发展路径，具有高科技、高效能、高质量特征，符合新发展理念的先进生产力质态。它由技术革命性突破、生产要素创新性配置、产业深度转型升级而催生，以劳动者、劳动资料、劳动对象及其优化组合的跃升为基本内涵，以全要素生产率大幅提升为核心标志，特点

是创新，关键在质优，本质是先进生产力。"① 发展新质生产力是推动高质量发展的内在要求和重要着力点，是推动中国经济发展迈向新台阶的重要理论指引。生产力是马克思主义政治经济学最基础、最重要的理论范畴之一，习近平总书记关于新质生产力的系列论述，以马克思主义的生产力理论为基础，立足百年未有之大变局和中国实际，创造性地对符合新发展理念的先进生产力范畴进行了术语革命。作为马克思主义中国化时代化的最新成果，新质生产力的提出，继承和发展了马克思主义生产力理论，进一步丰富了习近平经济思想的理论体系，具有重大的理论创新价值和深远的实践指导意义。

第一节　马恩经典作家关于生产力学说的主要论述

生产力是人类社会发展的基础和条件，是人类社会制度变迁和发展的根本动力。既是人类适应自然、利用自然、改造自然以满足人们需要的能力，也是人类发现和运用各种能力的结果。作为一个历史范畴，生产力随着人类社会发展，其内涵和核心要素也在不断演变和发展。马恩经典作家关于生产力学说即便不是唯物史观的全部也是最亮丽的组成部分。对马恩经典作家关于生产力学说的考察是理解和揭示新质生产力理论对马克思主义生产力理论创新发展的基础和前提。

---

① 《加快发展新质生产力　扎实推进高质量发展》，《人民日报》2024年2月2日。

一 马恩经典作家关于生产力范畴、生产力要素的主要论述

生产力是马克思主义政治经济学最基础的范畴，是社会制度变迁与人类社会发展进步的决定性力量，是唯物史观这一伟大科学发现的基点或支点。关于生产力范畴，传统教科书有一个耳熟能详的定义，就是"生产力是人们征服自然、改造自然的能力"①。这个定义虽然强调了生产力的生产能力，但是不仅忽略了马克思反复强调的"任何生产力都是一种既得的力量，是以往的活动的产物"②，也将马克思从《1844年经济学哲学手稿》第一次提出并在唯物史观奠基作《德意志意识形态》"费尔巴哈章"实现格式塔转换的范畴退化到与"分工、异化"联系起来的哲学范畴。对生产力这个从《德意志意识形态》一旦建立便贯穿和渗透于政治经济学批判全过程的范畴，我们不去对它进行哲学上的探讨，而从成熟著作《资本论》中去寻求答案。然而，据不完全统计，在《资本论》中，带有"生产力"语句的有260个以上，使用最多的是"生产力""劳动生产力""社会生产力""社会劳动生产力""自然生产力""资本生产力"，这些概念具有内在的一致性。比如资本生产力无外乎是资本购买的劳动力这种特殊使用价值的商品创造的生产力，不过是劳动生产力的一种虚假表现而已，而且关

---

① 例如，1979年版《辞海》中"生产力"条目写道："生产力亦称社会生产力，是人们征服自然、改造自然的能力。"1990年版《中国百科大辞典》认为，生产力是"人们征服自然、改造自然的能力，是客观的物质力量"。

② 《马克思恩格斯全集》第四十七卷，人民出版社2004年版，第440页。

于资本生产力与劳动生产力的关系,马克思在《资本论》第三卷中反复强调过。例如,在《马克思恩格斯文集》第五卷中,马克思讲道:"正如协作发挥的劳动的社会生产力表现为资本的生产力一样,协作本身表现为同单个的独立劳动者或小业主的生产过程相对立的资本主义生产过程的特有形式。这是实际的劳动过程由于隶属于资本而经受的第一个变化。"① 由此,这里在不特别指明的情况下,将"生产力""劳动生产力""劳动社会生产力"不加区别。

关于生产力范畴,马克思在《资本论》中有一个明确的定义,即"生产力,即生产能力及其要素的发展"②。这个定义,不仅包含了生产能力,而且也包含了要素的发展。需要指出的是,马克思的生产力概念更多的是指物质生产力。关于要素的发展,涉及生产力要素问题,生产力的"两要素说"来源于斯大林在《论辩证唯物主义和历史唯物主义》中所做的论述:"用来生产物质资料的生产工具,以及有一定生产经验和劳动技能来使用生产工具、实现物质资料生产的人,——所有这些因素共同构成社会的生产力。"③ 而进一步探索可以发现这个"两要素说"和后来占据主流位置的"三要素说"来源于《资本论》中马克思关于劳动过程的三个简单要素论述,即"劳动过程的简单要素是:有目的的活动或劳动本身,劳动

---

① 《马克思恩格斯文集》第五卷,人民出版社 2009 年版,第 388 页。
② 《马克思恩格斯文集》第七卷,人民出版社 2009 年版,第 1000 页。
③ 《斯大林选集》(下),人民出版社 1979 年版,第 442 页。

对象和劳动资料"①。但是,《资本论》第一卷中马克思关于劳动生产力的分析还指出,"劳动生产力是由多种情况决定的,其中包括:工人的平均熟练程度,科学的发展水平和它在工艺上应用的程度,生产过程的社会结合,生产资料的规模和效能,以及自然条件"②。毫无疑问,科学技术、生产的组织形式都是其要素。生产力作为历史范畴,其要素随着生产力的演进而演进,比如在远古时代,生产力的要素中就不应该包括科学技术。

二 马恩经典作家关于科学技术作为生产力核心要素的主要论述

将科学技术视为生产力是马恩经典一贯的重要观点。早在1844年,恩格斯就对科学技术对生产力发展的作用做过论述:"随着棉纺业的革命化,必然会发生整个工业的革命。如果我们不是一直都能密切注视这种运动着的力量怎样传播到工业体系中比较间接的部门,那么这只能归咎于统计材料和历史材料的不足。但是,我们到处都会看出,使用机械辅助手段,特别是应用科学原理,是进步的动力。"③ 这些论述在《德意志意识形态》《哲学的贫困》《雇佣劳动与资本》等中都有所体现,而在《政治经济学批判(1857—1858年手稿)》中,马克思根据对工业革命的观察和分析,更加明确地指出,"随着大工业的发展,现实财富的创造较少地取决于劳动时间和已耗费的劳

---

① 《马克思恩格斯全集》第四十四卷,人民出版社2001年版,第208页。
② 《资本论》第一卷,人民出版社2004年版,第53页。
③ 《马克思恩格斯全集》第三卷,人民出版社2002年版,第541—542页。

动量，较多地取决于在劳动时间内所运用的作用物的力量，而这种作用物自身——它们的巨大效率——又和生产它们所花费的直接劳动时间不成比例，而是取决于科学的一般水平和技术进步，或者说取决于这种科学在生产上的应用"①。马克思进一步指出："只有资本主义生产方式才第一次使自然科学［XX—1262］为直接的生产过程服务，同时，生产的发展反过来又为从理论上征服自然提供了手段。科学获得的使命是：成为生产财富的手段，成为致富的手段。"②

马克思多次强调了科学技术之于生产力作用，例如，在讲资本积累的另一个重要因素劳动生产率水平时，就讲道："如果生产这些劳动资料的部门的劳动生产力发展了，而劳动生产力是随着科学和技术的不断进步而不断发展的，那么旧的机器、工具、器械等等就会被效率更高的、从功效来说更便宜的机器、工具和器械等等所代替。"③

三 马恩经典作家关于生产力理论核心命题的主要论述

众所周知，生产力是人类社会发展和社会制度变迁的根本动力，生产力和生产关系的矛盾运动推动了人类社会的发展，生产力和生产关系之间的关系是马恩经典作家关于生产力理论的核心命题。

在生产力和生产关系中，生产力是第一位的，是一个社会发展的基础和先决条件，对此马克思讲道："人们不能自

---

① 《马克思恩格斯全集》第三十一卷，人民出版社1998年版，第100页。
② 《马克思恩格斯全集》第四十七卷，人民出版社1979年版，第570页。
③ 《马克思恩格斯全集》第四十四卷，人民出版社2001年版，第698页。

由选择自己的生产力——这是他们的全部历史的基础,因为任何生产力都是一种既得的力量,是以往的活动的产物。可见,生产力是人们应用能力的结果,但是这种能力本身决定于人们所处的条件,决定于先前已经获得的生产力,决定于在他们以前已经存在、不是由他们创立而是由前一代人创立的社会形式。后来的每一代人都得到前一代人已经取得的生产力并当作原材料来为自己新的生产服务……这个历史随着人们的生产力以及人们的社会关系的愈益发展而愈益成为人类的历史。"①

对于生产力和生产关系之间的关系,在唯物史观奠基作《德意志意识形态》中,马克思和恩格斯在分析随着生产力的发展,工场手工业产生和发展时,讲道:"随着工场手工业的出现,工人和雇主的关系也发生了变化。在行会中,帮工和师傅之间存在着一种宗法关系,而在工场手工业中,这种关系由工人和资本家之间的金钱关系代替了。"② 在 1947 年的《哲学的贫困》中,马克思进一步指出:"社会关系和生产力密切相连。随着新生产力的获得,人们改变自己的生产方式,随着生产方式即保证自己生活的方式的改变,人们也就会改变自己的

---

① 《马克思恩格斯全集》第四十七卷,人民出版社 2004 年版,第 440 页。
② 《马克思恩格斯选集》第一卷,人民出版社 1972 年版,第 63 页。注意这里工场手工业就是"劳动的方式"的生产方式,关于这一点马克思明确地写道,"就生产方式本身来说,例如,初期的工场手工业,除了同一资本同时雇用的工人人数较多而外,和行会手工业几乎没有什么区别"(《资本论》第一卷,人民出版社 2004 年版,第 374 页)。马克思还讲道:"协作仍然是资本主义生产方式的基本形式",可见,协作、工场手工业(还有机器大工业)都是生产方式(《资本论》第一卷,人民出版社 2004 年版,第 389 页)。

一切社会关系。手工磨产生的是封建主为首的社会，蒸汽磨产生的是工业资本家为首的社会。"① 在1859年的《〈政治经济学批判〉序言》中，马克思对自己从19世纪40年代以来研究的成果做了被学术界称为唯物主义历史观经典表述：② "人们在自己生活的社会生产中发生一定的、必然的、不以他们的意志为转移的关系，即同他们的物质生产力的一定发展阶段相适合的生产关系。这些生产关系的总和构成社会的经济结构，即有法律的和政治的上层建筑竖立其上并有一定的社会意识形式与之相适应的现实基础。物质生活的生产方式制约着整个社会生活、政治生活和精神生活的过程。不是人们的意识决定人们的存在，相反，是人们的社会存在决定人们的意识。社会的物质生产力发展到一定阶段，便同它们一直在其中运动的现存生产关系或财产关系（这只是生产关系的法律用语）发生矛盾。于是这些关系便由生产力的发展形式变成生产力的桎梏。那时社会革命的时代就到来了。随着经济基础的变更，全部庞大的上层建筑也或快或慢地发生变革。"③ 从这里可以看出，生产力是第一位的，生产关系要适合生产力的性质，当生产力与生产关系发生矛盾时，"全部庞大的上层建筑或快或慢地发生变革"。

对于生产力和生产关系之间的关系，马克思在《资本

---

① 《马克思恩格斯全集》第四卷，人民出版社1958年版，第144页。
② 斯大林在1938年发表的《论辩证唯物主义和历史唯物主义》中对唯物主义历史观进行了"权威表述"，1954年的苏联《政治经济学教科书》也是斯大林亲自主持编写的。
③ 《马克思恩格斯全集》第三十一卷，人民出版社1998年版，第412—413页。

论》第一卷里讲道："生产力的发展水平不同，生产关系和支配生产关系的规律也就不同。"① 在《资本论》第三卷中，马克思做了更进一步的表述："资本主义生产方式是一种特殊的、具有独特历史规定性的生产方式；它和任何其他一定的生产方式一样，把社会生产力及其发展形式的一个既定的阶段作为自己的历史条件，而这个条件又是一个先行过程的历史结果和产物，并且是新的生产方式由以产生的既定基础；同这种独特的、历史地规定的生产方式相适应的生产关系——即人们在他们的社会生活过程中、在他们的社会生活的生产中所处的各种关系——，具有一种独特的、历史的和暂时的性质。"② 这里的生产方式是生产的社会形式的生产方式，新的生产方式以现有的生产力为现成基础，新的生产方式又会产生和自己相适应的新的生产关系。

第二节　马克思主义生产力理论中国化时代化的发展历程

中华人民共和国成立 70 多年来，中国共产党人不断深化对生产力范畴和生产力发展规律的认识，将马克思主义生产力理论与中国实际结合起来，在解放和发展生产力的实践中，不断推进马克思主义生产力理论中国化时代化进程，逐渐形成了中国特色的马克思主义生产力学说，极大地促进了中国

---

① 《马克思恩格斯全集》第四十四卷，人民出版社 2001 年版，第 21 页。
② 《马克思恩格斯文集》第七卷，人民出版社 2009 年版，第 994 页。

经济社会发展，为新质生产力的提出夯实了理论基础和提供了实践支撑。

一　社会主义革命和建设时期生产力理论和实践探索

中华人民共和国成立初期，中国经济"一穷二白"，劳动者绝大多数没有受过教育，也缺乏生产的技能，劳动对象是未开垦的原料或初级产品，劳动资料非常落后，连拖拉机和火柴都造不出来。在这种生产力状况下，如果按照"生产力一元决定论"去发展经济，显然只能发展农业和手工业了，但是，由于生产力只是经济发展的基础条件，我们可以选择促进生产力的生产方式，利用社会主义制度的优势，来提高劳动者的积极性，以加快生产力发展。以毛泽东同志为主要代表的中国共产党人，当时已充分认识到科技在经济建设中的重要性，1955年毛泽东同志在《关于农业合作化问题》中明确指出："中国只有在社会经济制度方面彻底地完成社会主义改造，又在技术方面，在一切能够使用机器操作的部门和地方，统统使用机器操作，才能使社会经济面貌全部改观。"[①] 1956年，党中央就向全党全国发出"向科学进军"的号召。1963年，周恩来同志在上海科学技术工作会议上指出："把我们祖国建设成为一个社会主义强国，关键在于实现科学技术的现代化。"[②] 1963年12月16日，毛泽东同志在听取时任国务院副总理聂荣臻关于十年科学技术规划问题的汇报时，明确表示："不搞科学技术，

[①]《毛泽东文集》第六卷，人民出版社1999年版，第438页。
[②]《建国以来重要文献选编》第十六册，中央文献出版社1997年版，第160页。

生产力无法提高"①，将科技进一步拔高到提高生产力的高度。

在实践层面，中国选择计划经济体制，在苏联 5092 名专家的帮助②和 156 个项目的援助下，走出一条快速工业化道路，中国技术水平和劳动者素质都有了大幅度提高，生产力水平有了总体跃升。在农业方面，逐渐走向了农业合作化道路，并在修路搭桥、水利建设等基础设施上成效显著，中国农业生产力水平也有了大幅度提高。在科研方面，中国构建了具有"大科学"特征的国家科技体制，组建了中央专门委员会，负责协调动员国家各方面力量来完成重大科研任务，我们熟知的"两弹一星"等工程就是在这个时期完成的。

二 改革开放和社会主义建设新时期生产力理论的中国化时代化

在改革开放和社会主义建设新时期，以邓小平同志为主要代表的中国共产党人，解放思想、实事求是，创造性地提出了"社会主义本质是解放生产力和发展生产力""判断的标准应该主要看是否有利于发展社会主义社会的生产力，是否有利于增强社会主义国家的综合国力，是否有利于提高人民的生活水平""科学技术是第一生产力"三个主要命题，并在以江泽民同志和胡锦涛同志为主要代表的中国共产党人的接续下，将马克思主义生产力理论中国化时代化推向新的历史阶段，是对马克思主义生产力理论的创新和发展。

---

① 《毛泽东文集》第八卷，人民出版社 1999 年版，第 351 页。
② 沈志华：《苏联专家在中国（1948—1960）》（第三版），社会科学文献出版社 2015 年版。

改革开放初期，针对传统体制对生产力的约束，通过改革开放，解放生产力和发展生产力。对于解放生产力和发展生产力，1992年邓小平同志在《在武昌、深圳、珠海、上海等地的谈话要点》中论及："革命是解放生产力，改革也是解放生产力。推翻帝国主义、封建主义、官僚资本主义的反动统治，使中国人民的生产力获得解放，这是革命，所以革命是解放生产力。社会主义基本制度确立以后，还要从根本上改变束缚生产力发展的经济体制，建立起充满生机和活力的社会主义经济体制，促进生产力的发展，这是改革，所以改革也是解放生产力。过去，只讲在社会主义条件下发展生产力，没有讲还要通过改革解放生产力，不完全。应该把解放生产力和发展生产力两个讲全了。"[①] 将解放生产力和发展生产力作为社会主义的本质，大大突破了传统社会主义模式的束缚，极大地促进了生产力发展。

邓小平同志对马克思主义生产力理论最突出的贡献是创造性地提出了"科学技术是第一生产力"这一命题，这是在中国劳动者素质有了大幅度提高、劳动资料科技含量有了一定提高的基础上，适合中国生产力状况，将科学技术提高到第一生产力要素的高度，而这一点，在马克思的时代并不突出，也就是说，尽管马克思对科学技术非常重视，但是从生产力演进的规律看，工业革命是机器在生产中大量使用，并不需要劳动者具有很高的科学素质，科学技术在生产要素中的作用并没有更高

[①] 《邓小平文选》第三卷，人民出版社1993年版，第370页。

的需求。邓小平同志在1988年9月5日会见捷克斯洛伐克总统胡萨克时的谈话和1988年9月12日听取关于价格和工资改革初步方案汇报时，两次提出"科学技术是第一生产力"这一崭新的命题，他指出："世界在变化，我们的思想和行动也要随之而变。过去把自己封闭起来，自我孤立，这对社会主义有什么好处呢？历史在前进，我们却停滞不前，就落后了。马克思说过，科学技术是生产力，事实证明这话讲得很对。依我看，科学技术是第一生产力。我们的根本问题就是要坚持社会主义的信念和原则，发展生产力，改善人民生活，为此就必须开放。否则，不可能很好地坚持社会主义。拿中国来说，五十年代在技术方面与日本差距也不是那么大。但是我们封闭了二十年，没有把国际市场竞争摆在议事日程上，而日本却在这个期间变成了经济大国。"①

"科学技术是第一生产力"成为指导中国科技创新和经济发展的核心理念。1992年，在中国共产党第十四次全国代表大会上，江泽民同志指出："必须把经济建设转移到依靠科技进步和提高劳动者素质的轨道上来。"② 1995年5月6日颁布的《中共中央 国务院关于加速科学技术进步的决定》，首次提出在全国实施科教兴国战略。江泽民同志在会上指出："科教兴国，是指全面落实科学技术是第一生产力的思想，坚持教育为本，把科技和教育摆在经济、社会发展的重要位置，增强国家

---

① 《邓小平文选》第三卷，人民出版社1993年版，第274页。
② 顾明远主编：《改革开放30年中国教育纪实》，人民出版社2008年版，第131页。

的科技实力及实现生产力转化的能力，提高全民族的科技文化素质。"[1] 1996 年，全国人大八届四次会议正式通过了国民经济和社会发展"九五"计划和 2010 年远景目标，科教兴国成为中国的基本国策。进入 21 世纪，党中央又创造性地做出建设创新型国家的重大决策。对科学技术的重视带来的是改革开放几十年的经济高速增长。[2]

第三节　新质生产力理论对马克思主义生产力理论的重要发展

党的十八大以来，习近平总书记十分重视生产力发展，"全面建成小康社会，实现社会主义现代化，实现中华民族伟大复兴，最根本最紧迫的任务还是进一步解放和发展社会生产力"[3]。在解放生产力方面，强调通过深化重要领域改革，进一步解放和发展社会生产力；在发展生产力方面，强调创新是第一动力，把创新驱动发展战略作为国家重大战略；在保护生产力方面，把生态文明纳入"五位一体"总体布局，提出了保护生产力的理论。而新质生产力理论的提出，是新时代马克思主义生产力理论中国化时代化的重要成果，是对习近平经济思想的丰富和发展，对新时代新征程推进中国式现代化具有重要意义。

---

[1] 《十四大以来重要文献选编》（中），人民出版社 1997 年版，第 1344 页。
[2] 黄群慧：《读懂新质生产力》，中信出版社 2024 年版，第 39 页。
[3] 《习近平谈治国理政》第一卷，外文出版社 2018 年版，第 92 页。

一　新质生产力理论把握了新一轮科技革命和产业变革下生产力发展的趋势

当今世界正处于新一轮科技革命和产业变革的深度演化过程中，全球科技创新空前密集活跃。以人工智能、量子信息、移动通信、物联网、区块链为代表的新一代信息技术，以合成生物学、基因编辑、脑科学、再生医学等为代表的生命科学技术，以清洁高效可持续为目标的能源技术，融合机器人、数字化、新材料的先进制造技术，正在加速推进制造业向智能化、服务化、绿色化转型创新发展，进而推动人类生产生活方式的全面变革。原创性、颠覆性科技创新成果竞相涌现，带来生产力要素结构中实体性要素与非实体性要素结合广度、深度、频度的深入拓展，推动生产力加速迭代跃升，体现出与传统生产力发展不同的质态。新质生产力的提出，把握了当今世界的这个影响深远的变革趋势，深刻揭示了未来人类社会发展的动力。

如果说以前工业革命推动生产要素组合变化主要是以实物化资本替代劳动者的体力劳动，新一轮科技革命和产业变革则推动了对劳动者脑力劳动的替代，使得生产力要素出现了组合方式的全新跃迁；以前工业革命中驱动生产力变革的通用性技术创新主要集中在能源、动力、材料等领域，新一轮科技革命和产业变革下的通用性技术创新更突出地表现在信息处理、数据运算、通信连接和减排降碳等领域，而与以前以实体为主的劳动对象不同，数据和信息作为劳动对象具有多主体的可重复使用性；从现代化基础设施建设看，在以前的工业革命中，主要是铁路、公路、机场、电网、输油管道等交通和能源基础设施，新一轮科技革命和产业变革更需要互联网、算力网、通信网、大数据等信息基础设施。

作为新质生产力载体的产业体系正向数字化、智能化、绿色化、融合化方向转型发展。基于技术成熟度的分类，产业体系可由未来产业、新兴产业和传统产业组成。其中，处于孕育和萌芽期的未来产业涉及类脑智能、量子信息、基因技术、未来网络、深海空天开发、氢能与储能等重点方向和领域。新兴产业是处于成长期的产业，其中，战略性新兴产业包括以重大技术突破和重大发展需求为基础、对经济社会全局和长远发展具有重大引领带动作用、知识技术密集、成长潜力大的产业，包括新一代信息技术产业、高端装备制造产业、新材料产业、生物医药产业、新能源汽车和动力电池产业、新能源产业、节能环保产业、数字创意产业、商业航天航空、相关服务业等领域。

近年来，中国战略性新兴产业快速发展，2023年战略性新兴产业增加值占国内生产总值比重已超过13%。传统产业的主导技术往往处于成熟期，一般产生于第一次工业革命与第二次工业革命时期，在工业化初期、中期处于支柱和主导地位。总体而言，中国产业体系中传统产业增加值占比约80%。新质生产力的发展，不仅直接体现在通过以颠覆性技术和前沿技术催生新产业、新模式、新动能，引领发展战略性新兴产业和未来产业，还体现在以科技创新改造传统产业，推动未来产业、战略性新兴产业与传统产业深度融合，从而促进传统产业深度转型升级。尤其是数智化技术，具有广泛渗透性和高效赋能性，不仅被广泛应用于全产业体系，还被应用到从研发设计、生产制造到服务维修的全价值链条。推动传统产业数字化、绿色化转型以及服务化融合，也是新质生产力发展的重要路径和关键内涵。

二 新质生产力理论反映了中国式现代化新征程下高质量发展的内在要求

推进高质量发展是新时代的硬道理。中国经济已经从高速增长转向高质量发展，需要新的理论指导推进高质量发展的实践。新质生产力是符合新发展理念的先进生产力质态，而高质量发展是以新发展理念为指导的，要求发展具有创新是第一动力、协调成为内生需要、绿色成为普遍形态、开放成为必由之路、共享成为根本目的五方面特性。因此，推动和支撑高质量发展的不是一般意义的生产力，而是新质生产力。习近平总书记洞察当今世界新一轮科技革命和产业变革大势，把握高质量发展规律，将马克思主义基本原理与中国经济发展实践相结合，总结概括提出新质生产力理论，反映了中国式现代化新征程下高质量发展的内在要求，推进了马克思主义中国化时代化的理论创新，为新时代新征程推进高质量发展奠定了科学的理论基础。

高质量发展是中国式现代化的首要任务，推进高质量发展要求加快构建以国内大循环为主体、国内国际双循环相互促进的新发展格局。习近平总书记指出，构建新发展格局最本质的特征是实现高水平的自立自强。中国原有的发展模式遇到瓶颈，劳动力成本持续上升，资源环境承载能力面临巨大挑战，围绕传统生产力构建的旧生产函数组合难以适应新的发展形势。新质生产力遵循科技是第一生产力，创新是第一动力，人才是第一资源的形成逻辑。新质生产力的发展以科技自主创新为基点，以创新人才培养、创新体系构建、基础研究突破为支撑，是中国新旧发展动能转换的核心环节，是中国实现高水平自立自强的应有之义。构建新发展格局的关键在于经济循环的畅通无阻。新质生产力促进生产要素高效率组合，塑造适应新质生产力的生产关系，将为打通经济循环中的堵点卡点提供持续动力，形成生产、分配、流通、消费各环节螺旋式上升的发展。强大的国内经济循环体系和稳固的基本盘，将为高水平对外开放提供坚实支撑，形成对全球要素资源的吸引力，提升中国在激烈国际竞争中的核心竞争能力。

推动经济高质量发展，实现质的有效提升与量的合理增长，关键在于不断提升全要素生产率，使其成为经济发展的根本驱动力。新质生产力以全要素生产率大幅提升为核心标志。当前，中国全要素生产率与西方发达国家相比仍有较大差距，经济发展效率有待进一步提高，但这也为经济转型发展提供了巨大空间。尽管 2019 年中国的国内生产总值已达到美国的 67%，但全要素生产率水平只有美国的 40.3%、德国的 43.4%、法国的 44.4%、英国的 51.3%、日本的 61.5%、韩国的 65.7%。如果到 2035 年，中国全要素生产率能够达到美国的 60% 左右，也就相当于目前韩国的水平，那么平均每年全要素生产率的提升对经济增长的拉动就会超过 3 个百分点。在此期间，如果每年经济增长为5%左右，那么全要素生产率提高的贡献度就会超过60%。由此可见，即使中国依靠要素扩张实现经济增长的空间已经愈加有限，但效率提升带来经济增长的空间依然很大，足以支撑中国未来几十年的增长。发展新质生产力，将有力推动中国全要素生产率的大幅提升，有力支撑中国经济高质量发展。

三 新质生产力理论拓展了马克思生产力理论中国化时代化的重要内涵

新质生产力理论继承了马克思主义生产力理论，同时结合中国实践丰富和发展了马克思主义生产力理论，拓展了马克思主义生产力理论中国化时代化的重要内涵。

一是新质生产力将科技创新纳入了生产力核心要素。新质生产力的创新起主导作用、特点是创新，科技创新是发展新质生产力的核心要素。创新是有目的地从事前所未有的、创造性的、复杂性的高级实践活动，是一种渗透性的生产要素，可以提高劳动者的能力、促进资本积累以及改进劳动资料特别是生产工具的效率，可以把先进的科学技术融入生产过程，使生产过程科学化、高效化，进而对提高生产力、促进经济发展具有巨大的促进作用。从经济增长视角看，创新一般是指把一种新的生产要素和生产条件的新组合引入生产体系的活动，包括新产品、新技术、新需求、新供给、新组织等，创新是全要素生产率提升的根源。新质生产力是以劳动者、劳动资料和劳动对象及其优化组合的跃升为基本内涵的，其发挥作用的过程就是具备相应的知识、技能和素质的新型劳动者通过新型劳动工具作用于新型劳动对象的过程。新质生产力的发展，通过生产要素及其创新组合的跃升，催生了大量的新产业、新模式，为经济发展注入新动能，这些如雨后春笋般勃发的未来产业、新兴产业以及传统产业的深度转型，整体推进了产业体系从传统走向现代。以科技创新引领现代化产业体系建设，是新质生产力发展的基本路径。发展新质生产力，将创新作为中国经济发展第一驱动力，把科技创新作为生产力的核心要素，可以摆脱单纯依赖要素数量增加的粗放的传统经济增长方式，推动质量变革、效率变革、动力变革，实现经济增长方式从数量扩展转向质量提升的转变。

二是"新质生产力本身就是绿色生产力"蕴含着重大的生产力理论创新价值。新发展理念中的绿色发展理念，从理论上回答了人类经济社会发展中的人与自然关系问题，深化了中国式现代化建设中关于人与自然和谐共生的规律性认识。大自然是人类赖以生存发展的基本条件。尊重自然、顺应自然、保护自然，是全面建设社会主义现代化国家的内在要求。中国式现代化是人与自然和谐共生的现代化，必须牢固树立和践行绿水青山就是金山银山的理念，站在人与自然和谐共生的高度谋划发展。一般意义上的生产力是指人类改造自然、利用自然的能力，新质生产力则是绿色生产力，是以人与自然和谐共生为基本理念的生产发展能力，要求人类社会生产活动必须尊重自然、顺应自然、保护自然，在遵循自然发展规律的前提下以生产活动寻求人类自身发展。习近平总书记提出的绿水青山就是金山银山、保护环境就是保护生产力、改善环境就是发展生产力等重要理论论断，是新质生产力理论的重要内涵。新质生产力本身就是绿色生产力的重要论述，对人类社会的现代化理论和面临的发展与环境相容性问题进行了科学反思，蕴含着重大的理论价值。一方面，是对马克思主义生产力理论的传承和创新，将生态环境纳入生产力范畴，开辟了马克思主义生态思想和马克思主义政治经济学的新境界，书写了中国特色社会主义政治经济学新篇章；另一方面，将生态环境等要素纳入生产函数，拓展"绿水青山与金山银山"的双向转化路径，将生态系统作为经济社会系统的重要组成部分，也是对千百年来人与自然关系的规律性认识的科学总结和关于人与自然关系思想认识的理性升华，推动形成了人与自然和谐共生的生态文明新范式。

三是形成与新质生产力相适应的新型生产关系成为新时代全面深化改革开放的重要要求。习近平总书记指出："虽然物质生产是社会生活的基础，但上层建筑也可以反作用于经济基础，生产力和生产关系、经济基础和上层建筑之间有着十分复杂的关系，有着作用和反作用的现实过程，并不是单线式的简单决定和被决定逻辑。"① 习近平总书记在理论上首次将生产力和生产关系、经济基础和上层建筑之间的作用和反作用并列，之间不是单线式的关系，这从理论上完整地突破了苏联马克思主义哲学和苏联《政治经济学教科书》的传统的决定作用和反

---

① 习近平：《坚持历史唯物主义不断开辟当代中国马克思主义发展新境界》，《求是》2020年第2期。

作用的论述。以此为指导，在中共中央政治局第十一次集体学习时，习近平总书记要求："发展新质生产力，必须进一步全面深化改革，形成与之相适应的新型生产关系。要深化经济体制、科技体制等改革，着力打通束缚新质生产力发展的堵点卡点，建立高标准市场体系，创新生产要素配置方式，让各类先进优质生产要素向发展新质生产力顺畅流动。"[①]发展新质生产力的具体经济体制等方面的战略部署，为此形成明确的各类工作要求和布局，使生产力和生产关系的相互作用变得具体和可操作，从而可以推进生产力和生产关系的良性互动。同样，上层建筑的作用具体化为习近平经济思想的指导、党对经济工作的领导、推动国家治理体系和治理能力现代化，这些使上层建筑的作用有具体的实现路径，以推动经济体制、科技体制等相关改革，从而与发展新质生产力动态匹配起来。习近平总书记对新质生产力与新型生产关系的思考是生产力核心命题的重要发展。

---

① 《加快发展新质生产力　扎实推进高质量发展》，《人民日报》2024年2月2日。

第二章
习近平经济思想的重要组成部分

高质量发展需要新的生产力理论来指导，而新质生产力已经在实践中形成并展示出对高质量发展的强劲推动力、支撑力，需要我们从理论上进行总结、概括，用以指导新的发展实践。

——习近平总书记在二十届中央政治局第十一次集体学习时的讲话（2024年1月31日），《人民日报》2024年2月2日

习近平总书记关于新质生产力的重要论述，深刻阐释了新质生产力的内涵和外延、发展新质生产力的理论和实践等重大问题，是习近平经济思想的最新成果，发展和创新了马克思主义生产力理论，深化了党对发展规律的认识，为新时代新征程培育壮大新质生产力、扎实推动高质量发展提供了科学指引。

第一节　习近平经济思想在领导新时代中国经济伟大实践中形成和丰富发展

党的十八大以来，面对严峻复杂多变的国际形势和艰巨繁重的国内改革发展稳定任务，以习近平同志为核心的党中央统揽全局、把握大势，把马克思主义基本原理同中国具体实际相结合，同中华优秀传统文化相结合，提出了一系列新理念新思想新战略，深刻回答了新时代我国经济发展的历史方位、根本立场、指导原则、路径选择、鲜明主题、根本保证等一系列重大问题，构建起科学完备、逻辑严密的思想理论体系，指导中国经济发展取得历史性成就、发生历史性变革，在实践中形成和发展了习近平经济思想。

习近平经济思想是中国共产党不懈探索社会主义经济发展道路形成的宝贵思想结晶。当代中国的伟大变革，不是简单延续我国历史文化的母版，不是简单套用马克思主义经典作家设想的模板，也不是其他国家社会主义实践的再版，更不是国外现代化发展的翻版。习近平经济思想继承了党在各个历史时期所取得的理论创新成果和宝贵经验，守正传承，创新发展，始终坚持用马克思主义的立场、观点和方法，分析经济现象、探究成因、提出对策，与时俱进地推进理论创新、实践创新和制度创新。近年来，在习近平经济思想指引下，中国高质量发展取得明显成效，传统产业转型升级由点及面，呈燎原之势，新兴产业崭露头角、不断涌现，未来产业谋篇布局、加快推进，绿色低碳发展深入人心、成效显著,社会生产力发展呈现出由数量增长向质态变化的新趋势,在此背景下,习近平总书记敏锐地提出发展新质生产力,强调这是推动高质量发展的内在要求和重要着力点。

习近平经济思想是运用马克思主义政治经济学基本原理指导新时代经济发展实践形成的重大理论成果。生产力是人类社会发展的根本动力,也是一切社会变迁和政治变革的终极原因。马克思、恩格斯揭示了人类社会发展过程中生产力和生产关系、经济基础和上层建筑之间的关系,提出了生产力决定生产关系、生产关系作为经济基础决定上层建筑,生产关系以及上层建筑要适合生产力水平的基本原理。习近平经济思想继承马克思主义唯物史观,把解放和发展生产力放在社会主义经济建设的首要位置,既以科学的态度坚持了老祖宗,又与时俱进讲了很多新话,以高质量发展、新质生产力等赋予发展、生产力等传统概念以新的内涵,在适应新形势、解决新问题、应对新挑战中得出了符合客观规律的科学认识,深刻回答了马克思主义经典作家没有讲过、我们的前人从未遇到过、西方经济理论始终无法解决的许多重大理论和现实问题,形成了一系列具有鲜明时代性和创造性的理论成果,集中体现了我们党对经济发展规律特别是社会主义经济建设规律的深刻认识,为丰富马克思主义政治经济学作出了重要原创性贡献。

习近平经济思想是新时代中国经济工作的科学行动指南。习近平经济思想始终植根于当代中国经济发展、全面建设社会主义现代化国家的伟大实践,是在中国特色社会主义进入新时代、中国社会主要矛盾发生新变化、中华民族伟大复兴战略全局和世界百年未有之大变局交织激荡的历史条件下形成的，具有广阔的时代背景、深厚的理论渊源和坚实的实践基础，体现了理论与实践相结合、认识论和方法论相统一的鲜明特点，是指引中国经济高质量发展、科学应对重大风险挑战、全面建设社会主义现代化国家的锐利思想武器。党的二十大擘画了全面建设社会主义现代化国家的宏伟蓝图，确立了以中国式现代化全面推进强国建设、民族复兴伟业的中心任务。新征程上，必须紧扣推进中国式现代化主题，坚持加强党对经济工作的全面领导，坚持以人民为中心的发展思想，把握新发展阶段，贯彻新发展理念，构建新发展格局，推动高质量发展，坚持和发展中国基本经济制度，构建高水平社会主义市场经济体制，坚持扩大高水平对外开放，塑造更高水平开放型经济新优势，发展新质生产力，加快构建现代化经济体系，统筹高质量发展和高水平安全，在习近平经济思想指引下不断推进中国式现代化的伟大经济实践。

第二节　生产力是人类社会发展的根本动力

生产力是推动社会进步最活跃、最革命的因素。纵观世界文明史，人类先后经历了农业革命、工业革命、信息革命。每一次产业技术革命，都因生产力的进步发展，给人类生产生活带来巨大而深刻的影响。18 世纪的工业革命，以机器大工业为基础的资本主义现代生产代替了以手工劳动为基础的传统生产，带来生产力发展的历史性飞跃，开启了人类历史上前所未有的工业化现代化进程。正如马克思在《共产党宣言》中所描述的："资产阶级在它的不到一百年的阶级统治中所创造的生产力，比过去一切世代创造的全部生产力还要多，还要大。自然力的征服，机器的采用，化学在工业和农业中的应用，轮船的行驶，铁路的通行，电报的使用，整个整个大陆的开垦，河川的通航，仿佛用法术从地下呼唤出来的大量人口——过去哪一个世纪料想到在社会劳动里蕴藏有这样的生产力呢？"[1] 此后，以电机和化工为代表的第二次产业革命，信息技术引发的第三次产业革命，使人类进入了电气化、原子能、航空航天时代，以及信息时代，极大地提高了社会生产力和人类生活水平，并深刻改变了世界发展面貌和格局。近年来，全球科技创新进入密集活跃期，新一代信息技术、生物技术、先进制造技术、新能源技术、新材料技术等呈现多点突破态势，关键技术交叉融合、群体跃进，颠覆性技术不断涌现，新一轮科技革命和产业变革加速发展，正在重构全球创新版图、重塑全球经济结构和全球发展格局。以中国式现代化全面推进强国建设、民族复兴伟业与新一轮科技革命和产业变革实现历史性交汇，发展新质生产力成为我们在竞争中把握机遇、赢得主动的必由之路。

生产力的发展状况是衡量社会发展的根本标准尺度，也是推动社会发展进步的动力源泉。生产力的每一次发展进步，都带动社会的发展进步。同样，在社会进步坐标轴上的每一个时

---

[1] 《共产党宣言》，人民出版社2018年版，第32页。

代，都深深刻印着标志性的生产力或生产工具。随着中国经济站上新的台阶，在以中国式现代化全面推进强国建设、民族复兴的伟大实践中，由技术革命性突破、生产要素创新性配置、产业深度转型升级而催生，以劳动者、劳动资料、劳动对象及其优化组合的跃升为基本内涵，以全要素生产率大幅提升为核心标志的先进生产力质态，必将也必须成为经济社会发展的根本动力。

第三节　发展新质生产力是推动高质量发展的内在要求和重要着力点

经济发展是生产能力、社会财富和物质生活水平提高的过程，其动力既可以源于既定生产力水平下经济规模的扩张，也可以源于生产力的先进质态取代落后质态。从人类经济发展史来看，生产力质态决定了经济形态，进而决定了经济发展质量和国家竞争力。正如马克思在《哲学的贫困》中指出，"手推磨产生的是封建主的社会，蒸汽磨产生的是工业资本家的社会"①。列宁也认为，"蒸汽时代是资产阶级的时代，电气时代是社会主义的时代"②。不同质态的生产力造就的经济体，虽然规模有差别，但蕴含其中的生产力质态更具决定性意义。比如，1840 年中国的经济规模约是英国的 4.7 倍，③ 但以小农经

---

① 《马克思恩格斯选集》第一卷，人民出版社 1995 年版，第 142 页。
② 《列宁论重工业的发展和全国电气化》，人民出版社 1956 年版，第 63 页。
③ ［英］安格斯·麦迪森：《世界经济千年统计》，伍晓鹰、施发启译，北京大学出版社 2009 年版，第 178、208 页。

济为主体的铁犁牛耕，面对机器大工业的坚船利炮，不可避免地遭到"降维打击"。从某种意义上看，生产力质态的差距难以靠经济规模的扩张来弥合。只有通过推动生产力不断向更先进的质态跃升，才能确保经济发展的质量和水平，在竞争中赢得优势、赢得未来。

新质生产力是高质量发展的物质支撑。要实现高质量发展，归根到底还是要靠解放和发展社会生产力，发展具有高科技、高效能、高质量特征的新质生产力。生产力质态可以从"生产什么"和"怎样生产"两个维度来考察，这也是区分新质生产力和传统生产力的主要依据。

从生产什么来看，先进生产力质态表现为能够生产更多种类、更高质量的产品和服务。一方面，随着生产力质态跃升，人们不断获得新产品、新服务的生产能力，产品和服务的种类大大拓展，而这些产品和服务在品质、性能、价格等方面往往更具有竞争优势。在这一力量的推动下，新产业新业态层出不穷，新领域新赛道不断开辟，主导产业和支柱产业发生变化，经济发展质量随之大幅提高。比如，数字经济时代生产力质态跃升的一个重要表现是，涌现出人工智能大模型、边缘计算、元宇宙等一大批前所未有的产品和服务。另一方面，随着生产力质态跃升，人们不断改造提升现有产品和服务的生产能力，使产品和服务在迭代升级的过程中不断提高质量，传统产业向高端化迈进，发展质量和效益大幅提高。比如，汽车产业经过一百余年的发展，产品质量和性能有了质的飞跃，并向新能源汽车乃至自动驾驶汽车跨越发展。由此可见，新质生产力是促进经济发展从"有没有"转向"好不好"的强劲推动力,有利于提高供给体系质量,以高质量的新供给创造和引领新需求,更好满足人民日益增长的美好生活需要,推动形成高水平的供需动态平衡。

从怎样生产来看,先进生产力质态表现为更高素质的劳动者与更高科技的劳动资料相结合,改造更加广泛的劳动对象。马克思在《资本论》中指出:"各种经济时代的区别,不在于生产什么,而在于怎样生产,用什么劳动资料生产。劳动资料不仅是人类劳动力发展的测量器,而且是劳动借以进行的社会关系的指示器。"① 对于辨别生产力质态的先进与否,"怎样生产""用什么劳动资料生产",比"生产什么"更为关键。"怎样生产"反映在生产力的基本要素上,特别是反映在生产工具这个生产力水平的客观尺度和"测量器"上。新质生产力在深刻重塑生产面貌的同时,作为其组成要素的劳动者、劳动资料、劳动对象及其优化组合也发生了质的跃升。劳动者方面,新质生产力对劳动者的知识和技能提出了更高要求,需要更多引领世界科技前沿、创造新型生产工具的创新型人才,以及具备多维知识结构、熟练掌握新型生产工具的应用型人才。劳动资料方面,新质生产力以更智能、更高效、更低碳、更安全的新型生产工具为物质条件,特别是工业互联网、工业软件、工业机器人等数字化、网络化、智能化生产工具的广泛应用,进一步解放了劳动者,削

---

① 《马克思恩格斯全集》第二十三卷,人民出版社1972年版,第204页。

弱了自然条件对生产活动的限制，推动生产力呈现新质态、跃上新台阶。劳动对象方面，新质生产力具有种类和形态更加广泛的劳动对象，人们利用和改造自然的范围扩展至深空、深海、深地资源和太阳能、风能、核能等清洁能源，并不断创造出数据、新材料等新型劳动对象。相较于传统生产力，新质生产力在"怎样生产"上有了跃升和质变，提升了供给质量，大幅提高了全要素生产率，改变了过去依靠增加物质投入提高产出总量的发展路径，推动经济发展质量、效率和动力发生根本性变革。

需要强调的是，新质生产力不仅是推动高质量发展的根本动力，也是检验高质量发展成效的客观标志。马克思指出，生产力发展是衡量社会发展的带有根本性的标准。也就是说，衡量社会进步与否，生产力是主要标准。衡量和检验高质量发展成效的标准有很多，但应把新质生产力发展得好不好作为主要标准。是否有利于发展新质生产力，将成为今后开展经济工作的重要评判标准。

第四节　习近平总书记关于新质生产力的重要论述是习近平经济思想的重要内容

高度重视生产力的决定性作用、不断深化对生产力发展规律的认识，是习近平经济思想的突出特点。2014年6月，习近平总书记在中国科学院第十七次院士大会、中国工程院第十二次院士大会上指出，"实施创新驱动发展战略，最根本的是要增强自主创新能力，最紧迫的是要破除体制机制障碍，最大限度解放和激发科技作为第一生产力所蕴藏的巨大潜能"①，体现了对科技革命中生产力变革的新认识，进一步深化了科学技术是第一生产力的理论。2014年，习近平总书记在党外人士座谈会上指出，"努力提高创新驱动发展能力、提高产业竞争力、提高经济增长质量和效益，实现我国社会生产力水平总体跃升"②，深刻把握了社会生产力发展质态变化的新趋势，阐明了形成生产力新质态的"巨大潜能"。此后，习近平总书记又提出"供给侧结构性改革，重点是解放和发展社会生产力，用改革的办法推进结构调整"③"保护环境就是保护生产力，改善环境就是发展生产力"④"优化重大生产力布局"⑤等关于生产力的新论断。这些重要论述，既夯实了新时代经济工作的生产力理论基础，也为提出新质生产力奠定了重要的理论基础。

2017年中央经济工作会议指出，5年来，我们坚持观大势、谋全局、干实事，成功驾驭了中国经济发展大局，形成了以新发展理念为主要内容的习近平新时代中国特色社会主义经济思想。会议在提出习近平经济思想的同时，明确了新发展理念是习近平经济思想的主要内容。

新质生产力是符合新发展理念的先进生产力质态。新发展

---

① 《坚定不移创新创新再创新　加快创新型国家建设步伐》，《人民日报》2014年6月10日。

② 《中共中央召开党外人士座谈会》，《人民日报》2014年12月6日。

③ 《习近平关于全面建成小康社会论述摘编》，中央文献出版社2016年版，第62页。

④ 《习近平关于社会主义经济建设论述摘编》，中央文献出版社2017年版，第37页。

⑤ 《习近平重要讲话单行本》（2022年合订本），人民出版社2023年版，第103页。

理念是新时代发展思路、发展方向、发展着力点的集中体现，贯彻新发展理念是新时代我国发展壮大的必由之路。其中，创新发展注重的是解决发展动力问题，协调发展注重的是解决发展不平衡问题，绿色发展注重的是解决人与自然和谐问题，开放发展注重的是解决发展内外联动问题，共享发展注重的是解决社会公平正义问题。新质生产力是新发展理念在生产力层面的深刻体现，是创新起主导作用的生产力、各要素高水平协同匹配的生产力、绿色低碳的生产力、自主创新和开放创新协同共进的生产力、更好满足人民美好生活需要的生产力，蕴含了"崇尚创新、注重协调、倡导绿色、厚植开放、推进共享"的价值主张，成为贯彻新发展理念的关键抓手。

习近平总书记在党的二十大报告中指出，"高质量发展是全面建设社会主义现代化国家的首要任务"，[①] 并把实现高质量发展作为中国式现代化的本质要求之一。2023 年中央经济工作会议进一步提出，必须把坚持高质量发展作为新时代的硬道理。高质量发展关系我国社会主义现代化建设全局，能够为强国建设、民族复兴提供更为坚实的物质技术基础，是我国经济社会发展必须长期坚持的鲜明主题。

随着高质量发展实践不断深入，各种先进生产力质态大量涌现，解放和发展社会生产力的具体表现形式发生新变化。新的实践呼唤新的理论。高质量发展需要新的生产力理论来指

---

① 习近平：《高举中国特色社会主义伟大旗帜 为全面建设社会主义现代化国家而团结奋斗——在中国共产党第二十次全国代表大会上的报告》，人民出版社 2022 年版，第 28 页。

导，新质生产力是对新时代先进生产力发展实践的新概括，发展新质生产力是新时代新征程解放和发展社会生产力的集中体现。我们正在以中国式现代化全面推进中华民族伟大复兴，要实现全面建成社会主义现代化强国的宏伟目标，必须时刻牢记高质量发展这个首要任务，深刻理解发展新质生产力是高质量发展的内在要求和重要着力点，牢牢把握发展新质生产力这个重大任务，进一步解放和发展社会生产力，实现中国社会生产力水平总体跃升。

第三章
新质生产力正在悄然形成

近年来，我国科技创新成果丰硕，创新驱动发展成效日益显现；城乡区域发展协调性、平衡性明显增强；改革开放全面深化，发展动力活力竞相迸发；绿色低碳转型成效显著，发展方式转变步伐加快，高质量发展取得明显成效。

——习近平总书记在二十届中央政治局第十一次集体学习时的讲话（2024年1月31日），《人民日报》2024年2月2日

2010年中国成为世界第二大经济体和第一工业、制造业大国，但面临着转变增长方式、向全球价值链高端升级、实现高质量发展的任务。中国较为完整的产业体系、不断增强的科技创新能力和产业技术水平为产业升级奠定了扎实的基础，新一轮科技革命和产业变革深入推进为中国科技创新和新兴产业发展提供了历史契机。2010年10月，国务院发布《关于加快培育和发展战略性新兴产业的决定》，拉开了中国致力于培育和

发展战略性新兴产业、打造经济增长新动能新引擎的大幕。十几年来，中国科技创新与世界领先水平的差距大幅度缩小，一批高科技产业、战略性新兴产业快速发展、做大做强，各级政府加强对未来产业的前瞻布局，部分科技创新和新兴产业领域已经从"跟跑"实现向"并跑"甚至"领跑"的跨越，产业结构不断优化，产业体系完整性、先进性、安全性的特点日益突出，产业高质量发展持续推进，"新质生产力已经在实践中形成并展示出对高质量发展的强劲推动力、支撑力"。

第一节　前沿科技创新取得重大突破

科技创新是新质生产力发展的根本推动力。中国高度重视科技创新，随着创新投入的持续增长，中国科技论文发表量、专利申请和授权量进入世界前列，产业技术水平不断提升，并在重点前沿领域实现一系列重大突破。

一　中国总体科技创新投入和产出情况

（一）科技创新投入持续增长

中国政府高度重视对科技创新的支持，将其作为推动经济增长、产业升级的源泉，企业也将创新作为增强市场竞争力、向全球价值链高端攀升的关键动能，在国家、地方和企业层面持续加大创新投入、完善创新组织体系。截至 2021 年年末，中国有国家重点实验室 533 个、国家工程研究中心 191 个，20 个国家科学数据中心、31 个国家生物种质与实验材料资源库；在企业层面，中国有国家级科技企业孵化器 1287 家、国家企业技术中心1636家。① 2021年，中国研究与试验发展（R&D）投入27956亿元，是2012年的2.7倍，按现价计算比2012年增长1.7倍，年均增长11.7%，投入规模仅次于美国。② 研发投入强度稳步提升，根据OECD的数据，中国的R&D强度从2012年的1.91%提高到2021年的2.43%，这一指标已经超过欧盟27国平均水平（2.16%）和一些主要发达国家，如法国（2.22%）、意大利（1.45%）、葡萄牙（1.68%）、荷兰（2.27%）、西班牙（1.43%），也已经比较接近OECD平均水平（2.72%）和德国（3.13%）。研发人员全时当量从2012年的324.7万人年增加到2021年的562.0万人年，居世界第一。③ 科技创新投入结构明显优化，一是基础研究占比显著提升，2021年中国基础研究经费投入1817亿元，相较2012年年均增长15.4%，占R&D经费投入的比重为6.5%，比2012年提高1.66个百分点；二是企业的科技创新主体地位明显增强，2012—2021年各类企业R&D经费投入年均增长11.9%，2021年达到21504亿元，占全社会R&D经费投入的比重达76.9%，其中尤以高技术企业的创新作用明显，2021年高技术企业有效

---

① 《新动能茁壮成长 新经济方兴未艾——党的十八大以来经济社会发展成就系列报告之九》，2022年9月26日，国家统计局网站，https://www.stats.gov.cn/sj/sjjd/202302/t20230202_1896684.html。

② 《新动能茁壮成长 新经济方兴未艾——党的十八大以来经济社会发展成就系列报告之九》，2022年9月26日，国家统计局网站，https://www.stats.gov.cn/sj/sjjd/202302/t20230202_1896684.html。

③ 《新动能茁壮成长 新经济方兴未艾——党的十八大以来经济社会发展成就系列报告之九》，2022年9月26日，国家统计局网站，https://www.stats.gov.cn/sj/sjjd/202302/t20230202_1896684.html。

发明专利占到国内企业总量的63.6%。①

(二) 科技创新水平快速提升

随着科技创新投入的持续增长，中国在科技论文产出、专利申请和授权量方面均取得显著进步。2020年，国外三大主要检索工具（SCI、EI和CPCI-S）共收录中国科技论文97.0万篇，是2012年的2.5倍；2011—2021年，中国高被引论文数量为4.29万篇，占全球份额的24.8%（美国为44.5%）。2021年，中国发明专利授权数为69.6万件，是2012年的3.2倍，其中PCT国际专利申请量为6.95万件，连续三年居世界第一。②截至2023年年底，中国有效发明专利超过401.5万件，成为世界上首个有效发明专利数量突破400万件的国家。③中国在前沿数字科技领域的进展显著，其中信息与通信技术专利拥有量已占到全球总量的14%，截至2023年年底，中国国内专利增速前三的技术领域分别为信息技术管理方法、计算机技术和基础通信程序。④世界知识产权组织发布的《2023年全球创新指数》报告中，中国创新指数排在全球第12位，比2012年上升22位，位居中等偏上收入国家的第一名，也是前

---

① 《新动能茁壮成长 新经济方兴未艾——党的十八大以来经济社会发展成就系列报告之九》，2022年9月26日，国家统计局网站，https：//www.stats.gov.cn/sj/sjjd/202302/t20230202_1896684.html。
② 《创新驱动成效显著 科技自强踔厉步稳——党的十八大以来经济社会发展成就系列报告之十》，2022年9月27日，国家统计局网站，https：//www.stats.gov.cn/sj/sjjd/202302/t20230202_1896686.html。
③ 《中国在全球创新格局中的新表现》，2024年3月13日，中国日报网，https：//cn.chinadaily.com.cn/a/202403/13/WS65f117caa3109f7860dd52cc.html。
④ 《中国在全球创新格局中的新表现》，2024年3月13日，中国日报网，https：//cn.chinadaily.com.cn/a/202403/13/WS65f117caa3109f7860dd52cc.html。

30名中唯一的中等收入经济体。其中知识和技术产出分指数排在第6位，仅次于瑞士、美国、瑞典、芬兰和以色列。① 科学、技术和生产能力领先的国家通常都是高收入国家（如美国、法国、德国、日本和韩国），但中国也进入这个行列。根据世界知识产权组织的数据，2017—2020年，美国的GDP、科学、技术和产出分别占全球的27%、19%、30%和12%，中国分别为13%、14%、6%和10%，其中GDP、科学、产出占比均居世界第二，但技术落后于日本（20%）和德国（8%）。②

根据欧盟发布的《产业研发投入记分牌》，2022年中国进入全球研发1500强的企业数量达到365家，是2011年（56家）的6.52倍。《2023年欧盟产业研发投入记分牌》显示，中国进入全球研发2500强的企业数量达到679家，占到27.16%，仅落后于美国的827家，但明显超过欧盟的367家、日本的229家。在《2012年欧盟产业研发投入记分牌》全球研发1500强企业名单中，中国研发投入最大的华为仅排在第41位，其研发投入仅相当于第1位丰田汽车的37.48%，而在《2023年欧盟产业研发投入记分牌》全球研发2500强企业名单中，华为、腾讯、阿里巴巴、中国建筑进入30强，分别排在第5、第19、第22、第30位。其中，华为的研发投入达到209.25亿欧元，相当于排在第1位的Alphabet的56.50%；华为

---

① "Global Innovation Index 2023", WIPO, https：//www.wipo.int/edocs/pubdocs/en/wipo-pub-2000-2023-en-main-report-global-innovation-index-2023-16th-edition.pdf.
② "World Intellectual Property Report 2024：Making Innovation Policy Work for Development", WIPO, https：//www.wipo.int/edocs/pubdocs/en/wipo-pub-944-2024-en-world-intellectual-property-report-2024.pdf.

的研发强度达到24.3%，在研发投入前10名的企业中排在第3位，仅低于第2位的Meta（28.8%）和第9位的英特尔（27.8%），高于第1位的Alphabet（14.0%）、第3位的微软（12.8%）和第4位的苹果（6.7%）。中国入选企业研发经费投入合计占全球入选企业的17.77%（美国占比为42.14%）。

二　中国重点领域前沿技术突破情况

随着在科技创新特别是基础研究领域资金和人员投入的持续较快增长，中国在许多领域的科技产出进入世界前列，一些前沿科技创新取得重大突破。根据中国科学院科技战略咨询研究院与科睿唯安联合发布的《2023研究前沿热度指数》，在十一大科学领域整体层面，中国的热度指数得分135.81分，低于美国的207.71分，但明显高于第3位英国的89.41分和第4位德国的81.58分。在11个分领域中，中国在农业科学、植物学和动物学领域，生态与环境科学领域，化学与材料科学领域，信息科学领域，经济学、心理学及其他社会科学领域5个领域排名第一，在物理领域和数学领域排名第二，在生物科学领域排名第三，在地球科学领域、临床医学领域和天文学与天体物理学领域分别排名第五、第九和第八。在十一大学科领域的110个热点前沿和18个新兴前沿中，中国研究前沿热度指数排名第一的前沿数为31个（美国为69个），占比24.22%；中国研究前沿热度指数排名前三的前沿数为68个（美国为105个），占比53.13%。[①] 世界知识产权组织认为，2001—2020

---

① 中国科学院科技战略咨询研究院、科睿唯安：《2023研究前沿热度指数》，http://www.casisd.cn/zkcg/zxcg/202311/P020240105542048778909.pdf。

年，中国在 ICT 领域获得了不断增强的复杂技术能力，特别是在语音或音频编码或解码、电子电路、通信电子元器件以及计算方法和计算等方面。① 中国的技术能力显著提高，2001—2004 年仅在 16% 的所有技术能力中具有专业能力，提高到 2017—2020 年在 94% 的领域具有专业能力。而且中国的科学能力多样化早于技术能力多样化，科学能力在 2001—2004 年就达到 73%，2013—2016 年进一步跃升到 100%。② 而且中国在科学、技术、生产三个方面都有突破，尤以技术能力的飞跃最令人印象深刻。在 20 年的时间里，中国从仅在 50 种复杂技术能力中的 7 种具有专业能力发展到 47 种；从 2001—2004 年 50 种复杂科学能力中的 26 种提升到 2013—2016 年的 50 种。③ 具体来看，在量子通信和量子计算、中微子、铁基超导、干细胞、脑科学、合成生物学等领域取得一大批原创性、引领性的创新成果；"墨子号"空间量子科学实验卫星、"悟空号"暗物质粒子探测卫星发射，"嫦娥工程"深入推进④、"天问一号"火星探测器着陆，"蛟龙"号、"深海勇士"号、"奋斗

---

① "World Intellectual Property Report 2024：Making Innovation Policy Work for Development"，WIPO，https：//www.wipo.int/edocs/pubdocs/en/wipo-pub-944-2024-en-world-intellectual-property-report-2024.pdf.

② "World Intellectual Property Report 2024：Making Innovation Policy Work for Development"，WIPO，https：//www.wipo.int/edocs/pubdocs/en/wipo-pub-944-2024-en-world-intellectual-property-report-2024.pdf.

③ "World Intellectual Property Report 2024：Making Innovation Policy Work for Development"，WIPO，https：//www.wipo.int/edocs/pubdocs/en/wipo-pub-944-2024-en-world-intellectual-property-report-2024.pdf.

④ 2024 年 6 月 2 日，嫦娥六号着陆器和上升器组合体成功在月球背面着陆，并实现人类首次月背采样返回。

者"号深海成功下潜和探测，标志着中国在深海深地深空领域的科技水平进入世界前列；散裂中子源、500米口径球面射电望远镜（FAST）、全超导托卡马克核聚变实验装置、脉冲强磁场实验装置、国家蛋白质科学研究设施等一批重大科技基础设施陆续建成并投入运行，为中国基础科学向世界前沿迈进打牢了基础。①

第二节 战略性新兴产业蓬勃发展

战略性新兴产业是新质生产力的主要组成部分。2010年中国开始从国家战略层面部署战略性新兴产业的发展，目前产业技术水平显著提升，工业基础明显强化，形成一批具有全球竞争力的战略性新兴产业。战略性新兴产业在国民经济中的比重显著提高，成为"出口"的新亮点和经济增长的新动能、新引擎。

一 科技成果产业化速度加快

中国在科技创新投入不断加大、科技创新成果不断涌现的同时，科技成果产业化速度加快，有力推动了向现实生产力的转化。中国战略性新兴产业专利申请量从2010年的528390件增加到2020年的3149748件，其中发明专利和使用新型专利基本各占一半，专利申请量前六名的行业为"金属制品、机械

---

① 《新动能茁壮成长　新经济方兴未艾——党的十八大以来经济社会发展成就系列报告之九》，2022年9月26日，国家统计局网站，https://www.stats.gov.cn/sj/sjjd/202302/t20230202_1896684.html。

和设备修理业"（15.4%）、"仪器仪表制造业"（15.3%）、"专用设备制造业"（10.1%）、"机动车、电子产品和日用产品维修业"（7.8%）、"软件和信息技术服务业"（4.1%）、"互联网和相关服务业"（3.2%）。[1] 根据国家知识产权局的数据，2023年，中国发明专利产业化率为39.6%，实用新型专利产业化率为57.1%，外观设计专利产业化率为66.0%，其中，企业发明专利产业化率达到51.3%，国家高新技术企业发明专利产业化率为57.6%，均呈上升态势。中国企业实现产业化的发明专利平均收益为829.6万元/件，其中用于自主品牌和用于代加工的发明专利产业化平均收益分别为1067.1万元/件和462.1万元/件，前者是后者的两倍，反映出自主创新的更高收益。分行业来看，专用设备制造业（66.9%）、电气机械和器材制造业（63.8%）、汽车制造业（63.3%）、橡胶和塑料制品业（62.5%）、通用设备制造业（61.6%）的发明专利产业化率超过60%，金属制品业、非金属矿物制品业、化学原料和化学制品制造业、软件和信息技术服务业与计算机、通信和其他电子设备制造业的发明专利产业化率也都在50%以上。[2] 2021年，全国技术市场成交合同67万项、成交额为3.7万亿元，分别是2021年的2.4倍、5.8倍。[3] 国家统计局社科

---

[1] 严索、高婷：《基于多文本分析的中国战略性新兴产业态势分析与发展研究》，《专利代理》2024年第1期。

[2] 国家知识产权局：《2023年中国专利调查报告》，2024年。

[3] 《创新驱动成效显著 科技自强蹄疾步稳——党的十八大以来经济社会发展成就系列报告之十》，2022年9月27日，国家统计局网站，https://www.stats.gov.cn/sj/sjjd/202302/t20230202_1896686.html。

文司发布的《中国创新指数研究》显示，2015—2022年，中国创新指数年均增长6.5%，2022年达到155.7；2015—2022年，中国规模以上工业企业实现新产品销售收入年均增速11.7%。其中，2022年达到32.8万亿元，占营业收入的24.6%，相较2015年提高11.0个百分点；达到国际市场、国内市场新产品水平的产品销售收入分别为3.5万亿元、9.9万亿元，相较2016年分别增长60.9%、77.8%。①

二 战略性新兴产业蓬勃发展

2010年10月，国务院发布《关于加快培育和发展战略性新兴产业的决定》（国发〔2010〕32号），这是中国第一次在国家层面发布专门文件、明确提出要加快培育和发展战略性新兴产业，确定了节能环保产业、新一代信息技术产业、生物产业、高端装备制造产业、新能源产业、新材料产业、新能源汽车产业七大领域，提出2015年和2020年战略性新兴产业增加值占国内生产总值的比重分别要达到8%和15%左右，到2030年战略性新兴产业的整体创新能力和产业发展水平要达到世界先进水平。此后，国务院分别在2012年和2017年发布了"十二五""十三五"国家战略性新兴产业发展规划。《"十三五"国家战略性新兴产业发展规划》进一步将战略性新兴产业内容调整为加快发展壮大网络经济、高端制造（高端装备、新材

---

① 《中国创新指数测算结果表明：我国创新发展水平持续提升》，2023年10月20日，国家统计局网站，https://www.stats.gov.cn/sj/sjjd/202310/t20231019_1943766.htmll。

料)、生物经济、绿色低碳(新能源汽车、新能源和节能环保)和数字创意五大领域,以及超前布局空天海洋、信息网络、生物技术和核技术领域,提出到2030年,中国要成为世界战略性新兴产业重要的制造中心和创新中心。《中华人民共和国国民经济和社会发展第十四个五年规划和2035年远景目标纲要》提出的发展目标是到2025年战略性新兴产业增加值占GDP的比重超过17%。

总体上看,自战略性新兴产业上升到国家战略以来,中国战略性新兴产业保持高速增长态势,产业技术持续升级,新模式、新业态不断涌现,产业规模不断扩大。一是形成高水平、分层次的战略性新兴产业企业体系。既包括以央企、地方国有企业、大型民营企业等世界500强、中国制造业500强企业为代表的一大批产业技术水平领先、国际竞争力强的链主企业、行业龙头企业,也包括一大批对战略性新兴产业发展形成有力支撑配套的中小企业和科技初创企业。中国高新技术企业数量达33万家(2021年),已培育国家级专精特新企业4万多家、"小巨人"企业4762家、单项冠军企业848家。① 一批龙头企业研发投入规模和专利数量居于世界同行业前列,在5G通信设备、高铁、盾构机、卫星通信、新能源汽车、新能源发电、消费级无人机等高技术产品技术

---

① 《创新驱动成效显著 科技自强蹄疾步稳——党的十八大以来经济社会发展成就系列报告之十》,2022年9月27日,国家统计局网站,https://www.stats.gov.cn/sj/sjjd/202302/t20230202_1896686.html。

水平处于全球领先地位，大飞机、集成电路、操作系统、生物医药以及关键元器件、先进材料等领域与世界领先水平差距明显缩小。① 二是增速快，占比稳步提升。2016—2021年，中国规模以上战略性新兴服务业营业收入年均增长13.5%，明显快于服务业整体增速，② 高技术制造业占规模以上工业增加值比重从2012年的9.4%提高到2021年的15.1%。2022年，中国新一代信息技术、高端装备、新能源汽车等战略性新兴产业增加值占国内生产总值比重超过13%。三是国际竞争力显著增强。联合国工业发展组织发布的工业竞争力绩效指数（Competitive Industrial Performance，CIP），中国2012年的得分为0.38，列德国（0.53）、日本（0.42）、美国（0.42）、韩国（0.4）之后居全球第五位，2022年CIP得分为0.37，仅次于德国的0.42，提高到全球第二位。iCV Tank发布的全球未来产业指数排名中，中国仅次于美国居全球第二，有17.5%的最有影响力的未来产业企业来自中国（美国为43%）。③ 中国高新技术产品出口总额从2012年的6012亿美元增加到2021年的9796亿美元，④ 2023年以电动载人汽车、太阳能电池、锂电池

---

① 李晓华：《向制造强国目标稳步迈进》，《光明日报》2022年8月16日。
② 《经济结构不断优化　协调发展成效显著——党的十八大以来经济社会发展成就系列报告之十一》，2022年9月28日，国家统计局网站，https：//www.stats.gov.cn/sj/sjjd/202302/t20230202_1896687.html。
③ "2022 Global Future Industry Index"，iCV Tank，https：//www.icvtank.com/newsinfo/804919.html.
④ 《创新驱动成效显著　科技自强蹄疾步稳——党的十八大以来经济社会发展成就系列报告之十》，2022年9月27日，国家统计局网站，https：//www.stats.gov.cn/sj/sjjd/202302/t20230202_1896686.html。

为代表的"新三样"出口额突破万亿元大关，成为出口新亮点。

三 战略性新兴产业主要领域形成较强国际竞争力

新一代信息技术：根据中国信息通信研究院的测算，2021年中国数字经济规模为70576亿美元，仅次于美国的153181亿美元居世界第二位。中国形成以阿里巴巴、腾讯、字节跳动、京东、拼多多、美团等为代表的一批大型互联网平台，独角兽企业数量和估值总额居世界第二位。云计算、大数据、物联网、区块链、人工智能等新技术加快产业化应用，在以ChatGPT为代表的人工智能大模型技术突破的推动下，中国也紧跟世界创新前沿，涌现出以文心一言、通义千问、讯飞星火、Kimi Chat等为代表的上百个大模型，其中一些已经实现产业应用。中国电子信息制造业增加值世界第一，移动网络设备、电脑、手机、平板电脑、汽车通信模块、数字电表等电子信息产品市场份额全球领先，具有很强的市场竞争力。2021年中国（不包含港澳台地区）办公和通信设备出口8377.15亿美元，占全球出口额的比重高达32.96%，远远超过欧盟的16.36%、中国香港的15.68%、中国台湾的8.85%、韩国的7.08%、新加坡的6.36%、美国的6.34%。集成电路和闪存生产能力取得重大突破，中国芯片成熟制程制造能力稳步提高，实现了7纳米制程芯片量产的突破，2023年芯片生产量为3514亿颗，增长6.9%，进口芯片4796亿颗，下降10.8%，进口依存度降低；长鑫存储2023

年推出64层3D NAND闪存产品，中国企业在全球NAND闪存芯片产业占有一席之地。随着数字经济的快速发展、扩散和渗透融合，中国产业数字化智能化水平持续提高。据测算，2022年中国农业、工业、服务业数字经济渗透率分别为10.5%、24.0%、41.5%，①工业企业数字化研发设计工具普及率、关键工序数控化率分别达到79.6%、62.2%，在世界经济论坛评出的153家代表制造业智能化标杆的"灯塔工厂"中，中国有62家，超过1/3。

高端装备制造业：2013—2021年，装备制造业增加值年均增长9.2%，高于规模以上工业2.4个百分点，其中航空航天器及设备制造业、医疗仪器设备及仪器仪表制造业年均增速分别为13.7%、10.9%，2021年装备制造业增加值占规模以上工业的比重为32.4%，比2012年提高4.2个百分点。中国在工程机械、发电和输变电设备、轨道交通设备、盾构机等领域都建立起自给率高的完整产业链，产业规模全球领先。2022年，中国工业机器人年产量达44.3万套，新增装机总量全球占比超过50%；2023年中国造船完工量、新接订单量和手持订单量以修正总吨计分别占47.6%、60.2%和47.6%，均居国际市场份额第一，国产航母中国人民解放军海军山东舰入列、福建舰成功下水，首艘国产大型游轮交付；具有完全自主知识产权的喷气式支线客机ARJ21累计交付超过100架，国产

---

① 《中国数字经济发展研究报告（2023年）》，2023年4月，中国信息通信研究院，http://www.caict.ac.cn/kxyj/qwfb/bps/202304/t20230427_419051.htm。

大飞机 C919 在 2023 年完成首次商用飞行；北斗卫星导航系统全面开通运行，"国和一号"和"华龙一号"三代核电技术取得新突破。[①] 2021 年，机电产品在出口总额中的占比达到 59.0%。[②]

新能源：光伏产业，中国形成硅料、切片、光伏玻璃、逆变器、电池片、组件、生产设备等的完整产业链。2010 年以来，中国硅料、光伏硅片产能和产量规模持续快速扩张。2010—2021 年，多晶硅产能从 8.5 万吨增加到 51.9 万吨，产量从 4.5 万吨增加到 48.8 万吨，光伏硅片产能从 24.7GW 增加到 2022 年的约 700GW，年均增长 32.1%，硅片产量 2021 年达到 227GW，占到全球的 97.5%，2022 年硅片产量进一步增加到 357GW，光伏组件产量已连续 16 年位居全球首位。全球多晶硅产能前十名的厂家分别是协鑫科技、永祥股份、Waker、新特能源、新疆大全、东方希望、Tokuyama、亚洲硅业、天宏瑞科、鄂尔多斯，除 Waker 和 Tokuyama 外均为中国企业；全球光伏电池产能前十名的厂家分别是通威股份、隆基绿能、晶澳科技、爱旭股份、天合光能、晶科能源、润阳股份、阿特斯、韩华集团、江西展宇，除韩华集团外均为中国企业。随着材料和工艺的创新，光伏组件成本持续下

[①] 《新动能苗壮成长 新经济方兴未艾——党的十八大以来经济社会发展成就系列报告之九》，2022 年 9 月 26 日，国家统计局网站，https://www.stats.gov.cn/sj/sjjd/202302/t20230202_1896684.html。

[②] 《工业实力持续增强 转型升级成效明显——党的十八大以来经济社会发展成就系列报告之三》，2022 年 9 月 15 日，国家统计局网站，https://www.stats.gov.cn/sj/sjjd/202302/t20230202_1896673.html。

降，光伏发电已进入"平价上网"时代。① 风电制造业，中国同样形成了包括大兆瓦风电机组叶片、齿轮箱、发电机、变流器、塔架、主轴及法兰等关键零部件在内的完整产业链，②零部件国产化率超过95%，主轴轴承国产化替代取得重大突破。③ 中国已经成为世界最大的风电设备制造国和出口国，风电机组的产量占全球的2/3以上，发电机、轮毂、机架、叶片、齿轮箱、轴承等的产量占全球60%—70%。④ 中国风电大型化技术持续突破，18MW机型在2023年下线。2022年，中国风电机组构成中单机容量3—7MW（不含7MW）的机组约占总产量的85%，6MW和10MW机组分别成为陆上和海上风电机组主流。

新能源汽车：2022年，中国新能源汽车产量为670万辆，占全球产量的64%。2023年产销量分别跃升至958.7万辆和949.5万辆。中国新能源汽车形成竞争力强的完整产业链，根据国际能源署的数据，全球有一半以上的锂、钴和石墨原材料加工在中国，中国的动力电池正极材料产能占全球的70%，负极材料产能占全球的85%，电池产能占全球的3/4。

---

① 《2023年中国光伏行业系列研究——多晶硅研究报告》，2023年8月8日，搜狐网，https：//it.sohu.com/a/709958151_121706790；《2023年中国光伏行业系列研究——光伏硅片行业研究》，2023年11月8日，搜狐网，https：//www.sohu.com/a/733300800_120708211?scm=1102.xchannel：325：100002.0.6.0。
② 中国农业机械工业协会风力机械分会：《中国风电产业发展报告（2023）》，《电气时代》2023年第5期。
③ 秦海岩：《中国风电产业链供应链支撑了全球能源转型事业》，《风能》2023年第8期。
④ 张琛、邓伟：《中国风电产业发展现状及趋势研究》，《机电产品开发与创新》2023年第3期。

新能源汽车成为中国出口的亮点，2022年轻型电动汽车出口57.9万辆，电动汽车出口额为200.9亿美元，分别居世界第一位和第二位。2022年全球电动汽车销量超过1000万辆，前15名的车企中，中国车企有6家，其中比亚迪以185.8万辆居世界第一，全球装机量前十位的动力电池企业中，中国占据六席。[①]

四 形成一批具有国际竞争力的产业集群

集群化是现代化产业体系的重要特征，产业集群是新兴产业发展的重要载体。党的二十大报告提出，推动战略性新兴产业融合集群发展。在前沿技术和颠覆性技术所催生的新质生产力领域，中国已经形成一批具有影响力的特色产业集群（包括国家战略性新兴产业集群、国家级先进制造业集群、中小企业特色产业集群），其中一些已具有全球竞争力。2019年12月，国家发改委公布了中国第一批66个国家级战略性新兴产业集群，涉及新一代信息技术、高端装备、新材料、生物医药和节能环保五大领域，其中新一代信息技术领域包括集成电路、新型显示器、下一代信息网络、信息技术、网络信息安全产品和服务、人工智能；高端装备领域包括智能制造和轨道交通；新材料领域包含新型功能材料和先进结构材料。66个国家战略性新兴产业集群中生物医药17个、新型功能材料9个、信息技术服务7个、智能制造7个、集成电路5个、先进结构材料5个、人工智能4个、新型显示

---

① 李晓华：《我国新能源汽车的发展现状与前景趋势》，《人民论坛》2024年第9期。

器3个、下一代信息网络3个、节能环保3个、轨道交通装备2个、网络安全1个。2022年11月,工信部公布45个国家先进制造业集群,其中包括新一代信息技术13个、高端装备13个、新材料7个、生物医药及高端医疗器械5个、消费品4个、新能源及智能网联汽车3个,2022年集群产值超过20万亿元。目前工信部评出的200个中小企业特色产业集群也基本属于战略性新兴产业领域。

从地理空间分布看,国家级产业集群主要位于东部发达地区和中西部的核心城市。国家先进制造业集群在东部地区30个、中部地区8个、西部地区5个、东北地区2个,京津冀、长三角、珠三角、成渝四个重点区域集群数量达30个。在世界知识产权组织排出的2023年领先科学和技术集群中,深圳—香港—广州、北京、上海—苏州分别排在第2、第4、第5位;南京(11)、武汉(13)、杭州(14)、西安(19)、青岛(23)、成都(24)、天津(36)、长沙(37)、合肥(40)、重庆(44)、哈尔滨(53)、济南(55)、长春(58)、沈阳(63)、大连(69)、郑州(75)、厦门(80)、兰州(82)、镇江(89)、无锡(93)、福州(94)进入前100名。2023年中国内地有24个科技集群进入全球前100,首超美国的21个。[①] iCV Tank发布的全球未来产业指数城市排名中,旧金山—圣何塞都市圈排在第一(93.61),北京排在第二

---

① "Global Innovation Index 2022: What is the Future of Innovation-driven Growth?", WIPO, https://www.wipo.int/edocs/pubdocs/en/wipo-pub-2000-2023-en-main-report-global-innovation-index-2023-16th-edition.pdf.

(90.63),广东—香港—澳门大湾区排在第三(88.76),上海排在第七(82.05)。在量子信息领域,合肥、北京、上海分别排在第二、第四、第十二位;在绿色能源领域,北京、广东—香港—澳门大湾区、苏州—无锡—常州分别排在第一、第五、第十八位;在AI机器人领域,广东—香港—澳门大湾区、上海、北京、苏州—无锡—常州分别排在第三、第六、第八、第十九位;在元宇宙领域,广东—香港—澳门大湾区、北京、杭州、上海分别排在第三、第四、第七、第十位;在先进通信领域,北京、广东—香港—澳门大湾区、苏州—无锡—常州、合肥分别排在第二、第三、第十、第十九位;在生物技术领域,北京排在第十三位;在入榜城市中,中国占全球的16.7%(美国占比27.5%)。[1]

第三节 加快未来产业前瞻布局

未来产业由前沿技术突破和颠覆性创新所驱动,代表着产业发展的方向,是"明天"的战略性新兴产业。尽管未来产业还需要较长的时间才能进入大规模转化阶段、转化为现实生产力,但如果不能及早进行前瞻布局,就有可能在进入产业化时错失先机。随着科技创新能力和产业技术基础的增强,中国已经具备了抢抓未来产业发展先机的条件。通过中央和地方共同发力,中国未来产业发展呈现出良好发展态势。

---

[1] "2022 Global Future Industry Index", iCV Tank, https://www.icvtank.com/newsinfo/804919.html.

一 中央加强未来产业前瞻部署

2020年3月，习近平总书记在浙江考察时强调，抓紧布局数字经济、生命健康、新材料等战略性新兴产业、未来产业，大力推进科技创新，着力壮大新增长点、形成发展新动能。2020年5月14日召开的中共中央政治局常务委员会会议指出，抓紧布局战略性新兴产业、未来产业，提升产业基础高级化、产业链现代化水平。2020年10月14日，习近平总书记在深圳经济特区建立40周年庆祝大会上的讲话中指出，要围绕产业链部署创新链、围绕创新链布局产业链，前瞻布局战略性新兴产业，培育发展未来产业，发展数字经济。《中华人民共和国国民经济和社会发展第十四个五年规划和2035年远景目标纲要》第九章对战略性新兴产业的发展进行了部署，第一节是传统战略性新兴产业的内容，第二节是对未来产业的前瞻谋划。这一篇章设置既说明了未来产业是战略性新兴产业的组成部分，又与战略性新兴产业存在很大不同。总体上看，未来产业技术成熟度处于产业生命周期的早期阶段，有望在今后一个时期进入大规模产业化阶段，是"明天"的战略性新兴产业。《中华人民共和国国民经济和社会发展第十四个五年规划和2035年远景目标纲要》提出，在类脑智能、量子信息、基因技术、未来网络、深海空天开发、氢能与储能等前沿科技和产业变革领域，组织实施未来产业孵化与加速计划，谋划布局一批未来产业。党的二十大报告在"加快构建新发展格局"部分提出"构建新一代信息技术、人工智能、生物技术、新能源、新材料、高端装备、绿色环保等一批新的增长引擎",在"实施科教兴国战略"部分提出"开辟发展新领域新赛道,不断塑造发展新动能新优势"。党的二十大报告虽然没有直接指出"未来产业",但上述表述无疑是对"未来产业"的部署。2023年中央经济工作会议提出,开辟量子、生命科学等未来产业新赛道。2024年1月,工业和信息化部等七部门发布《关于推动未来产业创新发展的实施意见》,确定了未来制造、未来信息、未来材料、未来能源、未来空间、未来健康六大领域的一系列新赛道,提出到2025年"未来产业技术创新、产业培育、安全治理等全面发展,部分领域达到国际先进水平,产业规模稳步提升",到2027年"未来产业综合实力显著提升,部分领域实现全球引领"的发展目标。

二 地方积极进行未来产业规划布局

中国地方政府也高度重视未来产业的发展,许多省份在本地区的《国民经济和社会发展第十四个五年规划和2035年远景目标纲要》中提出前瞻谋划未来产业的方向。2021年以来,山西、河南、上海、深圳、江西、浙江、北京、江苏、安徽等许多地方出台关于未来产业发展的专门性指导意见、法案规划、行动方案(行动计划)、实施方案(建设方案),提出本地区未来产业发展的重点领域、发展目标和支持政策(见表3-1)。

表 3-1　中国地方出台的未来产业支持政策

文件名称与发布时间	未来产业领域
《山西省"十四五"未来产业发展规划》（2021年）、《山西省未来产业培育工程行动方案》（2022年）	九大主导性未来产业：信息技术应用创新产业、大数据融合创新产业、碳基新材料产业、特种金属材料产业、半导体产业、先进功能材料产业、新能源产业、先进轨道交通产业、智能网联新能源汽车产业；七大先导性未来产业：云计算与工业互联网产业、煤炭清洁高效利用产业、核能产业、氢能产业、电子信息装备产业、航空航天产业、海洋装备产业；四大颠覆性未来产业：量子产业、区块链产业、碳基芯片产业、高速飞车产业；五大前瞻性未来产业：人工智能产业、数字孪生与虚拟现实产业、下一代互联网产业、生物产业、智能传感及物联网产业
《河南省加快未来产业谋篇布局行动方案》（2022年）	量子信息产业、氢能与储能产业、类脑智能产业、未来网络产业、生命健康产业、前沿新材料产业
《上海打造未来产业创新高地 发展壮大未来产业集群行动方案》（2022年）	到2030年，在未来智能（智能计算、通用AI、扩展现实、量子科技、6G技术）、未来能源（先进核能、新型储能）、未来空间（深海探采、空天利用）、未来材料（高端膜材料、高性能复合材料、非硅基芯材料）等领域涌现一批具有世界影响力的硬核成果、创新企业和领军人才，未来产业产值达到5000亿元左右
《深圳市人民政府关于发展壮大战略性新兴产业集群和培育发展未来产业的意见》、《深圳市培育发展未来产业行动计划（2022—2025年）》（2022年）	5—10年内有望成长为战略性新兴产业：合成生物、区块链、细胞与基因、空天技术四个未来产业；10—15年内有望成长为战略性新兴产业：脑科学与类脑智能、深地深海、可见光通信与光计算、量子信息四个未来产业
《江西省未来产业发展中长期规划（2023—2035年）》（2023年）	三大赋能型未来产业：（1）未来信息通信：人工智能、工业互联网、元宇宙、柔性电子（新型电子元器件）、微纳光学（新型显示）、卫星应用、量子科技；（2）未来新材料：稀土功能材料、高性能金属材料、高性能纤维及复合材料、石墨烯材料、碳纳米管宏观膜与连续纤维；（3）未来新能源：新型储能（锂电、光伏），氢能，先进核能，二氧化碳捕集、利用与封存（CCUS）；三大先导型未来产业：（1）未来生产制造：智能机器人、增材制造、智能制造系统集成；（2）未来交通：智能网联汽车、未来航空、中低速磁悬浮列车（新型高效智能永磁磁浮轨道交通）；（3）未来健康：生命科学、生物技术（医药、农业）、功能食品、智能医疗

续表

文件名称与发布时间	未来产业领域
《浙江省人民政府办公厅关于培育发展未来产业的指导意见》（2023年）	优先发展9个快速成长的未来产业：未来网络、元宇宙、空天信息、仿生机器人、合成生物、未来医疗、氢能与储能、前沿新材料、柔性电子；探索发展6个潜力巨大的未来产业：量子信息、脑科学与类脑智能、深地深海、可控核聚变及核技术应用、低成本碳捕集利用与封存、智能仿生与超材料
《北京市促进未来产业创新发展实施方案》（2023年）	未来信息［通用人工智能、第六代移动通信（6G）、元宇宙、量子信息、光电子］、未来健康（基因技术、细胞治疗与再生医学、脑科学与脑机接口、合成生物）、未来制造（类人机器人、智慧出行）、未来能源（氢能、新型储能、碳捕集封存利用）、未来材料（石墨烯材料、超导材料、超宽禁带半导体材料、新一代生物医用材料）、未来空间（商业航天、卫星网络）
《江苏省政府关于加快培育发展未来产业的指导意见》（2023年）	加快培育第三代半导体、未来网络、氢能、新型储能、细胞和基因技术、合成生物、通用智能、虚拟现实、前沿新材料、零碳负碳（碳捕集利用及封存）10个成长型未来产业，谋划布局量子科技、深海深地空天、类人机器人、先进核能等一批前沿性未来产业，初步形成"10+X"未来产业体系
《安徽省未来产业先导区建设方案（试行）》（2024年）	通用智能、量子科技、未来网络、生命与健康、低碳能源、先进材料、空天信息，同时兼顾第三代半导体、先进装备制造、区块链、元宇宙等领域和方向的布局发展

资料来源：笔者整理。

三　未来产业主要领域呈现良好发展态势

在中国各级政府的前瞻部署和积极支持下，在各类企业的踊跃投资和积极发展下，中国未来产业也呈现出良好的发展势头。根据iCV Tank发布的《2022全球未来产业指数》报告，在未来明星企业排名中，在量子信息领域，中国企业国盾量子、本源量子分别排在第4、第15位；在绿色能源领域，中国企业隆基绿能、金风科技、协鑫科技、龙源电力、比亚迪、宁德时代、中科海纳分别排在第4、第9、第12、第15、第17、第19、第20位；在AI机器人领域，中国企业汉森机器人、大疆创新、赛格威—纳恩博、优必选科技分别排在第2、第4、第16、第20位；在元宇宙领域，腾讯控股、字节跳动、阿里云分别排在第1、第4、第8位；在先进通信领域，华为、中兴、中国卫星网络集团、中国电信分别排在第4、第7、第17、第20位；但在生物技术领域，没有中国公司进入前20。[①] 未来产业具体细分领域的发展情况如下。[②]

类脑智能：类脑芯片从2016年进入高速增长期，该领域全球论文发表量从2013年之前的不足500篇增长到2016年的1000篇，2022年接近4000篇，专利申请量由2015年的不到300件增长到2021年的2600件。在该领域，中国专利发表量和专利申请量分别占全球的27.67%和48%（美国分别为23.15%和48%）。

量子信息：中国在量子计算、量子通信等领域取得一大批原创性成果，产业化也正快速推进。在量子计算领域，已发布了量子测控一体机、量子计算云服务平台、超导量子计算操控系统等产品，实现48量子比特的光量子计算和"量子优越

[①] "2022 Global Future Industry Index"，iCV Tank，https://www.icvtank.com/newsinfo/804919.html.

[②] 本部分参考了以下资料：《五大领域将成未来产业创新前沿》，2023年9月10日，人民网，http://theory.people.com.cn/n1/2023/0910/c40531-40074175.html；《浦江成果发布丨〈未来产业创新的前沿领域〉》，2023年9月9日，网易网，https://www.163.com/dy/article/IE6PT8I60511D98B.html；《我国类脑芯片基础研究和技术成果数量均居全球首位》，2023年9月9日，光明网，https://m.gmw.cn/2023-09/09/content_130351001 3.htm.

性";在量子通信领域,已建成全长2000多千米的量子通信骨干网"京沪干线",发布高速量子密钥分发设备、量子卫星小型化地面接收站、单光子探测器等核心产品。中国的量子通信应用规模和产业发展全球领先,但量子计算和量子测量方面与美国尚存一定差距。

基因技术:中国已成为细胞治疗技术主要领域——CAR-T细胞治疗世界上临床研究数量最多的国家,细胞治疗市场规模将由2021年的13亿元增长到2030年的584亿元。[①] 美国处于合成生物产业的第一梯队,中国、日本、英国紧随其后处于第二梯队。

未来网络技术:在6G领域,中国在2019年正式启动6G技术研发工作,成立中国IMT-2030(6G)推进组、国家6G技术研发推进工作组、总体专家组,设置了多个国家重点研发计划项目,一批研发机构和企业开展了大量6G技术研究、积极建设6G实验平台,2022年中国6G技术进入测试及验证的初期阶段。[②] 国家知识产权局知识产权发展研究中心2021年发布的《6G通信技术专利发展状况报告》显示,中国占到6G通信技术领域全球专利申请总量(3.8万余项)的35%,居全球首位。[③]

---

① 吴月辉:《细胞治疗产业发展潜力大》,《人民日报》2023年2月27日。
② 张平、陈岩、吴超楠:《6G:新一代移动通信技术发展态势及展望》,《中国工程科学》2023年第6期。
③ 《我国6G技术专利申请量全球第一,占比达35%!》,2021年4月26日,广东省通信管理局网站,https://gdca.miit.gov.cn/xwdt/xydt/art/2021/art_c4d712ec4a0a4069861ec342969ba7ac.html。

新能源：中国绿氢技术领域的研发专利数仅次于日本居全球第二位，一些地方政府和一批企业近年来加快了对绿氢产业链布局，目前已经基本建成包括制氢、储运、加注和应用的较为完整的氢能产业链，初步形成一批绿氢产业集群。在建、建成的可再生能源制氢项目总产能超过20万吨/年，建成加氢站数量超过350座（约占全球40%），在"氢进万家"等示范项目推动下，氢能应用场景不断拓展，氢燃料电池汽车保有量超万辆，成为全球最大的氢燃料电池商用车生产和应用市场。[①]

[①] 百人会低碳院、车百智库：《中国氢能产业发展报告2024：推动绿氢制储输用一体化发展》。

专 题 篇

第四章
科技创新：新质生产力发展的引擎

  科技创新能够催生新产业、新模式、新动能，是发展新质生产力的核心要素。必须加强科技创新特别是原创性、颠覆性科技创新，加快实现高水平科技自立自强，打好关键核心技术攻坚战，使原创性、颠覆性科技创新成果竞相涌现，培育发展新质生产力的新动能。

  ——习近平总书记在二十届中央政治局第十一次集体学习时的讲话（2024年1月31日），《人民日报》2024年2月2日

  习近平总书记有关新质生产力的系列重要论述重新定义了生产力赋能高质量发展的逻辑起点，对于深刻理解生产力调整及经济增长动能转换具有指导意义，是对创新经济学思想的大拓展。新质生产力的经济增长逻辑与创新促进增长理论高度吻合，所以本章从创新促进增长理论来理解新质生产力支撑高质量发展的内在逻辑。

传统经济发展方式的增长放缓，现状反映了中国经济发展在质量和效益方面存在的挑战。世界科技革命正通过非传统的方式创造出新的科技，释放出新的生产力，引发第四次工业革命。笔者认为，新质生产力将催生新的国家创新系统，将新质生产力置于第四次工业革命的大趋势下来理解更吻合新质生产力的内涵。加快形成和发展新质生产力、要尽快实现"从1到N"的追赶型制度体系向"从0到1"的引领型制度体系转变。特别要兼顾市场竞争和知识产权保护、减少政府干预，加强普适性底层制度体系供给能力，持续加大基础研究投入，重视新技术革命机会窗口中科技型中小企业的生力军作用，因地制宜地发展新质生产力，推动经济社会更高质量的发展。

第一节 从创新促进增长理论看新质生产力

科技创新是发展新质生产力的核心要素。培育和发展新质生产力，就是要把握新科技革命的历史机遇，掌握未来发展主动权，塑造国际竞争新优势。历次科技革命都涌现出了众多新质生产力，形成和发展新质生产力的时期也是大国交替兴衰的关键机会窗口。中国在经济体量和科技产出等方面已经实现了量的优势，要推动"量的积累"向"质的跃升"的转换，必须抓住并利用好科技革命的战略机遇，增强原始创新能力，加速推动科技创新向产业创新的转化，开辟新的领域，形成新的优势，推动经济高质量发展。

一 科技创新是发展新质生产力的核心要素

习近平总书记在准确洞察新一代科技和产业发展趋势的基

础上，创造性地提出了新质生产力，并强调新质生产力已经在实践中展示出对高质量发展的强大推动和有力支撑，引发了学者们的广泛学习研讨。关于新质生产力的经济学探讨，多数是围绕生产力、生产要素、生产率与经济增长、高质量发展的关系展开的，也有少部分经济学者在论述中涉及了对创新的讨论。

我们认为，科技创新是发展新质生产力的核心要素，这也可以从关注科技革命与经济增长的研究理论逻辑高度趋同。随着技术进步给经济增长和社会治理带来的非连续性的冲击，新古典增长理论陷入解释危机。创新促进增长理论，将创新与技术进步视为经济增长的内生决定性因素，在一定程度上弥补了新古典增长理论的不足，解释了不同经济体增长率差异的内在原因和经济可持续增长的路径。[1]

创新促进增长理论的核心——创造性破坏思想与新质生产力的增长理论在内在逻辑上高度吻合。这一学派的学者认为，创造性破坏可以打破现有经济的平衡，带来经济体系更高质量的均衡。[2] 创造性破坏过程中，新技术窗口机会的出现不断刺激创新涌现，为后发国家提供了追赶甚至超越的可能。[3] 创新促进增长理论认为，知识重组和技术进步引致的破坏性创新对

---

[1] 柳卸林、高雨辰、丁雪辰：《寻找创新驱动发展的新理论思维——基于新熊彼特增长理论的思考》，《管理世界》2017 年第 12 期。

[2] Philippe Aghion, Ufuk Akcigit and Peter Howitt, "What Do We Learn From Schumpeterian Growth Theory?", NBER Working Paper, No. 18824, February 2013, p. 15.

[3] Keun Lee and Franco Malerba, "Catch-up Cycles and Changes in Industrial Leadership: Windows of Opportunity and Responses of Firms and Countries in the Evolution of Sectoral Systems", Research Policy, Vol. 46, No. 2, March 2017, p. 339.

经济发展具有根本性的影响，破坏性创新会重塑产业体系，新的产业会提升一个经济体的增长潜力和发展质量。但这种改善不是自发形成的，需要政府的适度干预，特别是要重视知识与研发的公共属性，促进社会系统重新接受破坏性创新带来的社会转型，推动创新的合法性形成。[①]

习近平总书记关于新质生产力的重要讲话表明，只有产生量变的科技创新还不是新质生产力，能够产生质变的科技创新才能被称为新质生产力，需要利用新技术革命机会窗口，加快形成和发展能够带来破坏性增长的新质生产力。只有新质生产力能够带来经济的破坏性增长，避免陷入"中等收入陷阱"，新质生产力为经济高质量发展找到了技术依据。高质量发展需要新的生产力理论来支撑，它也是一个发展中国家从低质量规模制造向高质量发展转型做出理论贡献的突破口。而且，新质生产力所强调的新发展理念、因地制宜、支撑高水平科技自立自强、知识型资本家是对创新促进增长理论在中国发展情境下的大拓展。

二 科技革命是走向强国之路的战略机遇

科技创新是世界经济增长的源动力，世界科技革命的历史机遇是新兴大国的崛起之道。一方面，全球经济的持续增长和全面发展得益于高度发达的社会生产力，促使社会生产力高度发达的决定性因素是科技革命所催生的科学发现和系统性技术革新，特别是第二次世界大战后的第三次科技革命使社会生产

---

① 柳卸林、高雨辰、丁雪辰：《寻找创新驱动发展的新理论思维——基于新熊彼特增长理论的思考》，《管理世界》2017年第12期。

力再次出现了质的飞跃，极大地促进了更大范围内劳动生产率的提高。另一方面，科技创新是大国崛起的基石，从引进模仿到自主创新是一国科技创新能力建设必经的过程，激励创新的制度是大国科技创新崛起的根本保证，抓住世界科技革命和产业革命的历史机遇是新兴大国崛起的成功之道。①

科技革命是一系列改变世界的重大科技突破集中涌现的现象。历史发展中的大国兴衰交替表明，具备生长出重大科技突破的制度土壤与利用重大科技突破实现生产力跃升的能力是实现科技强国必不可少的两个条件。英国、德国、美国、日本等发达国家无不利用科技革命的机遇实现了社会生产力的巨大飞跃。

以纺织机和蒸汽机发明为标志的第一次工业革命将英国推上世界霸主的位置。但英国资本家满足于向全球殖民地输出商品、资本和原材料，忽视了采用新技术、新设备来提高生产率，即便在科学技术上产生了电灯、雷达、青霉素、喷气式发动机等一批重大技术发明，因缺乏将这些科技成就应用于产业的积极性和主动性，以致生产率日渐落伍，被美国人抢先将这些重大技术发明商业化应用并推广至全球，最终错过在第二次工业革命中实现二次腾飞的机遇。

以电力、内燃机、无线电、汽车和重化工为标志的第二次工业革命爆发，德国对教育和科研的重视和大规模投入得

---

① 王昌林等：《大国崛起与科技创新——英国、德国、美国和日本的经验与启示》，《全球化》2015年第9期。

到了显著的回报。19世纪中后期到20世纪初期，德国涌现了电学、光学、热力学等多个领域的重大发明，积累了大批高技能、专业化的人力资本，西门子、巴斯夫等具有技术积淀的大企业脱颖而出。德国抓住了第二次工业革命的发展机遇，社会生产力水平跃升将其推到了欧洲第一强国的位置，德国的机械设备、电气电子工程设备、化工制品至今仍然是先进生产力的代表。

独立后的美国在科学领域也有一些贡献，如果单论纯理论研究，美国仍比英国、德国逊色不少，但美国科技的发展更关注科学的纯应用部分，美国科技创新体系高效、有活力的重要原因在于实用主义导向。例如，美国建立了与市场机制相适应的工业研究体系和大学体系，私立大学和州立大学积极响应地方经济和产业发展需求，工业实验高度融合了新知识的产生与新知识的应用，注重吸引和留住全世界的优秀人才赴美创新创业。[①] 鼓励和保护创新的制度体系建设为先进科技快速转化为先进生产力创造了条件。美国是最早将保护知识产权写进宪法的国家，《不公平竞争法》《反托拉斯法》《购买美国产品法》《拜杜法案》《中小企业创新法》等制度体系建立和完善了军民融合、技术转移和中小企业发展的制度环境，缩短了将先进科学技术转化为先进生产力的过程，成为美国在第二次和第三次科技革命中抢抓发展先机的重要因素。此外，技术创新、工

---

① 樊春良：《美国是怎样成为世界科技强国的》，《人民论坛·学术前沿》2016年第16期。

艺流程创新、商业模式创新、管理创新等全方位的创新形式也充分释放了科技革命的积极作用，带来了美国全要素生产率的长期增长。

倡导科技实用主义的还有日本。第二次世界大战前，日本的教育改革促进了教育与现实的联系，教育体系对学生好奇心和教师自主性的维护一定程度上塑造了自由探索的学术环境。第二次世界大战后，在美国的监护和扶持下，日本通过快速吸收消化外国先进技术，仿照西式教育培养人力资本实现了科技革命对日本制造业的巨大拉动，从资源贫瘠的小国成为很长时间内的世界第二大经济体。[①] 20世纪80年代，日本半导体制造业曾一度超过美国，"技术立国"战略效果显现，同时，京都大学等高校以及索尼等大企业也开始强化自主基础研究以应对外部日益严重的技术保护主义，日本近乎一半的诺贝尔奖成果是20世纪70—90年代产生的科研成果。[②] 日本政府通过"创造性科学技术推进制度"加强了产业界和学术界的交流合作，促进了先进科技的不断出现及其向现实生产力的快速转化。

中国在科研产出、人力资本、产业规模和经济体量等方面进入了"量的积累"向"质的跃升"的关键阶段。2010年，中国超越日本成为仅次于美国的世界第二大经济体。中国制造业规模连续13年居世界首位，其中，新能源车占到全球市场

[①] 王昌林等：《大国崛起与科技创新——英国、德国、美国和日本的经验与启示》，《全球化》2015年第9期。

[②] 胡智慧、王溯：《"科技立国"战略与"诺贝尔奖计划"——日本建设世界科技强国之路》，《中国科学院院刊》2018年第5期。

份额的一半以上，5G及新一代信息技术、轨道交通、工程机械、消费电子等领域涌现出众多领军企业，在量子通信、载人航天、高温气冷堆等前沿科技领域取得了重要进展。中国的快速发展也更多的是应用主义导向。虽然中国在一些领域不是最早的技术发明者，但多场景需求不断释放市场红利，出现了移动支付、电子商务等更高效率的消费形态，以高铁、共享单车推动着巨大规模人口的出行方式的变革。但是，这些在商业模式和技术上的创新仍然是已有技术轨道的一种增长长波的延伸，改进空间越来越小。要实现"质的跃升"仍需要创造性的破坏带来更高质量的发展，而新质生产力是能够开辟新赛道、产生新动能的一种先进生产力质态，可以支撑中国实现由大到强的转变。新质生产力与科技革命密切相关。习近平总书记在许多场合都强调，培育和发展新质生产力，是把握新科技革命历史机遇、掌握未来发展主动权、塑造国际竞争新优势、推动经济高质量发展的关键之举。当前，全球新一轮科技革命和产业变革孕育的技术成果已经到了应用转化的临界点，人工智能、生命科学、可控核聚变、量子科技等颠覆性技术和前沿技术进入加快向现实生产力转化的窗口期。中国必须抓住并利用好新技术革命的战略机遇，加快形成和发展新质生产力，以科技创新推动产业创新，以颠覆性技术和前沿技术诱发市场新需求、催生新产业、抢占新领域、增加新动能、创造新模式，推进发展方式的转型，为中国式现代化注入强大动力。

三 新质生产力对实现中国式现代化的意义

习近平总书记有关新质生产力的系列重要论述对理解新质

生产力具有指导意义。结合创新促进增长理论，理解新质生产力需要从本质上明确几点认识。

第一，各行各业都在涌现各种形式的创新，但一般意义的常规创新、渐进创新不具备支撑中国从经济转型阶段迈向科技强国宏伟目标的潜能，新质生产力更强调颠覆性技术创新、不连续创新和突破性创新。同时新质生产力是符合新发展理念的生产力新质态。

第二，要在新技术革命这一趋势和背景下理解新质生产力。在传统生产要素潜力枯竭、成本提升和增长疲软的现状下，新一轮科技革命在通过非传统的发展方式释放新质生产力的同时，也在提高原有经济系统生产要素的边际生产力。中国需要利用新技术革命的机会，尤其要发挥数字经济的边际效应递增作用，重视颠覆性技术的融合应用对系统所有参与者创造新的市场和新的增长机会。[①]

第三，新质生产力是通用目标技术的创新。新的通用目标技术（General-Purpose Technologies，GPTs）创新扩散到多个经济部门时会提高创新的质量，由此产生创造性破坏，打破经济均衡，实现中国新一轮更高质量的经济增长。过去每隔几十年会出现新的技术系统带动经济增长方式变化，如半导体技术、互联网技术。现如今 AI、清洁能源、生物技术都是可以形成新产业的通用技术，并对其他产业具有带动作用，逐渐成为经济

---

① Xu Min, Jeanne M. David and Suk Hi Kim, "The Fourth Industrial Revolution: Opportunities and Challenges", *Journal of Contingencies and Crisis Management*, Vol. 9, No. 2, February 2018, p. 91.

系统的核心产业。

第四，发展新质生产力是大国竞争的需要。一方面，大国竞争是推动世界重大技术变迁的重要动力，某种程度上说美苏争霸促成了第三次工业革命，第二次世界大战后苏联发射的第一颗人造地球卫星和载人飞船给美国造成极大困扰，促使美国在紧密跟踪苏联军事科技进展的同时，大规模资助科研、大幅采购新技术产品，促进了以晶体管、半导体为代表的电子产业取得巨大发展，而且军用技术的精确性要求也大幅提升了美国精加工产品的性能。[①] 另一方面，前沿技术创新也会被政府干预用于军事或战略备用。如 OpenAI 公司政策不再明确禁止其技术用于"军事和战争"，其部分研发人员也同属于美国国防部（DOD）联合 AI 中心"国防创新委员会"，定期参加相关研讨会，而且 DOD 支持的微软"联合企业国防基建"也在参与 OpenAI 云计算业务。

因此，充分利用科技革命产生的新质生产力，才能确保中国在 2050 年前实现中国式现代化。

第二节　新质生产力催生新的国家创新系统

从以往科技革命和产业革命看，技术革新会带来科学和产业的巨大发展机遇。科学、技术、产业、经济和社会系统的各自发展及其融合应用会引发技术—经济范式的转变，这个转变

[①] 黄琪轩：《世界技术变迁的国际政治经济学——大国权力竞争如何引发了技术革命》，《世界政治研究》2018 年第 1 辑，总第一辑，中国社会科学出版社 2018 年版。

过程重塑了国家创新系统，国家创新系统之所以新体现在：生产要素系统中引入新的关键生产要素；利用关键生产要素发挥作用的新技术系统将支配经济系统的运转；创新主体的角色赋予了新的内涵；供给端和消费端的产业结构和形态将被重构。

一 关键生产要素的引入

生产力的进步是从关键生产要素的变迁来实现的，它恰当地传递了科技产业革命促进社会生产力的机制。这也证实了熊彼特有关创新的定义，即将一种从未有过的生产要素和生产条件的新组合引入生产体系。经济社会的发展就是源源不断地创造和实现这样的新组合。

Christopher Freeman 和 Carlota Perez 从科技革命的演进中明确了关键生产要素的内涵，即每个技术—经济范式中的一个特定投入、一组投入、一种或多种新的基础设施，这种投入既可以是自然资源，也可以是工业制成品。[①] 关键生产要素对整个创新系统的影响路径体现为应用必须重构甚至新建的几个产业，包括生产关键生产要素（煤炭、钢铁、石油、半导体等）的动力型产业；主要接受和应用生产要素的（计算机、软件、汽车、电器）产业，这是核心产业；塑造和扩展所有行业市场边界的基础设施（铁路、港口、电网、互联网）产业；[②] 促进

---

① Christopher Freeman and Carlota Perez, "Structural Crises of Adjustment: Business Cycles and Investment Behaviour", in Giovanni Dosi et al. eds., *Technical Change and Economic Theory*, London and New York: Pinter Publishers, 1988, pp. 47–49.

② Carlota Perez, "Technological Revolutions and Techno-economic Paradigms", *Cambridge Journal of Economics*, Vol. 34, No. 1, September 2010, pp. 191–192.

核心产业扩散必不可少的诱导型产业（建筑业、物流业）。

表 4-1　　　　工业革命中的要素、技术和产业突破

产业革命	关键生产要素	核心技术	基础设施	新产品或新产业
第一次工业革命	棉花、蒸汽机、铁、煤炭	蒸汽机械动力技术	运河、水道、高速公路等	蒸汽机和相关机械、铁矿业、煤炭业、铁路建设、铁路车辆生产、工业蒸汽动力
第二次工业革命	钢铁、煤炭、电力、电网、水路运输网、电报电话通信网	电气技术和内燃机技术	铁路、邮政服务、电报、大型港口、桥梁、隧道、仓库、帆船、城市煤气、电力网络	汽车、石油、石化产品、电灯、飞机、电话
第三次工业革命	石油和芯片	处理器和计算机技术、互联网技术	高速公路、港口、机场网络、全球模拟电信、石油管道、网络、通用电力	微电子产品、计算机、软件、远程通信、控制设备
第四次工业革命	芯片、数据、新能源	人工智能、物联网、新能源技术、自动驾驶、增材制造、大数据、云计算、区块链、虚拟现实等	大数据中心、云计算平台、储能设施、下一代移动互联网	智能制造、新一代集成电路、生物医药、新能源、新材料

技术革命对经济社会系统的重塑机制是通过关键生产要素来实现的。数字经济时代，新的关键生产要素是数据。[①] 成为关键生产要素需要具备以下几个特征。第一，数据要素接近于无限供给，且应用领域广泛，能够突破传统生产要素的增长约

---

① 陈雨露：《数字经济与实体经济融合发展的理论探索》，《经济研究》2023 年第 9 期。

束。平台型企业掌握着海量数据资源,引领 AI 技术的探索和应用。第二,数据不仅具有一般关键生产要素的低生产成本、大规模可得的基本特性,① 还具有搜索成本极低、复制成本极低、传输成本极低、非排他性等特征,② 这是关键生产要素作为生产投入和市场规模的前提条件。要素价格对创新具有重要影响,当要素的相对供应量越大,要素成本越低,与该要素互补的技术升级就越快。③ 第三,数字技术能够赋能资本和劳动力要素,数智技术将数据和算法作为新的创新要素与传统要素编排出更多的投入组合,提高其边际产出。第四,数字技术与资本和劳动力要素结合后的新型数字经济形态,能够提高社会整体的全要素生产率。④

二 新技术系统革新

以往工业革命爆发前都有一个漫长的过程,它是一个技术累积和技术突变的系统性革新过程。Christopher Freeman 把影响经济发展的技术创新分为四种,依次是渐进性创新、突破性创新、技术系统变革和技术—经济范式的变革。每一次工业革命都是最高层次的、技术—经济范式的变革。渐进的连续的创

---

① 蔡跃洲、马文君:《数据要素对高质量发展影响与数据流动制约》,《数量经济技术经济研究》2021 年第 3 期。
② Avi Goldfarb and Catherine Tucker, "Digital Economics", *Journal of Economic Literature*, Vol. 57, No. 1, March 2019, p. 3.
③ Daron Acemoglu, "Why Do New Technologies Complement Skills? Directed Technical Change and Wage Inequality", *Quarterly Journal of Economics*, Vol. 113, No. 4, November 1998, p. 1059.
④ 陈雨露:《数字经济与实体经济融合发展的理论探索》,《经济研究》2023 年第 9 期。

新有助于生产效率的提高,但真正的变革要靠创造性的破坏,也就是突破性创新来触发。突破性创新的进化不是孤立发生的,突破性创新会引发系统内部的供应商、应用商的群体性的创新,以及与它紧密相关的外部性改进,进而带动社会生产力的巨大进步。

第四次工业革命的很多创新还处于起步阶段,但一些突破性技术的巨大潜力正在引发各行各业的深刻变革,这些变化在规模、速度和范围上都是史无前例的。[①] 这些可应用于全产业链的突破性技术可以归结为四个基本类型:一是支持连通性、数据和计算能力的技术:云技术、互联网、区块链、传感器;二是支持分析与智能的技术:高级分析、机器学习、人工智能;三是支持人机交互的技术:虚拟现实(VR)和增强现实(AR)、机器人和自动化、自动引导车辆;四是支持先进工程的技术:增材制造(如3D打印)、可再生能源、纳米颗粒、生物技术。[②]

这些突破性技术中有很多是通用技术,可以在各个领域产生新质生产力。例如,生物技术领域可以产生合成生物学、干细胞、生物催化、生物芯片与传感、个性化医疗等新的通用技术,其中,生物制造可以在生产原料、加工工艺等方面另辟蹊径。加快化工、医疗、材料、轻工等重要工业产品制造与生物

[①] Klaus Schwab, "The Fourth Industrial Revolution", Geneva, World Economic Forum, 2016, p. 8.

[②] "What are Industry 4.0, the Fourth Industrial Revolution and 4IR?", Mckinsy, Augest 17, 2022.

技术的深度融合，将推动经济向绿色低碳可持续发展模式转型。① 能源技术领域可以产生先进核能、新型储能、氢能、电子燃料等新的通用技术。利用新能源技术，从不同能源品种、从产业链不同环节、从产供储运销各环节，全方位推进减污降碳，推动能源新产业建设。② 空间技术领域可以产生火箭、测控通信、卫星平台、载人飞船等通用技术。空间技术不仅能为新能源、新材料、生物技术等提供在轨独特的太空环境开展大规模科学实验和技术试验，还可以用来发展太空经济，如空间站空间科学试验、太空育种、航天器在轨服务、太空能源开发利用、太空旅游。③ 通信技术领域可以产生转发/交换芯片、交换机、路由器、防火墙等通用技术。6G 将全面构筑万物智联的新一代信息网络基础设施，与云计算、人工智能、大数据、物联网、区块链等共同构成数字经济基础，为数字经济发展提供技术保障和实现手段。④ 这些新质生产力将会产生未来产业，如太空经济、空中交通、生物制造等新兴产业，开辟经济增长的新赛道。

---

① "How Can Scientific and Technological Innovation Make the New Quality Productivity Continue to be New?", tidenews, March 8, 2024.

② 《2023 年中国光伏行业系列研究——多晶硅研究报告》，2023 年 8 月 8 日，搜狐网，https：//it.sohu.com/a/709958151_121706790；《2023 年中国光伏行业系列研究——光伏硅片行业研究》，2023 年 11 月 8 日，搜狐网，https：//www.sohu.com/a/733300800_120708211？scm=1102.xchannel：325：100002.0.6.0。

③ "The Emerging Space Economy has Unleashed Huge Industrial Energy", Xinhuanet, November 8, 2022.

④ "Zhang Ping, Academician of the Chinese Academy of Engineering：6G is an Important Strategic Support for the Cevelopment of New Quality Productivity", Xinhuanet, January 19, 2024.

三 平台企业和深科技企业成为新质生产力的领航力量

企业在国家创新系统中的角色由技术创新主体转变为科技创新主体。平台型企业在资金投入、人力资本、场景和资源整合方面具备更有引领性的优势,如阿里、腾讯、微软。深科技企业在方案设计、工程能力和使命导向上具有明显的优势,如SpaceX、Tesla、Cellino。这两类企业都具有明显的生态优势,掌握着大学、研究机构等其他主体不具备的资源优势,成为科技创新的主体,引领着新质生产力的发展。

平台企业。新技术系统是基于数据的连接和融合发生作用的,数据成为最有价值的生产要素。互联网发展带动的信息经济产生了大量平台型企业,如腾讯、阿里、百度、华为等掌握大量行为数据的企业。依靠土地、能源等传统生产要素的企业不再具备竞争优势,谷歌、微软、FaceBook这些掌握数据的在位大企业仍然在新技术系统竞争中保持优势。新技术应用需要算力、算法和大数据,传统企业不掌握这些资源。例如,滴滴公司的能力在于对数据、算法和算力的使用,传统出租车公司没有与之竞争的能力。

深科技企业。深科技企业从成立时就有强烈的问题导向,这种问题对经济社会环境的影响非常广泛以至于这类公司通常都有着强烈的使命感,如可再生能源生产、低碳制造流程、模块化建筑材料创新、利用合成生物学降低农业化学品的新型农业等人类普遍面临的挑战。这类企业从设计或解决方案开始就融入了科学知识和工程思维,通过跨学科的背景分析、问题发现、方案框架和想法产生,这个解决方案的实现更多的是并行工程,而非线性工程。例如创立于 2017 年的 Cellino,是美国一家开发自动化干细胞生产平台企业,团队中吸引了具备物理学、干细胞生物学、机器学习等学科背景的年轻人。它的设计中融入了明确的问题导向(使再生医学成为可能)、科学(干细胞研究)、工程(将成人细胞转变为干细胞),Cellino 平台采用人工智能技术、机器学习、激光物理学等技术使细胞疗法大众化。深科技企业通常是由科学家创业,这些科学家通常具备良好的教育背景,他们具备发表论文和发明技术的能力,知道如何将技术商业化,知道如何创立公司运营,知道如何招募团队,知道如何获取投资者的支持。

深科技有特殊的商业实现逻辑,简单地说是通过跨组织的前沿技术融合应用来解决复杂挑战。具体可以从四个方面理解:第一,面向问题。深科技企业的目标是解决社会面临的重大而根本性的挑战,推动实现至少一个联合国可持续发展目标。第二,着眼于使用最好的现有或新兴技术,如先进材料、合成生物、人工智能或量子技术等。96% 的深科技企业至少使用两种上述技术,约 70% 的深科技企业拥有相关产品或服务的相关专利。第三,从基于比特的数字创新转向基于比特和原子的数字和物理创新。深科技企业的数字能力主要集中在使用人工智能、机器学习、高级计算等来探索物理、化学和生物学的前沿。第四,催化一个新的跨组织生态系统的出现,来投资、支持基础研究、应用程序的开发。由于这类创新的复杂性和规模，这类企业从一开始就涉及大型机构和资金来源。① 这些公司充分利用人工智能、机器学习、生物计算等新兴先进技术或脑电信号尚未被应用的已有先进技术，均可从 SloarCity 的太阳能技术获取底层共性技术支持。

四 供给侧出现新的产业结构

按照 Carlota Perez 对技术革命结构的解析，新技术系统会催生四种类型的企业，一是动力型企业，负责生产廉价且普遍适用的投入品，如以往工业革命中的煤炭、钢铁、石油类生产部门；二是载体型企业，是投入品最典型和最活跃的用户，代表着新技术革命的主流产业，如以往工业革命中的汽车、电器、软件等；三是基础设施型企业，成为塑造和扩大所有行业市场边界的主要力量，如以往工业革命中的港口、电网和互联网等；四是诱导型产业部门，是促进核心载体产业进一步拓展市场边界的产业，如建筑业、物流业等。

某种程度上，新技术系统作用于经济增长的途径内生地对上一轮经济增长长波中的区域或群体进行了重新划分，原先具有发展条件的区域或群体可能在新技术系统创新所需条件方面并不具备条件或优势而走向衰落，动力型企业部门更容易产生路径依赖，习惯于依靠资源优势实现增长，惰于创新。如美国底特律原来因为钢铁产业短暂领先，但现在成为铁锈地区，芝加哥汽车产业也面临同样问题。中国东北三省曾在钢铁、石油、化工等领域占据领先地位，但在数字经济时代其创新能力

---

① "Meeting the Challenges of Deep Tech Investing", Deeptech Equity, May 17, 2021.

逐渐下降。

区域或群体基础和条件会随着新技术革命作用条件的改变而变化。一些在前一次技术革命中不被利用的，甚至视作障碍的因素或条件可能恰好可以为新技术革命提供动力，从而成为该区域或群体参与新技术革命的优势。例如贵州的地形地势条件、资源存储量，在传统经济中是一种劣势，交通不便，无法与外界连接，内部供给不足。但是在数字经济时代，贵州的地形和气候条件使其具备了大数据存储的天然优势，成为发展绿色新质生产力的条件，涌现出一批基础设施型企业，成功参与进新技术革命中。新一轮技术革命建立在第三次工业革命的技术基础之上，这可能会维持一种情况：载体型生产部门会积极采用新型生产要素继续维持它在新经济赛道中的在位优势，如阿里、华为、谷歌等。

五　需求侧出现新的消费经济

以往工业革命中，技术进步不仅提高了现有产品和服务的生产效率和质量，还为人类创造了从未想过的新的消费需求，如轮船、家电、汽车、电话、飞机、手机、电子邮件等极大地增加了科技对于人们的福祉。英国产业结构的变化是一个例证。第一次工业革命的诞生地——英国，蒸汽机等技术的应用前所未有地提升了生产力水平，实现了原始资本积累，并使工人拥有了更多的闲暇时间，思想和文化得到解放，体育、古典音乐等新的生活方式逐渐流行。金融、体育成为随后的输出产业。

信息技术时代产品和服务的生产、消费中伴生的大量用户数据，在新技术系统的采用下将释放出巨大的社会生产力，数据和新技术的结合使用可以精准地为用户定制个性化的需求，以消费者体验为核心的体验经济将成为新的趋势。体验经济的消费结构中，消费者的情感需求比重增加，消费者注重产品质量的同时，更加注重情感的愉悦和满足。人们越来越追求那些促成自己个性化形象，彰显自己与众不同的产品和服务。① 新质生产力同样将引致新的需求，创造新的需求，比如没有登顶过珠穆朗玛峰，可以借助元宇宙技术得到登顶的体验。

体验经济也改变了企业的生产和营销模式。体验经济下，企业产品和服务的设计、生产、营销等各环节都需要用户的全程高度参与，体现用户的价值理念和服务要求。体验经济中的消费者，不再只是产品和服务的接受者，也会主动参与产品的设计和制造，广汽、蔚来等新能源汽车的销售模式已经全面采用用户线上定制化下单，定制化生产的模式，即使在徐工集团这类装备制造企业中，经销商模式也已经基本退出。

第三节　新的生产关系：政府与市场关系的再确立

一　竞争和知识产权保护仍然是发展新质生产力的制度保障

经济增长通常有两条路径：一条是靠模仿领先国家的追赶

---

① 刘凤军、雷丙寅、王艳霞：《体验经济时代的消费需求及营销战略》，《中国工业经济》2002 年第 8 期。

型路径；另一条是靠前沿技术突破性创新的引领型路径，两种路径适用的制度和机制存在差异。越是接近技术前沿的经济体，越需要减少政府的干预，越要重视市场竞争、产权保护、开放、教育，这些是影响一个靠近前沿的经济体长期增长的最关键因素。[1] 中国的发展模式正在发生重大变化，即"从1到N"的追赶型经济体向"从0到1"的引领型经济体转变。引领型经济体依靠原创性、颠覆性、不连续的前沿技术创新优势，它高度依靠个体的创造性，个体的创造性受到市场竞争的激励和知识产权的保护两个基本制度的影响。

第一，市场竞争的激励。当一个经济体更接近于技术前沿，会涌现更多的前沿公司，竞争对前沿公司的增长是有益的，体现为前沿公司本身具有竞争力，初始竞争程度较低的情况下，积极的竞争会激发其潜在的竞争力，使其效率更快、实力更强，从而打破行业均衡，而非前沿公司在激烈的竞争面前会胆怯、退缩甚至出局。破坏性技术创新充满了不确定性和风险，但正是这种高风险和高收益会刺激具有战略眼光的企业家敢于冒险、敢于创新，从而获得创新租金。在技术变革时代，充分的竞争环境和宽松的进入管制措施会不断涌入一批中小企业。

第二，知识产权的保护。知识产权保护与产品市场竞争在促进前沿技术创新方面具有互补性，竞争降低了企业的创新租

---

[1] Philippe Aghion, Ufuk Akcigit and Peter Howitt, "What Do We Learn from Schumpeterian Growth Theory?", NBER Working Paper, No. 18824, February 2013, pp. 20-28.

金，知识产权保护则增加了企业的创新租金。《欧盟的知识产权与企业绩效》研究报告显示，拥有知识产权的中小企业比其他公司更有可能实现高增长。知识产权保护是企业创新过程中的战略工具。新质生产力从颠覆性创新到将产品推向市场主要经历两个阶段：一是研究开发阶段，二是商业化阶段。其中，专利、版权和商业秘密在研发阶段发挥重要作用，可以在一定程度上规避竞争对手对公司研发成果的侵犯。商标和外观设计在商业化阶段发挥作用，用来区别竞争对手的产品。保护带有商标的产品的身份及其外观设计至关重要。另外，在开放创新时代，企业在研发阶段的知识产权未必全部走向商业化，但有价值的知识产权如果有许可机会与外部资源合作或被其他公司购买，这既是对企业继续创新的一种鼓励，也可以使企业以一种安全且有价值的方式分享它们的技术和解决方案，而这对中小企业创新尤其重要。信息化和智能化下针对无形资产的知识产权保护需要探索更多的知识产权保护形式和制度组合，如与有形资产、IP地址、可追踪记录等捆绑式申请模式都可能是知识产权保护机制的可行尝试。

第三，新质生产力对经济发展的影响路径需要更具雄心、更有耐心、更宽容的新型体制机制设计。前沿技术探索阶段有太多的不确定性，没法规划，而且创新通常来自体制外的中小企业，需要更多发挥企业家的作用。如尊重企业家的战略决策，并对相关的人才、土地等传统要素需求给予适度的普惠性支持。政府可能更擅长基础设施建设、教育投资、通用型技术投资等规模性、效率性服务方面。减少针对特定产业部门和企业纵向政策，转向更多完善要素市场、营商环境、市场竞争、降低经营成本、吸引人才等环境政策。例如，浙江省为了解决中小企业引才问题，承担引进人才待遇的一半支出；通过市级的高层次人才"编制池"解决企业引入人才的后顾之忧。不同地区的产业基础、科教资源、人力资源、人文地理环境等都是很有地域特点的，应该鼓励地方政府根据实际条件和实地需求，探索更多吸引和发展新质生产力的新质生产关系。

二 注重企业家精神

一方面，未来技术具有不可预测性，超越了人类认知的局限性，即便是发明者本人也难以预想到新技术应用的空间，如电话发明者并不知道电话会取代电报，同样，手机取代电话、智能手机取代功能手机都是前沿技术及其融合应用给人类生活带来的颠覆性变化，并不是发明者设想或者人类规划出来的。另一方面，经济发展到一定阶段后，互补性技术的到位、新创意的出现、用户对现有生产生活方式的新需求，也刺激了企业家改变和创新的意愿，这时通过技术融合应用带来的新需求会继续拓展技术的市场空间，如电子商务、家用计算机、无线网络，这些都是人类认知难以预测到的。从这个角度而言，重视政府研发投入，不注重市场端一时或一段时间内的反馈，可能更适用于理解科学、未来技术与创新的关系。

在新质生产力的培育和发展中，知识、数据、颠覆性技术等新质生产力的内在构成对企业家的素质提出了更高、更全面的要求，早已突破了掌握机器和生产工具的资本家角色，他们具有打造"从 0 到 1"的商业帝国的潜质和能力。知识资本家或者说科技型企业家不仅是科技活动的参与者，也是一个企业家，更重要的他是一个革新者，具有科技改变未来的强烈使命感，他们懂科学技术、懂工程应用、懂市场推广、懂商业模式，是一种战略性的复合技能专家。知识资本家有助于新质生产力的培育和发展，并将成为新技术革命浪潮下引领经济发展的先锋力量，他们在其所处的时代都是超前的，甚至是被认为不可理解的。

知识资本家并不是一种新个体。在过去，他体现为科技型企业家，一个科技型企业家可能对科技革命和产业革命浪潮起到巨大推动作用。19 世纪末，爱迪生的通用电气公司开启了电力革命并引爆了第二次工业革命。1879 年，爱迪生发明了白炽灯，并把灯泡推向市场，实现量化生产，他借助银行资本创办了照明公司，奠定了商业化基础。爱迪生还发明了电气系统、发电机、电动机、电车、留声机、电影摄影机、电线等，形成了完善的技术体系及产品系统，招募了精通数学、物理、化学等专业技术人才，他为了让白炽灯走向更广阔的市场，和政府煤气公司打交道、与银行等资本投入主体打交道，还要涉猎财务管理、市场营销等，并为了灯泡用户的接线权建立了分销系统。1890 年，爱迪生将各项业务组合成爱迪生通用电气公司。作为知识型资本家，爱迪生不仅会发明技术，申请专利，建立了美国第一个工业实验室——门罗帕克实验室，还知道怎样将发明转变成进入市场的商业产品，熟悉相应的整套经济和商业模式，是典型的科技型企业家。

在新一轮科技革命和产业革命浪潮中，出现了更多这样走在时代前列的革新者，如马斯克、阿尔特曼、任正非、曾毓群。马斯克围绕商业航天、自动驾驶、脑机接口和太阳能服务等领域布局了新创企业，曾毓群围绕可再生能源和储能、动力电池和绿色智能制造等领域在加速全球能源转型。1999年，曾毓群首次创业、成立了新能源科技有限公司（ATL），带领团队攻克了从贝尔实验室购买的聚合物理电池技术专利存在的电池鼓包的行业难题，成为了20多家被贝尔实验室授权的企业中唯一将该技术产业化的公司，率先进入苹果供应链并由此成为国际领先的手机电池企业。2011年，他敏锐地捕捉到了新能源汽车的发展前景，二次创业，成立宁德时代（CATL），布局了动力电池几乎所有的技术赛道，致力于可持续的地球资源利用方式和能源技术创新加速全球能源转型，自2017年开始至今蝉联全球动力电池厂商第一。宁德时代布局了"灯塔工厂"和"零碳工厂"，推动新能源行业的智能化转型升级。2016年，宁德时代成立全资子公司江苏时代新能源科技有限公司，通过应用人工智能和大数据等技术对新能源汽车动力电池制造全流程进行智能化改造。相较于以往变革中的科技型企业家不同，马斯克、曾毓群这类知识型企业家对科技创造未来具有近乎偏执的信仰，准确洞察和顺应科技趋势，非常早地介入到有可能的相关领域，更加注重技术先驱型行业的培育及其跨界融合创新来突破现有产业边界甚至生存空间。

三 持续重视基础研究

第一，基础研究对社会的可持续创新至关重要，未来产业的核心技术来源于基础研究成果。政府机构要继续加大对基础研究特别是公共部门基础研究的投入和支持力度。公共部门产出的是公共产品，这些公共产品对人类现在和未来都至关重要。公共产品包括好奇心和知识驱动的发现与创新，这是一种公益，对社会可持续创新至关重要。现在人工智能的很多底层技术都来自公共部门，如传感器、反向传播算法、Imagenet等。第二，相较于私营部门的目标驱动型研究，公共部门可以作为公众的可信任伙伴，它们在解释、教育和评估各项技术时的立场更加中立，公正地帮助大众知悉新技术的安全程度、透明程度、数据算法等。第三，公共机构不仅培养未来技术工作人员，还可以培养有责任感的工作人员，监督研究实验和技术开发行为。第四，继续加大对产业共性的应用型基础研究支持力度。企业在科技创新中的主体地位日益凸显，应用型基础研究的主体已经从研究所拓展为研究所、大企业、产业技术研究院，既要注重通过财政补贴、税收优惠、资源倾斜等政策降低大企业开展应用型基础研究的投入成本、调动大企业的主观能动性，激发市场活力，[①] 也要注重发挥政府在产业共性基础研究的布局优势，如国家实验室、产业技术研究院等模式，补充市场在资源配置中的不足甚至失灵。

---

① 魏崇辉：《新质生产力的基本意涵、历史演进与实践路径》，《理论与改革》2023年第6期。

四 重视科技型中小企业

技术变革时期，要更加重视中小企业发展新质生产力的作用。近两年，人工智能大模型训练竞赛及应用创新中涌现了很多中小企业，尽管这些中小企业背后几乎都接受了大型平台企业投资，但在数据、资源、人才和场景等诸多方面都更具优势的大企业却没有成为绝大多数。谁会成为发展新质生产力的主体？数字经济环境中，数字产品和服务的生产、消费过程伴生了大量用户数据，这些数据要素的增加可以让大企业滚雪球式地扩大市场份额，大企业研发活动将可能面临数据要素"陷阱"：行业数字化水平越高，对于数据要素的使用越充分，数据要素充足的大企业越倾向于进行改良性质的渐进性创新，对大企业而言，可持续的、可预期的获利空间比高额投入冒险而来的创新租金更具有吸引力。这使得资源较少、能力较弱的中小企业成为突破性创新的主体。[①] 在深科技创业公司中，初创企业从成立之初就是融合应用最先进的生产力工具和要素，使以前不可能的事情以指数级的速度实现。相比之下，在位大企业即使对新技术也是接受的，但考虑到既有投资和可预期的盈利，在位大企业通常是摇摆的、挣扎的，无形之中也许错过了很多机会窗口。更多的在位大企业保持着既要保持现有的市场份额，又不想错过可能的未来盈利机会，所以，资金充裕的大企业会选择投资多个中小企业，以保障新的增长到来时不被淘

---

① 徐翔等：《数据要素与企业创新：基于研发竞争的视角》，《经济研究》2023 年第 2 期。

汰出局。

从技术本身的特点而言，一些新技术降低了创业者的进入壁垒，为中小企业进入提供了机会。例如，由于3D打印原型等新技术的出现，第四次工业革命可能会缩短发明家和市场之间的距离。像3D打印这样的新技术，可以让有想法的企业家以更低的启动成本建立小公司。另一些技术仍然需要大规模的、持续的资金和人力投入，这方面大企业显然更有优势，如人工智能、智能网联汽车、商业航天等，这需要政府充分利用市场竞争机制，降低进入壁垒、增加市场的开放度，让不同类型的企业都有平等进入新兴市场的机会。

五 因地制宜发展新质生产力

习近平总书记强调，发展新质生产力不能一哄而上，各地要坚持从实际出发，先立后破、因地制宜、分类指导，根据本地的资源禀赋、产业基础、科研条件等，有选择地推动新产业、新模式、新动能发展，用新技术改造提升传统产业，积极促进产业高端化、智能化、绿色化。[①]

习近平总书记在2024年两会期间参加江苏代表团审议时明确要求江苏加强科技创新和产业创新深度融合，成为发展新质生产力的重要阵地。习近平总书记强调的新质生产力是由技术革命性突破、生产要素创新性配置、产业深度转型升级而催生的当代先进生产力，它以劳动者、劳动资料、劳动对象及其优化组合的质变为基本内涵，以全要素生产率提升为重要标

---

① 《因地制宜发展新质生产力》，《人民日报》2024年3月6日。

志。从实地调研中可以更加深刻地体会习近平总书记因地制宜发展新质生产力的含义。中国区域间的创新能力差异较大，地区之间在人文环境、地理气候、资源禀赋、科教基础、产业结构、区位条件方面各具特色，在形成和发展新质生产力中具有不同的条件。同时，各区域已经在科技、产业、生态等方面实现了比较好的积累，因地制宜发展新质生产力，是要抓住并利用好新技术革命的战略机遇，立足本地区的基础和条件，充分发挥地区创新主体的能动性和创造性，提高各项生产要素的科技含量和科技贡献，积极利用和开发自身及邻近地区的科技资源。产业是生产力变革的具体表现形式。因地制宜发展生产力，既要利用好本地区优势产业的基础，利用新兴技术完成现有产业发展的新模式和新动能的转化，也要注重前沿技术与地区独特资源的融合，超前布局未来产业，大胆探索新质生产力的可能市场边界，推动产业链向上、向下、向新的开拓，形成完善的现代化产业体系，为高质量发展注入动能。

第五章
教育和人才：新质生产力发展的基石

要按照发展新质生产力要求，畅通教育、科技、人才的良性循环，完善人才培养、引进、使用、合理流动的工作机制。要根据科技发展新趋势，优化高等学校学科设置、人才培养模式，为发展新质生产力、推动高质量发展培养急需人才。

——习近平总书记在二十届中央政治局第十一次集体学习时的讲话（2024年1月31日），《人民日报》2024年2月2日

教育和人才作为新质生产力发展的基石，将为其提供强大的推动力和支撑力。

第一节　畅通"教科人"良性循环与发展新质生产力

党的二十大报告指出，教育、科技、人才是全面建设社

会主义现代化国家的基础性、战略性支撑。教育、科技、人才三者之间密切相关，相互影响。简单来说，健全高质量教育体系是培养创新型人才的关键，同时高等院校、科研院所等既是培养科技人才的重镇，也是从事科技创新活动的重要主体。科技人才则是科技创新活动最具主观能动性的要素。畅通教育、科技、人才的良性循环是发展新质生产力的重要一环。

一 教育、科技、人才良性循环助力新质生产力发展的逻辑内涵

在中共中央政治局第十一次集体学习时，习近平总书记发表重要讲话指出，新质生产力是由技术革命性突破、生产要素创新性配置、产业深度转型升级而催生。从理论上来讲，这三项动因都与教育、科技、人才良性循环密切相关。

首先，技术革命性突破通常是教育发展和人才培养长期服务科技创新的结果。ChatGPT的横空出世让全世界看到，人工智能技术的革命性突破将给人类生产和生活带来巨大影响，而在OpenAI的创立和ChatGPT的研发过程中，许多发挥关键作用的人才和企业均来自硅谷。事实上，从20世纪70年代以来，硅谷在每次影响世界的技术革命中都发挥着非常重要甚至是具有决定性的作用。[①] 多项研究表明，硅谷之所以能多次推动技术的革命性突破，是由于其背靠顶尖的大学资源，吸引了

---

① 胡曙虹、黄丽、杜德斌：《全球科技创新中心建构的实践——基于三螺旋和创新生态系统视角的分析：以硅谷为例》，《上海经济研究》2016年第3期。

诸多科技领域的高水平人才集聚于此，为科技从理论走向实践打造了良好的创新生态。① 随着科学技术复杂度的不断提升，实现技术革命性突破所需专业知识的深度和广度在不断增加，对专业技能人才的数量和质量也提出了更高要求。因此必须通过畅通教育、科技、人才良性循环，形成优质高效的科技创新生态，才能实现技术的革命性突破。

其次，劳动力创新性配置通常是教育和科技共同影响人才培养的结果。劳动力是主观能动性最强的生产要素，劳动力的创新性配置将直接影响其他生产要素的配置效果。回顾18世纪以来历次技术革命的发展过程可知，就业岗位和就业形态都受到了科技的重要影响。② 因此在新一轮科技革命加速演进的背景下，劳动力的创新性配置一方面需要加快提升新增劳动者的综合技能素质，使其更加符合未来产业发展要求；另一方面需要加快帮助存量劳动者积极适应科技变革，减少劳动力错配带来的效率损失。尽管中国的"人口数量红利"优势有所减弱，但仍拥有9亿左右劳动年龄人口，并且经过教育体系的不断完善，"人口质量红利"正在持续积累。在这种情况下，通过持续改革教育体系，加速适应科学技术发展带来的产业变革，不断优化新时代人才培养模式，有助于人才技能更快适应经济社会发展需求，实现劳动力的创新

---

① 潘妙洎、杨院：《美国硅谷科技创新体系的转型发展探析》，《中国高校科技》2023年第9期。
② 路鸣、于玲玲、宗慧：《新技术革命对就业的影响与国际经验借鉴》，《中国人力资源社会保障》2021年第11期。

性配置。

最后,产业深度转型升级通常是教育和科技两个领域的高水平人才深度合作、合理流动的结果。宏观层面的产业深度转型升级与微观层面的企业技术水平提升密切相关。近年来,随着大国科技博弈持续演进,实现高水平科技自立自强成为中国现代化产业体系建设的重要支撑战略。走自力更生、自主创新的科技研发道路,需要高校、科研院所、企业、政府等多方合作,而人才在不同创新平台的流动,以及不同创新主体间人才的交流合作,是促进学术界和产业界共同实现原创性、颠覆性技术突破的关键。以企业设立博士后科研流动站为例,根据相关规定,在站博士后的科研活动由企业和高校、科研院所一起组建团队进行指导。这种人才培养和联合创新模式对企业的技术创新具有显著的正向影响。[①] 此外,企业委托高校和科研院所进行技术研发,高校聘用企业人才作为校外导师指导学生,企业和高校联合进行学生培养等各种教育、科技、人才协同发展的模式,均有助于促进企业科技创新,带动产业深度转型升级。

二 畅通教育、科技、人才良性循环对发展新质生产力的重要意义

一是畅通教育、科技、人才良性循环有助于强化新质生产力的前沿性。新质生产力的本质是先进生产力,先进生产力必

[①] 权小锋、刘佳伟、孙雅倩:《设立企业博士后工作站促进技术创新了吗——基于中国上市公司的经验证据》,《中国工业经济》2020年第9期。

须是充分应用前沿科学技术的生产力。尽管前沿的技术应用多诞生于产业界，但其中的科学知识源头来自大学和科研院所，从事前沿技术研发的人才也需要教育界培养。因此畅通教育、科技、人才的良性循环，一方面有助于促进大学、科研院所等教育领域的前沿科学知识不断向科技应用领域传播；另一方面有助于大学甚至是中学等教育主体时刻掌握科技前沿变化，在人才培养方面回应科技发展需求。

二是畅通教育、科技、人才良性循环有助于强化新质生产力的颠覆性。新质生产力的重要特点是创新。不同于渐进式创新，颠覆式创新给经济社会带来的影响更具系统性和创造性。在大国科技博弈加剧的背景下，如果中国在颠覆式创新中落于人后，那么将可能与先行者产生代际差异。颠覆式创新的诞生离不开基础科学领域的发展，因此需要基础研究人才与科技产业人才的紧密合作[1]，通过畅通教育、科技、人才良性循环，有助于促进这种合作更加频繁、密切，从而降低中国在颠覆式创新中落于人后的概率。

三是畅通教育、科技、人才良性循环有助于强化新质生产力的持续性。新质生产力的关键在质优。这意味着新质生产力必须始终处于变革和更新状态，其领先地位要具备持续性，一旦停止更新就可能面临被淘汰的风险。因此，发展新质生产力不间断地需要来自科学领域的源头活水和高水平科技人才的创新活动。只有畅通教育、科技、人才良性循环，才能够促进科

---

[1] 陈劲：《全球科技创新的前沿分析及对策》，《人民论坛·学术前沿》2019年第24期。

学领域成果持续向技术领域扩散，同时能输送更多的创新型人才到产业界从事科技创新，助力新质生产力发展。

三 国际借鉴与启示

从美、日、德、英、法等发达国家推动科技创新，促进产业升级的实践经验可以发现，这些国家都十分重视科技人才培养，注重为高校与企业搭建优质合作平台。它们的经验做法为中国畅通教育、科技、人才良性循环，促进新质生产力发展提供了重要的借鉴与启示。

一是改革教育体系，充分重视对科技人才的培养。在这一方面，美国STEM教育体系的建立与改革过程值得研究。美国STEM教育体系最早开始于20世纪80年代，并且在进入21世纪以来，根据美国增强国家创新能力和竞争实力的需要不断进行调整。[①] 例如，2007年美国国会通过的《国家竞争力法》中强调，为了创新要切实执行STEM教育计划，并且提出要为STEM研究和教育投资433亿美元。2009年奥巴马提出教育创新运动，优先发展STEM，并带动各州创建STEM教育网络，成立区域STEM中心，将STEM教育延伸到中小学阶段。2022年美国出台的《芯片和科技法案》再次提出，对STEM人才培养给予130亿美元的支持。

二是创建高校与企业共同参与的产业园区，为双方搭建合作平台。这一模式的成功案例起源于20世纪50年代美国的斯

---

① 杨体荣、沈敬轩、黄胤:《美国STEM教育改革的主要阶段、实践路径与现实困境》,《比较教育学报》2023年第3期。

坦福大学创办的斯坦福研究园（Stanford Research Park），该园区直接推动了硅谷的诞生，被称为"硅谷创新之源"，在20世纪70年代以来美国电子信息产业的繁荣发展中发挥了重要作用。此外，日本的筑波科学城，德国的阿德勒斯霍夫科学城，以及俄罗斯的新西伯利亚科学城等都是高校、科研院所、企业集聚的高科技园区。[①] 这些园区之所以能产出对经济社会具有重要影响的科技成果，并不仅仅在于硬件设施，更多的是为高校和企业创造了一个良好的创新生态，为科学技术从实验室走向产业化应用，提供了完备的创新链和产业链融合支撑。

三是在高校建立专业的技术转移机构，为高校科技成果向企业转移创造有利条件。虽然硅谷的发展与斯坦福大学密切相关，但斯坦福大学本身没有在硅谷创办任何一家高科技企业，而是采取了技术许可办公室（OTL）的工作模式。[②] 该办公室的主要职责是从事科研成果、专利发明等知识产权的市场营销，保障技术成果的顺利转让，并且将一定份额的收益分配给科研人员，激励科研人员的创新积极性。此外，还有哈佛大学的技术开发办公室、剑桥大学的沃夫森产业联络办公室、牛津大学全资创办的 Isis 创新有限公司等，都在高校科技成果转移中发挥了至关重要的作用。这些机构成功的关键在于明确了职

---

① 张颖莉、杨海波：《世界科学城的演变历程及对粤港澳大湾区的启示》，《中国科技论坛》2023年第1期。

② 段世飞、段伯渊：《美国研究型大学如何向创业型大学转型——基于斯坦福大学的个案研究》，《中国高校科技》2022年第9期。

务科技成果的产权分配，建立了有效的收益分配和激励机制，从而加速了科技成果的产业化应用。

四 重点领域与关键措施

习近平总书记指出，科技创新能够催生新产业、新模式、新动能，是发展新质生产力的核心要素。因此，通过畅通教育、科技、人才良性循环，促进新质生产力发展的关键在于提升国家创新体系效能，产出更多的高水平科研成果，并进行产业化应用，使科技成果切实转化为提升全要素生产率的新技术、新产品。

为实现这一目标，畅通教育、科技、人才良性循环的重点领域包括三个方面：一是强化前瞻性科技发展规划对高等教育发展和科技人才培养的引领作用；二是加强高校、科研院所、企业之间的联合创新平台建设，鼓励不同创新主体交叉合作；三是创新科技成果管理和转化机制，激发高校和科研院所从事科技成果转化的积极性。针对这些重点领域，需要采取的关键措施包括以下三个方面。

一是加强对科技发展战略的前瞻性研究，突出科技战略规划对教育和人才战略规划的统筹协调作用。加快培养和选拔战略科学家，完善战略科学家的评价和淘汰机制。推动中央教育工作领导小组、中央科技委员会、中央人才工作领导小组之间建立协同办公机制，提升教育、科技、人才之间中长期规划的协调性，促使与国家战略相关的科技创新政策，从政府部门层面上升至国家层面。以服务科技创新发展为核心，推动一定比例的科研项目经费、教育事业发展经费和人才项目经费统一配置使用，在经费使用上加大对科技人才教育培养事业的倾斜力度。

二是持续完善科学城和高科技园区建设，鼓励高校和科研院所深度融入。支持地方政府充分挖掘本地区及周边地区的教育和人才资源，与高科技产业园区建设深度融合，建立起一流大学与一流企业广泛合作的模式。完善园区建设项目的事前评估机制，抑制地方政府盲目扩张的冲动，从项目审批阶段杜绝僵尸园区。加强科学城和科技园区生态建设，建立专业的科技成果投资、孵化、转移、交易平台，加快培养科技成果转移职业经理人。

三是进一步增强高校和科研院所在科技成果转化中的决策自主权，健全过程监督和尽职免责机制。鼓励高校设立专业化的科技成果转移组织，并组建知识产权领导小组以对重大问题进行集体决策，共同制定顶层政策。优化科技成果转化收益分配制度，充分重视对科研团队的激励，保障所有参与者获得合理的收益回报。提升科技成果转化整体流程的市场化程度，健全过程评估和监督管理机制，弱化事后追责的监督管理办法，完善尽职免责机制。

第二节 完善人才工作机制与发展新质生产力

习近平总书记在中央人才工作会议上提出，深入实施新时代人才强国战略，加快建设世界重要人才中心和创新高地。在中国式现代化建设全局中,人才的历史方位与战略地位越发凸显。完善人才培养、引进、使用、合理流动的工作机制,有助于构建与现代化产业体系相适应的人才支撑体系,为推动发展新质生产力提供充足的人才储备与创新力量。

一 人才工作机制驱动新质生产力的理论逻辑

人才是发展新质生产力的决定性因素。新质生产力是创新起主导作用的先进生产力质态,包含了更高素质的劳动者、更高技术含量的劳动资料与更广范围的劳动对象,其中劳动者是生产力中最活跃的因素,也是最具有决定性的力量。发展新质生产力对劳动者的知识与技能提出了更高要求,以往以简单重复劳动为主的普通劳动者难以匹配新质生产力。发展新质生产力既需要能够创造新质生产力的战略人才,比如引领世界科技前沿发展、创新创造新型生产工具的顶尖科技人才,在基础研究领域与关键核心技术领域作出突破的领军人才、青年科技人才;也需要能够熟练掌握新质生产资料的应用型人才,包括以卓越工程师为代表的工程技术人才和以大国工匠为代表的技术工人。

完善人才工作机制有助于推动新质生产力倍增。新质生产力的形成,必然引起生产关系的革命性变化,需要形成新的生产关系与之相适应,而人才工作机制正是生产关系的重要组成部分。近年来,随着人才强国战略的推动实施,中国人才队伍量质齐升、做大做强,初步形成了有利于新质生产力发展的人才保障体系。但是同发展新质生产力的巨大需求相比,高水平科技人才储备仍然不足，人才结构有待进一步优化，人才活力有待充分释放，对完善人才培养、引进、使用、合理流动的工作机制提出更高要求。通过完善人才工作机制，扩大更高素质劳动者的规模，同时促进优质的劳动者向发展新质生产力顺畅流动，有助于形成新质生产力倍增效应。

二　完善人才工作机制对发展新质生产力的重要意义

新质生产力的最大特点是创新，完善人才工作机制是实现创新驱动的前提。人才工作机制的构建始终围绕实现国家总体战略来动态调整。党的二十大报告进一步强化人才强国战略，凸显人才工作在党和国家工作全局中的地位，提出"加快建设世界重要人才中心和创新高地"新目标，围绕解决技术突破与原始性创新问题，深化人才工作机制改革，形成国家战略人才力量。世界知识产权组织发布的数据显示，中国在全球创新指数中的排名稳步提升，从2012年的第34位升至2023年的第12位，成为中等收入经济体中排名最高的国家，超过了日本、以色列、加拿大等发达经济体，但仍低于瑞士、瑞典、美国、新加坡等发达国家。创新驱动本质上是人才驱动，人才作为创新的根基，推进新质生产力必然需要人才引领与支撑。当前人才工作同发展新质生产力相比还有很多不适应的地方，突破和解决人才发展与人才创新问题来推进新质生产力的发展，是完善人才工作需要重点解决的关键问题。

新质生产力的核心标志是全要素生产率大幅提升，完善人才工作机制为促进全要素生产率提升提供基础条件。全要生产率提升需要通过科技创新、技术进步实现生产效率的提高，或者依赖制度改革、通过生产要素的重新组合来实现资源配置效率的提高，而这都依靠高素质人才的支撑。完善人才工作机制，建立人尽其才、具有全球竞争优势的人才制度体系，将扩大人才资源规模、提高人才资源配置效率，实现全要素生产率的提升与新质生产力的可持续发展。

三　国际借鉴与启示

当前全球人才竞争加剧，不仅是世界顶尖人才数量的竞争，更是人才作用发挥条件与人才制度体系的竞争。发达国家不断完善人才工作机制，不仅让这些国家拥有规模庞大的高素质人才队伍，还确保了科技领域的领先优势，持续保持较高的生产力水平。

健全层次丰富的培养与激励机制设计，提高了各类人才创新活力。美国设立了国际开发署，鼓励洛克菲勒基金会等机构通过各种奖学金项目资助来自发展中国家的留学生，将规模巨大的留学生群体作为战略人才力量中最为重要的潜在性储备，出台配套的人才优惠和补助政策，以较低的成本换取巨大的人才效益。德国在国家层面加强后备人才培养的立法保障，同时通过国内最大的科研资助机构（德国研究联合会），设立哈森贝格计划、后备人才科学院计划等一系列可持续加强对青年后备人才培养和激励的计划项目。日本早在20世纪80年代就意识到战略科学家的重要价值，设立ERATO（Exploratory Research for Advanced Technology）计划（全称"先进技术的探索性研究"计划），在资助领域上突出战略导向，并且强调"以人为核心"，尊重研究负责人的原创性与领导力，塑造科技帅才，同时充分借助其前瞻性视野和领导力优势，带动了高水平科技活动的组织开展，推动了生产力水平的提升。

不断完善移民政策，加大高端人才引进力度。美国是世界上最早实施人才吸引政策的国家之一，一系列的移民政策在美国战略人才力量建设中起到了关键性作用。近年来，美国政府根据产业与社会发展最新需求设立"积分择优制"移民政策，在移民总额减少的同时增加高技能移民比例，有针对性地吸引众多海外高素质战略人才赴美工作，同时针对不同层次与职业类属的战略人才，设置差异化的移民条件和不同的签证类型，以规范化的管理流程加速推动全球范围内人才的吸纳。德国则在2012年正式开始实施《关于高素质人才引进条例》（"蓝卡"法案），通过延长工作签证时间、解决人才配偶居留权、免除德语语言水平要求等方法，吸引国外高水平人才和留学生；通过民间协会、非营利基金会等主体搭建人才交流平台，设置高端人才引进奖项以吸引世界顶尖人才。

构建良好的产学研协同创新机制，形成人才聚集与自由流动的创新生态系统。以美国为代表，通过支持科研创新平台的建设，汇聚和使用全球范围内的战略人才，产生"集聚—创新—交流—再创新"的创新倍增效应。美国国家实验室注重与各国大学、研究机构、产业界的合作，共同解决学科发展前沿和重大科学问题，吸引优秀人才；美国国家科学基金会设立各类项目，为战略人才的研究提供平台与制度支撑，帮助战略人才实现理论与实践能力的提升；美国国家级产学研合作平台（如硅谷、128号公路园区），通过高水平研究型大学与国立科研机构对顶尖战略科技人才、STEM专业领域博士研究生等给予长期稳定的支持，加速了创新生态系统中人才、高校、政府、市场以及行业机构间的交流互动，建立起基础科研与战略人才培养、发展的良性循环体系。

四 重点领域与关键措施

加大人才培养与引进力度，强化发展新质生产力的人才力量。一方面，持续扩大人才规模，优化人才队伍结构。通过构筑人才发展平台，借助国家实验室、国家科研机构、科技领军企业，围绕发展新质生产力的战略需求，组织产学研协同攻关，加大人才培养与集聚力度。另一方面，面对全球技术移民竞争新态势，要借鉴科技强国技术移民经验，完善中国的技术移民制度，积极推进国家《移民法》出台，实施更加开放包容的移民政策，细化、丰富海外人才签证类别，加大力度吸引国际人才；同时建立高科技人才流失预警机制与长效吸引机制，预防高素质人才流失，为深度参与全球人才竞争与治理奠定制度基础。

发挥人才评价与激励制度改革的引领作用，释放发展新质生产力的创新活力。一方面，着力解决人才评价体制机制障碍，加快建立以创新价值、能力、贡献为导向的人才评价体系，让人才评价指挥棒最大限度地激发科技人才活力。在"破四唯"的同时，还要"立新规"，多层次细化人才分类评价体系，打破人才帽子"标签化""终身制"，健全"能上能下、能进能出"机制，动态跟踪和调整人才评价。另一方面，物质激励与精神激励并举，强化人才激励保障。推进和完善以增加知识价值为导向的收入分配制度改革，充分发挥绩效工资的激励作用，提升各类人才的收入水平；在中国首次开展"国家工程师奖"表彰的基础上，不断完善各类人才重大荣誉奖励体系，增强各类人才的荣誉感。

规范人才流动机制，夯实发展新质生产力的基础保障。长期以来，中国存在人才"孔雀东南飞"的现象，在国家层面要重点激励扎根欠发达地区的有突出贡献的人才，在经费、平台建设上加大倾斜力度，增加人才计划、财政补贴、个税优惠、住房等福利保障方面的政策支持，促进人才区域合理布局和协调发展，夯实欠发达地区因地制宜发展新质生产力的人才支撑；同时，探索设置流动岗位、挂职兼职等，进一步完善体制内外人才流动机制，促进高校、科研院所与企业的高效对接，加快推动科技成果转化为新质生产力。

第三节　优化高校学科设置、人才培养模式与发展新质生产力

教育，特别是高等教育，是发展科技第一生产力、培养人才第一资源、增强创新第一动力的重要结合点。习近平总书记在中共中央政治局第十一次集体学习时强调："要根据科技发

展新趋势，优化高等学校学科设置、人才培养模式，为发展新质生产力、推动高质量发展培养急需人才。"① 高等教育事业发展直接关系着国家战略目标和新质生产力形成的实现。

一 高校学科设置与人才培养赋能新质生产力的理论逻辑

高校学科专业设置为赋能新质生产力精准提供关键的科技创新支撑。学科专业是高等教育体系的重要支柱，也是人才培养的基础平台。习近平总书记高度重视学科专业设置工作，强调要优化同新发展格局相适应的教育结构、学科专业结构、人才培养结构。2024年的政府工作报告明确提出，要"实施高等教育综合改革试点，优化学科专业和资源结构布局，加快建设中国特色、世界一流的大学和优势学科"。对高校而言，高校学科专业的设置和建设，对教育教学资源的配置起着基础性、导向性作用，决定了一所高校人才培养的类型和特点；对经济社会发展而言，学科专业的设置和布局，关系到高校人才培养与经济社会发展相适应的程度和水平。

高校人才培养为赋能新质生产力持续提供各类高素质的人力资源支撑。加快发展新质生产力，既需要有基础学科、交叉学科和新兴学科背景的拔尖人才，也需要大批工程技术人才和大国工匠、高技能人才，而高等教育则是科技创新人才、高技能劳动者和高素质人才队伍培育的前提。在高等教育普及化的今天，各类高校结合自身特色优势和经济社会发展需求，为赋能新质生产力输送各类高素质人力资源发挥着育人功能。例

---

① 《加快发展新质生产力　扎实推进高质量发展》，《人民日报》2024年2月2日。

如，本科层次职业教育的设立促进了高职院校在更高层次上培养专业技能人才；研究型大学则致力于探索基础学科拔尖人才培养的中国模式，形成基础学科拔尖人才的梯队网络，为建设世界重要人才中心和创新高地筑牢基础。现阶段，中国高等教育结构面临着不断分化和细化，高等教育办学处于分类特色发展的普及化阶段，不同类型高校为赋能新质生产力培养输送各类高素质人才是当前高等教育职能的重要体现。

二 优化高校学科设置、人才培养模式是发展新质生产力的重要保障

在中国的高等教育体系中，学科分类扮演着重要角色。随着国际竞争日益激烈，为应对全面技术封锁和多方遏制，破解"卡脖子"核心技术问题是新时代中国发展新质生产力的关键。在科研成果学科分布上，尽管中国在化学与材料科学、生态和环境科学等学科领域具有一定的优势，但在基础科学、生命与健康、信息、海洋与资源生态环境等领域还存在明显短板。近年来，国家先后出台了《关于深化新时代高等教育学科专业体系改革的指导意见》《普通高等教育学科专业设置调整优化改革方案》等文件，推出了一系列务实管用的改革举措，为优化高校学科专业的结构、提升人才自主培养质量提供了重要抓手。高校学科设置应主动适应新时代高质量发展需要，专业定位应符合市场需求导向，增强引领产业创新的核心竞争力，更好担负起科技创新、发展新质生产力的重任。

随着中国高等教育规模和结构的不断扩大和优化，高等教育人才培养体系日趋完善，"人口红利"正逐步向"人才红利"

转变发展。在发展新质生产力的过程中，对于研究型大学来说，人才培养面临着高层次人才自主培养能力和顶尖人才竞争力不足等问题；对于高等职业院校来说，人才培养面临着知识裂变式增长转变、技术升级催生新的职业教育观念等问题。不同类型的高校在优化人才培养模式上应有不同的努力方向。对于研究型大学来说，应在鼓励"以兴趣为导向"自由探索的同时加强"有组织科研"，充分发挥各方优势，调动多方积极性，完善制度性保障和组织化支持，以扎实的研究能力推动基础研究的开展和更多顶尖原创科技成果的涌现。对于高等职业院校来说，在智能化时代，人机的相互协作、双向驱动，使职教学生通过理念更迭摆脱传统路径依赖，不断拓展知识蓝图，更新知识体系，形成创新思维，进而驱动新质生产力的强劲成长。

三 国际借鉴与启示

第一，完善科技创新立法。以科研成果转化为例，美国出台的《拜杜法案》几经修正，致力于解决科技创新成果与市场商业化应用间无法顺畅对接的问题；欧盟制订了一系列促进成果转化的计划与政策，如欧盟研发框架计划（Framework Programmes for Research and Technological Development），旨在推动整个地区研究、教育、培训和创新等方面的要素和资源自由流动。这些国际经验对中国高校科技创新工作的科学运转和高效产出具有宝贵的借鉴意义。

第二，持续加大高校科研投入。在研发经费投入规模上，中国与世界顶尖研究型大学之间以及中国高校内部均存在较大差距。在投入占比上，中国高校研发经费在全社会研发经费中的占比远低于世界主要科技强国的水平。统计显示，近十年来，美国、日本两国高校的研发经费占比基本稳定在10%—15%，德国、法国、英国、瑞典占比在15%—30%，丹麦、加拿大更是维持在30%以上的水平。反观中国高校研发经费，虽然其绝对规模在逐年增长，但是在全社会研发经费中的占比低于8%，远低于上述世界主要科技强国的水平。

第三，提升人才自主培养能力。中国"杰出青年"群体与世界顶尖大学学者的学术水平存在较大差距，并且"国外培养经历"对其学术产出有着显著影响。2022年，斯坦福大学与爱思唯尔数据库（Elsevier）联合发布了"全球前2%顶尖科学家榜单"，筛选了来自22个领域的700万名科学家，其中，中国入围的科学家仅有7795人，而美国入围的科学家多达78014人，占总收录人数的近四成。这一数据也侧面反映了中国顶尖战略科学家和一流科技领军人才的极度匮乏。从科技创新人才培养和成长的规律来看，合理的科技人才队伍应呈现出金字塔结构。无论是高等普通本科院校还是高等职业院校，都应打造结构合理、类型多样、层级连贯的科技创新人才梯队，同时大力提升人才自主培养的能力。

四 重点领域与关键措施

在优化高校学科设置上，应面向世界科技前沿和国家重大发展需求。一是服务国家发展，强调以服务经济社会高质量发展为导向，想国家之所想、急国家之所急、应国家之所需，建好建强国家战略和区域发展急需的学科专业。二是突出优势特色，强调以新工科、新医科、新农科、新文科建设为引领，调整优化专业结构，做强优势学科专业，做优特色学科专业，形成一大批特色优势学科专业集群和高水平人才自主培养体系。三是强化协同联动，强调教育系统与行业部门协同联动，实现学科专业与产业链、创新链、人才链相互匹配、相互促进。同时应完善本科专业类的设置与调整机制，动态调整国家控制布点专业和特设专业，加强对增设专业的论证和公示，完善有进有出、有增有减的专业动态调整机制，进一步提高专业设置的前瞻性和科学性。

在优化人才培养模式上，应提升人才供给与经济社会发展需求之间的适配度。在普及化阶段，随着高等教育入学机会的增加，受教育者数量急剧增加，生源群体间的异质性越发明显，高等教育在人才培养上的功能和目的变得更加多元。建立符合中国国情和中国高等教育发展特色的、培养拔尖创新人才的培养体系，是切实发挥高等教育普及化阶段拔尖人才教育功能的有力保障。普及化阶段，中国高等教育结构呈现出多样化、分层分类发展的格局，既要满足不同学习者的发展需求，也要满足经济社会发展对不同层次、不同类型人才的需求。研究型大学作为传统的精英教育的主体，致力于建设世界一流大学和一流学科，培养高层次创新型人才；地方本科院校和高职高专院校要在培养高层次应用型人才和高素质技术技能型人才上发挥重要作用。各类高校都应为加快建设世界重要人才中心和创新高地提供坚强的人才支撑和智力保障。

第六章
现代金融：新质生产力发展的血脉

> 做好科技金融、绿色金融、普惠金融、养老金融、数字金融五篇大文章。
>
> ——习近平总书记在中央金融工作会议上的讲话（2023年10月30—31日），《人民日报》2023年11月1日

发展新质生产力是推动高质量发展的内在要求和重要着力点。作为一种有效的资源配置手段，金融可以在支持新质生产力发展方面发挥重要作用。

第一节　金融支持新质生产力发展的理论基础

与传统生产力相比，新质生产力在劳动者、生产资料、劳动对象等方面均具有一定特殊性，风险相对更高。相应地，新质生产力的金融需求也呈现出新特点，由此决定了金融支持新质生产力发展的作用机制会有所不同。

一　新质生产力的金融需求特点

发展新质生产力既包括发展战略性新兴产业和未来产业，也包括推动传统产业转型升级，两者在金融需求上体现出不同特征。

（一）战略性新兴产业和未来产业的金融需求

作为科技型企业的主要聚集区，战略性新兴产业与未来产业被认为是发展新质生产力的主要阵地。战略性新兴产业以重大技术创新为驱动，初步完成重大技术试错且已具备较为明确的产业形态和发展模式，能够对经济社会发展发挥带动作用；未来产业则仍处于科技创新和产业创新的试错阶段，应用场景和商业模式尚不明确，处于萌芽阶段但发展潜力巨大。战略性新兴产业与未来产业的主要区别在于创新程度的不同。相比之下，未来产业的技术更加前沿，战略性新兴产业则产业化程度更高，综合效益也要高于未来产业。就两者的关联性来说，战略性新兴产业是未来产业发展的必然结果，未来产业则是战略性新兴产业的必经阶段。

相较于传统产业，战略性新兴产业和未来产业的突出特点是多变性、高风险与高投入。战略性新兴产业和未来产业均属于技术研发环节技术密集型产业，面临较长的投资回报周期与较高的技术风险，市场不确定因素较多，技术前景难以预测，且因其以知识产权等无形资产为主，缺乏固定资产等必要抵押物，难以从商业银行获得贷款。因此，战略性新兴产业和未来产业更青睐于风险投资、私募股权融资等融资方式，寻求风险偏高的投资者，为研发项目提供更加灵活的资金支持。

(二) 传统产业转型升级的金融需求

新质生产力并不是一味追求"高大上"；而且，在着力高新技术产业发展过程中，要"先立后破"，因地制宜。这意味着，除了战略性新兴产业、未来产业，传统产业转型升级也是新质生产力发展的重要内容。相较于战略性新兴产业和未来产业，传统产业一般具有低技术含量、低附加值、劳动密集等特点。传统产业门类多、体系全，是现代化产业体系的重要支撑。长期以来，中国传统产业普遍面临布局分散、产能过剩等问题，整体呈现出"大而不强，全而不精"的特点。但与此同时，传统产业与新兴产业间并不存在无法突破的壁垒。许多传统产业通过引进、使用新要素、新技术，实现了"老树发新芽"，推出了众多符合时代潮流发展趋势的新产品、新业态，使得中国现代化产业体系的内涵与外延得以不断重塑与丰富。当前，向更高端、更智能、更环保的方向持续发展，已经成为传统产业转型升级的主要方向。

传统产业转型升级的金融需求主要集中在技术改造融资、绿色融资等领域。就技术改造融资而言，传统产业在转型升级过程中，需要引进新的技术、新的设备和新的管理理念，产业升级与重构均需要大量且稳定的资金投入。但由于传统产业的技术改造通常具有一定的技术不确定性，且市场前景并不明确，因此需要利用风险投资等股权融资，吸引更多风险承受能力较高的金融资本进入技术改造领域。就绿色融资而言，传统产业不同发展阶段存在不同的绿色融资需求。在传统产业转型升级的初期，抵押资产以机器、设备等固定资产为主。其在技术革新后，存在资产搁浅等风险。由于难以获得商业银行绿色信贷，因而更倾向于通过高风险、高收益的股权投资，如绿色股权、绿色 ABS 等私募股权或资产证券化产品。而在转型升级的成熟期，传统产业升级后的技术已基本稳定且更具持续发展的潜力。此时，传统产业则更倾向于成本较低的银行信贷，为企业及创新项目提供资金支持。就企业数字化转型融资来说，大多数传统企业都存在数字化改造升级需求，但由于数字化转型的投入成本高、风险大、周期长，多数企业，特别是中小企业自身资金有限，难以依靠自身资源投入推动数字化转型。对于金融机构而言，为传统企业提供数字化转型融资则面临较高的不确定性和风险。因此，在企业数字化转型融资中，政府资金的引导至关重要（如补贴等），合理有效的风险补偿是打造传统企业数字化转型融资长效机制的关键。

二 金融支持新质生产力发展的作用机制

金融体系具有风险识别、风险定价、风险配置等功能，金融支持新质生产力发展的核心在于通过特定的金融制度安排来应对发展新质生产力所面临的风险和不确定性。

（一）风险识别与定价

信息不对称的存在使得资金供给方对企业或项目的风险识别变得十分困难，这一点在科技型企业和创新项目中尤为突出。由于缺乏有效的风险识别与定价手段，普通投资者介入科技创新融资活动的积极性受到很大制约，这就使得具备良好发展潜力的技术创新项目较难获得有效的资金支持。

相较于普通投资者，银行等金融中介机构对于技术创新活动的风险识别与定价主要依靠其规模化信息处理的优势。作为资本积聚与分散的主要载体，银行通过动员社会储蓄形成规模化资金，并将汇聚的资金投向大规模且无法分割的科技创新项目。在此过程中，银行基于规模化资金形成的信息处理优势，有效地解决了由于信息不对称所产生的信息搜集成本、交易成本，在众多技术创新项目中遴选出最具发展潜力的项目，以确保资金流向具有发展潜力、技术含量高的技术创新项目。

创业投资对于科技型企业及创新项目的风险识别主要依赖其专业化团队长期积累的经验、知识及信息网络等。创投团队通常为聚焦某一特定产业和行业的专家，不仅精通投融资知识，也擅长创新项目的技术评估。创投团队通过收集企业的专门信息来开展市场对标分析，在建立风险评估标准的基础上对科技型企业及创新项目的风险开展全方位识别与评估。

资本市场对科技型企业及创新项目的风险识别与定价主要依托信息披露机制来实现。与传统的定价方法不同，资本市场对风险的识别与定价更加强调现在的经济是未来的资本化，即资本价值取决于未来预期而不是过去的业绩。资本市场所依赖的现金流贴现等定价方法，能更好地反映企业的未来价值。潜在投资者通过对资本市场所披露的科技型企业经营状况及创新项目发展前景作出投资决策判断，资本市场价格的变化则集中反映了不同投资者对于企业及创新项目前景及风险状况的整体看法。与此同时，资本市场还会通过创新资产组合分散与化解科技创新项目的风险。

（二）风险配置

风险配置的核心是，有效的金融制度安排使得新质生产力的金融需求与金融供给的风险更好地匹配。主要包括以下三个方面。

首先，金融体系可以引入风险偏好的资金供给方（如创业投资等），为新质生产力发展提供金融支持。创业投资对科技创新活动的支持源于其筛选（Screening）与督导（Monitoring）两大功能。一方面，风险识别经验丰富的创业投资机构能够在具有高不确定性和信息不对称的技术创新领域应对企业的逆向选择问题，挑选出具有成长潜力的企业。经验越丰富的创业投资机构越有能力掌控风险，也越愿意投资于技术创新。另一方面，创业投资分阶段投资的特点可以有效督促技术创新主体达成目标业绩，以获取创业投资者的进一步投资。这样的机制设计可以有效降低由信息不对称给风险投资者带来的风险。相比于其他融资形式，创业投资更利于减少决策不当所造成的潜在损失。

其次，金融体系还可以通过建立有效的风险分摊机制，如担保和保险，提高金融资本介入科技创新活动的积极性。科技保险是针对技术创新活动过程中可能产生的技术风险、市场风险等进行保险，其目的在于分散、转移技术创新活动的风险，使得科技创新活动能够更好地匹配资金供给方的风险偏好和风险承受能力。科技担保则是由担保机构为创新融资提供担保，旨在通过降低银行机构的贷款风险，解决科技型企业因缺乏可抵押品和财务信息等不完善而难以获得融资支持的问题。

最后，政府引导基金等国有资本可以通过加强政府与市场的协同，有效弥补市场失灵。早在20世纪30年代，凯恩斯曾对此提出了著名的控诉，各国的"资本发展"正被授予其股市的赌场心理，即金融市场的投机行为导致了市场的不稳定性，使得资本流动更加关注短期利益而非长期投资。颠覆性科技创新需要长期资本与耐心资本介入，需要发挥政府的引导和补充作用，以刺激和引领私人和公共投资。理论与经验均表明，公共部门通常更有能力为具有不确定性和长期回报的事情提供支持和帮助。具体到科技创新活动而言，政府引导基金的作用在于，在市场失灵的领域，如处于种子期、起步期的科技型企业或创新项目，其可以发挥财政资金的引导和聚集放大作用，引导民间投资等社会资本加大投入，推动形成支持科技创新的多元化投入格局。

总的来说，银行在资金归集及处理规模化信息方面的独特优势，使其在支持资金需求大、技术风险低的渐进式创新方面作用显著，但对于专业性强、经营风险大的科技型企业和创新项目，银行通常缺失判断企业"好"与"坏"的锚点，从而缺少风险识别与定价的有效机制。相比之下，资本市场对投资者的横向风险分散机制为高风险、高成长的技术创新项目提供了融资机会。但与此同时，依托资本市场获取融资的企业，更容易受到短期业绩的干扰，造成管理层短视，使得企业颠覆式创新水平受到抑制。创投的优势在于，其拥有精通投融资知识和创新项目评估技术的专业化力量，能够准确地判断创新项目的技术风险和市场风险；而其劣势在于，相较于银行与资本市场体系，创投的资金体量较小，可以辐射的科技型企业与创新项目相对较少。

第二节 金融支持新质生产力发展的探索与挑战

创新是发展新质生产力的关键，也是中国金融业重点支持的一个领域。近年来，中国在金融支持创新方面进行了有益探索并取得了较大成就，不同地区结合自身特点探索出了差异化的发展模式。在取得成绩的同时，现阶段中国在金融支持创新方面还存在一些亟待解决的问题。

一 党的十八大以来取得的成就

党的十八大以来，中国在金融支持创新方面进行了广泛探索，取得了一系列成就。

第一，不断完善金融支持创新的政策框架。党的十八大以来，党中央、国务院陆续在国家层面发布了一系列文件，形成了较为完善的政策框架，构成了中国宏观层面金融支持创新的顶层设计。2012年9月，为全面落实《国家中长期科学和技术发展规划纲要（2006—2020年）》，中共中央、国务院印发了《关于深化科技体制改革加快国家创新体系建设的意见》，对加快国家创新体系建设进行了部署。其中，金融方面的主要举措包括推广知识产权和股权质押贷款、发展多层次资本市场、培育和发展创业投资等。2018年9月，国务院发布《关于推动创新创业高质量发展打造"双创"升级版的意见》，从引导金融机构有效服务创新创业融资需求、发挥创业投资支持创新创业作用、拓宽创新创业直接融资渠道、完善创新创业差异化金融支持政策等方面提出了指导意见。2023年6月，国务院出台《加大力度支持科技型企业融资行动方案》，就如何改善科技型企业融资进行了明确部署。

第二，提高资金供给主体风险偏好。发展新质生产力面临较高的风险，提高资金供给主体的风险偏好是过去一段时期的一个政策着力点。一是促进创投机构发展。与商业银行相比，创投机构风险偏好更高。2016年9月，国务院发布《关于促进创业投资持续健康发展的若干意见》，鼓励各类机构投资者和个人依法设立创业投资企业。2018年5月，财政部和税务总局联合印发《关于创业投资企业和天使投资个人有关税收政策的通知》，对创投机构出台了税收优惠政策。在相关政策的支持下，近年来中国创业投资机构发展较为迅速。中国证券投资基金业协会数据显示，截至2023年年末，中国存续私募基金管理人21625家，管理基金数量153079只，管理基金规模20.58万亿元。二是设立科创板。科创板主要服务于初创期的中小型科技创新公司。中国证监会于2019年1月30日出台《关于在上海证券交易所设立科创板并试点注册制的实施意见》，在上交所新设科创板。2019年7月22日，科创板正式开市。截至2023年年末，已经有566家科技企业在科创板上市，总市值达到6.46万亿元。三是提高保险公司风险偏好。2023年9月，国家金融监督管理总局印发《关于优化保险公司偿付能力监管标准的通知》，通过降低投资科技企业资产的风险因子减少保险公司资本占用，提高保险资金投资科技企业的积极性。

第三，持续增加对创新领域的金融供给。近年来，中国采取了一些针对性措施增加对创新领域的金融供给，包括设立科技创新再贷款、建立科技支行等。其中，科技创新再贷款是由中国人民银行设立的再贷款种类，旨在引导金融机构加大对科技创新的支持力度，撬动社会资金促进科技创新。2022 年 4 月，中国人民银行设立科技创新再贷款，支持范围包括"高新技术企业"、"专精特新"中小企业、国家技术创新示范企业、制造业单项冠军企业等科技企业。科技支行是商业银行设立的主要服务于科技企业的专营机构。2014 年 1 月，中国人民银行等六部门联合印发《关于大力推进体制机制创新 扎实做好科技金融服务的意见》，提出创新从事科技金融服务的金融组织形式，鼓励银行业金融机构设立从事中小科技企业金融服务的专业分（支）行或特色分（支）行。2024 年 1 月，国家金融监管总局发布《关于加强科技型企业全生命周期金融服务的通知》，提出鼓励银行保险机构在科技资源集聚的地区，规范建设科技金融专业或特色分支机构，专注做好科技型企业金融服务。在相关政策的推动下，近年来中国向科技领域的信贷投放不断增长。截至 2023 年 6 月末，中国高技术制造业中长期贷款余额为 2.5 万亿元，同比增长 41.5%，增速连续 3 年保持在 30% 以上；科技型中小企业贷款余额为 2.36 万亿元，同比增长 25.1%，增速连续 3 年保持在 25% 以上；全国"专精特新"企业贷款余额为 2.72 万亿元，同比增长 20.4%，增速连续 3 年保持在 20% 以上。

第四，以国有资本带动社会资本。在支持创新方面，国有资本可以用于弥补市场失灵，主要形式包括政府产业引导基金、政策性银行、政策性担保等。在政府引导基金方面，2015年11月，财政部出台《政府投资基金暂行管理办法》，对政府投资基金的设立、运作、风险控制和退出等进行规范。目前中国已经在中央和地方政府层面设立了立体多元的政府引导基金体系。截至2023年上半年，中国共设立2143只政府引导基金，目标规模约为12.91万亿元，已认缴规模约为6.6万亿元。[①] 在政策性银行方面，2021年11月，中国银保监会出台《关于银行业保险业支持高水平科技自立自强的指导意见》，鼓励开发性、政策性银行积极为科技创新提供中长期融资支持。在政策性担保方面，2015年8月，国务院出台《关于促进融资担保行业加快发展的意见》，提出大力发展政府支持的融资担保机构，构建国家融资担保基金、省级再担保机构、辖内融资担保机构的三层组织体系。2018年9月，财政部联合中国工商银行等20家银行及金融机构共同发起成立国家融资担保基金，首期注册资本为661亿元人民币。

第五，创新金融产品与服务。金融产品和服务是连接金融供求双方的纽带，合理的产品和服务设计能够实现提高风险识别与定价的效率。一是投贷联动。投贷联动是指金融机构以"信贷投放"与"股权投资"相结合的方式为科技企业提供融资服务，有助于降低资金供求双方的信息不对称。2016年4

---

① 董碧娟：《财税加力支持民企拓市场》，《经济日报》2023年12月21日。

月，银监会联合科技部、人民银行发布的《关于支持银行业金融机构加大创新力度 开展科创企业投贷联动试点的指导意见》，首批试点地区包括 5 家自主创新示范区，共有 10 家银行参与试点。2021 年 11 月，中国银保监会出台《关于银行业保险业支持高水平科技自立自强的指导意见》，鼓励银行机构在风险可控前提下与外部投资机构深化合作，探索"贷款+外部直投"等业务新模式，推动在科技企业生命周期中前移金融服务。二是知识产权融资。知识产权是科技企业最为重要的一种无形资产。2014 年 1 月，中国人民银行等六部门联合发布《关于大力推进体制机制创新 扎实做好科技金融服务的意见》，提出要大力发展知识产权质押融资。2015 年 3 月，国家知识产权局出台《关于进一步推动知识产权金融服务工作的意见》，鼓励和支持金融机构广泛开展知识产权质押融资业务，推动并支持银行业金融机构开发和完善知识产权质押融资产品。2019 年 8 月，银保监会联合国家知识产权局、国家版权局印发《关于进一步加强知识产权质押融资工作的通知》，提出对知识产权质押融资实施差异化监管政策，提高风险容忍度。2023 年，中国专利商标质押融资登记金额达 8539.9 亿元，惠及企业 3.7 万家。三是科技企业债务融资工具。这类工具是专门针对科技企业开发的债务融资工具，包括科创企业债、科创票据等。2017 年 7 月，中国证监会出台《关于开展创新创业公司债券试点的指导意见》，开展创新创业公司债试点。2022 年 11 月，中国证监会和国资委联合发布《关于支持中央企业发行科技创新公司债券的通知》，支持高新技术产业和战略性新兴产业及转型升级等领域中央企业发行科技创新公司债券。2023 年 4 月，中国证监会出台《推动科技创新公司债券高质量发展工作方案》，提出了促进科技创新公司债券发展的若干意见。2020 年 5 月，银行间交易商协会发布《关于升级推出科创票据相关事宜的通知》，将科创类融资产品工具箱升级为科创票据。截至 2023 年 6 月末，科技型企业发行科创票据的余额达到 2264 亿元，科技创新公司债券的余额达到 2258 亿元。

二 因地制宜的基层探索

中国不同地区经济社会发展差异较大。习近平总书记强调，要因地制宜发展新质生产力。从实践来看，以北京、上海、深圳、合肥等为代表的主要城市立足自身禀赋，在金融支持创新方面探索出了差异化的发展模式。

（一）北京模式——基础研究投入领先

北京总部经济的空间集聚特征显著，包括金融街、中关村国家自主创新示范区等在内的特色总部经济聚集区，已成为推动北京科技金融发展的重要空间载体。在科技资源集聚方面，北京是中国科技基础最为雄厚、创新主体最为活跃的区域之一，有全国将近一半的两院院士、近 3 万家国家级高新技术企业。此外，国家实验室、国家级科研机构、高水平研究型大学和科技领军企业等国家战略型科技力量均在北京集聚。在金融资源集聚方面，北京是中国金融政策中心与金融机构总部中心，"一行一局一会"均设立在北京，大量国家级金融机构和重要金融基础设施驻扎北京。不仅如此，北京是全国的资金汇集地，金融资产总量约占全国的一半。截至 2022 年年末，在京各类资管机构资产管理规模超 36 万亿元，占全国的 26%。

与国内其他城市所不同，在北京，国有企业和科研院所是发展新质生产力的主力军。北京汇聚了全国高水平研究型高校和科研院所得天独厚的资源，据统计，2022 年北京基础研究经费占全社会研发投入的比重高达 16.6%，是全国均值 6.6% 的约 2.5 倍。丰富的科研资源和大量的资金投入为北京新质生产力发展提供了强有力的支撑，也成为北京发展新质生产力的绝对优势。

（二）上海模式——产业链融资突出

作为中国重要的制造业高地，上海拥有完备的产业链和供应链体系，几乎涵盖从研发、制造、销售、应用到全球要素配置能力等创新链各个环节的所有功能，在全国主要城市中具有无可比拟的绝对优势。

与北京、深圳等其他城市相比，上海的科技创新专利并不是集中在少数龙头企业，而是广泛分布在各个行业、各种规模、各种属性的企业之中。上海头部企业在专利申请中占比较低，呈现出了更加厚尾的特征，不同企业间专利申请数量差异较小，同时参与科技创新和专利研发的企业分布更加广泛。

科技创新的厚尾特征决定了上海在发展新质生产力时更多依靠中小企业，注重形成本地科技创新产业的集群。因此，在信贷支持上，上海积极推动并鼓励商业银行和供应链核心企业共同构建供应链金融服务平台，旨在为供应链上下游中小微企业开通一条快速且便利的融资途径；在股权投资上，上海明确提出，支持产业链链主企业开展企业风险投资（CVC），支持链主企业围绕本产业链关键环节开展股权投资，以此促进上下游企业协同创新，加速核心技术突破和产业化进程。此外，上海积极引导社会资本投资专注于供应链创新的产业投资基金，旨在整合现有资金和基金资源，为供应链创新及其应用提供坚实的资金保障。

（三）深圳模式——风险资本发达

深圳的科研体系与经济体系紧密结合，资源配置和政策导向紧随市场主体。相应地，深圳在金融支持创新方面也以市场驱动为主。深圳汇集了大量市场化金融机构，可以为科技企业提供全方位、综合性的金融服务。在深圳，利用风险资本实现创新融资已成为深圳科技型企业及创新项目获取发展资金的重要通道。数据显示，深圳的私募基金管理人数量、管理基金数量及规模均长期位列全国前三。截至2023年10月，深圳市私募创投机构累计投向高新技术企业近3000亿元，推动500余家企业境内上市，极大地促进了本地科技企业发展。当前，创投机构在"链接"资本与科技创新中发挥着越发重要的桥梁作用，已成为金融支持科技创新的主要载体。

在以市场为驱动的同时，深圳市积极发挥政府引导作用，完善各类支持政策，引导各类资源流向科技创新领域，弥补市场失灵。早在2015年，深圳市便建立了规模逾1000亿元的市级政府引导基金，这是国内最早成立、资金规模最大且资金实际到位的政府引导基金之一。2018年，深圳成立了完全由财政资金支持的天使母基金，规模达100亿元，投资于早期科技企业。可以说，政府引导基金在助力深圳形成多元化科技投入格局中发挥着重要的推动作用。

（四）合肥模式——政府主导

在金融支持科技创新方面，合肥市政府发挥了重要的主导作用。一是充分发挥国有资本引领带动作用。合肥在全国首创设立市国有股权直投种子基金，专门扶持处于初创期的科技型企业，依托纯财政资金出资的种子基金来解决金融支持科技创新"最初一公里"的问题。此外，与国内主要城市多以参股子基金为主要投资方式的天使基金有所差别，合肥市天使投资基金采用直投方式，其目的同样在于，通过国有资本主动的"风险开发"行为引领市场化股权基金加大对早期项目的投资。二是有效发挥财政资金撬动作用。合肥统筹整合原来分散在各部门的担保产品，创新推出市级财政金融产品"政信贷"，并出台相关风险补偿管理政策，风险补偿资金余额约为2亿元，对于符合条件的贷款本金损失补偿可达70%。与此同时，合肥市整合各级财政资金，率先建立政策性融资担保机构资本金持续补充机制，增强政府性融资担保机构增信功能，有效放大担保倍数。三是建立有效的激励与包容机制。在设置向上激励方面，合肥明确表示，被投企业在达到一定要求后，可以原始出资金额回购种子基金所持的80%的股权。在推动尽职免责方面，合肥也走在了国内主要城市的前列。合肥通过细化"三个区分开来"的认定标准、适用情形、实施程序及保障措施，推动形成了鼓励创新、宽容失败、允许试错的良好环境。

三 面临的问题与挑战

在取得一些成就的同时，现阶段中国金融体系在风险识别、风险定价、风险配置等方面还存在较大不足，与新质生产力的金融需求不相匹配。

一是资本市场发展滞后。美国科技实力之所以处于全球领先地位，与其发达的资本市场密切相关。与美国相比，中国资本市场发展明显滞后。虽然中国上市公司数量超越了美国，但上市公司总市值仅为美国的40%左右。同时，1980—2022年，美股IPO数量约为9000家，其中科技行业约为3300家，占比超1/3，也要远高于中国。资本市场发展滞后成为现阶段制约中国新质生产力发展的主要短板。

二是银行体系对创新的支持力度不够。银行业是中国金融体系的主体，是金融体系资金供给的主要提供者。2023年年末，中国银行业机构总资产在金融业机构总资产中占比90.5%；2023年，中国新增人民币贷款在社会融资规模增量中占比63.4%。与资本市场相比，银行的风险偏好相对较低。特别是，国有银行在中国银行体系构成中占主导，总体风险偏好相对更低，对科技创新的支持力度受到限制。

三是国有资本的作用发挥不够。国有资本管理中过于强调保值增值；对于国有资本投资科技企业的事后审计巡查过于严格，风险容忍度偏低，没有真正形成尽职免责的容错机制。

四是金融产品和服务创新仍有提升空间。从支持新质生产力角度看，现阶段中国的金融产品和服务创新力度还不够，不能很好地匹配金融供求双方的风险特征，知识产权融资、投贷联动、科创票据等业务规模还比较小。

第三节　以现代金融支持新质生产力发展

以现代金融支持新质生产力发展，关键是要进一步深化金融供给侧结构性改革，充分发挥金融体系在风险识别、风险定价、风险配置中的作用，以更好地应对新质生产力发展中的不确定性。促进市场在资源配置中起决定性作用的同时，更好地发挥政府作用，弥补市场失灵。

第一，把发展资本市场作为重中之重。资本市场通过市场化交易，发挥着重要的风险识别与定价功能，也是未来一段时期加强金融支持新质生产力发展的一个关键。一是健全资本市场基础性制度。优化以信息披露为核心的注册制架构，进一步降低资本市场准入门槛；建立有效的退市制度，实现优胜劣汰，提高上市公司的质量；建立统一的信息披露标准，提高不同上市公司信息披露的可比性和连续性，增加市场透明度。二是加强不同市场之间的差异化定位与协同。健全涵盖科创板、创业板、北交所、新三板等在内的多层次资本市场体系；统筹推进新三板基础层、创新层制度创新，稳步扩大区域性股权市场创新试点范围，健全各层次市场互联互通机制。三是推动高收益债券市场发展。加快市场主体培育，以科创型、创新型、专精特新等企业为核心，逐步形成高收益债券供给端。优化市场基础设施建设，在强化注册审核、发行簿记、交易、托管及结算等系统建设的同时，着力完善相关交易制度、流动性安排、信用增级和市场退出机制等建设。

第二，大力发展创业投资机构。目前国内一些城市已经在降低创投行业税负方面进行了一些探索。要在总结地方经验的基础上，在国家层面优化相关税收政策，在降低创投行业整体税负的同时，对于创投机构构建与投资期限相挂钩的税率机制，投资期限越长税率越低，鼓励投资者进入创投行业并开展长期投资。在解决"募资难"方面，要引导保险资金、企业年金、养老金等长期资金进入创投市场，适当降低对基金管理机构的要求，扩大保险资金投资创业投资基金的范围；降低私募股权投资基金在"偿二代"体系中的风险因子，提高保险公司积极性；探索允许符合条件的头部创投机构管理部分年金；通过税收优惠、补贴等方式，鼓励慈善基金、捐赠基金等进入创投市场；支持合格创投管理机构发行中长期的创投专项债券，拓展创投管理机构中长线资金来源；以注册制改革为契机，推动符合条件的头部创投管理机构通过 IPO、并购重组等方式登陆资本市场做大做强。

第三，更好地发挥国有资本的引导作用。一是加大国有资本对创投领域的投资力度。扩大政府引导基金的规模，鼓励国有资本通过股权投资方式进入风险相对较高的科技创新活动早期阶段，带动社会资本。二是转变国有资本管理理念。对于投资于创新领域的国有资本，淡化保值增值要求，破除以是否有成熟经验为参照的旧观念，以国有资本能否在长周期内促进科技创新作为最终评价标准。三是优化国有资本考核评价机制。

在国家层面出台政策，完善国有资本投资科技创新领域的容错机制，细化尽职免责的边界和情形，明确对于正常投资未经批准不得追责，确保将习近平总书记提出的"三个区分开来"落到实处，切实提高国有资本支持科技创新的积极性。

第四，提高金融产品和服务创新的有效性。重点是扩大创新性金融产品和服务的业务规模。在投贷联动方面，要扩大投贷联动试点范围，允许更多符合条件的银行开展投贷联动业务；对于投资科技企业形成的股权资产，在计算资本充足率时适当降低其风险权重，减少对银行资本的消耗，提高银行开展投贷联动业务积极性；鼓励商业银行与外部股权投资机构加强合作，提高服务科技企业的能力。在知识产权融资方面，要在国家层面出台知识产权价值评估指引，推动建立知识产权价值评估的权威机构，完善知识产权价值评估体系，提高知识产权价值评估的科学性和公信力；开展知识产权运营服务体系建设，提升知识产权交易、质押、处置等运营能力；探索建立知识产权运营平台，畅通知识产权交易和质物处置渠道。

第五，完善政策支持体系。一是采取差异化的监管政策。对于商业银行通过科技支行或其他方式向科技企业提供的贷款，提高风险容忍度，增加金融机构支持创新的积极性。二是加大货币政策支持力度。扩大人民银行科技创新再贷款的规模。对于金融机构向人工智能、量子科技、生物育种、空天科技、类脑科学、生命科学、深地深海等事关中国长远发展的前沿重点领域的资金投放进行定向支持，提升中国在上述关键领域的创新能力。

第七章
新型生产关系：新质生产力发展的制度保障

发展新质生产力，必须进一步全面深化改革，形成与之相适应的新型生产关系。要深化经济体制、科技体制等改革，着力打通束缚新质生产力发展的堵点卡点，建立高标准市场体系，创新生产要素配置方式，让各类先进优质生产要素向发展新质生产力顺畅流动。同时，要扩大高水平对外开放，为发展新质生产力营造良好国际环境。

——习近平总书记在二十届中央政治局第十一次集体学习时的讲话（2024年1月31日），《人民日报》2024年2月2日

深化改革开放，进一步推动生产关系的制度性变革，形成新型生产关系，是促进新质生产力加快发展的根本性制度保障。

第一节　科技革命对新质生产力发展影响巨大

要高度重视科技革命特别是人工智能突破性变革对新质生产力发展的影响和冲击。纵观人类历史，每一次重大科技革命，都给社会生产力发展带来空前的提升和进步，也由此对生产关系变化产生巨大的影响。进入 21 世纪以来，科技革命对世界格局、国与国关系，对一国经济社会发展和百姓生活的影响范围之大、程度之深前所未有。百年未有之大变局，最大的变局是科技革命引发的世界范围内的经济社会系统性变革。以生成式人工智能突变为代表的科技革命之变是比世界之变、时代之变、历史之变更大更深刻的变革。中国是科技革命性变革的世界大国。对中国而言，生成式人工智能将革命性地推动科技创新和产业创新，特别是以颠覆性技术和前沿技术催生新动能、新模式、新赛道、新产业，促进新质生产力加快发展，并由此而凸显生产关系发生相应调整和变化的紧迫性。

一　国家出台一系列有关人工智能的大政方针

党的十八大以来，习近平总书记高度重视人工智能的发展，多次作出重要指示。2014 年，习近平总书记在中国科学院第十七次院士大会、中国工程院第十二次院士大会上指出，要高度关注人工智能的迅猛发展。2015 年，国务院出台《关于积极推进"互联网+"行动的指导意见》，首次将"人工智能"纳入重点任务。2016 年，"人工智能"被写入《中华人民共和国国民经济和社会发展第十三个五年规划纲要》。2020 年，人工智能在《中华人民共和国国民经济和社会发展第十四个五年规划和2035年远景目标纲要》中进一步被列为重点任务。2017年，国务院发布《新一代人工智能发展规划》。2018年10月31日，习近平总书记在十九届中共中央政治局第九次集体学习时深刻指出，人工智能是新一轮科技革命和产业变革的重要驱动力量，加快发展新一代人工智能是事关中国能否抓住新一轮科技革命和产业变革机遇的战略问题。人工智能自2017年以来多次被写入政府工作报告。2024年的政府工作报告强调，"大力推进现代化产业体系建设，加快发展新质生产力""深化大数据、人工智能等研发应用，开展'人工智能+'行动"。

二 中国人工智能发展位于世界前列

从实践来看，中国在基础研究方面的投入巨大，人工智能的发展有了非常好的沉淀。一些关键核心技术，中国已经走在了世界前列，比如人脸和语音识别技术。中国人工智能的发展与各行各业结合和渗透的程度是非常高的，其应用和推广也不亚于其他国家。中国学界在人工智能领域发表的论文数量居世界首位；人工智能核心产业规模达5000亿元，企业数量超4400家。中国人工智能发展的创新生态环境已经初步形成。在基础层，也就是大数据、云计算、边缘计算、智能芯片等领域，国内领先的企业有百度、阿里巴巴、华为、寒武纪等。在技术层，中国在计算机视觉、智能语音、机器学习、自然语言处理等细分领域，也诞生了诸如科大讯飞、云知声、云从科技、商汤科技、旷视科技等企业。在应用层，人工智能技术与其他领域结合的应用有智能机器人、智能终端、智能交通、公共安全等。其中，机器人领域有新松机器人公司、科沃斯机器人公司等代表性企业，而众多互联网巨头也纷纷入局智能终端的研发与物联网生态的打造，包括华为、小米、联想、中兴等企业。

中国人工智能大模型仅次于美国。科技部新一代人工智能发展研究中心于 2023 年 5 月发布的《中国人工智能大模型地图研究报告》显示，中国研发的大模型数量排名全球第二，仅次于美国。目前，中国已发布 10 亿浮点参数规模以上的大模型 100 多个。中国的人工智能企业数量、人工智能独角兽公司数量、人工智能风险投资规模等，在全球排名中都属于第一梯队，紧随美国位居第二。机器写代码能力，中国已经超过了 GPT-3.5。在医疗应用、科普大模型方面，中国也处在与国际先进水平并跑甚至领跑的地位。在 2021 年美国国家标准与技术研究院组织的 15 个国家的比赛中，在网络神经深度学习的算法上，在语音识别、语音翻译、解决"鸡尾酒会效应"问题上，中国都在全球排名第一。许多语音领域训练的方法，中国也有自己独特的优势。

中国人工智能发展具有四大优势。一是政策优势，人工智能已被列为国家优先发展事项。国家自然科学基金委员会专门设立人工智能一级学科代码，资助相关基础研究、前瞻性探索和应用研究。二是海量数据资源优势，中国人口是美国的四倍多，手机群体和手机消费、支付量也是最大的，拥有庞大的消费、出行、医疗、旅游、物流等数据资源。三是应用场景优势，中国是发展中国家，很多基础设施还不够完善，这恰恰给人工智能的应用提供了一些深度场景。比如城乡的基础设施、医疗、教育、民生服务等领域的问题，人工智能系统的介入，问题可以快速得到解决。四是人才优势，中国高等教育毛入学率已达 59.6%，而且学理工科的学生比例很高，这是一个非常大的人才储备库。

三　中国人工智能发展与国际先进水平存在差距

受 ChatGPT 的影响，2023 年以来中国各大科技公司也开发出了自己特有的人工智能模型。短短数月，国内就涌现出百十个大模型。有很多行业、企业，甚至城市，都在买卡、囤芯片，建 AI 算力中心，试图从头训练自己的大模型，号称"百模大战"。但不可否认的是，目前在人工智能方面，无论是从数据量的收集采纳还是从算力和算法来看，跟 ChatGPT 还有一定的差距，更不要说 Gemini 和 Sora。总的来看，近年来，虽然在一些前沿领域中国开始进入并跑、领跑阶段，但还有一些领域中国还处在跟跑阶段。具体表现在以下几个方面。

一是部分技术相对落后。现有技术及研发大多集中在场景应用上。基础理论、原创算法和高端器件研发能力弱，国内的大模型多是通过套壳和拼装的方式构建，缺乏原创性。比如做深度神经网络训练的 GPU（图形处理器）等，与国际先进水平差距很大。现在英伟达的 GPU 可以说一家独大，GPU 的深度技术原理、投资逻辑和全球格局目前在国际上还没有竞争对手。从产业链来看，英伟达这个芯片的产业链包括设备、材料、EDA/IP、设计、制造、封测等环节。设备方面涉及应用材料、阿斯麦、东晶电子、LAM、爱德万等企业。材料方面涉及信越化学、胜高、卡博特、陶氏、住友化学等企业。这些都是硅片等半导体材料的供应商。EDA/IP方面涉及新思科技、铿腾电子、ARM等企业。设计方面涉及英伟达、英特尔、AMD、苹果、高通等企业。制造方面涉及台积电、英特尔、三星、格罗方德等企业，这些都属于晶圆厂。封测环节有日月光、安靠、英特尔、矽品精密等企业。这就是英伟达的GPU的产业链格局，而且比较稳定。这就是先进的半导体产业链。中国目前在设计、封测方面问题不大，但设备、材料、EDA/IP、制造等环节还是严重依赖于外循环。

二是高端科技人才不足，以深度学习为代表的机器学习算法研究领域的人才供应相对紧缺，流通性较弱，因此也导致了高端研究人才的超高成本，迫使有的公司选择在美国建立研究院或实验室。人才尤其是具有基础性、原创性研究的高端人才需求缺口大，中国顶级的人工智能高端人才数只有美国的20%。全球顶尖AI人才来自中国的占47%，远超美国的18%，但将近一半的人才在美国工作，可以说，中国人才是美国AI产业发展最大的贡献者。

三是平台缺乏，缺乏有影响力的商业化开源开放平台。虽然当下一些人工智能企业已将部分相对成熟的技术应用到社会生活中，但相应的商业化程度不够，大部分公司的业务主要以B端解决方案和服务为主，C端产品需求开发不够，更多应用场景有待挖掘与构建。目前一些人工智能应用确实起到了代替人类工作的作用，有些甚至已高于人类的工作效率，但现有的应用场景并不能满足社会生活的需求。近几年应用场景虽然开始面向大众普及，但是距离全面的应用仍较远。围绕人的行为轨迹，如可穿戴、车载、家居等应用场景，打造面向大众的、有自主品牌的、软硬结合的人工智能产品，并形成一定的规模，还有待继续努力。

四是语料不够。除了算力差距，数据量也是一个短板。数据量就是人工智能训练的语料参数。目前英文语料占93%，中文语料占不到0.1%。还好中国有国际领先的最好的翻译机器，翻译技术领先，多少可以弥补这个不足。还有就是语料里的广告数据、娱乐数据太多，不少没用的数据挤占了有限的语料空间。数据采集、清洗、标签、存储、管理与交易，数据源公共基础设施与垂直领域知识库不足都是薄弱环节。

五是资本短视。人工智能发展需要大量的投资，因此资本市场必须给予大力的支持。但因种种原因，中国的资本市场投资人工智能的规模还比较小，不太敢冒风险，对于给人工智能的投资缺乏耐心。现在国内许多大模型处于财务饥饿状态。像ChatGPT后面就有巨量的投资支撑。

这种差距将很快成为生产力的差距，以及经济实力的差距。这种状况不仅决定当下经济实力的比拼，而且会决定发展走向和未来的前途与命运。对此中国必须高度重视，万万不可掉以轻心。

发展人工智能要加强风险防控，并制定相关的法律。2023年4月28日，中共中央政治局会议提出，要重视通用人工智能发展，营造创新生态，重视防范风险。2023 年 10 月，习近平总书记在第三届"一带一路"国际合作高峰论坛开幕式上的主旨演讲中宣布，中方将提出全球人工智能治理倡议，强调愿同各国加强交流和对话，共同促进全球人工智能健康有序安全发展。2023 年，中国陆续出台一系列规范人工智能技术发展和应用的相关法规，展示了中国作为负责任大国在人工智能安全治理方面的国际担当与积极作为。《互联网信息服务深度合成管理规定》施行、《生成式人工智能服务管理办法（征求意见稿）》发布、《生成式人工智能服务管理暂行办法》备案施行、国内大模型首批通过《生成式人工智能服务管理暂行办法》等。当然国际社会对人工智能的安全问题也很重视，除了前文提到的科学家们的呼吁，联合国成立人工智能高级别咨询机构，全球首届人工智能安全峰会发布《布莱奇利宣言》，欧盟就《人工智能法案》达成协议，等等。表明一年多来，各方对人工智能治理紧迫性的认识在深化，相关行动在提速。

第二节　新质生产力是推进中国式现代化的关键动能

中国式现代化一定是社会生产力高度发达的现代化，是以先进生产力创造的丰富的物质财富为坚实基础的现代化。工业化、城镇化、农业现代化、信息化，都要以生产力的高度发展为前提条件。14 亿多人口的共同富裕，物质文明和精神文明，人与自然和谐发展，和平发展，都离不开先进发达的生产力及其创造的丰富物质财富的支撑。中国式现代化不可能建立在落后的生产力基础之上。新质生产力就是先进的、发达的生产力。

一 新质生产力推动中国式现代化的首要任务是全方位培养用好人才，激发人的活力和动能

中国式现代化首先是人的现代化。人也是生产力中最活跃的因素，是新质生产力发展最重要的甚至是决定性的因素。按照党的二十大精神，要坚持教育强国、科技强国、人才强国建设一体统筹推进，创新链产业链资金链人才链一体部署实施。深化教育科技人才综合改革，就是为新质生产力提供强大的内生动力和活力。根据2024年政府工作报告提出的政府工作任务，实施更加积极、更加开放、更加有效的人才政策。推进高水平人才高地和吸引集聚人才平台建设，促进人才区域合理布局和协调发展。加快建设国家战略人才力量，努力培养造就更多一流科技领军人才和创新团队，完善拔尖创新人才发现和培养机制，建设基础研究人才培养平台，打造卓越工程师和高技能人才队伍，加大对青年科技人才支持力度。积极推进人才国际交流。加快建立以创新价值、能力、贡献为导向的人才评价体系，优化工作生活保障和表彰奖励制度。我们要在改善人才发展环境上持续用力，形成人尽其才、各展其能的良好局面。

二 新质生产力推动中国式现代化的重要前提是产业链供应链优化升级

发展新质生产力必须深化产业链供应链协同创新，推进科

技创新和产业创新深度融合。要实施制造业重点产业链高质量发展行动，着力补齐短板、拉长长板、锻造新板，增强产业链供应链韧性和竞争力。要持续优化创新平台网络，推进国家高新区提质增效。要深化制造业数字化转型，实施制造业数字化转型行动，深入实施智能制造工程，推进建设智能工厂和智慧供应链。要实施制造业技术改造升级工程，培育壮大先进制造业集群，创建国家新型工业化示范区，推动传统产业高端化、智能化、绿色化转型。要加快发展现代生产性服务业。要深化中小企业合作，坚持服务和管理并重、帮扶和发展并举，促进专精特新中小企业发展，推动大中小企业融通创新。要弘扬工匠精神。加强标准引领和质量支撑，打造更多有国际影响力的"中国制造"品牌。

三 新质生产力推动中国式现代化的重要产业基础是战略性新兴产业

战略性新兴产业能够充分体现新质生产力。战略性新兴产业处在科技和经济发展前沿。战略性新兴产业知识技术密集、物质资源消耗少、成长潜力大、综合效益好，是具有重大引领带动作用的产业，在很大程度上决定着一个国家或地区的综合实力，特别是核心竞争力。战略性新兴产业不是静态的、停滞的、固定不变的，而是动态的、发展变化的，"新兴"的内涵处于不断衍变的过程中。19—20世纪，钢铁、石油等都成为不少国家的新兴产业，甚至成为综合国力的重要标志。按照《中华人民共和国国民经济和社会发展第十四个五年规划和2035年远景目标纲要》（以下简称《"十四五"规划纲要》）里关于

"发展壮大战略性新兴产业"一章中的提法，战略性新兴产业包括新一代信息技术、生物技术、新能源、新材料、高端装备、新能源汽车、绿色环保，以及航空航天、海洋装备等。目前中国战略性新兴产业增加值占国内生产总值的比重超过15%，其中规模以上工业战略性新兴产业增加值增速快于规模以上工业增加值增速，对中国经济社会发展全局和长远发展的重大引领带动作用是显而易见的。新能源、新材料、智能制造、电子信息等已成为衡量一个国家综合国力的重要标志。可以预料，未来世界一定会在今天各种"新"产业的基础上产生出更新的能源、更新的材料、更先进的制造技术与更先进的电子信息技术。战略性新兴产业在很大程度上决定着一个国家或地区的综合国力特别是核心竞争力，国与国之间的竞争一定意义上就是战略性新兴产业的竞争，就是未来产业发展速度和规模的竞争，也就是新质生产力的竞争。

四 新质生产力推动中国式现代化的产业发展方向是未来产业

未来产业代表着新质生产力的发展趋势。在《"十四五"规划纲要》里，有一节是"前瞻谋划未来产业"。未来产业包括类脑的人工智能、量子信息、基因技术、未来网络、深海空天开发、氢能与储能等。未来产业代表着未来科技和产业结构转型升级新方向，是新质生产力在新一轮科技革命和产业变革中赢得先机的关键所在，是全球创新版图和经济格局调整中最活跃的力量，也是实现创新引领发展的重要抓手。未来产业发展必然伴随生成式人工智能等颠覆性技术的突破，具有高成长性和战略先导性，对形成新质生产力的未来显著竞争优势具有不可估量的巨大发展潜力。因此而产生的新产业必然会迅速形成新动能，促进新旧动能的迭代转化，催生新业态、新赛道、新模式，由此推动产业结构革命性的转型升级，从而抢占发展制高点、形成发展新优势、掌控发展的主动权。2024 年 1 月 29 日，工业和信息化部等七部门联合印发《关于推动未来产业创新发展的实施意见》，提出要打造人形机器人、量子计算机、新型显示、脑机接口等十大标志性产品。近年来，中国机器人领域基础研发能力迅速提升，市场应用加速拓展，功能种类更加丰富，产业规模持续壮大。当前中国工业机器人销量已占全球一半以上，连续 10 年居世界首位。"机器人+行业应用"也在不断深化，工业机器人应用覆盖了国民经济的 60 个行业大类和 168 个行业中类。制造业则是人工智能加快形成新质生产力最重要的领域之一。中国以大模型为代表的人工智能发展呈现出技术创新快、应用渗透强、国际竞争激烈等特点，正加速与制造业深度融合，深刻改变制造业生产模式和经济形态，展现出强大的赋能效应，有力地推动了实体经济数字化、智能化、绿色化转型。目前，中国已建设近万家数字化车间和智能工厂。

五 新质生产力推动中国式现代化的重要内容是生态文明建设、绿色低碳发展

中国式现代化是人与自然和谐共生的现代化。新质生产力，除了是先进的生产力，也一定是绿色的生产力。因此，要把"绿水青山就是金山银山"的理念深度融入新质生产力，协

同推进降碳、减污、扩绿、增长，建设人与自然和谐共生的美丽中国。一是要推动生态环境综合治理。深入实施空气质量持续改善行动计划，统筹水资源、水环境、水生态治理，加强土壤污染源头防控，强化固体废物、新污染物、塑料污染治理。坚持山水林田湖草沙一体化保护和系统治理，加强生态环境分区管控。组织打好"三北"工程三大标志性战役，推进以国家公园为主体的自然保护地建设。加强重要江河湖库生态保护治理，持续推进长江十年禁渔，实施生物多样性保护重大工程。完善生态产品价值实现机制，健全生态保护补偿制度，充分调动各方面保护和改善生态环境的积极性。二是大力发展绿色低碳经济，推进产业结构、能源结构、交通运输结构、城乡建设发展绿色转型。落实全面节约战略，加快重点领域节能节水改造。完善支持绿色发展的财税、金融、投资、价格政策和相关市场化机制，推动废弃物循环利用产业发展，促进节能降碳先进技术研发应用，加快形成绿色低碳供应链。建设美丽中国先行区，打造绿色低碳发展高地。三是积极稳妥推进碳达峰、碳中和，扎实开展"碳达峰十大行动"。提升碳排放统计核算核查能力，建立碳足迹管理体系，扩大全国碳市场行业覆盖范围。深入推进能源革命，控制化石能源消费，加快建设新型能源体系。加强大型风电光伏基地和外送通道建设，推动分布式能源开发利用，提高电网对清洁能源的接纳、配置和调控能力，发展新型储能，促进绿电使用和国际互认，发挥煤炭、煤电兜底作用，确保经济社会发展用能需求。

六 新质生产力推动中国式现代化在实践中已迈出坚实步伐

中国新质生产力正在实践中快速形成。当前，中国在载人航天、探月探火、深海深地探测、超级计算机、卫星导航、量子信息、核电技术、大飞机制造、生物医药等领域取得了一系列重大创新成果。目前，中国新能源汽车生产累计突破2000万辆、工业机器人新增装机总量在全球占比超50%、超高清视频产业规模超过3万亿元、第一批国家级战略性新兴产业集群已达到66家，彰显产业基础好、市场需求大的独特优势。此外，备受关注的以电动载人汽车、太阳能电池和锂电池为代表的"新三样"行业近年来发展比较快，在国际市场上形成较强的竞争力。2023年，中国出口机电产品13.92万亿元，同比增长2.9%，占出口总值的58.6%。其中，"新三样"产品合计出口1.06万亿元，首次突破万亿元大关，同比增长29.9%。战略性新兴产业和未来产业不断发展壮大，已经为新质生产力的发展奠定了良好的基础，并展示出广阔的发展前景。

以战略性新兴产业、未来产业和绿色低碳发展为主要内容形成的新质生产力，使人类生产方式、生产关系和生产要素重新整合和优化，大幅度提高全社会的生产效率和产业竞争力。同时，也会改变全社会的生活方式和工作方式，使人类生活和工作方式智能化、个性化、便捷化、低碳化，使现代化建设建立在坚实的物质技术基础之上。因此新质生产力是推动中国式现代化的关键动能，是使中国在科技变革加速演进的激烈国际竞争中，掌握应对挑战的主动权和制高点，抓住机遇，立于不败之地，如期实现中华民族伟大复兴的关键所在。

第三节 新一轮改革的首要任务是促进新质生产力加快发展

深化改革调整生产关系以适应新质生产力发展的需要是时代的呼声。改革是决定当代中国前途和命运的关键一招。经过过去45年改革开放的洗礼，特别是党的十八届三中全会以来以坚持和完善中国特色社会主义制度，推进国家治理体系和治理能力现代化为总目标的全面深化改革，中国社会生产力得到前所未有的解放和发展，经济社会发展的加速，人民生活水平和生活质量的提高，城乡面貌发生的深刻变化，国际地位的提高等举世瞩目。但科技革命引发的新质生产力的出现，比任何时候都更加强烈地呼吁和要求通过深化改革调整生产关系，以适应新质生产力发展的需要。

一 新一轮改革蓄势待发

2024年是全面深化改革的又一个重要年份，全面深化改革将进入新的十年。可以想象也毫无悬念，全面深化改革将进行新的战略布局，会有一系列重大改革举措出台。这既是过去十年的实践续篇，也是未来十年的时代新篇。2024年3月27日，习近平主席在会见美国工商界和战略学术界代表时指出，改革开放是当代中国大踏步赶上时代的重要法宝。中国的改革不会停顿，开放不会止步。中国正在谋划和实施一系列全面深化改革重大举措，持续建设市场化、法治化、国际化一流营商环境，为包括美国企业在内的各国企业提供更广阔的发展空间。2023年12月召开的中央经济工作会议提出五个"必须坚持"，其中第三个就是必须坚持依靠改革开放，增强发展内生动力，统筹推进高层次改革和高水平开放，不断解放和发展社会生产力、激发和增强社会发展活力。中央经济工作会议将"深化重点领域改革"作为重点工作的第三项，提出要谋划进一步全面深化改革重大举措，为推动高质量发展、加快中国式现代化建设持续注入强大动力。2024年的政府工作报告强调，进一步全面深化改革、强化创新驱动，持续激发经济发展动力活力。这些精神集中起来看，就是要通过新一轮深化改革开放，促进新质生产力快速发展，以新质生产力发展为引领，不断解放和发展社会生产力，激发和增强社会发展活力，为推动高质量发展、加快中国式现代化建设持续注入强大动力。

二 全面深化改革促进新质生产力发展要找准着力点

在中共中央政治局第十一次集体学习时，习近平总书记强调，生产关系必须与生产力发展要求相适应。发展新质生产力，必须进一步全面深化改革，形成与之相适应的新型生产关系。要深化经济体制、科技体制等改革，着力打通束缚新质生产力发展的堵点卡点，建立高标准市场体系，创新生产要素配置方式，让各类先进优质生产要素向发展新质生产力顺畅流动。同时，要扩大高水平对外开放，为发展新质生产力营造良好国际环境。新一轮全面深化改革，从促进新质生产力发展，推动中国式现代化的角度看，要把重点、焦点和着力点放在三个方面：市场、创新、企业家，要充分激发市场、创新、企业家的活力。

三 发展新质生产力，要激发市场活力

构建高水平社会主义市场经济体制，依然是新一轮深化改革的重中之重。我们常说"纲举目张"，要"举"好、"举"强坚持和完善社会主义基本经济制度这个"纲"，去"张"深、"张"实市场配置资源决定性作用这个"目"。要坚决落实"两个毫不动摇"，推动各类所有制企业协同发展，聚焦"牵一发而动全身"的重点领域和关键环节推进改革攻坚，打破阻碍市场化配置资源、影响新质生产力快速发展的体制机制深层障碍，加快构建全国统一大市场，建设高标准市场体系。当然也要更好地发挥政府的作用。对于政府而言，实施营商环境改进提升行动，抓好招商引资领域突出问题整治，营造公平竞争的良好营商环境，特别是法治环境。市场经济本质上是法治经济，平等竞争的法治环境胜于任何优惠政策。改革与法治，如一鸟两翼、一车两轮。只有法治成为真正的法治，才能从根本上扫清束缚新质生产力发展的体制机制障碍，打造充满生机和活力的市场体系。

四 发展新质生产力，要激发创新活力

激发创新活力的首要任务和关键环节是深化科技体制改革。党的二十大报告指出，必须坚持科技是第一生产力、人才是第一资源、创新是第一动力，深入实施科教兴国战略、人才强国战略、创新驱动发展战略，开辟发展新领域新赛道，不断

塑造发展新动能新优势。习近平总书记高度重视科技体制改革，多次作出重要讲话和指示、批示。中央高层也开过不少重要会议进行具体部署。2023年二十届中央全面深化改革委员会第一次会议审议通过了《关于强化企业科技创新主体地位的意见》。强化企业科技创新主体地位，是深化科技体制改革、推动实现高水平科技自立自强的关键举措。要坚持系统观念，围绕"为谁创新、谁来创新、创新什么、如何创新"，从制度建设着眼，对技术创新决策、研发投入、科研组织、成果转化全链条整体部署，对政策、资金、项目、平台、人才等关键创新资源系统布局，一体推进科技创新、产业创新和体制机制创新，推动形成以企业为主体、产学研高效协同深度融合的创新体系。要聚焦国家战略和产业发展重大需求，加大企业创新支持力度，积极鼓励、有效引导民营企业参与国家重大创新，推动企业在关键核心技术创新和重大原创技术突破中发挥作用。加大薪酬分配制度改革，鼓励和激发科教人才创新动能。把2023年中央全面深化改革委员会第二次会议审议通过的《关于高等学校、科研院所薪酬制度改革试点的意见》真正落到实处。建立起激发创新活力、知识价值导向、管理规范有效、保障激励兼顾的薪酬制度，进一步激发高等学校、科研院所的创新创造活力。

五 发展新质生产力，要激发企业和企业家的活力

激发市场活力，离不开企业和企业家的活力，同样的，创新的活力很大程度上也来源于企业家和企业家精神。习近平总

书记指出，市场活力来自人，特别是来自企业家，来自企业家精神。党的二十大报告也明确提出，要"弘扬企业家精神"。改革开放40多年来，中国逐步建立并不断完善高水平社会主义市场经济体制，市场体系不断健全，企业家和企业家精神功不可没。改革开放初期，一大批农民企业家、乡镇企业家、民营企业家的出现，对中国早期的市场化改革及由此带来的充满活力的经济增长，发挥了积极的推动作用。20世纪90年代初，以一大批官员、学者"下海"为特征的各方面素质更高的企业家的出现，大大推进了中国经济体制市场化改革的进程，也由此推动经济的高速增长。此后一大批从海外回来的"海归"企业家，以及一大批到海外深造并学习了现代信息技术和管理技能的民营企业家，进一步推动中国经济体系的市场化改革进程并与国际市场接轨，使中国经济迅速融入经济全球化的浪潮。当然，不能不提到一大批厥功至伟的国资国企的企业家，随着市场化改革进程迅速推进，由官员型的管理者转变为市场经济的弄潮儿，在推动国资国企科技创新、产业控制、安全支撑等方面，以及对中国构建新发展格局、推动高质量发展发挥了"定海神针"的骨干带头作用。马克思关于生产力三要素的组织和管理，在科技革命特别是人工智能时代，必须通过市场来实现，由市场来配置资源。市场配置资源就是由作为市场主体的企业配置资源，企业配置资源说到底要由管理企业的企业家的活动来完成。我们常说经济体制改革的重点是处理好政府和市场的关系，实际上就是处理好政府和企业、企业家的关系。激发企业家活力，弘扬优秀企业家精神，归根到底依靠深化改革。实践和经验表明，改革开放必须法治护航。通过深化体制机制改革把法治精神贯彻到企业家的经营行为中，不仅让企业家知法、懂法、遵法、守法经营，更要稳定产权和营商环境等法律制度，用法律保护企业家特别是民营企业家产权和企业家权益，维护中国企业法人和企业家在海外的合法权益。企业和企业家的活力不仅需要激发，更需要保护。党的二十大提出要打造世界一流企业，新质生产力的发展需要有世界一流的企业。推进中国式现代化，更离不开世界一流企业。世界一流的企业必须有一流的企业家和一流的优秀企业家精神。

第八章
创新型企业：新质生产力发展的重要主体

  企业家要做创新发展的探索者、组织者、引领者，勇于推动生产组织创新、技术创新、市场创新，重视技术研发和人力资本投入，有效调动员工创造力，努力把企业打造成为强大的创新主体。
  ——习近平总书记在主持召开企业家座谈会时的讲话（2020年7月21日），《人民日报》2020年7月22日

  2020年8月，习近平总书记在经济社会领域专家座谈会上指出，要发挥企业在技术创新中的主体作用，使企业成为创新要素集成、科技成果转化的生力军。企业是社会生产力发展到一定程度时的专业化分工产物，是国民经济的基本单位，是发展社会生产力的主要承担者。新质生产力是创新起主导作用，摆脱传统经济增长方式、生产力发展路径，具有高科技、高效能、高质量特征，符合新发展理念的先进生产力质态，因此发展新质生产力，创新型企业必须作为主要承担者，这是由其属

性、功能、地位与作用所决定的。在当前中国的现实实践中，创新型企业作为产业创新的主力军，正在对新质生产力的发展起到积极推动作用。

第一节 创新型企业的内涵和特征

一 创新型企业的内涵

创新型企业作为一种企业模式或形态，是在全球工业化进一步发展，科技进步对全球经济发展重要性与日俱增，"新经济"特征逐渐显著的时代背景下应运而生的。1912年，约瑟夫·熊彼特提出可以将经济发展定义为"执行新的组合"，需要不断创新。[①] 后来进一步提出，创新的主体是企业家，初步确立了企业创新主体的地位。近代以来，随着三次工业革命的发生与发展，科技创新极大地改变了人类生产方式，促进生产力的解放与发展。在前三次工业革命中，企业作为市场经济的主体都发挥了重要作用。创新性也成为一些企业的重要标志，甚至成为企业在利润、市场占有率之外又一个重要追求。

虽然目前学界对"创新型企业"这一概念还没有一个非常清晰、统一的界定，但一般认为"创新型企业"的内涵应包括以下方面：一是创新类型上，创新型企业要以技术创新为核心，也包括管理创新、制度创新等内容；二是从要素投入来看，创新型企业必须具备对技术、资本、人力等各要素持续投

---

① ［美］约瑟夫·熊彼特：《经济发展理论》，何畏等译，商务印书馆1990年版，第73页。

入的能力；三是从产出上来看，创新型企业一般要体现能产出具有自主知识产权和品牌的产品，并主要依靠其形成该企业特有的、持续的竞争优势；四是创新型企业需要有强有力的创新文化支撑，把不断创新作为企业的愿景和使命。从实践来看，2006年4月，科学技术部、国务院国资委、中华全国总工会三部门在《关于开展创新型企业试点工作的通知》中将创新型企业界定为"在技术创新、品牌创新、体制机制创新、经营管理创新、理念和文化创新等方面成效突出的企业"，给创新型企业的研究提供了重要参考。

当前在新质生产力语境下，创新型企业主要是指科技创新型企业，可以将其定义为"有创新意愿和能力，拥有自主知识产权和知名品牌等相关创新产出，依靠持续技术创新获取市场竞争优势和持续发展的企业"。

二 创新型企业的特征

创新型企业具有典型的发展特征。英国学者克利斯·弗里曼等曾列举出企业创新成功的十大特点：（1）企业自身实力雄厚，具备专业化的研究与开发能力；（2）开展基础研究，或与进行基础研究的机构保持密切联系；（3）利用专利获取保护并具备与竞争对手讨价还价的能力；（4）规模大、足以支付长期研究开发的巨额费用；（5）比对手研制周期短、投产快；（6）愿意承担高风险；（7）及早而有想象力地发现及证实未来的潜在市场；（8）密切关注潜在市场，切实努力了解、培训和帮助用户；（9）企业实力雄厚，能有效地协调研究开发、生产与销售；（10）与科学界以及消费者保持充分交流。①

2006年国资委等三部委印发的相关文件中，对现阶段中国亟须发展的创新型企业特征也做了相关概括，主要包括：具有自主知识产权的核心技术，积极主导或参与技术标准的制定工作；具有持续创新能力；具有行业带动性和自主品牌，注重自主品牌的管理和创新；具有较强的盈利能力和较高的管理水平，具有创新发展战略和文化等。

三 创新型企业的衡量标准

在实践工作中，衡量一个企业是否为创新型企业，可以从以下几个维度进行定性和定量考量：（1）创新投入，具体包括R&D人员总数与占比、R&D投入总量与占比、基础研发强度、科技领军人才数量、先进科研设备数量等，并必须考虑这些指标的持续性；（2）创新产出，具体包括核心技术自主率、专利申请和授权数量、自主品牌数量及价值、省部级以上科技奖励获得情况、新产品市场占有率以及活跃度系数等；②（3）创新使命感和文化，包括勇于开拓、勇于冒险的企业家精神，明确指出并一贯坚持的企业创新战略与相关执行能力，企业内部宽容开明的文化氛围以及适宜的容错机制等方面。

当然，创新型企业首先必须满足市场经济主体营利性的一般性要求，并且有一定的风险承担能力。在国家创新体系语境

---

① ［英］克利斯·弗里曼、［英］罗克·苏特：《工业创新经济学》，华宏勋等译，北京大学出版社2004年版，第259—260页。
② 陈劲、国容毓、刘畅：《世界一流创新企业评价指标体系研究》，《创新科技》2020年第6期。

下，衡量创新型企业发展情况还可以考虑其与其他创新主体如高校、科研院所的合作情况等。

四 创新型企业的主要类型

在中国的科技政策体系中，涉及创新型企业的概念还包括创新型中小企业、专精特新中小企业和专精特新"小巨人"企业、独角兽企业等，前三者的提出都是为了提升中小企业的创新能力，共同构成梯度培育体系。其中创新型中小企业具有较高专业化水平、较强创新能力和发展潜力，是优质中小企业的基础力量；专精特新中小企业的特点是专业化、精细化、特色化发展，是优质中小企业的中坚力量；专精特新"小巨人"企业位于产业基础核心领域、产业链关键环节，创新能力突出、掌握核心技术、细分市场占有率高、质量效益好，是优质中小企业的核心力量。另外，与创新型企业相关的概念还包括创新型领军企业、科技领军企业等。与一般创新型企业相比，创新型领军企业需要在世界范围内具备一定的技术和品牌影响力，能够在行业内的标准制定、技术路线确定等方面发挥一定的引领作用且有较高的国际市场占有率。而科技领军企业主要被应用在国家战略科技力量语境下，更关注相关科技企业在关键共性技术、前沿引领技术和颠覆性技术方面取得优势，能够引领和带动产业链上下游企业，有效组织产学研力量实现融通创新发展。①

---

① 尹西明、陈劲、刘畅：《科技领军企业：定义、分类评价与促进对策》，《创新科技》2021 年第 6 期。

第二节　发展新质生产力要充分发挥创新型企业主体作用

新质生产力是由技术的革命性突破、生产要素的创新性配置以及产业的深度转型升级催生的，创新型企业不仅是技术创新和产业升级的直接实践者，在从原创性技术创新到高质量工业应用的转化过程中发挥着关键作用，而且是生产要素的创新性配置、新技术深化应用的前沿阵地和新产业、新业态和新模式快速涌现的重要场所，因此，发展新质生产力必须充分发挥创新型企业的主体作用。

新质生产力的本质属性需要创新型企业成为发展的主体支撑。新质生产力是创新起主导作用，摆脱传统经济增长方式、生产力发展路径，具有高科技、高效能、高质量特征，符合新发展理念的先进生产力质态。习近平总书记在主持中共中央政治局第十一次集体学习时强调，科技创新能够催生新产业、新模式、新动能，是发展新质生产力的核心要素。在社会主义市场经济体制下，为建设以企业为主体、市场为导向、产学研相结合的技术创新体系，培育大批创新型企业是尤为重要的。创新理论之父约瑟夫·熊彼特指出，创新的主体是企业家。英国学者克利斯·弗里曼等建立的国家创新体系理论进一步肯定了企业在创新过程中的重要地位。从中国的实践来看，中国的社会主义市场经济体制中，作为市场的行为主体和市场机制的作用对象，企业在创新需求提炼、创新方向引导、创新组织决策和创新资源分配等方面具有重要作用，是创新的知识生产和成果转化的中心。

创新型企业具备支撑新质生产力发展的能力和动力。企业直接面向国内外市场，具有联结科技与产业的天然能力和动力，人才、资金、技术等创新的重要资源要素只有通过企业和企业家才能有效组合，进而转化为现实生产力，促进经济增长。2021年6月，习近平总书记在《求是》杂志发文指出："要推动企业成为技术创新决策、研发投入、科研组织和成果转化的主体。"[1] 具体地，首先，企业是创新决策主体。在市场经济中，在新质生产力发展进程中，企业能最先感知到市场对于技术革新的需求，而且能对此需求最快做出响应。使科技创新与产业创新深度融合，让科技创新"离需求更近、离实用更近、离产业更近，打通从科技强到企业强、产业强、经济强的通道"[2]。其次，企业是创新投入主体。当代企业经济实力和风险承担能力极大增强，有意愿并且有能力承担起支持科技创新主体的责任。从现实来看，在中国，企业已经逐步成为科技创新的重要主体。自2016年起，中国企业研发投入占全社会研发投入的比重连续多年超过3/4，进入全球企业研发投入2500强的企业数量位居全球第二。再次，企业是创新组织主体。在市场经济下的现代企业不仅能够通过严密的组织管理让创新资源在企业内部的配置更有效

---

[1] 习近平：《努力成为世界主要科学中心和创新高地》，《求是》2021年第6期。
[2] 金观平：《强化企业科技创新主体地位》，《经济日报》2023年4月27日。

率，而且通过其牵头与高校、科研院所、国家实验室等其他科研创新主体进行合作，可以全面提升国家创新体系效能。特别是在新型举国体制背景下，创新型企业尤其是其中的领军企业应联合其他科技力量开展合作，加快突破产业共性技术、关键核心技术、"卡脖子"技术。最后，企业是创新成果转化主体。企业是逐利的，在新质生产力发展过程中，企业有将科技成果尽快转化为可上市交易、有实用价值的商品的需要。从三次科技革命来看，科技创新到产业创新的间隔越来越短，甚至出现了不少产业创新倒逼科技创新的情况。这都是因为现代企业的存在，加快打通创新的"最后一公里"，提高了创新成果的转化效率。

推动高质量发展，构建新发展格局需要大力培育发展创新型企业。发展新质生产力，将对生产力的更新换代发挥主导作用，有助于构建现代产业体系，是高质量发展的强劲推动力、支撑力。美国等科技发达国家的发展经验表明，以原始创新和颠覆性技术创新主导的产业创新是一国在全球引领科技创新、确立产业领导力的核心手段，而实现产业引领的主体正是创新力强的创新型大企业和大中小创新型企业形成的集群。此外，高质量发展和构建新发展格局还需要我们注重发展的安全性，充分实现科技自立自强，而这离不开以创新型企业为主体的新质生产力的发展。在中国的战略科技力量中，科技领军企业是其中的重要支撑，而科技领军企业首先必须是创新型企业，其次必须是其中的领军企业。它们在促进技术快速成熟与迭代升级、突破关键技术"卡脖子"等方面具有不可替代的作用，有利于打通产学研协同发展"最后一公里",更好推动高水平科技自立自强。

第三节 中国创新型企业的发展现状与问题

一 企业科技创新主体地位不断巩固

近年来,企业科技创新主体地位进一步加强,创新能力快速提高。企业已经成为研发投入、科技成果产出等方面的主要力量。在企业数量方面,2022年,全国规模以上工业企业中有研发活动的企业占全部企业的比重为37.30%(见图8-1),高新技术企业从2012年的3.9万家增长至2022年的40万家,科技型中小企业达到45.4万家。同时,涌现出华为、OPPO、京东方等全球PCT专利申请量位居前十的科技领军企业;估值在10亿美元以上的独角兽企业超过300家,数量位居全球第二。在研发投入方面,企业研发投入占全社会研发投入的比重超过3/4(见图8-2),其中高新技术企业贡献了全国企业68%的研发投入,超过700家企业进入全球企业研发投入2500强。在科研组织方面,国家重点研发计划中,企业参加或牵头的占比已接近80%;企业通过产学研合作解决关键技术或核心零部件攻关问题的比例达到56.1%,解决新技术市场应用前景开发问题的比例为50.1%。在成果转化方面,全国技术合同成交额为4.8万亿元,企业贡献了超过80%的技术吸纳[①];2023年,中

[①] 金观平:《强化企业科技创新主体地位》,《经济日报》2023年4月27日。

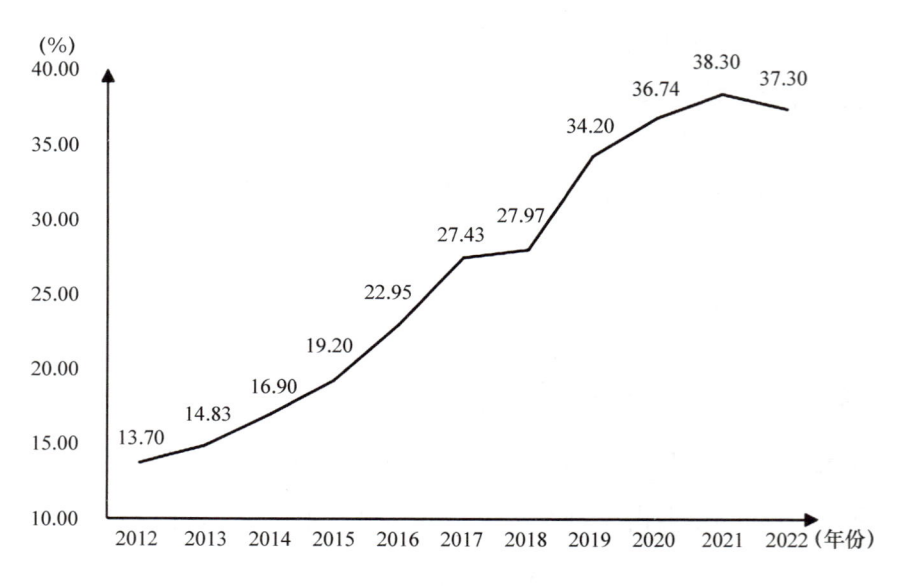

图 8-1 有研发活动的企业比重

资料来源：国家统计局。

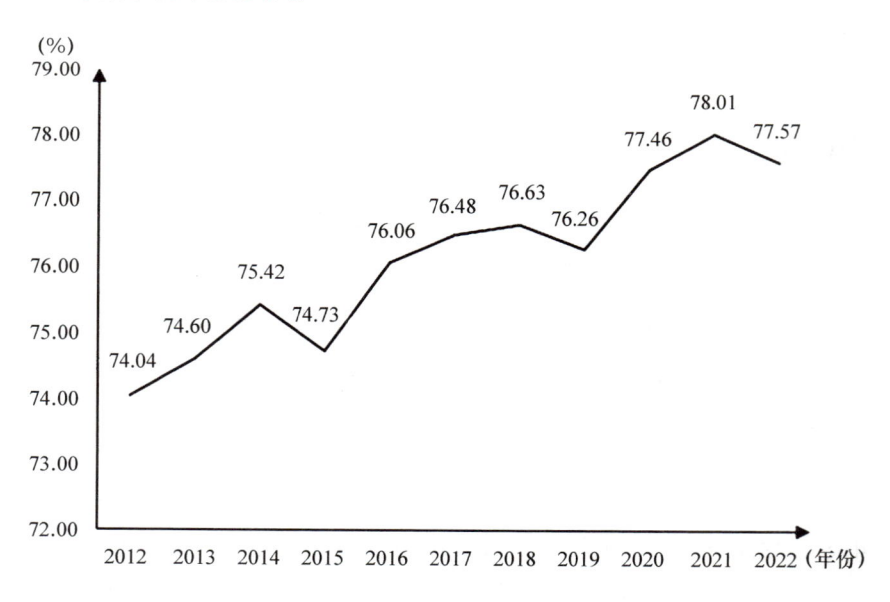

图 8-2 企业研发投入占全社会研发投入的比重

资料来源：国家统计局。

国企业发明专利产业化率达到51.3%，超过全国发明专利产业化率11.7个百分点；高新技术企业专利产业化水平更高，高新技术企业发明专利产业化率达到57.6%，比非国家高新技术企业高19.5个百分点。[①]

二 以企业为科技创新主体的体制机制保障不断增强

进一步突出企业在实施科技重大专项当中的牵头和主力作用。大力支持企业开展科技创新活动，不断强化企业的主体地位，通过进一步深化管理改革、促进国家科技重大专项完成，明确了支持企业承担科技重大专项。出台强化企业科技创新主体地位相关文件，进一步加大对企业创新的支持力度。

显著加强普惠性税收优惠政策支持。国家加大研发费用加计扣除力度，扩大政策范围，2017年将科技型中小企业的加计扣除比例由50%提高到75%；2018年将所有符合条件行业的企业加计扣除比例由50%提高到75%；2021年后，分别将制造业企业、科技型中小企业加计扣除比例从75%提高到100%。在此基础上，2023年，将所有符合条件行业企业加计扣除比例由75%提高到100%，使所有企业统一适用同样的政策，更有利于推动企业增加研发投入。

不断健全科技成果转化体制机制。一是修订《促进科技成果转化法》，发布《促进科技成果转移转化行动方案》，大幅加大对成果完成人和转化工作具有重要贡献人员的激励力度，积极探索科技成果转化激励新机制。各地区、各部门出台一批

---

① 国家知识产权局：《2023年中国专利调查报告》，2024年。

具体落实措施，从科技人员积极性不高、无形资产价值评估难等根本性问题入手，探索出科技成果转化的一系列有效路径。二是探索定向研发、定向转化、定向服务"三定向"式的研发和成果转化新机制。① 针对科研项目与产业发展结合不紧密问题，在高校科技项目选题、高校制度改革等方面，探索出"在科研成果转化中设置5%的股权激励机制"等一批改革举措，极大地促进高校科技成果转化。

不断完善保障创新的监管制度。通过创新管理优化服务培育壮大新动能、加快新旧动能接续转换，促进市场准入、投资审批、价格竞争等领域的监管制度持续优化、更加包容。持续强化知识产权保护，明确实施恶意侵权惩罚性赔偿制度等一系列的知识产权保护制度，知识产权"侵权易、维权难"等问题得到明显改观，知识产权审查质量和效率持续提升。

不断增强支持创新的金融政策措施。围绕做好科技金融服务、开展科创企业投贷联动试点、支持深化民营企业和小微企业金融服务综合改革、金融支持高技术服务业发展等出台了一系列改革举措。提高银行、保险等金融机构对企业创新的金融服务水平，探索股权与债权相结合，开展跟贷、远期利率期权、认股权等业务，部分银行金融机构探索运用"合作创投机构投资+银行贷款""银行贷款+远期权益""股权收购基金"等投贷联动金融服务模式，为企业创新持续提供资金支持。部分地区围绕科技企业轻资产的特征，突出高成长性的优势，开辟股权

---

① 徐彬、刘中全：《全面创新改革试验 着力打通制度政策梗阻 加速促进科技成果向现实生产力转化》，《中国经贸导刊》2020年第6期。

融资、无形资产抵押等创新融资新渠道，着力缓解融资难问题。

三 企业创新能力相对较弱且引领型创新主体不足

企业创新能力相对较弱。2022年，全国规模以上工业企业研发投入占营业收入的比重不足1.4%（见图8-3），远低于发达国家2.5%—4%的水平，有R&D活动企业的比重不足四成。企业研发投入强度和研发活动参与度明显偏低，即使有研发活动的企业，多数也是进行模仿创新和引进消化吸收再创新，真正的原始创新不多。与高校和科研机构开展产学研合作的企业比重较低且有下降趋势（见图8-4）。此外，创业投资是创新活力的重要体现，一方面其为新技术和产品进入市场提供了重要的外部资金支持，另一方面资金流向也代表了未来具有潜在商机的新兴领域。但是，近年来中国创业投资吸引力呈下降趋

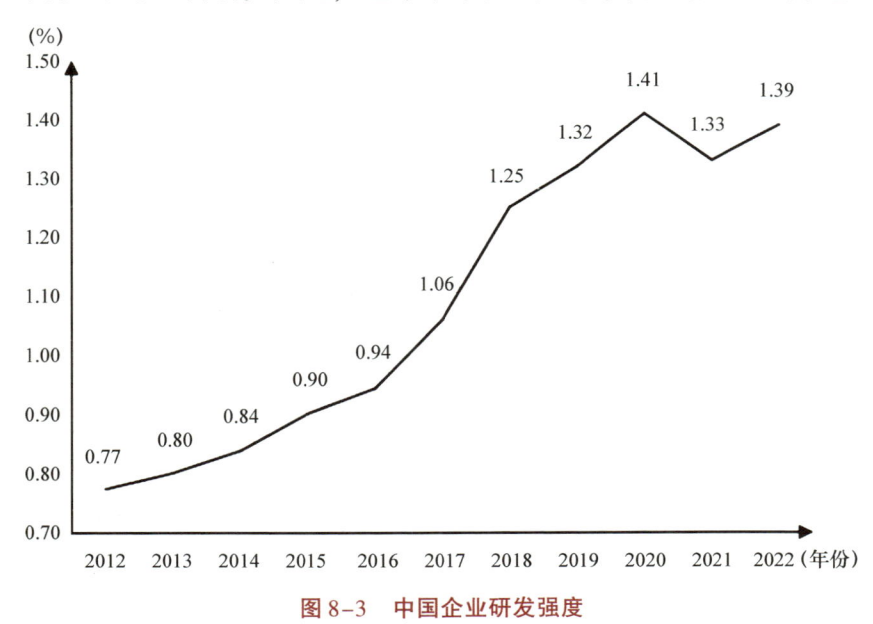

图8-3 中国企业研发强度

资料来源：国家统计局。

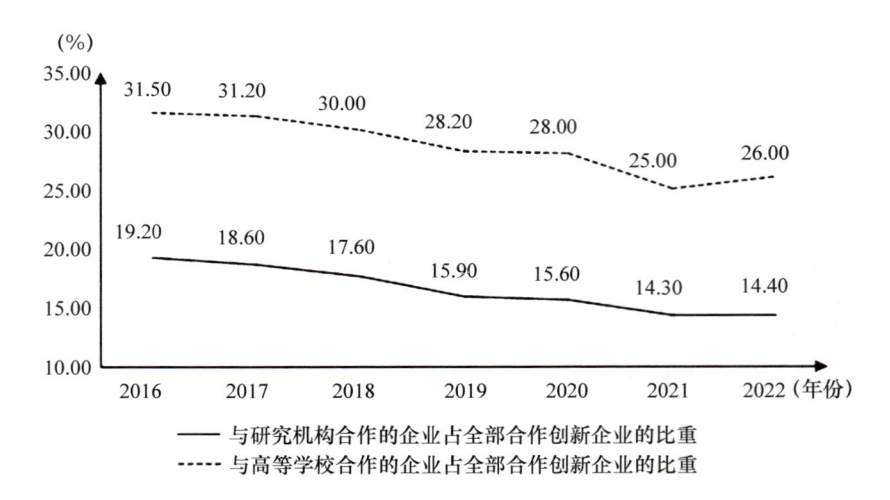

图 8-4　企业产学研合作情况

资料来源：科技部、国家统计局。

势。中国创业投资占全球的比重在 2016 年达到 38.91% 的峰值，随后几年逐步下降，2022 年降至 16.33%，降幅超过一半（见图 8-5）。

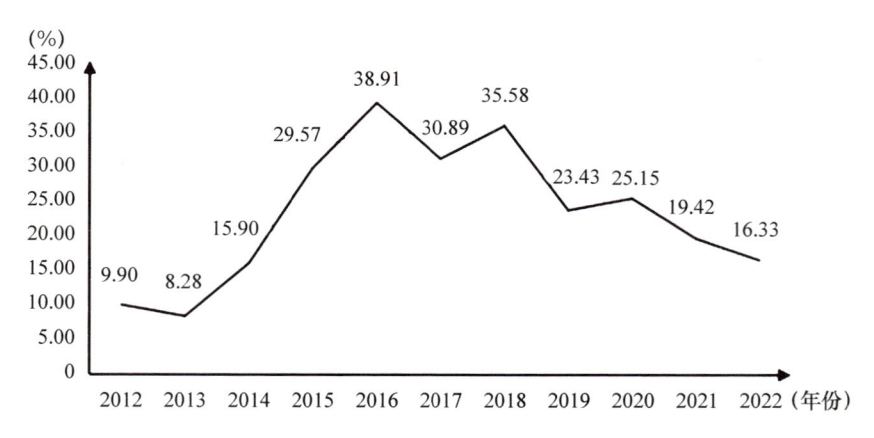

图 8-5　中国创业投资占全球比重

资料来源：美国国家科学基金会《科学与工程指标》。

行业领军型大企业较少。在新一轮科技革命和产业变革中，行业领军企业不仅在产业链上占据主导地位，而且具有较强的生态培育能力，可以向其他产业链进行深度赋能。综观世界一流企业，行业领军企业的地位形成大都是通过重组、整合、跨国经营和上市融资等方式形成的，是经过市场竞争检验逐步形成的。与之相比，中国特别是对产业生态具有控制力的企业的形成往往是国内企业之间的并购与重组，在海外市场份额、上市融资成效方面存在较大差距。2023年《财富》世界500强榜单上有142家中国公司，数量上已连续5年居各国之首，但对全球产业链供应链有较强影响力的科技领军企业相对较少。在2024年科睿唯安全球百强创新机构中，中国内地的企业数量仅有5家，远低于日本的38家、美国的17家。

创新型中小企业不足。推动制造业高端化、智能化、绿色化发展，关键要靠培育大量的创新型中小企业。其中包括掌握产业链供应链关键技术和核心零部件供应的"专精特新"企业和对引领科技变革、产业变革、社会变革都具有重大意义的独角兽企业。根据胡润全球独角兽榜单，2024年中国独角兽企业约为340家，比2023年新增24家，虽然排名第二，但与排名第一的美国的703家相比，总量不足一半。独角兽企业的全球占比也由2019年的41.70%下降到23.40%（见图8-6）。在独角兽总体数量和增长速度上，中国都还存在一定差距，需要加大培育力度。

图 8-6　中国独角兽企业全球占比

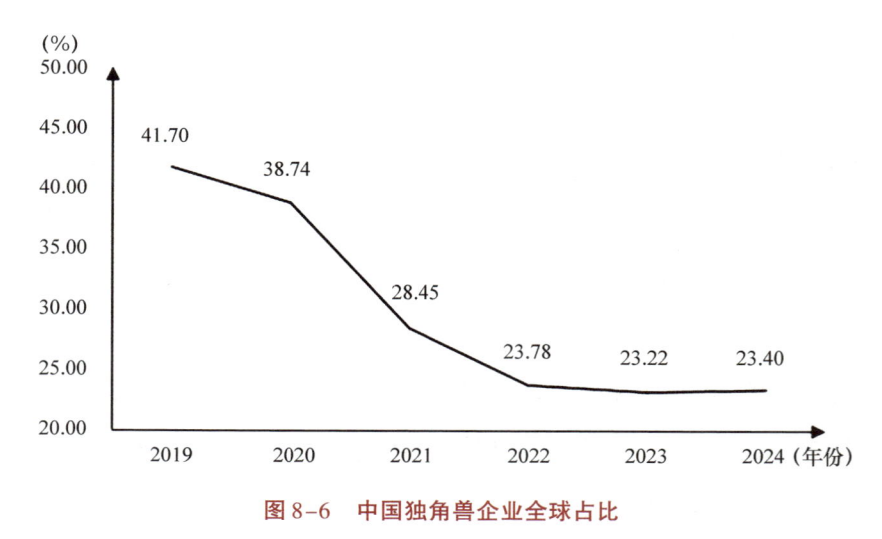

资料来源：胡润研究院发布的《全球独角兽榜》。

四　以企业为主体开展科技创新活动的体制机制仍有待完善

科技项目遴选和组织实施机制有待完善。目前中国科技项目来源主要是由高等院校、科研单位申报，政府主管部门审批下达为主，实施主体也多为高校和科研机构，国家需求导向和产业化方向不明确，导致项目数量多且资金"碎片化"，资源集中度不高，科技投入产业效益不高，存在重复投入等问题。

知识产权综合保护体系有待健全。知识产权案件存在审理技术难度大、事实认定难、跨行政区域跨行业领域等困难。新兴领域知识产权保护规则亟须加快推进，知识产权纠纷"判赔率"有待提高，海外知识产权维权支持能力有待提高，知识产权争议解决人才队伍建设与现实需求仍不匹配。

科技成果产业化仍是薄弱环节。主要是高校、科研院所与企业技术需求缺乏衔接，许多成果仅仅是为了项目验收和职称评审，导致很多科研成果"不能转"。此外，由于高校和科研机构的研究成果资产管理权限不清，成果转化的资金支持以及市场、法律等方面专业知识不足，高校、科研院所科研成果向企业转化的渠道尚不通畅。

金融支持企业创新力度有待加大。中国创业投资市场起步较晚，投资早期的理念仍不够普及，募资难问题仍在制约大部分创投机构，不带附加诉求且有耐心的长期资金仍然稀缺。尽管资本市场全面注册制改革已正式实行，但是仍然存在国内创业板和科创板的上市门槛相对较高、审核程序仍相对繁琐、审核时间相对较长等问题，影响金融市场对创新型企业的支持效果。

围绕企业配置创新资源的体制机制尚不健全。在科研资金配置方面，长期以来财政科技经费配置以高等院校和科研机构为主，对企业支持不够，而大量承担国家重大科技计划的高等院校和科研院所又存在科技成果应用转化能力不足的问题。在人才配置方面，中国高等院校毕业生特别是优秀人才多选择到政府部门、国有企业、高等院校和科研机构就业，而到企业的并不多。虽然中国人力资本红利十分可观，但是企业特别是创新型企业始终面临人才短缺问题，而高技术人才到企业任职也有较多顾虑和困难。

现有政策支持方式亟待转变。中国科技创新已经由跟跑向并跑、领跑转变，需加快健全支持基础研究、中小企业创新等方面的政策体系，强化对重大关键核心技术产业化的经济政策支持。此外，仍存在对知识产权保护的法律意识不强的现象，很多企业习惯于通过"仿造""挖人"等办法跟风发展、同质化竞争，削弱创新活力，亟须制定相关政策进一步规范市场竞争秩序、优化企业创新环境。

第四节 典型案例分析

研究华为公司、苹果公司如何创立、成长以及其在技术和商业模式等方面的颠覆性创新，对目前中国促进创新型企业发展，充分发挥其在新质生产力发展中的主体作用具有一定的借鉴意义。

一 华为公司

总部位于广东省深圳市的华为公司是一家由任正非于1987年创立的中国民营科技公司。2023年，华为实现全球销售收入7042亿元人民币，同比增长9.6%；净利润为870亿元，同比增长144.5%。华为在世界品牌实验室（World Brand Lab）编制的2023年度《世界品牌500强》排行榜中位居第55位，在2023年《财富》世界500强榜单中位居第111位。

华为是中国创新型企业的代表，据世界知识产权组织统计，截至2023年年底，华为公司在全球专利申请排名中连续7年位居第一。在BCG发布的2023年全球创新公司50强榜单中，华为排名第八。

（一）发展历程

1987年，华为公司由任正非等在深圳创立，最初主要从事电话交换网络的研发和销售，其后转型为通信设备制造商，主要产品包括电话交换机、无线基站等，而后开始进军海外市场。2020年以来，受到美国政府的制裁和打压，华为公司全球化战略有所调整，但发展创新的追求使得企业的发展韧性不断增强。

（二）主要创新

华为公司作为全球知名的创新型企业，其创新性主要体现在技术创新、制度创新、组织创新、决策体制的创新等方面。

从1992年开始，华为就坚持将每年销售额的至少10%投入研发，2023年研发投入达到1647亿元人民币，占全年收入的23.4%，研发人员占比约为55%，十年累计投入的研发费用超过11100亿元人民币。华为设有16个全球研发中心，2011年又成立了面向基础科学研究的2012实验室，为华为产品创新提供了科技基础，特别是在来自外部的"围追堵截"中仍然显示出了较强的发展韧劲和潜力。目前华为麒麟芯片不断演进迭代，到2020年迎来全球首款5纳米5G SoC麒麟9000，并有望实现3纳米工艺。此外，华为公司推出了鸿蒙OS系统，实现了在操作系统上的自主创新。

除了科技创新，无论是"工者有其股"的股权创新，还是"轮值COO"等决策体制创新，都使得华为成为一家仍然具有很大活力和创新潜力的科技企业。

二 苹果公司

位于美国西海岸库比蒂诺的苹果公司是一家典型的创新型

企业，在其短短几十年的发展中推出了包括个人电脑和手机等具有影响力的电子产品，2023 财年总净销售额为 3832.85 亿美元，苹果公司在 2023 年《财富》世界 500 强排行榜中排名第八，自 2021 年以来蝉联波士顿咨询公司（BCG）公布的全球最具创新力的 50 家公司榜首。

苹果公司的成功秘诀在于其创新的产品、精美的设计和强大的生态系统，在世界范围内具有强大的产业引领性和品牌感染力。据 IFI Claims 专利服务公司的报告，2023 年苹果公司在美国专利公司和商标局共获得 2536 项专利，比 2022 年增长 11%。2023 财年，苹果在研发上投入近 299.2 亿美元，折合人民币 2108 亿元。

（一）发展历程

1976 年 4 月 1 日，史蒂夫·乔布斯、斯蒂夫·沃兹尼亚克和罗纳德·韦恩联手成立了苹果公司，最初产品是个人电脑。

苹果公司创新的进程并非一帆风顺。1984 年，苹果公司发布了一系列具有影响力的产品，但由于高昂的价格和限制性的软件生态系统，以 Macintosh 电脑为代表的系列产品在市场上的份额并不理想。1985 年，在董事会的决议下，乔布斯被迫离开了苹果公司。在此后十年，苹果公司由于产品线过于庞杂，缺乏创新和竞争力，在微软 Windows 操作系统的强大挑战下陷入了严重的危机。直到 1997 年，乔布斯重返苹果公司，精简了产品线，推出了 iMac 等新一代电脑，提升了苹果公司的品牌形象和市场地位，并开创了数字音乐、智能手机和平板电脑等新的市场领域。蒂姆·库克接任苹果公司的 CEO 后，进一步加强了苹果公司的在线服务和软件开发等产品服务。

（二）主要创新

苹果公司的创新模式可以用高创新→高质量→高利润→高创新→高质量这样的循环来概括，其在科技（硬件、软件）、产品、品牌、商业模式等方面的创新成果都是非常显著的。

从科技创新和产品创新来看，值得一提的是，虽然过程十分波折，但自 2010 年推出 A4 手机芯片开始，苹果自研芯片配合其自有产品获得了业界和市场的较高认可度。搭配其独有的操作系统和生态系统，为用户提供了一个完整、连贯的体验。

在不断的科技创新和产品创新的背后，是苹果公司从创始人史蒂夫·乔布斯开始就坚持的创新精神，在这样的坚持下其不仅能满足用户需求，更能创造需求。例如 iPhone 就开创了智能手机时代，改变了人们的生活方式。

三 借鉴意义

从华为公司和苹果公司的故事中，可以得到以下关于创新型企业成功的关键要素。

1. 企业家精神与坚持创新的企业文化

创新型企业必须具有敢为天下先的勇气，要有经受住创新过程中的波折和失败的勇气。无论是苹果公司还是华为公司，其创新历程都困难重重，但凭借企业家精神和不断创新的企业文化，这两家公司才得以化险为夷。

2. 对创新的持续投入

要想获得领先的技术和巨大的利润，不付出巨大的成本是不行的。两家公司的发展，都离不开对创新的持续大额投入，而且这种投入可能在短期内并不会得到对应的回报。

3. 以科技创新为中心，探索与公司发展相适应的制度与商业模式等创新

除了科技创新等硬核创新，苹果公司和华为公司都通过不断地在制度以及商业模式等软件方面进行创新，形成创新氛围，打造创新文化，营造适合创新的制度环境，以适应其公司发展需要。

第五节　发挥创新型企业主体作用的对策建议

一　壮大更具竞争优势的创新型企业队伍

完善创新型企业梯度培育体系，大力培育一批具有产业生态控制力和带动力的科技领军企业，加快形成"铺天盖地"的创新型中小企业，支持有条件、有能力的民营企业牵头实施重大科技项目，引导外资企业更深程度、更广范围参与创新活动，打造具有创新要素吸引力的企业创新生态。一方面，要加大对行业领军企业支持力度。以行业领军企业为龙头，采取整体划拨、吸收合并等方式，积极推进相关企业和科研机构开展战略性合作，支持其牵头组建产业创新联盟，加大对其布局创新平台、技术创新中心、重大科研基础设施、重大科研项目等的支持力度，加大政府采购、投融资等经济政策倾斜。另一方面，要大力培育创新型中小企业。选择一批技术基础较好、产品和品牌竞争力较强、发展潜力较大的中小企业，加大对其技

术开发、成果转化与应用、市场开拓、数字化智能化改造等方面的支持，引导企业长期专注并深耕于产业链某一环节或某一产品。

二　打造更利于创新型企业成长的优质生态

增强金融服务企业科技创新能力。畅通和扩大创新型企业在资本市场的直接融资渠道，优化资本市场对创新型企业的科创属性评价机制，对承担重大攻关任务的科技企业进行重点支持。完善创新型企业上市制度，适当扩大企业上市的行业范围和放宽上市认定条件。适当延长政府投资基金存续期，完善国有企业支持创投发展的体制机制，加强长期资本对创业投资的支持。

支持企业引进培育高水平创新型人才。探索建立科技人才跨地区、跨部门、跨行业流动机制，完善校企、院企科研人员交流机制，支持高校、科研院所科研人员到创新型企业挂职锻炼，吸引企业家到高校担任兼职导师，加强创业导师队伍建设，畅通高校、科研院所和企业间人才流动渠道。探索将高校、科研院所科研人员入企服务成效纳入个人职称评审和绩效考核，推动科技人才评价平等对待企业项目和政府项目。

完善政府政策支持方式。强化普惠性政策支持，加强政府采购政策支持，支持首台（套）装备应用，完善相应的保险补偿和金融激励，采取贴息、担保等方式引导社会资金投向科技成果产业化，在全社会广泛提倡消费自主创新产品，促使科技成果产业化向更加依赖市场机制为主转变。针对新情况新变化不断完善规则制度,细化规范体系、及时回应现实问题。

强化知识产权保护和运用。统筹推进知识产权相关法律法规的修改完善,探索建立知识产权侵权快速反应机制,严厉打击知识产权侵权行为,不断完善知识产权侵权惩罚性赔偿制度。构建保护合理的新兴领域和特定领域知识产权规则体系,密切对接国际前沿领域技术演进最新情况,研究制定数据和算法、中医药、人工智能产出物等知识产权保护条例。推动建立健全知识产权行政保护与司法保护紧密衔接、标准统一的工作协调机制,培育和发展知识产权调解组织、仲裁机构、公证机构。

三 强化确保企业科技创新主体地位的制度保障

完善科技创新战略决策咨询机制,强化企业技术创新决策的主体地位。进一步明确国家科技创新政策制定和重大科技项目立项需由相关行业企业参与,持续支持企业在更大范围、更深程度参与国家科技创新决策,引导企业围绕国家重大战略开展研发。健全科技创新政策的企业咨询制度,提升企业在科技创新政策制定过程中的参与度和话语权。在国家科技计划年度指南编制中,针对重点产业领域技术方向更多征求科技领军企业的意见,增加国家科技专家库中企业专家的数量。对于与产业发展密切相关的重点专项,提高项目设立和评审中科技领军企业专家的比例。建立企业常态化参与决策机制,围绕科技创新政策、重大科技项目等事项,定期举办政府与企业间的交流研讨,提高企业的参与度。

切实落实企业创新税收优惠等政策，强化企业研发投入的主体地位。一方面，加大对企业研发投入的财税支持力度。对研发投入强度高且创新产出突出的企业、企业主导建立的新型研发机构或创新合作平台，进一步落实企业研发费用税前加计扣除政策，对于完成质量较好、攻关效果明显的科技攻关工程项目承担方，应予以适当奖励。鼓励地方政府设立面向企业的技术发展专项基金，围绕"卡脖子"技术、社会公益性技术、行业大数据中心、前沿产业技术标准等联合开展基础前沿研究和技术攻关孵化。另一方面，发挥国有企业科技创新积极作用。进一步落实和完善国有企业研发投入的考核措施，优化对不同行业研发投入的分类、分阶段考核，建立创新容错机制，激励企业加大应用型基础研究和新技术研发。

发挥企业"出题人""答题人""阅卷人"作用，强化企业科研组织的主体地位。建立以企业为主体的产业技术研发体制，除了基础研究、战略性新技术和政府公共服务需要的科研项目，对产业技术类研发项目，参照"揭榜挂帅"机制，建立由企业出题目并牵头、科研院所参与、政府给予配套支持的项目攻关机制。支持企业以科技创新项目为牵引，采用联合开展关键共性技术攻关、共同组建创新平台及新型研发机构、产业技术创新战略联盟等方式，与高校科研院所进行全方位、多层次产学研合作攻关。深化科技领军企业牵头承担国家重大战略科技任务的"业主制"模式，采用"揭榜挂帅""赛马"等机制，支持其承担关键技术研发任务。进一步支持科技领军企业牵头，联合高校、科研院所承担国家战略科技任务。放宽企业独立申报或联合高等院校、科研机构联合申报国家重点实验室、国家工程中心和国家技术创新中心的条件。

健全科技成果转化政策体系，强化企业成果转化的主体地位。一是研究制定具体、明确的促进科技成果转化的条例和细则，建立科技成果披露机制和尽责容错机制，破解企业科技成果使用、处置和收益权等政策障碍。二是着力完善专利交易制度，培育一批具有工程化和系统集成能力的企业技术中心，加强技术经理人和中介服务体系建设，推动高等院校、科研单位通过"向企业转移技术专利"的方式实现科技成果转化。三是可考虑设立企业科技创新成果转化基金，通过资金引导、知识产权质押融资风险补偿、科技成果转化贷款风险补偿等方式，有效拓展企业科研成果转化的融资渠道，进而降低企业风险和成本。

第九章
创新文化：新质生产力发展的沃土

要健全要素参与收入分配机制，激发劳动、知识、技术、管理、资本和数据等生产要素活力，更好体现知识、技术、人才的市场价值，营造鼓励创新、宽容失败的良好氛围。

——习近平总书记在二十届中央政治局第十一次集体学习时的讲话（2024年1月31日），《人民日报》2024年2月2日

发展新质生产力是以创新为第一动力，人才为第一资源，需要在全社会营造鼓励创新的良好生态环境，在各个领域鼓励创新思维、倡导追求卓越的创新环境。

第一节　培育创新文化是为发展新质生产力营造创新环境

创新是一个民族进步的灵魂，是一个国家兴旺发达的不竭

动力。党的二十大报告明确提出："培育创新文化，弘扬科学家精神，涵养优良学风，营造创新氛围。"① 创新文化是在一定社会历史条件下，在创新活动中形成的创新精神财富以及创新物质形态的综合，包括创新价值观、创新准则、创新制度和规范等。21世纪中叶，中国要全面建成社会主义现代化强国，人的思想和观念现代化是国家现代化的重要基础；建设科技强国和创新型国家，需要培育全民崇尚科学精神和勇于创新的文化，营造有利于创新的社会氛围。

一 创新文化是培育创新精神的文化

创新文化是实施创新驱动发展的重要因素，是国家创新生态环境的重要基础。哪里创新文化先进，创新生态环境好，创新要素就向哪里集聚，创新创业者就愿意在哪里生根开花。

（一）创新文化的核心是包容、开放、进取

国内外经验表明，创新文化的核心是包容、开放、进取，尊重首创和宽容失败。例如，美国的硅谷是全球创新中心之一，是创业的栖息地。多年来，许多学者在研究硅谷成功背后的文化因素，归纳起来有以下六点：一是开放包容的文化。硅谷是多元文化融合，技术移民创建并经营的企业占硅谷全部高科技企业的比重超过1/3。不同文化和思想的交流和碰撞，形成了新的创意火花。二是宽容失败的文化。在硅谷创业不怕失败，失败了是正常的，创业就是要不断地适应与调整。三是流

---

① 习近平：《高举中国特色社会主义伟大旗帜　为全面建设社会主义现代化国家而团结奋斗》，《人民日报》2022年10月26日。

动性强和自由创业的文化。在硅谷员工跳槽、自立门户的现象非常普遍，但是要签保护商业秘密的协议。四是亲和文化。硅谷企业的推门文化是著名的，无论多高级别的领导，只要员工有思考成熟的想法或建议，都可以直接推开其办公室的门，表达自己的想法。五是企业家精神和创业者情怀。许多人在硅谷创业不仅是为了挣钱，而且也是为了改变未来和追求理想。六是面向长期的风险投资家的冒险精神。硅谷成为创业资本公司的圣地，创业资本投资是高风险高收益，平均约九成的风险投资不成功。正是因为硅谷的包容、允许试错的创新文化，创业者不断涌向硅谷，长期风险投资投向硅谷。

中国的深圳也是一片技术创新和创业的乐土。深圳在建设经济特区之初，与国内其他地区相比，有以下四个突出特点：一是深圳的发展主要依靠移民，形成了包容性的移民文化。外地人来深圳创业，不会被歧视。二是以改革开放起家，实行小政府大社会，发挥市场配置资源的作用。三是不断进取、敢为天下先的精神，以创新引领发展。深圳从最初的"三来一补"引进外资、模仿创新到如今自主创新，深圳经历了几轮产业技术转型升级。目前，世界正处于新一轮技术革命前夜，面临全球供应链调整。深圳重视原始创新能力建设，不断加大在基础研究、科研院所、国家级研发平台和高等院校等方面的投入，先后建成国家超级计算深圳中心、国家基因库、鹏城实验室、深圳湾实验室等重大科研平台，布局建设光明科学城、河套深港科技创新合作区、西丽湖国际科教城、粤港澳大湾区生命健康创新示范区等综合性国家科学中心。① 四是营造良好的创新生态环境。深圳从一个小渔村发展成为产业技术创新中心，不断打造和完善市场化、法治化和国际化的创新环境，优化创新服务，吸引了国内外的高技术企业和创业企业家，培育了华为、腾讯、大疆、华大基因、比亚迪等一批创新型企业，构建了具有特色的以企业为主体的创新体系。

（二）创新文化可以分为社会层面和微观主体层面

社会层面的创新文化是指在全社会范围内营造树立尊重科学、热爱科学和拼搏创新的社会氛围。同时，创新文化又是一个内化于创新生态系统各个层面、各个环节、各类主体的文化体系。微观主体层面的创新文化涉及各创新主体和创新链条各环节所需要的特定文化氛围。因此，要从社会层面和微观主体层面，培育创新文化，营造开放、包容、协同、高效的创新环境，激发各类创新主体的创新热情，为发展新质生产力奠定强大的文化和社会基础。

二 发展新质生产力需要培育创新文化

（一）创新发展进入新阶段，需要培育创新文化

目前，中国已进入高质量发展阶段，科技实力从量的积累向质的提升转变，创新发展进入新阶段。呈现以下特征：发展动力从要素扩张和规模型发展转向创新驱动型发展，创新成为第一发展动力；国家创新体系建设从注重创新主体建设转向注重营造创新生态环境，培育高质量创新要素市场；创新能力从

---

① 《创新的高质量发展注入强劲动力》，《光明日报》2022年8月18日。

跟踪模仿为主转向跟跑、并跑和领跑三跑并存，加强并跑和领跑；创新模式从引进技术消化吸收、改进创新、集成创新为主转向加强基础研究，提高原始创新能力，增强源头技术供给，鼓励前沿引领性、颠覆性创新。尤其是在新技术不断涌现，新技术革命即将来临的形势下，许多新兴产业、前沿技术领域进入无人区，没有参照系，需要我们自己探索。在国际科技竞争压力加大和部分国家对中国技术封锁的情况下，关键核心技术要不来也买不来，依靠别人获得基础科学知识、产业技术进步、创新和发展将会受制于人。因此，发展新质生产力迫切需要大力培育创新文化。从追赶阶段的以学习国外先进知识和技术，实现本地化改造为主的学习型创新文化，转向创造知识和技术的创造型创新文化，从技术跟随型文化转向引领创新型文化；技术开发从逆向工程转向基于科学研究的原始创新和颠覆性创新，从知其然不知其所以然到知其所以然。因此，要培育打破常规的创新性思维和探索精神，形成鼓励原创、容忍失败的良好氛围，为广大科技工作者和企业家解放思想、勇于探索提供坚实的体制机制保障，为发展新质生产力提供创新文化支撑。

（二）创新文化建设是建设创新型国家和社会主义现代化强国的重要环节和必要条件

《国家创新驱动发展战略纲要》（以下简称《战略纲要》）将营造创新环境，培育创新文化作为重要目标和任务，提出培育创新友好的社会环境，健全保护创新的法治环境，营造崇尚创新的文化环境，在全社会形成鼓励创造、追求卓越的创新文化，推动创新成为民族精神的重要内涵。《战略纲要》明确了新时代从以下五个方面培育创新文化。一是增强创新自信。创新文化的本质是倡导百家争鸣、尊重科学家个性的学术文化，增强敢为人先、勇于冒尖、大胆质疑的创新自信。二是重视科研试错探索价值，建立鼓励创新、宽容失败的容错纠错机制。三是营造宽松的科研氛围，保障科技人员的学术自由。四是加强科研诚信建设，引导广大科技工作者恪守学术道德，坚守社会责任。五是加强科学技术普及，提高全民科学素养，在全社会强化科学理性精神。特别要加强科学教育，丰富科学教育教学内容和形式，激发青少年的科技兴趣。《中华人民共和国国民经济和社会发展第十四个五年规划和2035年远景目标纲要》对创新文化建设提出要求，包括激发人才创新活力，加强学风建设，坚守学术诚信；弘扬科学精神和工匠精神，加强科普工作，营造崇尚创新的社会氛围，健全科技伦理体系等。

三 提升全民科学素质，营造创新文化氛围

建设中国特色的社会主义现代化国家，离不开人的思想观念的现代化；建设创新型国家，要培育全民的创新文化基础。

（一）科学文化是创新文化的重要内容

科学文化分为全民和科学研究两个层次。全民层面的科学文化是引导全民科学生活、科学发展。科学研究层面的科学文化是科学共同体应遵循的规律和行为准则，包括科研活动、科研组织管理、科研伦理、科学评价等。尽管科学研究是少数人

从事的工作，但建设科技强国，需要普及科学，在全社会形成尊重知识、崇尚创新、尊重人才、热爱科学、献身科学的氛围，激励更多人投入科技事业。

2016年5月30日，习近平总书记在全国科技创新大会、两院院士大会、中国科协第九次全国代表大会（以下简称"科技三会"）上指出，"科技创新、科学普及是实现创新发展的两翼，要把科学普及放在与科技创新同等重要的位置""没有全民科学素质普遍提高，就难以建立起宏大的高素质创新大军，难以实现科技成果快速转化"[1]。这说明了普及科学文化对创新发展的重要性。公民科学素质是衡量全社会科学文化程度的国际通用指标，其中包括了解必要的科学技术知识，掌握基本的科学方法，树立科学思想，崇尚科学精神，并具有应用其处理实际问题、参与公共事务的能力。[2] 普及科学文化的目的是要提高公民的科学素质，普及科学知识，使公众理解科学。新兴科技发展与社会生产、人民生活关系紧密，理解和应用新兴科技需要科学引导和认识。如目前现实生活中存在的一些盲从行为，与缺乏科学方法有关；在互联网和多媒体时代，科学文化有助于提高对谣言的鉴别和免疫力。因此，掌握科学方法是科学素养中最重要的内容，使公众理解科学就是要理解科学方法，能够应用这些科学方法解决自己生活和工作中的各种问题。弘扬科学

---

[1] 《全国科技创新大会　两院院士大会　中国科协第九次全国代表大会在京召开》，《人民日报》2016年5月31日。
[2] 《全民科学素质行动计划纲要（2006—2010—2020年）》，国务院公报，2006年第10号。

精神则是促进民众对真理的追求和对创新的尊重。

（二）改革开放以来，国家将开展科学普及作为一项重要事业

2002年中国出台《中华人民共和国科学技术普及法》。"十一五"以来，国务院先后印发《全民科学素质行动计划纲要（2006—2010—2020年）》《全民科学素质行动规划纲要（2021—2035年）》。中国公民科学素质不断提升，从2005年的1.6%增至2022年的12.9%，提升了11.3个百分点。全国科学普查结果表明，全民科学素质与创新发展和现代化建设相互促进。创新能力强的地区全民科学素质相对较高；经济发达地区、工业化程度高的地区，公民科学素质高；城镇化程度越高的地区，公民科学素质越高；人口受教育程度越高科学素质越高。

四 发展新质生产力和培育创新文化需要制度保障

习近平总书记在中共中央政治局第十一次集体学习时强调，"要深化经济体制、科技体制等改革，着力打通束缚新质生产力发展的堵点卡点""破除一切制约创新的思想障碍和制度藩篱，构建支撑创新驱动发展的良好环境"①。创新文化与发展阶段和创新制度密切相关，是制度的产物。同时，创新文化也需要制度保障，否则创新文化很难形成和发挥作用。因此，营造崇尚创新的社会氛围是创新文化的有机组成部分，也是推动创新型国家发展的重要着力点。要从制度和

---

① 《加快发展新质生产力 扎实推进高质量发展》，《人民日报》2024年2月2日。

体制机制建设入手，营造有利于创新的社会环境，形成尊重劳动、尊重知识、尊重人才、尊重创造的时代风尚，努力营造民主、生动、活跃的创新氛围；构建鼓励改革创新、宽容失败的干事创业环境。

（一）营造法治化的营商环境

强化依法保护产权和知识产权，以环境、质量、安全等标准为市场准入标准，严格公平执法，使不同所有制、不同规模和不同技术路线的企业获得公平竞争的机会。同时，国家出台了一系列保障民营企业公平竞争的政策与法规。

（二）供给侧和需求侧改革相结合

一方面，完善和落实鼓励创新的普惠性政策，营造公开、透明、稳定和可预期的政策环境，提升企业家的信心和预期，鼓励长期创新投资。另一方面，制定鼓励创新的需求侧政策，发挥全国统一大市场的优势，开拓和培育新技术应用场景，提高创新的规模效益。进一步完善招标采购政策和相关法律法规，落实首台（套）和首批次政策；制定反映资源稀缺性和外部成本效益的财税、价格政策，实现外部效益内部化，促进绿色经济和可持续发展。

（三）有为政府与有效市场相结合

在新兴技术和前沿技术领域，技术和市场具有不确定性，要处理好政府与市场的关系。政府主要在市场失灵和国家战略领域发挥作用，重点支持基础性、战略性、前沿性科学研究和共性技术研究，战略高技术研发，培育市场和做早期用户。产业化发展由市场选择。健全技术创新市场导向机制，充分发挥市场在配置创新资源中的作用，发挥市场对技术研发方向、路线选择、要素价格、各类创新要素配置的导向作用。建立审慎包容鼓励创新的市场监管体系，为新兴产业和新技术应用培育新的应用场景，允许新产品、新模式和新产业先行先试，及时总结经验，把握规律，逐步规范。

（四）深化科技体制改革

深化科技体制改革，进一步合理分工定位产学研在创新体系中的作用，发挥各自优势，加强合作和有效衔接，提高创新体系整体效能。建立适应各类人才发展的激励机制，充分调动各类人才创新积极性，强化以学术贡献和创新价值为核心的评价导向，营造让科研人员静心思考、潜心研究和鼓励创新、宽容失败的社会氛围。

（五）健全创新治理体系

2021年新修订的《中华人民共和国科学技术进步法》提出，要加强科技法治化建设和科研作风学风建设，建立和完善科研诚信制度和科技监督体系，健全科技伦理治理体制，营造良好的科技创新环境。包括完善科学技术决策的规则和程序，加强财政性科学技术资金绩效管理，建立科学技术计划项目分类管理机制等。特别提出国家建立科技伦理委员会，完善科技伦理制度规范，加强科技伦理教育和研究，健全审查、评估、监管体系。2022年3月，中共中央办公厅、国务院办公厅印发《关于加强科技伦理治理的意见》，提出建立健全符合我国国情的科技伦理体系，依法依规开展科技伦理治理工作，实行全过程治理，突出重点领域；政府主导，加强主体责任和行业自律。

（六）开放创新，加强国际科学技术合作

新形势下，我们要实施更加开放包容、互惠共享的国际科学技术合作与交流战略，主动融入全球创新网络[①]，构建分层次的国际科技合作机制，支撑构建人类命运共同体。

第二节 分类施策，培育各类创新主体的创新精神和科学素养

发展新质生产力的重要标志是提高全要素生产率。人才是最重要的创新要素。创新需要各种创新人才。各类人才在创新体系中的功能和角色不同，驱动力也不同。党的二十大报告提出，发现和使用战略科学家、打造一批高端领军人才和创新团队，培养锻炼一支青年科技人才队伍，培养大批卓越工程师，形成广大的技能人才队伍，壮大优秀企业家队伍。因此，对于各类创新人才，要把握科学研究和创新的规律，因类制宜，培育创新精神，采取针对性的激励机制，发挥各类人才的创新积极性和提高其创新能力。要根据创新链、产业链、人才链、资金链四链融合的需要，分类研究培育科学家、企业家、工程师和工匠，以及金融家和教育家的创新精神。

---

① 《中华人民共和国国民经济和社会发展第十四个五年规划和2035年远景目标纲要》，人民出版社2021年版，第22页。

一　弘扬科学家精神，建设科技强国

习近平总书记在"科技三会"的讲话中指出，"在中华民族伟大复兴的征程上，一代又一代科学家心系祖国和人民，不畏艰难，无私奉献，为科学技术进步、人民生活改善、中华民族发展作出了重大贡献"[①]。如从钱学森、李四光、郭永怀等老一辈科学家，到屠呦呦、南仁东、黄大年等新中国培养起来的杰出科学家。新时代更需要继续发扬科学家精神。

（一）科学研究是创新的源泉，科学家和科研人员是重要的创新人才

科学家精神是科技工作者在长期科学实践中积累的宝贵精神财富，是科学家在探索科学真理、服务社会和推动人类进步过程中的价值观和行为准则。2019年，中共中央办公厅和国务院办公厅印发《关于进一步弘扬科学家精神加强作风和学风建设的意见》，提出要从七个方面弘扬科学家精神。一是胸怀祖国、服务人民的爱国精神。二是勇攀高峰、敢为人先的创新精神。敢于提出新理论、开辟新领域、探寻新路径，不畏挫折、敢于试错，在独创独有上下功夫。三是追求真理、严谨治学的求实精神。坚持解放思想、独立思辨、理性质疑，大胆假设、认真求证，不迷信学术权威。四是淡泊名利、潜心研究的奉献精神。力戒浮躁，甘坐"冷板凳"，肯下"十年磨一剑"的苦功夫。反对盲目追逐热点，坚决摒

[①]《全国科技创新大会　两院院士大会　中国科协第九次全国代表大会在京召开》，《人民日报》2016年5月31日。

弃拜金主义。五是集智攻关、团结协作的协同精神。强化跨界融合思维，倡导团队精神，建立协同攻关、跨界协作机制。六是甘为人梯、奖掖后学的育人精神。破除论资排辈的陈旧观念，打破各种利益纽带和裙带关系，善于发现培养青年科技人才，敢于放手、支持其在重大科研任务中"挑大梁"，甘做"铺路石"和领路人。七是坚持全球视野，加强国际合作，秉持互利共赢理念，为推动科技进步、构建人类命运共同体贡献中国智慧。这些既是对中国科学家精神的高度总结，也是对科学家作风建设的更高要求。

（二）基础科学研究和应用技术研发在创新中的功能定位不同，需要的研究动力和条件不尽相同，要分类评价和激励

基础科学研究是探索自然规律和科学方法的实验性和理论性研究活动，不直接提供新产品、新工艺和解决技术问题的具体方案，而是为社会提供新知识、新原理、新方法。从事基础科学研究往往不能预先知道自己应该选择哪条研究路径和出现什么结果，需要有自由探索的精神。因此，基础科学研究要瞄准世界一流和科技前沿，开展原创研究，需要长期稳定支持，开展持之以恒的研究，要有甘于坐"冷板凳"的精神，其研究成果由学术共同体同行评议。而应用技术研发的前进方向比较清晰，为了实现可市场化的创新，研究人员和团队必须心无旁骛地专注于特定的创新领域进行研究开发。因此，从事应用技术研发则要适应企业和市场的需求，聚焦解决实际问题，力争实现关键核心技术自主可控。应用技术开发往往需要市场和企业出题，实行产学研结合，其研发成果由用户和市场来检验和

评价，在成果转化的收入分配等方面多给一些激励等。

二 激发企业家精神，壮大创新型企业家队伍

党的二十大报告指出，国家富强在于经济，经济繁荣在于企业。完善中国特色现代企业制度，弘扬企业家精神，加快建设世界一流企业至关重要。

（一）企业是技术创新主体，在企业创新活动中，企业家是最终生产要素的组合与整合者，发挥着重要的组织者作用

改革开放以来，一大批有胆识、勇于创新的企业家茁壮成长，为经济建设作出了突出贡献。要进一步强化企业科技创新主体地位，发挥科技型骨干企业引领、支撑作用，营造有利于科技型中小企业成长的良好环境。

2020年7月21日，习近平总书记在企业家座谈会上指出，"弘扬企业家精神，在爱国、创新、诚信、社会责任和国际视野等方面不断提升自己"[①]。2017年9月，中共中央、国务院出台《关于营造企业家健康成长环境弘扬优秀企业家精神更好发挥企业家作用的意见》（以下简称《弘扬优秀企业家精神的意见》）提出从三个方面弘扬企业家精神，一是爱国敬业遵纪守法艰苦奋斗的精神。企业家要正确处理国家利益、企业利益、员工利益和个人利益的关系；自觉依法合规经营，强化诚信意识；勤俭节约，力戒奢靡之风。二是创新发展专注品质追求卓越的精神。支持企业家创新发展，激发企业家创新活力和

---

① 《激发市场主体活力弘扬企业家精神　推动企业发挥更大作用实现更大发展》，《人民日报》2020年7月22日。

创造潜能，增强创新自信；弘扬工匠精神，追求卓越；弘扬敢闯敢试、敢为天下先、敢于承担风险的精神，培育发展壮大更多具有国际影响力的领军企业。三是履行责任敢于担当服务社会的精神。积极投身国家重大战略，履行社会责任，奉献爱心，构建和谐劳动关系、先富带动后富，创造更多经济效益和社会效益。

（二）发展新质生产力需要创新型企业家

企业家有各种类型。不同类型的企业家创造不同类型的企业。例如，有引领创新型企业家和跟随复制型企业家，有套利型企业家和创新型的企业家。如果没有创新型企业家，社会的经济活力就会减弱。发展新质生产力要鼓励更多的引领创新型企业家。在新技术迸发和产业转型升级的新形势下，技术和市场的变化充满了不确定性。优秀的创新型企业家需要战略思维和敏锐的洞察力、丰富的想象力与极强的行动和执行力，科学把握不确定性和全球趋势，在不确定性中发现机会、想出办法，采取行动；要有长期眼光，敢于冒险和挑战自我，去做别人不敢做、没有做过的事情，创造新产品、新模式和新产业，赢得未来。

（三）弘扬企业家精神需要营造保护企业家和企业家精神的生态环境，激发企业家精神，培育更多的创新型企业家

党的十八大以来，党中央、国务院高度重视企业家群体在国家发展中的作用，出台了一系列政策，保护和支持企业家在经济发展中发挥的作用。例如，2016年中共中央、国务院颁布《关于完善产权保护制度依法保护产权的意见》，2017年出台

《弘扬优秀企业家精神的意见》，2023年出台《关于促进民营经济发展壮大的意见》等。《弘扬优秀企业家精神的意见》提出，着力营造依法保护企业家合法权益的法治环境、促进企业家公平竞争诚信经营的市场环境、尊重和激励企业家干事创业的社会氛围。当前，要进一步落实保护和激励企业家创新精神的政策措施。一是依法加强产权保护和知识产权保护，宽容失败和企业家的个性。二是营造稳定、透明、可预期的政策环境，引导企业进行长期的创新投资。三是建设服务型政府，为企业排忧解难。建立企业常态化沟通机制，畅通政府与企业的沟通渠道，广泛听取意见。例如，浙江省政府提出"有求必应，无事不扰"。四是切实落实鼓励企业创新的各项普惠性政策，建立吸引企业家参与国家战略和科技计划制订的机制。五是完善适应创新各环节需要的多层次资本市场，鼓励多元化的天使资金和长期风险投资，促进基于科技成果转化的创新创业。

三　培育追求卓越的工匠精神，促进产业技术创新

（一）重视技能人才和工程师的培养

党的十八大以来，党中央、国务院高度重视技能人才和工程师的培养。党的十九大报告提出，"建设知识型、技能型、创新型劳动者大军，弘扬劳模精神和工匠精神"[1]。党的二十大报告指出，卓越工程师、大国工匠、高技能人才是国家战略人

---

[1] 《决胜全面建成小康社会　夺取新时代中国特色社会主义伟大胜利》，《人民日报》2017年10月19日。

才力量，要努力培养造就更多卓越工程师、大国工匠和高技能人才。2021年11月，中共中央办公厅、国务院办公厅印发的《关于推动现代职业教育高质量发展的意见》提出，弘扬工匠精神，培养更多大国工匠；2022年10月，中共中央办公厅、国务院办公厅印发的《关于加强新时代高技能人才队伍建设的意见》提出，技能人才是支撑中国制造、中国创造的重要力量。2024年1月，中国首次召开国家工程师表彰大会，授予81名"国家卓越工程师"，50个"国家卓越工程师团队"称号。习近平总书记在大会讲话中指出，"营造见贤思齐、埋头苦干、攻坚克难、创新争先的浓厚氛围，加快建设规模宏大的卓越工程师队伍"①。

2020年11月24日，习近平总书记在全国劳动模范和先进工作者表彰大会上对工匠精神作出了精辟的阐释，"在长期实践中，我们培育形成了执着专注、精益求精、一丝不苟、追求卓越的工匠精神"②。执着专注代表踏实做事的态度，是干一行、爱一行、专一行；精益求精代表敬业的职业品质，是对工作高标准、严要求，注重细节，追求完美；一丝不苟代表严谨的工作习惯，是对职业高度负责，恪尽职守；追求卓越代表开拓的创新思维，要勇于超越自我、不断进取、敢于开拓创新。

---

① 《坚定科技报国为民造福理想 加快实现高水平科技自立自强 服务高质量发展》，《人民日报》2024年1月20日。
② 《全国劳动模范和先进工作者表彰大会隆重举行》，《人民日报》2020年11月25日。

（二）创新精神是当代工匠精神的核心

发展新质生产力要以科技创新引领产业创新，企业一线的广大工程师和高技能人才是产业创新的实施者和执行者，好的创新设计和方案需要工程师和一线技术工人来实施。许多创新的点子也是一线工程师和技术工人提出来的，生产过程中存在的问题往往由他们发现，并在生产实践中钻研解决的。工程师和高技能人才作为将科技成果转化成现实生产力的群体，不仅要有动手和实践能力，还要有创新思维和创新能力，善于解决复杂工程难题。尤其是当前产业技术中存在许多"卡脖子"环节，要善于发明创造、勇于突破关键核心技术，保障产业链的稳定和安全。中国的"工程教育专业认证标准（试行）"（2021年8月修订）提出十条学生毕业标准，其中明确要求毕业生要具有人文社会科学素质、社会责任感和工程职业道德；掌握基本创新方法具有追求创新的态度和意识；具有综合运用理论和技术手段设计系统和过程的能力；具有组织管理能力，具有国际视野和跨文化的交流、合作与竞争能力等。这些都是对工程师的基本素质要求。

（三）大力培养卓越工程师队伍

为加快发展新质生产力，建设现代化强国，需要大力培养与构建现代化产业体系相契合的卓越工程师队伍。一是建立产教融合的工程师培养体系。目前有些学科和课程设置滞后于产业技术发展的需要。在产业技术快速升级的时代，一方面要优化教育内容，加强产业协会和企业家对工程类院校和课程的评估，课程设置与产业实践需要结合；另一方面要改进教育体系，加强持续教育，推进在职人员知识更新。二是在制造业招工难、高技能人才短缺的形势下，要建立鼓励科技人员、工程师和高技能人才进入制造业的体制机制和政策。进一步完善职业资质晋升体系，建立工程师和技能人才的职业上升通道，进一步完善技能导向的用人制度，形成技能要素参与分配制度和稳才留才引才机制。提高企业一线劳动者的社会地位，形成尊重劳动、尊重知识、崇尚创新的社会氛围。

四　弘扬教育家的精神，培养创新型人才

党的二十大报告提出教育、人才和科技是全面建设社会主义现代化国家的基础性、战略性支撑。百年大计，教育为本；教育大计，教师为本。

（一）人才是最关键的创新要素，教育是培养人才的关键环节

教育的发展依赖于教师队伍的建设与壮大，打造一流的教育，需要培养一流教师。2018年1月，中共中央、国务院《关于全面深化新时代教师队伍建设改革的意见》提出了新时代教师队伍培养的指导思想、基本原则、目标和主要任务。分级分类施策，立足国情，借鉴国际经验，根据各级各类教师的不同特点和发展实际，采取有针对性的政策举措，创新体制机制，定向发力，培养、壮大教师队伍和优化教师结构。新时代，教师队伍培养要坚持以下的基本原则：要坚持和加强党的全面领导，坚持以人民为中心的发展思想，坚持社会主义办学方向，

落实立德树人根本任务；遵循教育规律和教师成长发展规律，加强师德师风建设，培养高素质教师队伍；倡导全社会尊师重教，形成优秀人才争相从教、教师人人尽展其才、好教师不断涌现的良好局面。

（二）教育家精神是教育家群体所具有的信念、道德、价值、素质的综合体现

2023 年 9 月 9 日，习近平总书记在致全国优秀教师代表的信中，从理想信念、道德情操、专业素质、教书育人等方面，精辟阐述了新时代教育家精神的核心要义。信中指出，中国的教育家和优秀教师，"具有心有大我、至诚报国的理想信念，言为士则、行为世范的道德情操，启智润心、因材施教的育人智慧，勤学笃行、求是创新的躬耕态度，乐教爱生、甘于奉献的仁爱之心，胸怀天下、以文化人的弘道追求"[①]。广大教师要将教育家精神内化于心、外化于行，塑造共同价值追求，自律自强，坚持"师德为先、教学为要、科研为基、发展为本"，为发展新质生产力和建设现代化强国培养适用人才。

（三）培养科学精神和创新人才是教育的重要任务

《中华人民共和国科学技术进步法》规定，学校及其他教育机构应当坚持理论联系实际，注重培养受教育者的独立思考能力、实践能力、创新能力和批判性思维，以及追求真理、崇尚创新、实事求是的科学精神。高等学校在培养人才和开展科

---

① 《习近平致全国优秀教师代表的信》，《光明日报》2023 年 9 月 10 日。

学研究中发挥了重要作用，要鼓励高等学校开展科学研究、技术开发和社会服务，培养具有社会责任感、创新精神和实践能力的高级专门人才。

随着全球科技快速进步，新一代工业革命和可持续发展的需求对传统教育方式提出挑战，催生教育方式的转型。从以技术为中心的教育转向能力和素质教育；从课堂教育为主转向深入实践，从知识为导向的教育转向问题导向，从专业学科教育转向学科交叉融合的综合教育。因此，要求教师随之转变，不断探索创新教育模式，培养发展新质生产力需要的各类人才。

五 发扬金融家的精神，促进金融为科技创新服务

2023年10月召开的中央金融工作会议强调，金融系统要切实提高政治站位，胸怀"国之大者"，强化使命担当，以金融队伍的纯洁性、专业性、战斗力为重要支撑，反腐倡廉，加快建设中国特色现代金融体系，不断满足经济社会发展和人民群众日益增长的金融需求。这是对金融队伍提出的职业道德和操守的要求。

（一）创新是发展的第一动力，金融为创新引入活水

资金是重要的创新要素，科技金融是发展新质生产力不可或缺的重要资源。新形势下，要加强金融服务实体经济，支持科技创新的作用。金融要为科技型企业提供全链条、全生命周期的服务。创新链条的各环节需要的资金性质不同，要完善和健全多层次的资本市场，实行资金链与创新链相结合。从创新链各环节看，基础研究具有较强的外部性，基础研究成果是公共品[①]，以政府投入为主，一些前沿技术领域的大企业也用自有资金进行投入。技术开发和示范项目阶段，以天使资金和风险投资为主；产业化和商业化阶段，以股市、信贷等方式进行投入。

（二）科技金融的重点是风险投资

目前，从创新链条来看，最短缺的是科技成果应用示范期和创业初期的投资，缺少有耐心的长期风险投资。在这个阶段，真正的风险投资家有承担风险的意识和能力，不是看短期利益，而是看长期利益。因此，要进一步完善创投基金发展生态，鼓励风险投资机构投早、投小，进行长期投资，培育创新创业企业。一是拓宽创投基金资金来源。完善非营利机构的税收政策等，鼓励各类社会捐助资金支持早期创新创业。二是畅通风险投资退出渠道，进一步完善股票发行注册制，探索回购、收购、债权转让等退出渠道，提升投资回报水平。三是进一步完善创投基金税费制度，加大对创业投资企业和天使投资个人的税收优惠力度。四是提升创投基金监管效能，建立强制性信息披露制度，避免"劣币驱逐良币"。

[①]《促进基础研究转化为原始创新能力》，《经济日报》2018 年 6 月 14 日。

第十章
创新生态：推动创新链产业链资金链人才链深度融合

  创新是一个系统工程，创新链、产业链、资金链、政策链相互交织、相互支撑，改革只在一个环节或几个环节搞是不够的，必须全面部署，并坚定不移推进。
——习近平《为建设世界科技强国而奋斗——在全国科技创新大会、两院院士大会、中国科协第九次全国代表大会上的讲话》，人民出版社 2016 年版，第 13 页

  创新生态是指不同主体（如企业、政府、科研机构、教育机构、风险投资者、中介服务机构等）及其相互关系构成的一个复杂网络系统。国内外大量的实践和研究表明，制度重于技术，环境高于投入。人才、技术、资金等要素是可以流动的，一个国家、一个地区的创新成效关键在于是否具有适宜创新的生态系统。随着中国在一些领域开始进入并跑、领跑阶段，迫切需要营造更优的创新生态，形成成果涌流、创意迸发的生动局面。

第一节　发展新质生产力对优化创新生态提出新要求

发展新质生产力是适应中国式现代化和数智化时代发展要求而提出的。与传统生产力相比，新质生产力呈现出颠覆性创新驱动、产业链条新、发展质量高等特征。由于其对创新的依靠程度更强，因此，发展新质生产力对创新生态的优化也提出了更高的要求。

一　必须树立系统工程思维，推进创新链产业链资金链人才链深度融合

2016年5月，习近平总书记在全国科技创新大会、两院院士大会、中国科协第九次全国代表大会上强调，"创新是一个系统工程，创新链、产业链、资金链、政策链相互交织、相互支撑，改革只在一个环节或几个环节搞是不够的，必须全面部署，并坚定不移推进"[①]。

当前，随着新一轮科技革命与产业变革的加速演进和拓展，科学问题研究的综合性和复杂性明显提升，技术与产业的联系更加紧密，科研范式呈现出大科学、大工程、大投入、大协作等特点，创新组织具有更加明显的体系化特征，从科学到技术，再到产业化，创新组织模式，呈现出链式发展、融合创新的趋势。其中，创新链是指由基础研究和应用研究、技术研发、新产品/新工艺的产业化和商业化等阶段构成，体

---

① 《全国科技创新大会 两院院士大会 中国科协第九次全国代表大会在京召开》，《人民日报》2016年5月31日。

现了从科学价值到技术价值，再到经济价值的转化过程；产业链指由最终产品生产加工各环节所构成的链式过程；资金链是资金投入、资金运营和资金回笼的全过程；人才链是以产业知识、技能、成果、经验等传递与关联而形成的链式人才集合体。四个链条要以创新链产业链为主链、以资金链人才链为支撑，实现深度融合，才能使创新要素、生产要素实现系统组合和高效配置，科技、产业、金融、人才良性循环，以科技创新推动产业创新，以颠覆性技术和前沿技术催生新产业、新模式、新动能，才能促进新质生产力发展。① 因此，新质生产力发展必须树立系统工程思维，要积极推动创新链产业链资金链人才链深度融合，增强产业竞争力，力争赢得战略竞争领域新优势。

二 必须强化企业主体地位，不断提高科技成果转化和产业化水平

2024 年 3 月，习近平总书记在全国两会期间参加江苏代表团审议时强调，"要强化企业主体地位，推进创新链产业链资金链人才链深度融合，发挥科技型骨干企业引领支撑作用，促进科技型中小微企业健康成长，不断提高科技成果转化和产业化水平，着力打造具有全球影响力的产业科技创新中心"②。

科技创新在新质生产力的形成中固然重要，但科技成果转

---

① 王再进等：《创新链产业链资金链人才链深度融合：理论探析、国外实践与政策启示》，《经济研究参考》2024 年第 2 期。
② 《因地制宜发展新质生产力》，《人民日报》2024 年 3 月 6 日。

化更是科技创新和产业创新对接的"关口",也是转化为新质生产力的关键。而科技成果转化不只依靠高校科研院所,更主要依靠的是企业。因为与高校科研院所相比,企业作为市场的行为主体,处于生产经营一线、行业发展前沿,了解市场需求与产业发展难点,是运用新技术、构建新模式、培育新产业的微观主体,对生产力演变迭代更为敏感,对新质生产力的理解和认识更加直观。企业通过对生产要素进行配置组合,将要素变成高质量资产,资产引导产业高质量发展,最后形成发展新动能。此外,各类企业在技术创新、产业布局、集群发展等方面的积极作为,又为培育发展新质生产力提供持久动力、坚实基础、关键支撑。相关研究表明,技术转移能够提高企业60%的研发效率,同时节约40%的研发经费。通过转化科技成果,企业可以开发新的产品或服务、进入新的市场、完善企业管理、优化生产管理流程、强化企业控制力,从而强化企业的市场竞争力。

三 必须突出新兴领域改革,构建自主自强、开放融合、充满活力的创新生态

2024年3月,习近平总书记在出席解放军和武警部队代表团全体会议时强调,"要把新兴领域改革作为进一步全面深化改革的一个重点突出出来,构建自主自强、开放融合、充满活力的创新生态,更好推进新兴领域战略能力建设"[①]。

---

① 《强化使命担当 深化改革创新 全面提升新兴领域战略能力》,《人民日报》2024年3月8日。

有别于传统生产力，新质生产力所涉及的领域比较新、技术含量相对较高，创新是其发展所依靠的关键动力。由此可见，新兴领域是新质生产力的重要组成部分。但受多种因素影响，当前新兴领域还存在许多体制机制方面的障碍，迫切需要改革。此外，随着国际竞争的加剧，新兴领域成为大国博弈的主战场。各国产业发展史表明，科技强则产业强，没有高质量源头科技供给的产业体系如同无本之木、无源之水。因此，必须构建一个自主自强、充满活力的创新生态，才能在国际竞争中立于不败之地。而且，新质生产力的自立自强，不是指"闭关锁国"、关起门来搞创新，而是要有全球视野，主动融入全球创新网络，国家创新体系保持适度的开放性，与外部世界有不断的信息和能量交换，在全球科技竞争与合作中发展。为此，需要构建一个开放融合的创新生态。[1]

第二节 创新生态的基本内涵与"四链融合"的内在机理

实践表明，推动创新持续繁荣的根本是营造富有活力、特色鲜明的创新生态。党的十八大以来，在世界百年未有之大变局加速演进、新一轮科技革命和产业变革深入发展、世界进入新的动荡变革期的大背景下，党中央做出实施创新驱动发展战略、建设创新型国家、建设现代化经济体系、打造现代化产业

---

[1] 胥彦玲、肖雯：《构建"四链"深度融合的开放创新生态》，《企业观察家》2023年第2期。

体系、培育发展壮大新质生产力等一系列重大决策部署，把优化创新生态放在更加重要的位置，创新生态中"四链融合"的重要性愈加突出。

一 创新生态的基本内涵

无论是从理论还是实践角度来看，创新生态都不是一个单纯的"小环境"概念，而是包含要素、结构、机制、制度在内的"大环境""大生态"概念，通常而言的营商环境、法治环境和政策环境都只是这个"大生态"中的一个组成部分。尽管已有研究在分析层次、关注焦点上不同，已有的研究结论有较大差异性，但也有一些基本共识。比如，创新生态系统由多种不同主体相互交织形成，种群中的生物物种主要包括企业个体及同质企业，相互间既有垂直关系又有水平关系。供应商、消费者、市场中介机构等之间的关系是垂直关系，竞争对手、其他产业的企业、政府部门、高校、科研机构、利益相关者等之间的关系为水平关系。创新生态系统总体上呈现出复杂性、开放性、整体性、交互性、动态性、稳定性、层次性等特征。[①]

表 10-1　　不同学者对创新生态系统的构成研究比较

研究者	创新生态系统的构成
Ghemawat	资源、能力、连通性
Bloom、Dees	参与者（个体、组织） 环境条件（规范、法规和市场）

[①] 杨荣：《创新生态系统的界定、特征及其构建》，《科学与管理》2014 年第 3 期。

续表

研究者	创新生态系统的构成
Estrin	核心层面（创新的研究、开发与应用） 影响力层面（文化、教育、政策、融资）
Smith	流程、文化、能力
Mercan、Göktas	集群、大学与产业的合作、创新文化

资料来源：P. Ghemawat, "Managing Differences: The Central Challenge of Global Strategy", *Harvard Business Review*, Vol. 3, 2007, pp. 59–68; P. Bloom, G. Dees, "Cultivate Your Ecosystem", *Stanford Social Innovation Review*, 2008, pp. 45–53; J. Estrin, *Closing the Innovation Gap*, New York: McGraw-Hill, 2008; K. Smith, "Building an Innovation Ecosystem: Process, Culture and Competencies", *Industry and Higher Education*, Vol. 4, 2006, pp. 219–224; B. Mercan, D. Göktas, "Components of Innovation Ecosystems: A Cross-Country Study", *International Research Journal of Finance and Economics*, Vol. 76, 2011, pp. 102–112。

二 "四链"牢牢植根于创新生态

在已有研究基础上，中国宏观经济研究院课题组提出"创新生态=机构与要素+结构+机制+环境"的分析框架。[①] 其中，"机构与要素"包括大学、科研机构、企业等和劳动力、技术、资金等资源；"结构"是指这些要素和机构是按照什么比例进行配置的，不同的组合决定了系统的运行效率；"机制"主要是指这些要素和机构的运行机制，包括协调机制、动力机制等，决定了创业创新要素资源能否有效配置和有序流动；"环境"主要包括营商环境和创新文化，其中营商环境包括公平竞争的市场环境和法制环境、政策环境、创业服务环境等。与已有模型相比，这一理论分析框架从生物学的隐喻中归纳出的具

---

① 中国宏观经济研究院课题组编：《创新创业生态系统研究的理论与实践》，中国市场出版社2024年版。

有生态特征的系统，生动地说明了创新生态系统中的基本构成。例如，资金、人才、知识技术与基础设施是整个生态环境中的"土壤"，这些要素是支撑机构的重要基础。初创企业是"种子"，与具有其他物种属性的企业物种组成不同类的群落，并与"地上"的其他机构主体在知识、技术、人才等方面产生互动，形成共生共存共荣的依赖关系。营商环境是整个生态环境中的"阳光"，既包括法制环境、制度环境，也包括政策环境，充足的"光照"有利于发生光合作用，加快种子的生长。创新文化是整个生态环境中的"空气"，弥漫在创新生态的每个角落。

创新创业生态系统分布着创新链、产业链、资金链和人才链"四链"。其中，创新链是由基础研究、应用基础研究、概念验证、应用技术开发、工程化验证或中试、技术成果商业化等环节构成的有机链条。产业链通常包括生产原材料的供应商、产品制造商、批发商和零售商，一般可分为上中下游环节。资金链、人才链主要是指对产业链创新链不同环节的资金与人才支持，在不同情境中的指代对象有所不同。例如，在与创新链的融合中，资金链包括基础研究资金、中试基金、成果转化引导基金、各类风险投资，等等。在与产业链的融合中，资金链则包括企业经营中涉及的各类资金。根据创新链与产业链不同环节的业务需要，人才链则包括基础研究人才、技术转化人才、生产管理人才、营销人才，等等。

三 "四链"深度融合的内在逻辑

聚焦更好发展新质生产力的大方向，结合树立系统工程思

第十章 创新生态：推动创新链产业链资金链人才链深度融合　　*237*

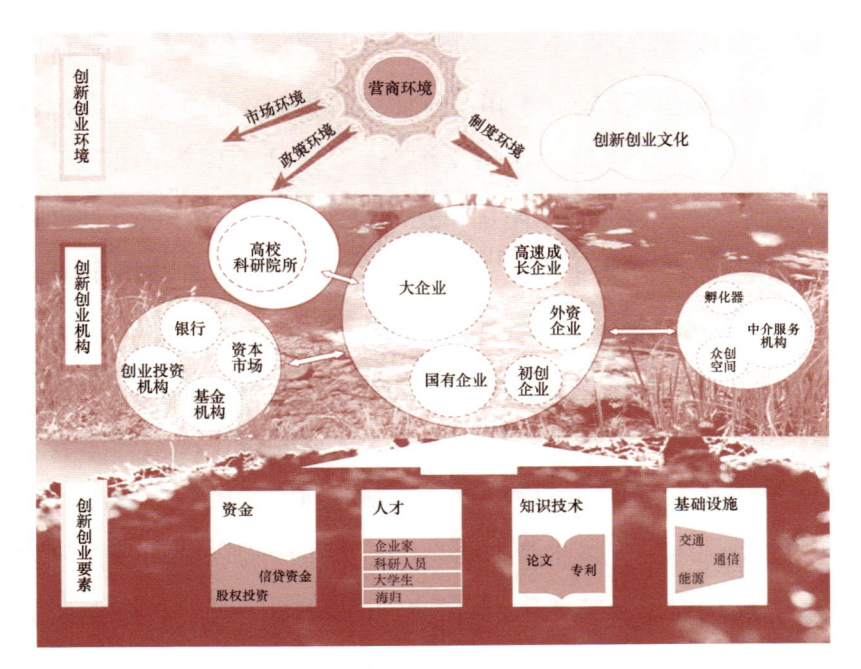

图 10-1　双创生态系统示意

资料来源：中国宏观经济研究院课题组编：《创新创业生态系统研究的理论与实践》，中国市场出版社 2024 年版。

维、强化企业主体地位和突出新兴领域改革三大具体要求，"四链"融合的重要性愈加凸显。

　　从发展规律看，发展新质生产力必须跨越若干障碍并经历"九死一生"的重重考验。例如，识别商业机会和开发出相关概念是进入正式产品开发流程之前的重要阶段，这个阶段因技术路线和市场需求的巨大不确定性存在着"模糊地带"。在拥有研究成果后，从实验室样品向商业化的小试生产阶段需要跨越"魔鬼之河"。在完成小试阶段后，要真正进入小批量生产或中试阶段，需要跨越"死亡之谷"。真正从商业化走向更大批量的产业化阶段，还需要企业不断创新和优化其产品和服务，只有最适应市场需求和竞争环境的企业才能生存下来，这一阶段企业需要穿越"达尔文海"。不论是"模糊地带""魔鬼之河""死亡之谷"，还是"达尔文海"，要努力冲破重重阻碍，客观上需要产业链、人才链和资金链对创新链给予强大支持。

从发展动力看，发展新质生产力的重要目的是在高质量发展阶段形成创新驱动力。新质生产力代表先进生产力的演进方向，是由技术革命性突破、生产要素创新性配置、产业深度转型升级而催生的先进生产力质态。新质生产力以劳动者、劳动资料、劳动对象及其优化组合的跃升为基本内涵，具有强大发展动能，能够引领创造新的社会生产时代。与传统生产力形成鲜明对比，新质生产力是创新起主导作用，摆脱传统经济增长方式、生产力发展路径的先进生产力，具有高科技、高效能、高质量特征。这客观上需要围绕创新链布局产业链，以更强的创新策源能力创立新企业、衍生新产业，在新兴领域形成新优势、制胜新赛道。同时，聚焦产业链部署创新链，为传统产业转型升级提供强大的创新动能。

从发展模式看，发展新质生产力的重要目的是促进以科技和人力资本为主导的内生增长。从更多依靠成本优势出口导向式增长向依靠创新优势知识回报式增长转变，本质上是加速从外向型经济向内源型经济转型。这不仅需要使金融要素围绕着创新配置，并在创新过程中实现价值增值，而且需要使人力资本获得更高回报，形成"高回报—高投入—更高回报"的正反馈循环。因此，必须依托资金链大幅提升创新链产业链协同水平，同时强化人才链对创新链产业链资金链的支撑力。但现实中，实体经济的盈利能力往往不强，导致资金、人才等资源都流向收益更高的金融和房地产等虚拟经济部门，一旦资金和人才脱离产业链，前者容易陷入自我循环，引发资金空转甚至经济泡沫，后者则导致实体经济缺乏人才支撑，并进一步诱发收入下降和有效需求不足。

总体来看，创新生态中"四链融合"大体包含以下四种关系：一是产业链与创新链融合，主要包括围绕创新链布局产业链、聚焦产业链部署创新链。二是资金链与创新链产业链的协同，主要包括资金链支撑创新链产业链，创新链产业链反哺资金链。三是人才链与创新链产业链的协同，主要包括人才链支撑产业链创新链，创新链产业链反哺人才链。四是资金链与人才链融合，主要包括人才链引领资金链、资金链激励人才链。

四 "四链"深度融合的理想模式

（一）"四链"内部各自形成高效自强的运行机制

科技、产业、资本、人才等创新要素的自由流动与畅通循环是实现创新链产业链资金链人才链深度融合的基础。在科技方面，科研人员专心做好基础研究、应用研究，积极探索，不断取得创新成果，实现科技突破，努力将具有市场前景的科研成果及时转化，推动经济社会发展；在产业方面，企业内部锐意创新，不断推出新产品、新技术、新模式，上下游产业紧密配合、协同创新，大中小企业之间配套合作紧密，产业不断做强做大，成为经济发展的动力源泉；在资金方面，财政金融资金密切配合，各种融资工具紧密合作，积极为企业提供全产业链、全发展阶段的融资支持，努力降低企业融资成本；在人才方面，高校职校根据市场需求变化及时调整课程设置与人才培养方向，校企合作培养所需人才，全面满足市场人才需求，助力经济发展需要。

(二)"四链"之间形成协调联动的融合机制

从理论上讲，创新链、产业链、资金链、人才链要融合成一个有机的整体，必须彼此之间紧密关联、相互作用、相互促进，才能最终实现由单链的提升、突破，向多链的互动、融合、循环及创新系统整体效能提升的转变。其中，创新链与产业链之间天然具有相互融合的关系：创新之中有产业、产业之中有创新，创新链是产业链各环节实现价值增值的基础，对产业链有强链、补链、固链、稳链作用；而产业链对创新链又有需求牵引作用，可带动科技成果的高效转化和落地应用。发挥科技创新的关键支撑作用，要围绕产业链部署创新链，将推动创新链高效服务产业链，解决产业链关键核心技术"卡脖子"问题，增强产业链的韧性和竞争力。围绕创新链布局产业链，要畅通科技成果转移转化渠道，大力推进已取得关键核心知识产权的科技成果转化，不断推出新产品，形成新的产业布局，推进产业转型升级，支撑新兴产业和未来产业高质量发展。

人才链、资金链要精准对接产业链、创新链。在技术创新的关键节点，要营造充裕的资金环境，持续支撑新技术的突破与应用并实现良性的资金循环，以此加速创新进程，提升创新效率；在企业成长的各个阶段，要有各种财政、金融资金提供全方位的支持，解决企业发展的筹资难题，以此加速产业发展壮大，提高投资回报率；在产业链的各个环节，需要一大批具有创新精神的科学家、企业家、工程师等，形成一个完整的人才链来确保技术成果从创新链向产业链转化，实现人才驱动发展，以产业链吸引人才链，以人才链反哺产业链。

第三节　以"四链"融合优化创新生态的建议

经过多年培育，中国创新生态有了明显改善，但受多种因素影响，仍然存在着科技、产业、资本、人才等创新要素循环流动不畅，创新链产业链资金链人才链相互脱节、融合不力等问题，根本无法为新质生产力的形成提供有力支撑。迫切需要构建一个由政府、企业、科研院所和相关服务机构等创新主体相互作用，有利于创新要素自由流动、"四链"深度融合的创新生态系统，从而加速产业链创新链资金链人才链的融合，推动新质生产力加速形成。

一　做强"四链"各环节的建议

（一）完善相关管理制度，努力形成高度自强的创新链

要以国家目标和战略需求为导向，加快组建一批国家实验室，重组现有国家重点实验室，形成国家实验室体系，增强国家战略科技力量。要把原始创新能力提升摆在更加突出的位置，坚持目标导向和自由探索并举布局基础研究，勇于挑战最

前沿的科学问题，提出更多原创理论，实现前瞻性基础研究、引领性原创成果重大突破。要持续加大财政对高校科研院所的基础学科、基础研究经费的支持力度，努力提升基础研究在研究与试验发展经费中的占比，保证从事基础学科研究的科研人员拥有稳定的经费来源，使其能够安心钻研。要努力提升科技投入效能，深化财政科技经费分配使用机制改革，创新前沿领域财政经费资助方式，允许不同技术路线、不同方向的项目同时立项，给予科研人员经费使用自由度，允许其根据学科发展自由创新。要进一步扩大职务科技成果所有权或长期使用权试点范围，完善科研成果转化利益分配机制，努力调动科研人员成果转化积极性。要整合现有科技中介机构，在全国布局一批科技中介服务网络综合体和物理综合体，并组织具有丰富经验的科技中介，联合有雄厚信息技术实力的单位，开展联合技术攻关，搭建科技中介服务人工智能大模型，以提供更为全面的信息匹配服务和咨询服务。①

（二）健全协同机制，大力构建高度自立的产业链

要发挥骨干企业引领支撑作用，加强重大创新成果产出、行业共性技术研究、高端人才队伍建设等，将科技型骨干企业逐步打造成为原创技术策源地。要发挥链主企业作用，聚焦产业重点领域、关键核心技术以及全链贯通、全要素融合的系统性创新和集成性创新，力争实现体系性突破。要引导骨干企业、链主企业建设高水平研发机构和平台，超前布局产业前沿

---

① 王志刚：《加快实现高水平科技自立自强》，《人民日报》2022年12月23日。

技术和颠覆性技术。要加强对中小微企业创新的支持力度，加大科技项目、人才计划等开放力度，着力提高对其政策扶持精准性，健全准入规则和退出机制，积极培育新技术、新模式、新业态。要鼓励中小微企业瞄准所属细分领域加大创新投入，掌握更多具有自主知识产权的重要技术，努力成为"专精特新"的创新主体。要聚焦国家重大战略领域，大力推进服务型共性技术平台建设，积极培育大中小微企业融通创新平台和基地，促进产业链上中下游对接和大中小微企业之间的业务协作、资源共享和系统集成，形成良好的融通创新机制。要加快壮大新一代信息技术、生物技术、新能源、新材料、高端装备、新能源汽车、绿色环保以及航空航天、海洋装备等产业，打造新兴产业链。要推动互联网、大数据、人工智能等同各产业深度融合，推动传统产业转型升级。①

（三）强化长期投资理念，积极搭建高效率的资金链

要充分发挥政府引导基金的杠杆和引导作用，吸引更多的民间资本和外国资金进入高新技术领域，进一步扩大风险投资、创业投资、天使投资等各类基金的规模，引导更多资金流向创业企业，强化对种子期、初创期企业的融资支持。鼓励各类保险资金、企业年金等积极参与创业投资基金，树立长期投资理念，满足企业不同发展阶段的融资需求。鼓励天使投资、风险投资、股权投资基金等机构合作，实现资源和信息共享，

---

① 王再进等：《创新链产业链资金链人才链深度融合：理论探析、国外实践与政策启示》，《经济研究参考》2024年第2期。

提高对企业的识别能力，缓解信息不对称问题。要鼓励商业银行丰富信贷产品体系，创新金融服务模式，开发和完善适合初创企业融资需求特点的授信模式，积极为创新创业企业提供开户、结算、融资、理财、咨询、现金管理、国际业务等一站式、系统化金融服务，为不同发展阶段双创企业提供适宜的金融产品。加大金融产品和服务创新，从技术引进、产品研发与试验等多个层面提供更加符合创新创业企业需求的融资产品和服务，从创业指导、投资者推荐、资金管理、国际化发展和并购咨询等多个维度全方位满足企业不同发展阶段的差异化金融需求。进一步建立完善风险分担和补偿机制，明确银行、投资功能子公司、政府贷款风险补充基金、担保公司和保险公司等机构之间的不良本金分担补偿机制和比例，降低相关信贷风险。①

（四）深化相关制度改革，全力建设高水平的人才链

要坚持差异化发展道路，高等教育要坚持内涵式发展，加强基础学科、新兴学科、交叉学科建设，加快建设中国特色、世界一流的大学和优势学科，职业教育要紧跟经济社会发展变化，及时调整课题设置与学生规模，努力满足产业发展需要。要坚持问题导向，以激发活力为核心，坚决破除人才培养、引进、使用、评价、激励、流动、保障等方面的体制机制障碍，破除唯论文、唯职称、唯学历、唯奖项现象。② 要全面提高人

---

① 中国宏观经济研究院课题组编：《创新创业生态系统研究的理论与实践》，中国市场出版社2024年版，第122—136页。

② 怀进鹏：《加快建设教育强国》，《人民日报》2022年12月21日。

才自主培养质量，努力培养造就更多大师、战略科学家、一流科技领军人才和创新团队、青年科技人才、卓越工程师、大国工匠、高技能人才。要坚持全球视野，加强人才国际交流，千方百计引进顶尖人才，使更多全球智慧资源为我所用，用好用活各类人才。①

二　推动"四链"深度融合的建议

（一）围绕创新链布局产业链，提升科技成果研发和转化效率

要以提升科技创新对经济发展的支撑作用为目标，调动各类创新主体的积极性，全力增强研发效能。要紧跟国家战略需要，加强对未来产业、前瞻产业的跟踪研究，整合各类创新资源、搭建创新平台，努力提升研发效率。要优化国家科研机构、高水平研究型大学、科技领军企业定位和布局，积极构建产学研用融合创新。要进一步创新科技成果转移转化机制，推动各类科技成果转化项目库向企业开放，加快科技成果在企业转化和产业化。企业的科技创新和成果转化要瞄准国家战略需求和市场需求，聚焦行业关键领域和核心技术，聚焦战略性新兴产业和未来产业，形成一批原创性引领性关键技术。要鼓励科技型骨干企业开展前瞻性、储备性基础研究，以基础研究推动应用研究，在解决重大工程科技应用问题中总结归纳科学原理，以应用研究倒逼基础研究。②

---

① 《新质生产力呼唤新人才》，《齐鲁晚报》2024年3月10日。
② 张晓兰、黄伟熔：《我国产业链创新链融合发展的趋势特征、经验借鉴与战略要点》，《经济纵横》2023年第1期。

（二）围绕产业链部署创新链，增强产业链韧性

围绕产业链中的重点、难点和堵点、痛点，精准布局创新链，构建安全可控、开放包容、协同高效的产业链。要对标全球价值链高端，聚焦全球产业创新前沿，立足我国产业规模优势、配套优势和部分领域先发优势，出台更大力度的优惠政策，鼓励相关企业提升上游研发设计环节自给率，提升技术"原创力"和成果"转化力"。要针对产业链中的堵点、痛点，发挥行业协会、科研院所等力量，组成科技联盟，合力攻克技术难关。要引导创新资源向产业链上下游企业集聚，以企业为主体围绕上下游产业链建设一批企业重点实验室、工程中心、企业技术中心等研发机构。推动科技型骨干企业向高校、科研院所以及中小微企业开放创新资源、提供技术牵引和转化支持，构建创新协同、产能共享、供应链互通的新型产业创新生态。[①]

（三）围绕产业链创新链配置资金链，努力为新质生产力提供资金支持

围绕产业链和创新链各环节合理配置资金链，千方百计加大各类资金对科技创新的投入力度，努力为产业链创新链自主可控提供有力的资金支持。要进一步加大政府财政资金对基础研究、应用研究的资金投入，加强对产业基础研究、共性技术研究的支持力度。要鼓励政府引导基金加大对小试、中试的支持力度，支持各类中试平台的搭建，为行业基础研究提供资金

---

① 李晓红：《强化企业科技创新主体地位》，载《党的二十大报告辅导读本》，人民出版社 2022 年版，第 356—362 页。

保证。要制定更加优惠的政策，调动天使投资、创业投资践行长期投资理念的积极性，积极搭建多元投融资体系平台，提高资金在创新链上配置的灵活性、精准性和有效性。要鼓励银行等金融机构创新金融产品，灵活运用贷款、债券等多种融资工具满足不同发展阶段的企业融资需求。[①]

（四）围绕产业链创新链对接人才链，全力为新质生产力提供人才支撑

围绕产业链创新链对接人才链，努力为新质生产力发展提供充足的人才支持。要围绕人力资源深度开发和创新驱动发展，统筹职业教育、高等教育、继续教育协同创新，推进职普融通、产教融合、科教融汇。要鼓励龙头企业、链主企业聚焦发展急需的关键核心技术和紧缺人才，实施重大课题与人才专项，并对其给予适当的税收优惠政策以调动其积极性。要在科技项目与人才工程确立、组织和实施等方面给予链主企业、龙头企业适当的参与度和一定的话语权，提升研究的实效性。要鼓励引导科技人才服务实体企业、产业一线，推进人才链和产业链的相互促进和深度融合，形成"以产聚才、以才兴产、才产互融"的良好局面，推动产业发展和人才集聚同频共振。要发挥"人才引领驱动"作用，努力培养造就更多战略"帅才"、产业"英才"、青年"俊才"、制造"匠才"，打造一流科技领军人才和创新团队。[②]

[①] 邹威、田莉、杨琨：《建设优质创新资本中心 推动创新链产业链资金链人才链深度融合》，《清华金融评论》2023年第1期。

[②] 倪好、薛天航：《加快推动创新链产业链人才链一体部署》，《光明日报》2023年9月14日。

第十一章
战略性新兴产业：
壮大新质生产力发展支柱

积极培育新能源、新材料、先进制造、电子信息等战略性新兴产业，积极培育未来产业，加快形成新质生产力，增强发展新动能。

——习近平总书记在主持召开新时代推动东北全面振兴座谈会时的讲话（2023年9月7日），《人民日报》2023年9月10日

战略性新兴产业代表新一轮科技革命和产业变革方向，具有高科技、高效能、高质量等新质生产力的鲜明特征，其发展事关全局和长远。为应对2008年的国际金融危机，中国首次提出培育壮大发展战略性新兴产业，过去十余年，尤其是党的十八大以来，新一代信息技术、高端装备制造、生物产业、新能源汽车、新能源等战略性新兴产业从小到大，从弱到强，经历了跌宕起伏的蜕变，实现了波澜壮阔的发展，取得了举世瞩目的成绩，在多个领域实现了从无到有、换道超车的突破，成

为新质生产力的最耀眼标志、最典型代表。

第一节　新一代信息技术产业

新一代信息技术产业是国民经济重要的先导产业、基础产业和战略性产业。未来中长期，以人工智能、第五代/第六代移动通信、量子信息为引领的新一代信息技术产业正在爆发出巨大的发展潜力，新增长点、新领域、新赛道频现，全球信息技术产业分工格局重构加速，新规则新制度加快健全完善。亟须厘清现状，紧跟前沿，把握机遇，扬长避短，力争在新赛道实现换挡提质增速，牢牢把握发展主动权。

一　全球进展与趋势

全球新一代信息技术产业发展呈现以下三大特征。一是前沿技术引领带动产业迭代更新加快。以人工智能为例，2022年以来，人工智能大模型技术先后取得里程碑式进展，美国人工智能研究实验室 OpenAI 推出的超级对话模型 ChatGPT 在两个月内就实现了用户数量过亿并吸引全球科技企业集体研发跟进，大幅加速产业化进程，带动产业进入快速发展通道。2023年，全球人工智能产业收入规模达到5000亿美元以上，同比增长超过20%，其中，人工智能软件在市场规模中占主导，达到九成左右。预计到2026年，全球人工智能市场规模将达到近9000亿美元。人工智能赛道的高速发展，带动了算力资源、算法、数据等涉及芯片、信息基础设施等信息制造技术和软件、信息技术服务等软技术全体系的更新换代升级，对全球信息产业细分行业结构、龙头企业实力排名、区域产业分工格局等都产生了重大影响。例如，在全球半导体产业波动、增速下滑（2021年增速为26.2%，2022年增速为3.3%，2023年增速为-8.8%）的大背景下，[①] 英伟达联动人工智能业务需求激增，业绩大涨，2023年收入增幅高达86%，排名由2022年的第十位跃升到第三位。

二是产业安全至上主基调下半导体等信息技术制造业本土回流趋势明显。信息技术产业的国际分工格局正在经历趋势性调整，美欧等信息技术领先国家和地区，纷纷将新一代信息技术领域的制造环节向本土或盟友国家、地区迁移，意图全面掌握本国对信息产业链、供应链的控制权。以半导体产业为例，近年来，受全球供应短缺现象频发以及产品结构和产业区域分布、龙头企业实力排名等加速调整变化等因素影响，各国都对半导体供应链风险表示明显的担忧。为此，美国推出《芯片和科学法案》，加大财税支持力度，确保半导体全球领先地位，强化与日本、欧盟等盟友合作，扶持印度发展中低端成熟工艺制造，重建区域性产业合作体系，积极吸引台积电、三星等企业赴美建厂，鼓励英特尔赴德投资建厂，全面保障本土半导体供应链安全。欧洲也推出《芯片法案》，重点支持本土制造产线建设。韩国推出半导体产业带规划，力图强化存储器半导体制造优势，提出建设成为全球最大的半导体制造基地目标。日本深耕半导体设备和材料环节，组织国内企业共同投资成立新

---

① 参见世界半导体贸易统计组织（WSTS）数据。

公司，与美国顶尖研发机构开展合作。

三是人工智能引领的新一代信息技术产业发展越来越依赖于信息基础设施的支撑力。意图抢占制高点把握话语权的国家和地区不断加大投入，积极部署网络基础设施、高性能算力、大数据中心等新型信息基础设施。2021年，美国颁布的"拯救美国计划"，投入100亿美元为国民提供可靠且可负担的高速互联网服务；2022年，美国财政部拨款67亿美元用于覆盖42个州的宽带、数字技术和多功能社区项目；2023年10月，欧洲首台百亿亿次级超大规模超级计算机由欧洲高性能计算联合组织建造，部署在德法两地，以支持复杂系统、高精度模型的开发，扩大人工智能和海量数据分析应用；2023年，日本修订《半导体和数字产业战略》，提出依托北海道和九州的可再生能源电力供应部署大规模数据中心，分担东京和大阪的数据处理压力。部分国家和地区依托产业基础和要素禀赋优势，加大力度布局应用基础设施。例如，韩国发挥自动驾驶芯片、自动驾驶仿真测试等领域产业优势，2022年颁布的"数字新政"计划中配套15亿美元在全国建成主要道路自动驾驶所需要的通信设施、高精度地图、交通管制、道路建筑等基础设施。

二　中国现状与问题

中国信息产业在过去十余年间保持了较高增长速度，为以人工智能、第五代/第六代移动通信、电子核心技术产业为引领的新一代信息技术产业发展奠定了坚实的发展基础和完备的产业链供应链支撑体系。2012—2023年，中国规模以上电子信息制造业营业收入规模由 7 万亿元增长到 15.1 万亿元，年均复合增速达到 7.2%；软件和信息技术服务业规模以上企业完成业务收入由 2.5 万亿元上升到 12.3 万亿元，年均复合增长率约为 15.6%。尽管自 2019 年起，电子信息制造业增速显现拐点，行业增长呈现波动式下行趋势，但以人工智能、新一代移动网络、算力等基础设施等为代表的新一代信息技术产业展现出强劲的增长动力，有望带动信息产业进入新一轮上升期。

近年来，中国新一代信息技术产业凭借应用场景广阔、信息基础设施支撑强大、信息产业体系配套完善等优势，在人工智能、新一代移动网络、云计算等重点领域取得快速发展。2023 年，人工智能核心产业规模已达 5000 亿元，人工智能企业数量超过 4400 家。人工智能大模型呈现爆发式增长态势，多家机构发布多模态大模型产品，赋能行业应用，如百度发布文心大模型，在金融、能源、制造、传媒等行业广泛应用，阿里发布"通义千问"大模型，赋能淘宝、钉钉、阿里云、飞猪等阿里应用并形成覆盖电子商务、办公、云服务、旅行等多场景应用生态。算力产业稳健发展，在超大规模市场拉动下，算力水平和供给能力大幅提升。以计算机为代表的计算产业规模达到 2.6 万亿元，形成覆盖底层软硬件、整机系统和平台应用的产业生态，算法模型、计算芯片、计算软件、系统平台等环节持续取得突破和深入应用，算力规模稳步扩张。2022 年，中国基础设施算力规模居全球第二，算力总规模全球占比超过 1/3，第五代移动通信基础设施在支撑经济社会数字化、网络化、智能化转型中发挥越来越重要的作用。中国信息通信研究院发布的《中国 5G 发展和经济社会影响白皮书（2023 年）》数据显示，2023 年，5G 直接带动经济总产出 1.86 万亿元，直接带动经济增加值 5512 亿元，较上年增长 29% 和 41%；间接带动总产出 4.24 万亿元，直接带动经济增加值 1.55 万亿元，比上年增长 22% 和 22%。云计算产业连续多年保持高速增长态势，2022 年，云计算市场规模达到 4550 亿元，较上年增长 40.91%，远高于全球 19% 的增速水平，预计到 2025 年市场规模有望突破万亿元。

中国新一代信息技术产业发展面临的问题和"卡点"主要在于基础研究能力短板。以人工智能大模型为例，从数据、算法、算力三个方面剖析中国的短板。数据方面，中国拥有场景丰富、种类多样、规模庞大的数据资源优势，但是高质量数据以及有效的数据清洗和精准的数据标注能力还需要提升；算法方面，近年来，中国深度学习算法高速发展，发表大量顶尖论文，图像、语音识别等应用领域世界领先，但在模型训练、优化等基础研究领域持续乏力；算力方面，尽管目前算力储备基本能够满足需求，一些骨干企业也提前布局了一定算力资源，但高性能算力亟待发展。此外，新一代信息技术产业可持续发展亟须破解长期以来的关键部件、材料和设备的"卡脖子"问题，例如，CPU 芯片和操作系统等基础软硬件体系优化协同以及指令系统、芯片核心 IP 模块、芯片生产工艺等，长期依赖进口的局面没有被打破。

三　重点任务部署

面向"十五五"时期乃至未来中长期，新一代信息技术产业要聚焦创新驱动、需求拉动、设施支撑、制度护航四方面发力，成为新质生产力支撑高质量发展的典型。

一是稳步提升产业核心关键共性技术实力。深度参与人工智能、5G/6G、未来网络、区块链、量子信息等前沿技术创新活动，多措并举与全球领先国家和地区保持密切合作。布局若干全国重点实验室、前沿技术研究院，推进科研院所、企业科研力量优化配置，加速颠覆性技术研发。有针对性地开展高端芯片、操作系统、人工智能大模型等关键共性技术攻关，补齐产业基础能力短板。在集成电路、基础软件、重大装备等领域，加快补齐产业链条上基础零部件、关键基础材料、先进基础工艺、产业技术基础等短板，打造自主安全可控的产业链供应链网络。

二是最大限度地发挥超大规模市场优势。面向产业数字化转型量大面广的需求，加大大数据分析模型、信息技术应用平台等基础设施建设投入力度，推动各类产业数字化转型重大平台、重大项目和试点示范建设。构建多层次工业互联网平台体系，推进工业互联网应用走深走实，加快先进工厂培育，鼓励企业利用5G等技术开展工厂数字化改造，推进新技术新场景新模式的广泛应用。面向制造、矿山、能源、物流、医疗等重点行业，制定数字化转型路线图，鼓励制造企业数字化升级和关键环节的数字化改造，不断提升企业数字技术应用、软件应用、数字管理等数字化能力。

三是强化算力基础设施支撑。系统科学地推进以智算中心、数据中心、超算中心以及边缘数据中心为代表的算力基础设施建设，利用产业园区建设，进行算力产业集群化布局，统筹调度全国算力资源，面向全国算力服务需求优化算力资源配置。加快固态硬盘等存储设施建设，降低存储技术对外依存度，提升数据存储产业竞争力。加速5G基站、大宽带接入网等网络基础设施建设，持续推进重点园区、场所、行政村及新地域的网络规划建设。

四是加快健全完善适应新一代信息技术产业发展的生产关系。推动新一代信息技术产业政策由专项扶持手段向提升综合治理水平、优化产业生态、构建新型生产关系转型。加快推动适应数字经济发展的数据要素市场建设，坚持安全底线、产权分割、分类分级的数据确权原则，建立全国数据统一登记确权体系；分层分类对个人数据、企业数据、公共数据进行权属界定和流转；制定数据定价标准，研究建立基于数据属性的数据资本资产定价模型，统一数据资产价值评价指标体系；构建多层次、多样化数据要素市场，划分为三级，即一级市场登记权属，二级市场交易流转，三级市场开展数据质押、数据信托等资本化交易活动。持续完善数据市场准入制度，完善数据市场竞争政策框架，打造数据信用制度。健全数据治理制度，提升数字化治理效能、修订完善数据法律法规，强化数据安全制度。

第二节　生物产业

生物产业是 21 世纪创新最为活跃、影响最为深远的新兴产业，是与国计民生和国家安全关系最为密切的战略性新兴产业，也是推动生物经济发展的核心力量。当前，生物技术不断在医学、农业、工业、环境、能源等领域展现出巨大的潜力，正在引发新的科技革命，并有可能从根本上解决世界人口、粮食、环境、能源等影响人类生存与发展的重大问题，生物经济的蓝图被越来越深刻地描绘。

一　生物技术正在引领新一轮科技革命和产业变革

20 世纪以来，生物技术发展日新月异、突飞猛进，特别是通过应用先进计算、大数据、人工智能等信息技术，基因测序成本以超过摩尔定律的速度下降，基因编辑、干细胞等颠覆性技术加速突破，生命科学研究进入对生物大分子和基因的精准调控阶段，正从认识生命、改造生命走向合成生命、设计生命，引发健康、农业、工业制造等领域的深刻变革，生物经济最有可能成为继信息经济后的新经济形态。

从技术和产业化进展看，基因技术持续突破引领生物产业不断取得标志性进展。近年来，个人基因组测序成本由 2001 年的 9526.3 万美元下降到 2019 年的 599 美元，目前下降到 500 美元以下。基因编辑技术进入临床应用阶段，2023 年，全球首例 3D 打印人造心脏移植手术成功实施。干细胞药物进入产业化、规模化发展阶段，2022 年年底，全球已有

20个干细胞产品上市。2023年，全球销售收入排名前十的药品中，几乎全部都是以生物制剂为主的创新药物。全球种业进入以基因编辑、合成生物学和人工智能等技术融合发展为标志的新阶段，育种精准性和效率大幅提高，育种范式正从"试验选优"向"计算选优"转变。2022年，全球转基因种植面积达2.02亿公顷，是1996年的118倍，约占全球总耕地面积的12%。随着系统生物学、合成生物学等关键技术的不断突破，生物制造正迅速崛起，成为未来产业的新赛道和新质生产力发展的新引擎。据经济合作与发展组织预测，到2030年生物制造相关产业规模将占全球工业的35%。

从国家和区域竞争格局看，生物产业和生物经济在全球各国已经成为经济发展的重点。2020年以来，全球对生物经济的认识和重视进一步提升，无论是发达国家还是发展中国家都将生物技术视为解决全球可持续性挑战的核心，许多国家和地区开始将生物经济战略纳入其政策框架。生物技术已普遍成为发达国家研发的重点，约40%的专利申请、50%的研发投入以及60%的论文发表都集中在生物技术领域。发展中国家和新兴经济体也在通过生物经济战略，寻求适应本地发展的新技术。

表11-1　主要经济体发布的生物经济政策文件（2020—2023年）

经济体	发布时间	政策名称
澳大利亚	2022年	昆士兰生物未来：10年路线图和行动计划
奥地利	2022年	生物经济行动计划

续表

经济体	发布时间	政策名称
巴西	2022 年	帕拉生物经济计划
中国	2022 年	"十四五"生物经济发展规划
哥伦比亚	2020 年	生物经济：为了哥伦比亚的活力和多样性的力量，迈向由知识驱动的社会
东非	2022 年	东非区域生物经济战略
欧盟	2022 年	欧盟生物经济战略进展报告
芬兰	2022 年	芬兰生物经济战略：可持续地迈向更高的附加值
德国	2021 年	生物经济作为价值创造和创新的驱动力：关键角色的战略
爱尔兰	2023 年	2023—2025 年生物经济行动计划
葡萄牙	2021 年	可持续生物经济行动计划——2025 年远景
美国	2022—2023 年	（1）推进生物技术和生物制造创新以实现可持续、安全和可靠的美国生物经济的行政命令 （2）美国生物技术和生物制造的大胆目标 （3）生物经济的数据：愿景、需求和拟议行动

资料来源：A Report by the International Advisory Council on Global Bioeconomy（IACGB），"Bioeconomy Globalization: Recent Trends and Drivers of National Programs and Policies", April 2024。

二 中国生物产业快速发展取得亮眼成绩

生物产业是中国长期以来重点支持的高技术产业。"十一五"时期以来，中国强化顶层设计，坚持规划引领，不断推动生物技术、生物产业迈上新台阶。目前，中国已连续三个五年制定发布了"生物产业发展规划"，明确提出把生物产业加速打造成为国民经济支柱产业。"十二五"时期，中国把生物产业列为战略性新兴产业的重要领域，"生物产业倍增计划"被纳入"十三五"时期国民经济和社会发展规划纲要的 165 项重大工程之一。"十四五"时期,中国发布首个国家层面生物经济发展规划,涵盖保护、开发、配置、使用生物资源的全过程,涉及科技创新、产业发展、民生保障、资源环境、改革开放、国家安全等经济社会诸多方面,是对支持生物技术、生物产业发展的深化。

在国家规划和产业政策的指引下,中国生物技术、生物产业蓬勃发展。中国自主开发的多款创新疫苗全球领先,超级稻、基因检测等部分生物技术产品和服务处于世界第一梯队,细胞工厂构建、绿色生物制造工艺等核心技术取得重要突破,生物技术与人工智能加速融合,以生物技术为基础的经济社会发展新形态正在形成,上海张江、北京亦庄、武汉光谷、广州生物岛、泰州中国医药城等一批知名生物产业集聚区发展抢眼,成为支撑区域产业转型升级、推动经济社会可持续发展的重要力量。

"十四五"时期以来,中国生物医药、生物医学工程、生物农业、生物制造、生物能源、生物环保、生物技术服务等细分行业均呈现良好发展态势。2023年,中国粮食产量13908.2亿斤,再创历史新高,连续9年稳定在1.3万亿斤以上;生物质发电装机容量超过4060万千瓦,连续多年位居世界首位。近年来,中国批准上市的新药数量占全球的近15%,本土企业在研管线占全球的33%,数量居全球第二位;PET/CT国内新增占比实现从"零"到40%的突破,骨科手术机器人、聚焦超声治疗系统等达到国际先进水平,医用电子直线加速器、腔镜手术机器人、人工心脏等170余项产品从无到有、获证上市。此外，中国是全球第一大原料药出口国、第二大药品医疗器械消费市场和重要的药品研发服务贸易出口国，超级稻、基因检测等生物技术产品和服务发展水平已经处于世界第一梯队。

三　着力统筹供需两端推动生物产业高质量发展

生物技术具有知识、技术、资本密集度高的特征，基于生物技术进步衍生的新生产、流通、交换、消费模式及制度体系，高度依赖生命科学发展以及生物技术、专业人才、资金等创新要素和生物资源蕴藏情况。

一是以需求为牵引明确创新主攻方向和突破口。聚焦面向人民群众"医""食""美""安"需求和生物经济强国建设目标，重点发展面向人民生命健康的生物医药领域、面向农业现代化的生物农业领域、面向绿色低碳的生物质替代应用领域，加强国家生物安全风险防控和治理体系建设。

二是攻克一批"卡脖子"难题。围绕生命科学领域事关世界科技前沿的方向，支持一批重大科技基础设施和创新平台，创新资金投入方式和运营管理模式，在设施平台运行期间，多方式、多渠道引入医院、企业、第三方检测机构等共同参与测试反馈。密切对接健康中国战略实施的紧迫要求，尤其是面向制约生物技术应用推广的"卡脖子"问题，加快部署推广一批新的生物技术攻关。

三是想方设法汇聚全球创新资源。坚持开放创新，积极融入全球生物经济创新体系，鼓励国际力量参与科技自立自强，推动生命科学、生物技术双边和多边国际合作。以更高水平的对外开放、更大力度的改革举措，广纳海内外各类人才、团队，更好地利用海内外专业化的创新创业资本，加强跨境科技合作，减少创新要素合作的制度性障碍。畅通与国外科研界、工业界、新闻界的对话合作，建立解决全球共性问题的合作机制。

四是积极推动改革和先行先试。在部分有条件的区域大胆尝试制度改革突破，在准入、监管、定价、保险、税收、安全、重大问题争端解决机制等方面，积极探索体制机制和政策的先行先试；在知识产权、科技成果转移转化、人才引进、金融扶持等方面设立绿色通道，给予更大力度的政策倾斜。要激励有条件、有潜力的区域，实施更多生物产品和服务的应用示范带动项目，积极推广复制好经验好做法，实现以应用促发展，以示范的小市场带动推广的大市场。

第三节 高端装备

高端装备制造主要有技术含量高、处于价值链高端、在产业链占据核心部位等特点，其发展水平决定一国制造业的整体竞争力，是制造业强国之基。当前，全球制造业产业链供应链格局正在发生重大变化，空天海装备、智能制造装备等领域涌现出一批颠覆性技术和产品，高端装备制造业成为新一轮大国竞争的重要领域。在新的国际环境变化和科技突破中，能否巩固和发展壮大中国高端装备产业，将成为决定中国制造业能否从大国走向强国的关键一招。

一 装备制造产业正在向智能化、绿色化、服务化转型

第一,随着人工智能、云计算、物联网等新技术的发展,新一代信息技术持续赋能装备制造业,将实现生产过程的高度自动化,提升装备功能的性能和复杂度,增强装备信息交互、自我学习的能力,智能装备、工业母机、工业机器人等快速发展。人工智能技术的应用,使得制造装备具备了更高的智能化水平。通过深度学习、机器学习等算法,装备能够自动分析生产数据,优化生产流程,实现高度自动化的生产。这不仅提高了生产效率,降低了生产成本,还使得制造装备能够胜任更加复杂、精细的生产任务。同时,云计算技术为装备制造业提供了强大的数据处理和存储能力,使得装备能够实时获取、处理和传输生产数据,为生产决策提供有力支持。物联网技术的应用则实现了装备之间的信息互联和互通,使得生产过程更加透明、可控,提高了生产效率和产品质量。

第二,装备生产方式将由传统制造模式转变为绿色制造模式,装备制造业产品更加注重可回收性与可拆解性,不断实现全产业链的环境影响最小、资源能源利用效率最高。绿色制造是一种综合考虑环境影响和资源效率的制造模式,旨在实现全产业链的环境影响最小化和资源能源利用效率最大化。为了实现这一目标,航空装备、航天装备、轨道交通装备、海洋装备等制造业在产品设计、制造过程、使用维护等各个环节都注重环保和节能。在产品设计阶段,注重产品的可回收性和可拆解

性，采用环保材料和绿色制造工艺；在制造过程中，采用清洁生产技术和节能减排措施，减少废弃物和污染物的排放；在使用维护阶段，加强产品的维护和保养，延长产品使用寿命，减少资源浪费。

第三，随着市场和用户需求的不断变化，越来越多的装备制造企业通过一体开发高端装备产品、装备应用软件和系统整体解决方案，从产品制造向服务和解决方案提供商转型。比如，德国西门子公司通过其数字化工厂解决方案和自动化技术，为客户提供从产品设计到生产流程优化的全方位服务；美国通用电气公司通过其数字孪生技术和预测性维护解决方案，为客户提供包括实时监控发动机运行状态、预测潜在故障以及提供及时的维护建议等发动机全生命周期服务；欧洲阿西布朗勃法瑞公司不仅提供电力设备和自动化解决方案，还通过其数字化服务部门为客户提供数据分析、远程监控和智能运维等服务，从而帮助客户实现电力系统的优化和智能化管理，提高能源效率和可靠性；中国大疆公司除了提供优质的无人机产品外，还通过其开放平台和 SDK 工具包，鼓励开发者为无人机开发各种应用和功能，同时还提供航拍、农业植保、消防救援等领域的解决方案，将无人机技术应用于更广泛的领域。

二 中国培育发展高端装备制造业取得积极进展

党的十八大以来，党中央、国务院高度重视装备制造业发展。习近平总书记多次强调，要努力把关键核心技术和装备制造业掌握在我们自己手中。十多年来，高端装备制造业取得了历史性成就、发生了历史性变革。

一是成为推动新型工业化的重要支柱。2023年，高端装备相关行业实现营业收入超20万亿元，智能制造装备产业规模达3.2万亿元以上。民用大飞机、重复使用和重型航天运载器、卫星制造等航空航天装备制造能力和水平显著提升，消费级无人机和工业级无人机产值分别占全球70%的份额和50%的份额，造船业手持订单量、造船完工量、新接订单量三大指标多年保持全球第一，工业机器人产量达到44万台，应用覆盖国民经济60个行业大类、168个行业中类，稳居全球第一大工业机器人生产国，海洋工程装备、轨道交通、工业母机等市场规模不断扩大。在轨运营卫星超过300颗，形成了通信卫星体系、遥感卫星体系和导航卫星体系等空间基础设施，其中北斗卫星导航系统产业链实现了亿级的市场规模。

二是技术水平不断提高。高档数控机床平均故障间隔时间（MTBF）实现了从600小时到2000小时的跨越，精度指标提升20%。国产高档数控系统实现从无到有，在国产机床中市场占有率由不足1%提高到31.9%，数字化刀具市场占有率由不足10%发展到45%。精密减速器、智能控制器、实时操作系统等核心部件研发取得重大进展，太空机器人、深海机器人、手术机器人等高复杂度产品实现重要突破。飞机结构件生产装备实现自主可控，航空发动机涡轮盘、叶片等制造装备从无到有。发电设备制造领域实现了由进口为主到走向出口的转变。

三是形成一批"大国重器"。中国自主研发的商用大型客机 C919 研制成功，已完成全部适航审定工作，获中国民用航空局颁发的型号合格证，并与全球 27 个国家签署双边适航协议。中国自主设计、自主集成研制的"蛟龙"号载人潜水器成功潜入深海进行科研、探测等活动，最大下潜深度达到了 7062 米。"雪龙"号和"雪龙 2"号两艘极地考察船建成交付，成功完成了站基、空基、陆基考察和相关海域调查等 62 项任务。全球首座十万吨级深水半潜式生产储油平台"深海一号"能源站成功投产，每年可稳定供气 30 亿立方米，能满足粤港澳大湾区 1/4 的民生用气需求。大型液化天然气船、超大型集装箱船等也取得较大突破。

三 进一步巩固中国高端装备制造产业竞争优势

未来一段时间，世界各国对高端装备制造产业的竞争将越发激烈，中国将面临更加复杂的产业竞争格局。高端装备制造业是中美战略竞争与博弈的重要领域，中国将坚定不移地实施制造强国战略，以智能化、绿色化、服务化为主攻方向，不断提高高端装备制造业竞争力。

在航天装备领域，重点和难点分别是重型运载火箭与可重复使用运输系统的研制。重型运载火箭研制需要提前攻克低温推进剂在轨贮存与传输技术和大直径箭体设计、制造及试验等关键技术，解决关键复杂构件增材制造等基础问题。可重复使用运输系统的研制重点是火箭动力的可重复使用，例如，美国的猎鹰 9 号火箭，主要技术路径是通过一、二级火箭的重复使用飞行验证，最终实现火箭动力两级入轨完全重复使用形成工程应用能力，需要解决面向重复使用的返回与着陆制导控制技术、火箭发动机多次重复使用技术等关键问题。同时，要加快推动卫星通信、卫星遥感、卫星导航三大领域应用，力争尽快实现天地一体基础设施。

在航空装备领域，突破航空机载系统、飞行控制、结构/材料/制造、性能测试与验证装备、元器件、CAE/CAD 软件、通信导航、燃油/液压、电源系统、高性能航空机载系统，重点发展大型客机、军用无人机/战斗机、军用大型运输机、支线飞机、通用飞机和直升机、大型无人机等主流装备，兼顾小型低成本航空装备。加快大型民用涡扇发动机、涡喷发动机、组合动力发动机、超燃冲压发动机等新型发动机研制。吸引上游配套企业研发高端精密零部件，建立航空主机厂和航空装备厂商的联动机制，将航空材料先进制造、机电航电等配套产业作为航空领域的支柱产业。根据不同的用户需求进行差异化经营，改进标准型飞机，提供定制化服务，如开发加长型、豪华型、货运型、公务型等飞机。

在海洋装备领域，提升海洋装备产业信息化、智能化水平，提高深海油气开发装备和高技术船舶研发和制造能力，形成新型海洋资源开发创新格局。提升破冰能力、极地资源开发和环境探测装备，开展典型海洋极地装备的系统性研究，积极推进极地"冰区"战略新领域海洋装备体系化布局。提升海底矿产资源开发装备的研制能力。

在智能制造装备领域，工业母机是智能制造的基础，中国总体技术水平处于世界第二梯队。要以提升自主可控能力和产业核心竞争力为目标，加强增材制造、增减材复合制造、智能制造等装备的深入研发，做强基础材料、核心元器件、软件等产业基础，大力实施生产线的数字化、网络化、智能化改造和升级。加快新一代工业机器人关键技术研究，提升机器人关键零部件性能、寿命和可靠性。

第四节 绿色环保

随着经济的发展和人口的增长，能源、资源和环境等全球问题凸显，绿色低碳市场潜力巨大，并将成为未来科技与经济发展的重要领域。推动绿色环保产业高质量发展是贯彻落实"绿水青山就是金山银山"理念的重要途径，也是顺应全球应对气候变化行动、实现"碳达峰、碳中和"目标的重要支撑。

一 绿色低碳已形成全球发展共识

绿色是生命的象征、大自然的底色，良好的生态环境是美好生活的基础、人民共同的期盼。绿色发展是顺应自然、促进人与自然和谐共生的发展，是用最少资源环境代价取得最大经济社会效益的发展，是高质量、可持续的发展，已经成为世界各国和全人类的共识。绿色环保产业作为兼具带动经济增长和应对环境问题双重属性的战略性新兴产业，正在由终端产品和服务的形态，向全流程、全链条绿色低碳发展。

第一，世界各国纷纷将绿色环保产业作为优先发展的战略产业。各国政府通过政策扶持、资金投入、技术研发等手段，大力推动高效节能、先进环保、资源循环利用等绿色环保相关产业的发展，一场围绕绿色低碳领域的研发竞赛已拉开序幕。作为未来的必争之地，欧洲、美国、日本等传统发达国家和地区都已加大对绿色技术的研发投入，将其升级为与其他高新技术产业同等重要的地位，成为低碳经济发展与竞争的重要推动力，并为后续的技术授权转让、绿色产业升级等方面提供坚实基础与竞争优势。新兴经济体若不跟进，有可能失去这一轮以绿色升级为主要特征的新产业变革。

第二，绿色和低碳成为全球治理对话的主要议题。随着气候变化问题的尖锐化，气候治理已成为各国提升全球影响力、彰显国际领导力的新杠杆。目前，包括中国在内的110个国家做出到21世纪中叶实现碳中和的重大承诺，以期控制全球温度的上升。2021年是中国碳中和元年，也是世界低碳经济竞争的元年，对于国际格局转变和大国博弈的影响相当明显。从全球话语权角度看，一场重塑低碳经济规则的国际竞争已经开始。各国为实现碳中和的目标，纷纷进入应对气候变化和发展低碳经济的快车道，但对新兴绿色低碳产业的行业认定、减排在内的各类低碳标准的制定、碳交易在内的各款绿色规则的约定、绿色金融在内的各种市场准入门槛等来说，均面临着新一轮的国际博弈和谈判进程。

第三，全球绿色环保市场格局将发生重大变化。目前，世界上绿色环保市场发展最具代表性的是美国、欧洲和日本。美国是当今环保市场最大的国家，占全球环保市场规模的1/3以上，美国在固体废物处理、大气污染治理、先进环保装备等领域领先全球。欧洲在环保领域处于世界次席地位，环境服务业和装备业拥有世界上规模最大的跨国企业。日本环保产业在洁净产品设计和生产方面发展迅速，其绿色汽车和运输设备生产居世界前列，节能产品和生物技术也是日本环保产业集中发展的对象。在此基础上，随着绿色能源的发展，其他商品原材料生产、加工、运输的价值链也将发生深刻变化，以绿色低碳供应链为标志的国际新经贸结构将逐渐成为未来支撑世界经济的主流。

二　中国长期以来始终高度关注和积极培育发展绿色环保产业

大力发展绿色环保产业是实现生态文明建设、培育经济发展新动能、促进经济高质量发展的重要抓手。党的十九大报告明确提出，要壮大节能环保、清洁生产、清洁能源等绿色产业。有关部门出台了《"十三五"节能环保产业发展规划》和《绿色产业指导目录》，明确了产业边界、发展目标、重点任务和政策保障；各地、各部门通过预算内投资、财政资金等，不断加大投入力度，支持相关重点技术攻关和重大项目建设；在增值税、所得税和差别电价等方面出台实施了一系列优惠政策；绿色金融也正在迅速成为产业发展的重要助力。在一系列政策的支持下，中国绿色环保产业进入发展的黄金期、机遇期，呈现出快速、提质、创新、集聚的发展态势。

一是产业规模不断壮大。近年来，节能环保产业产值年均增长10%以上，清洁能源设备生产规模居世界首位。工业和信息化部统计显示，我国节能环保产业从2017年的5.8万亿元增长至2023年的12.3万亿元，年均复合增长率达到了

13.35%。其中，节能服务产业保持持续较快发展，产业总产值超过了5000亿元，企业数量接近1.2万家，从业人员接近90万人。综合能源服务、合同能源管理、合同节水管理、环境污染第三方治理、碳排放管理综合服务等新业态新模式不断发展壮大，各地方积极探索生态产品价值实现方式路径，都市现代农业、休闲农业、生态旅游、森林康养、精品民宿、田园综合体等生态产业新模式快速发展。

二是质量效益持续提升。总的来看，中国环保装备领域的专利成果数量已位居世界首位，能源设备、节水设备、污染治理、环境监测等多个领域技术已达到国际先进水平，形成了覆盖节能、节水、环保、可再生能源等各领域的绿色技术装备制造体系，绿色技术装备和产品供给能力显著增强，绿色装备制造成本持续下降。根据第六次国家技术预测环保产业子领域的分析结果，在大气污染防治方面，中国已经形成了代表性的、具有国际先进水平的龙头企业和领军科研院所，技术装备水平整体实现"并跑"，在烟气超低排放、除尘设备等方面处于"领跑"地位。在固废处理处置与垃圾焚烧炉排装备方面，通过技术引进、消化吸收、再创新，形成了具有本土化技术优势的自主知识产权的焚烧炉排。在土壤污染控制方面，技术成果开发起步较晚，行业内通过引入进口设备消化吸收、自主创新等方式打造技术装备产品，处于快速发展阶段，进口替代趋势显现。

三是市场需求不断扩大。节能方面，"十三五"时期末，中国节能工程综合服务市场规模约2万亿元，占工业节能市场比例约为45.5%。"十四五"时期，高效节能技术的持续研发与突破将促使传统生产过程升级，包括变频控制技术、能量系统优化技术等高效节能技术将广泛融入工业生产中，高效电机余热余压利用等工业节能细分市场份额将逐步扩大。环保方面，"十三五"时期，水处理和固体废物处理始终占据中国环保市场前两位，约为40%和35%。"十四五"时期，随着国家加大长江流域生态环境修复、黄河流域生态保护和高质量发展力度以及陆续启动重点区域污染防治专项行动，环保市场将进一步向专业化、细分化发展，危险废物处理、环境修复和环境监测等新兴领域市场空间将加速释放，有望成为引领高附加值环节和推动环保产业高质量发展的新增长点。

三 持续推动绿色环保产业提质增效

一是培育壮大一批科技领军企业。以培育壮大百亿级、千亿级旗舰企业为抓手更加有力地支持龙头企业做大做强，更开放地配置全球绿色环保创新资源，融入绿色环保技术创新网络，推动龙头企业产业链、供应链在海内外的合理布局，坚定地向全球影响力迈进。在绿色环保产业的关键细分领域，培育壮大一批在细分领域占据领先地位、具有核心竞争力的"隐形冠军"，增强产业链整体竞争力和实力，形成龙头企业主导、"隐形冠军"支撑，具有全球竞争力的现代产业体系。

二是建设一批支持一体化的绿色环保产业创新功能平台。借鉴德国史太白经济促进基金会等模式，共同探索形成更加紧密的区域性科技创新公共服务平台，强化绿色环保产业创新功能，通过有效的组织方式和运营模式将相关平台串联起来，实现资源共享、优势互补。进一步强化已有的绿色环保产业功能平台在研发、转化等方面的全过程、全系统、全方位、全链条服务水平，并加快建立面向区域一体化的绿色环保产业创新功能平台，让区域内的科研机构、大学和企业能共享各类公共服务。

三是开展一批绿色环保产业关键技术联合攻关。及时发布低碳技术创新目录，在具有优势的领域或环节，集合龙头企业的研究院、各地国家级科研院所、高校、国家级工程技术中心等科技精锐，完善攻关链条，加强基础研究、技术研究和转化研究的协同。设立专项资金支持联合攻关，各地共同筹集配套资金，并以基金模式运作。

四是加快培育绿色环保市场。加强低碳产品的市场推广，积极引导社会公众积极购买低碳产品，倡导绿色低碳生活，创新碳积分、碳足迹等制度，鼓励市民绿色出行，参与森林碳汇、植树造林等活动，培育低碳消费理念和低碳发展的市场需求。及时发布促进环境技术推广应用的标准规范需求征集，在充分论证涉及环境技术产品标准需求的基础上，建立面向公益类标准规范制/修订的绿色通道，加快推动环境技术的推广应用。

第五节 新能源汽车

新能源汽车产业发展集能源、材料、信息、机械制造等新技术于一体，代表汽车产业甚至制造产业转型升级的方向，发展既关系国家产业竞争力提升，也关联消费升级和民生福祉。过去一段时间以来，中国新能源汽车产业快速发展，趋势性地转变了中国在传统燃油车领域的国际分工地位，充分发挥了中国需求空间大、产业体系健全、供需配套持续改善等独特优势，是绿色生产力的典型代表，是中国发展新质生产力的重要方向和突破口。

一　全球进展与趋势

全球新能源汽车处于快速发展阶段。Inside EVs 数据显示，2023 年，全球新能源汽车销量达到 1428 万台，同比增长 35.7%，过去 10 年间年均复合增速超过 50%；渗透率达到 22.0%，较上年 13% 的基础上又增长 9 个百分点，较 10 年前增长 21.8 个百分点。纯电动车是新能源汽车的主力车型，TrendForce 集邦咨询公布的统计数据显示，2023 年，纯电动车销量占比 69.9%，混合式占比 30.0%，氢燃料占比 0.1%。新能源汽车用动力电池装机量达到 705.5 吉瓦时（GWh），同比增长 38.6%，较 2022 年增速 71.8% 而言，回落 33.2 个百分点，但仍处于高位增长态势，过去 5 年年均复合增速超过 50.0%。

新能源汽车产业分布格局发生变化。从销量区域分布看，EVTank 的数据显示，2023 年，中国新能源汽车销量占全球销量的 64.8%，美国和欧洲分别占 20.1% 和 10.0%；与 2020 年销量前三的国家和地区，即欧洲（43.0%）、中国（41.2%）、美国（10.1%）相比发生较大变化。从全球动力电池装机量前十名企业名单来看，中国企业继续占据主导，宁德时代、比亚迪、中创新航、国轩高科、亿纬锂能和欣旺达六家入榜企业市场占有率达到63.5%，宁德时代和比亚迪两家之和超过半数（52.6%）。

碳排放要求为新能源汽车中长期发展释放了广阔空间，国别和地区补贴政策变动影响产业短期波动。欧盟已经实现碳达峰，承诺2050年实现碳中和。美国明确了到2030年零排放汽车销量占新车总销量50%的目标。韩国计划到2030年电动车普及数量扩大到785万辆，以确保2030年汽车温室气体排放量减少24%的目标实现。日本制定了2050年实现碳中和社会目标，计划2025年前禁止销售传统燃油车。这些计划都为未来中长期全球新能源汽车市场空间持续扩大提供了有力保障。同时，国家和地区补贴政策变化对当年新能源汽车销量影响比较直接，例如，2020—2023年，正是欧洲新能源汽车补贴退坡阶段以及美国刚刚步入大规模补贴阶段初期，两地新能源汽车销量全球排名也发生更替，欧洲由2020年的第一名下降至2023年的第三名，美国由第三名上升到第二名。

二 中国现状与问题

中国正处于夯实新能源汽车大国地位、继续向新能源汽车强国迈进的关键时期。2021—2023年，新能源汽车销量连续攀升，2023年，中国新能源汽车销量达到949.5万辆，较2022

年增长38.0%，较2022年95.6%和2021年157.5%的增速水平大幅回落，但仍处于高速增长阶段。新能源汽车产销量占全球比重超过60.0%、连续9年位居世界第一位。EVTank数据显示，2023年，中国新能源汽车销量全球第一，占当年总销量的64.8%（排在第二、三位的美国和欧洲分别占比20.1%、10.0%）。国际能源署的数据显示，中国于2022年首次占全球道路上电动车总数的50.0%以上，约1380万辆。2021—2023年，中国新能源汽车市场渗透率分别达到14.8%、27.6%和31.6%，较2018—2020年徘徊在4.4%、4.9%、5.8%的水平相比显著提升。2023年，新能源汽车出口总量达到120.3万辆，同比增长77.2%，出口量位居世界第一，虽然较2021年3倍和2022年1.2倍的增速水平相比明显回落，但仍处于高位增长区间。总体来看，经过20余年发展，中国新能源汽车产业已经形成了比较完整的产业体系，电池、电机、电控技术取得长足发展，使用成本大幅下降，使用便捷度持续提升，车联网技术、自动制动技术等为行车安全性提供了有力保障。新能源汽车已经成为中国战略性新兴产业最具代表性的领域，是绿色生产力的典型代表。但鉴于全球新能源汽车发展仍处于上升周期，过去一段时间以来全球产业分工格局变化较快，中国新能源汽车大国地位仍需要继续夯实，向新能源汽车强国迈进任重道远。

新能源汽车产业过去十余年间取得的成绩斐然，但积累的问题和面临的严峻形势也不容忽视。一是部分核心环节和关键技术受制于人。据盖世汽车统计数据，用于自动驾驶等功能的尖端芯片国产化率低于5%；占电控系统总成本近一半的功率半导体芯片国产化率约15%。电池方面，全球锂电铜箔制造核心设备阴极辊近七成由日本供应且长期供给紧张；锂电池隔膜制造设备超八成依赖日韩，锂、钴关键矿产资源对外依存度常年处于70%、90%以上。二是新能源汽车配套供给和产品质量安全亟须提升。截至2023年年底，中国新能源汽车保有量已达2041万辆，充电基础设施总量达到859万台，车桩比为2.4∶1；公共充电桩约272万个，但是高速公路服务区的充电桩仅有2万多个，这也导致2024年年初春节期间，在自驾新能源汽车出行量超过4亿人次的情况下，公共充电设施供应严重不足。此外，续航里程不足以支撑长途拥堵路段行驶需求，冰雪极端天气短时耗电抛锚，发生碰撞后电池保障等安全隐患显著高于传统燃油车等问题也是降低消费者信任度、掣肘新能源汽车发展的重要卡点。三是近年来出口高速增长背后也存在系列隐忧。国际市场绿色准入壁垒不断增加，欧盟于2023年7月出台的《电池与废电池法规》规定，到2027年，动力电池在欧销售需持有记录碳足迹等信息的电池护照。同时，欧盟委员会、英国等陆续针对中国电动汽车开展反补贴调查；美国近期也表示，考虑提高中国新能源汽车的进口税并以"数据安全"为由限制中国智能汽车零部件的进口。此外，海外市场配套服务发展相对滞后、出口汽车海运保障能力不足等情况也为中国新能源汽车"走出去"增加了成本。

三　重点任务部署

在国内外新能源汽车产业快速发展、各国和地区着力布局的背景下，中国新能源汽车产业发展要坚持扬长避短，夯实基础，供需协同。

一是要明确中长期的主攻方向和突破口。在过去 20 年的"三纵三横"总体研发布局战略实施基础上，统筹推进纯电动汽车、插电/增程式混合动力汽车、燃料电池汽车发展，持续加强动力电池体系、新型底盘架构、自动驾驶系统等关键技术协同突破，加快"车路云一体化"发展的典型场景应用和新型基础设施建设。超前布局燃料电池赛道，抢抓燃料电池汽车示范契机，着力推动氢能及燃料电池关键核心技术创新，逐步完善相关产业链和产业集群建设，联通支撑燃料电池汽车跨区域示范运营的"氢能高速"，构建长短结合、布局合理的"氢能走廊"，形成具有综合性、规模化的氢能交通重大示范工程。[①]

二是坚持创新、开放，加快"补短"。鼓励企业、科研院校瞄准车用芯片、全固态电池、高级别自动驾驶技术等核心技术展开攻关。持续深化国际科技合作，推动新能源汽车产业国内大循环与国际大循环相互交融、相互促进、相互依存，以高水平的对外开放加快构建国内国际双循环的新发展格局，维护全球产业链供应链的循环畅通和安全稳定。确保关键矿产资源保障，支持"走出去"企业扩大锂、钴、镍、铝等海外矿产资源合作，健全稳定可靠的多元化供应体系。稳妥引导新能源汽车产业链合理有序跨境布局，深化共建"一带一路"国家和地

---

① 《紧抓示范效应，推动氢燃料电池汽车高质量发展》，2023 年 12 月 5 日，中国经济网，http：//auto.ce.cn/auto/gundong/202312/05/t20231205_ 38816894.shtml。

区全产业链合作。创新跨境产学研合作模式，积极参与国际标准制订修订，推进中国标准海外认可与应用。

三是确保新能源汽车产业绿色生产力"本色"。坚持低碳发展理念，打造新能源汽车产业全生命周期绿色产业链。推动落实《关于加快建立产品碳足迹管理体系的意见》，建立健全符合我国产业发展实际的新能源汽车全产业链碳排放核算和碳足迹管理体系，推动核算方法规则和标准体系对接互认。建立新能源汽车碳足迹背景数据库，完善企业共享共建机制，推动与国际数据库衔接与互认，持续数字化碳管理工具的规范化管理。支持龙头企业、有实力的公共服务平台等牵头或联合建立新能源汽车产业全生命周期绿色低碳管理体系，加大对回收废旧电池并进行资源循环利用企业的扶持力度。加强对新能源汽车替代传统燃油车全过程助力"双碳"目标实现的评估测算。

四是以战略思维谋划新能源汽车产业国内外配套体系建设。加快推进《关于进一步提升电动汽车充电基础设施服务保障能力的实施意见》《关于加快推进充电基础设施建设更好支持新能源汽车下乡和乡村振兴的实施意见》等政策的落实。客观评估新能源汽车产销量趋势，适度超前配置高速公路服务区的充电桩数量，加强充电车位管理，适量储备移动充电桩，保障高峰期间新能源车辆充电需求。提升极端天气新能源汽车服务保障水平，由应急管理部门和交通运输部门牵头，制定极端雨雪天气下的应急预案，针对新能源汽车的特殊需求，加强跨区域移动充电设施调配，备足相关救援物资。超前评估海外市场从整车到配套服务体系需求模式和市场潜力，指导企业巩固并持续开拓重点国家和地区新能源汽车市场空间，加快海外仓共建，完善海外充电设施和售后服务中心体系建设，保障海外销售服务体系质量和水平。

第十二章
未来产业：引领新质生产力发展潮头

> 打造生物制造、商业航天、低空经济等若干战略性新兴产业，开辟量子、生命科学等未来产业新赛道。
> ——习近平总书记在中央经济工作会议上的讲话（2023年12月11—12日），《人民日报》2023年12月13日

未来产业由前沿技术的重大突破所驱动，是发展前景大、战略性突出的前瞻性新兴产业。未来产业是新质生产力的重要组成部分，虽然当前成熟度低、经济产出规模小，但关系到今后一个时期新质生产力的发展壮大，因此世界主要国家纷纷谋划部署未来产业，中国许多地区也将未来产业作为发展新质生产力的重要抓手。当前，人工智能、生物医药、生物制造、商业航天等领域已经取得长足进展并表现出巨大潜力。

第一节　人工智能

2019年5月16日，习近平总书记在写给第三届世界智能大会的贺信中指出，中国高度重视创新发展，把新一代人工智能作为推动科技跨越发展、产业优化升级、生产力整体跃升的驱动力量，努力实现高质量发展。习近平总书记的上述论断，明确了（新一代）人工智能技术在提高生产力水平、实现高质量发展中的地位和作用。当前，人工智能技术相关产业以技术创新为内在驱动，形成庞大的产业生态体系，已经发展成为新质生产力的重要组成部分。与此同时，人工智能技术作为一种典型的通用目的技术（General Purpose Technology，GPT），具备渗透性、替代性、协同性、创造性等技术—经济特征，能够对经济社会千行百业进行赋能，在更大范围内提高创新水平、提升劳动效率，成为培育和发展经济社会各领域新质生产力的倍增器。2022年11月30日，OpenAI推出的生成式人工智能（AIGC）ChatGPT，正在引发一场通往通用人工智能（AGI）的技术革命，有望强化人工智能的渗透性、协同性、创造性等技术—经济特征，更大限度发挥其倍增器作用，为发展新质生产力、实现高质量发展提供可靠支撑。

一　人工智能演进历程

1956年8月，约翰·麦卡锡（John McCarthy）、马文·明斯基（Marvin Minsky）、克劳德·香农（Claude Shannon）、艾

伦·纽维尔（Allen Newell）、赫伯特·西蒙（Herbert Simon）等科学家齐聚美国达特茅斯学院，探讨"如何用机器模仿人类智能"，并正式提出"人工智能"的概念。1956年也因此被称为"人工智能元年"。① 在达特茅斯会议之前，香农完成了三大通信定律、图灵提出了图灵机和图灵测试，为人工智能的产生奠定了理论基础。达特茅斯会议之后，伴随（电子）计算机的发展，纽维尔和西蒙开发出机器定理证明程序、明斯基制造出第一台神经网络计算机。② 可以说，计算机技术的发展是人工智能发展的基础，而人工智能从一开始就是一种信息通信技术（ICT）。

达特茅斯会议带来了人工智能发展的第一次热潮，但从20世纪60年代中期开始，人工智能先后在机器定理证明、机器翻译等领域遭遇瓶颈，并于20世纪70年代中期陷入第一次低潮；20世纪80年代，专家系统、知识工程等引发了人工智能的第二次热潮，但于20世纪90年代又陷入第二次低潮；2010年以后，随着移动互联网和云计算的兴起，深度学习方法取得快速突破，人工智能发展开始迎来了第三次热潮。③ 人工智能发展兴衰起伏的背后是其赖以支持的技术基础发生了重大变

---

① 集智俱乐部编著：《科学的极致：漫谈人工智能》，人民邮电出版社2015年版。
② 集智俱乐部编著：《科学的极致：漫谈人工智能》，人民邮电出版社2015年版；李彦宏等：《智能革命——迎接人工智能时代的社会、经济与文化变革》，中信出版集团2017年版。
③ 集智俱乐部编著：《科学的极致：漫谈人工智能》，人民邮电出版社2015年版；李彦宏等：《智能革命——迎接人工智能时代的社会、经济与文化变革》，中信出版集团2017年版。

化。从 1956 年至 20 世纪 80 年代中后期，人工智能发展以数理逻辑的表达与推理为主，机器任务的完成都是在规则设定基础上实现的，也被称为"旧式人工智能"（old-fashioned AI）；而 20 世纪 90 年代以后的人工智能则主要建立在概率统计的建模、学习和计算基础上，第三次人工智能热潮的出现完全是深度学习算法进步推动的结果。[1]

深度学习所包含的很多统计学习/机器学习算法早在 20 世纪 90 年代甚至更早时期便已提出，但直到 2012 年前后，深度学习技术应用才呈现出爆发式发展态势。其根本原因在于，2010 年以后移动互联网、云计算等新一代信息技术加速商业化应用，为深度学习技术的优化迭代提供了充足的数据基础（训练样本）和强大的算力支撑。相比早期的通过模拟人类逻辑推理和行为规则来实现特定功能的"旧式人工智能"，第三次热潮中的"新式人工智能"（如无特别说明，后续均简称"人工智能"）是一个更为庞大的复杂系统，其构成包括三大支柱（模块），即"通用目的机器学习"（general purpose ML）、"数据生成"（data generation）和"领域知识结构"（domain structure）。[2]

2012 年以来的十多年时间里，新式人工智能技术呈现加速演进态势。2012 年，多伦多大学的杰弗里·辛顿（Geoffrey Hinton）教授与学生提出深度学习神经网络模型 AlexNet，在 ImageNet 图像识别挑战赛上以巨大优势击败其他参赛模型，成

---

[1] M. Taddy, "The Technological Elements of Artificial Intelligence", NBER Working Paper, No. 24301, 2018.

[2] M. Taddy, "The Technological Elements of Artificial Intelligence", NBER Working Paper, No. 24301, 2018.

为深度学习兴起的标志。2016年3月，谷歌开发的围棋机器人AlphaGo击败世界围棋冠军李世石，人工智能进入大众视野。2016年也因此被称为"人工智能商业化元年"。

2022年11月30日，OpenAI公司推出的ChatGPT凭借出色的自然语言生成能力引发全世界广泛关注。在短短两个月时间里，其全球用户便突破1亿，成为前所未有的现象级爆款应用，被看作与1994年网景浏览器、2007年iPhone具有同等划时代意义的数字产品。此后，GPT模型不断迭代升级，推动国内外科技企业争相开发大模型。谷歌的"Gemini"、脸书的"LLaMA"、微软的"Copilot"、百度的"文心一言"、阿里的"通义千问"、华为的"盘古"、讯飞的"星火"等大模型不断推出。与此同时，一些创业公司在开源大模型基础上利用各自行业数据优势，致力于各类垂直领域行业大模型的开发。根据中国科学技术信息研究所发布的《中国人工智能大模型地图研究报告》，截至2023年5月，中国仅参数超过10亿的大模型数量就有79个。随着模型参数、训练数据语料的快速增长，大模型的功能也越发强大，朝着通用人工智能（AGI）的方向日益逼近。有学者认为人类已处于AGI的前夜，一场由AIGC引发的通用人工智能（AGI）技术革命正全面拉开序幕。

二　人工智能技术对发展新质生产力的倍增作用

（一）人工智能的技术—经济特征

人工智能作为新一代信息技术，理所当然具有一般ICT的基本技术—经济特征，即渗透性（pervasiveness）、替代性

（substitution）和协同性（synergy/cooperativeness）。①

渗透性是指某项技术所具备的能够与经济社会各行业、生产生活各环节相互融合并带来经济运行方式改变的一种潜能。②渗透性可以算作通用目的技术最基本的技术—经济特征，也是GPT领域出现激进式创新后能够引发技术革命、带来技术—经济范式转换的技术基础。人工智能是新一代信息技术的重要组成部分，而ICT又是典型的通用目的技术，因此，渗透性也自然应是人工智能的技术—经济特征。③

ICT的替代性通常是指ICT作为一种资本要素对其他非ICT资本要素不断替代的事实，该现象出现的根本原因在于以芯片为代表的ICT硬件多年来一直遵循"摩尔定律"（Moore's Law），呈现出实际价格持续下降的趋势。④ 就人工智能技术而言，则体现为模型参数的快速增加及单位计算性能成本的降低。⑤ 此外，人工智能的替代性与其他ICT的替代性似乎还略有不同，不仅

---

① 蔡跃洲、张钧南：《信息通信技术对中国经济增长的替代效应与渗透效应》，《经济研究》2015年第12期；蔡跃洲、付一夫：《全要素生产率增长中的技术效应与结构效应——基于中国宏观和产业数据的测算及分解》，《经济研究》2017年第1期。

② T. F. Bresnahan, M. Trajtenberg, "General Purpose Technologies: 'Engines of Growth'?", *Journal of Econometrics*, No. 65, 1995, pp. 83–108.

③ 李彦宏等在进行人工智能分类时，明确提出"通用目的人工智能"，以区别于那些只能完成诸如下棋等单一任务的专用人工智能（李彦宏等：《智能革命——迎接人工智能时代的社会、经济与文化变革》，中信出版集团2017年版）。

④ D. W. Jorgenson, K. J. Stiroh, "Information Technology and Growth", *American Economic Review*, Vol. 89, No. 2, 1999, pp. 109–115; D. W. Jorgenson, "Information Technology and the U. S. Economy", *American Economic Review*, Vol. 90, No. 1, 2001, pp. 1–32.

⑤ 在性能方面，OpenAI 2020年推出GPT 3.0时，参数数量约为13亿，到2022年推出ChatGPT（GPT 3.5）时，参数数量增加到1750亿；在使用成本方面，ChatGPT推出时API的收费标准为0.002美元/千Tokens；而2023年5月21日阿里推出的GPT 4.0级别Qwen-Long的API收费标准为0.0005元/千Tokens，下降约97%。

体现为资本要素内部 ICT 资本对非 ICT 资本的替代，更体现为人工智能对劳动要素的直接替代。①

协同性更多的是指生产过程中 ICT 产品的应用能够提升其他要素间衔接配合的契合度，降低摩擦成本，从而提高运行效率。②

另外，人工智能对于劳动要素的替代不仅在于体力，更在于脑力或者说创造性活动的替代，由此引出人工智能专属的第四项技术—经济特征——创造性（creativeness）。有关生成式人工智能应用的早期研究表明，人工智能技术对人类创造性活动的渗透影响日益突出，翻译、作家、记者、数学家等传统的高技能、高收入、创意类岗位都将受到严重冲击。③

（二）人工智能推动发展新质生产力的作用机制

正在兴起的生成式人工智能及通用人工智能代表着全球科技创新的前沿，是新质生产力的重要组成部分。通用性不断强化的技术革命演进趋势叠加渗透性、替代性、协同性、创造性这四项技术—经济特征，使得人工智能技术在推动发展新质

---

① 严格来说，资本要素对劳动要素的替代是一种长期趋势，ICT 资本在替代非 ICT 资本的同时，也间接加速了资本要素对劳动要素的替代。

② P. A. David, G. Wright, "General Purpose Technologies and Surges in Productivity: Historical Reflections on the Future of the ICT Revolution", University of Oxford Discussion Papers in Economic and Social History, 1999; A. Bartel, C. Ichniowski, K. Shaw, "How Does Information Technology Affect Productivity? Plant-level Comparisons of Product Innovation, Process Improvement, and Worker Skills", The Quarterly Journal of Economics, Vol. 122, No. 4, 2007, pp. 1721–1758; E. Ketteni, "Information Technology and Economic Performance in U.S. Industries", The Canadian Journal of Economics, Vol. 42, No. 3, 2009, pp. 844–865.

③ T. Eloundou et al., "GPTs are GPTs: An Early Look at the Labor Market Impact Potential of Large Language Models", Arxiv Preprint Arxiv, 2023.

生产力方面将发挥出倍增器的作用。

人工智能技术作为新一代信息技术的集成,是由数据生产收集、算法训练及软件开发、算力芯片、存储器、其他硬件设备等技术和产品,配合算力中心、光纤宽带网络等基础设施,共同支撑而形成的复杂系统。系统内各环节对应的产品及服务已经形成了一个较为独立的产业生态体系。人工智能技术加速商业化应用,特别是各类行业大模型的落地应用和通用人工智能的日渐成熟,将带来各关联环节产品服务需求的增加,进而引致对应细分行业规模的扩大;而人工智能产业体系的不断壮大,将对宏观经济增长形成直接支撑。[1] 这种由前沿技术直接形成的增长动力,正是发展新质生产力的重要源泉。当然,人工智能技术作为新质生产力倍增器的作用,不仅来自其自身相关产业体系的壮大,更是由其四大技术—经济特征所决定的。

第一,渗透性特征决定了人工智能对经济增长影响的广泛性和全局性。在 ChatGPT 推出之前,人工智能技术已经实现广泛渗透,各行业各领域都有专用模型;ChatGPT 推出之后,人工智能模型开始向多模态、通用大模型方向加速演进。这使得人工智能技术的渗透性进一步提升,同时也意味着人工智能技术对赋能宏观经济运行全局的潜力将加倍释放。

第二,人工智能技术替代性的发挥将是"人工智能"作为一种独立要素对其他资本要素、劳动要素不断进行替代的过

---

[1] 从增加值的支出法核算角度来看,人工智能技术对经济社会的渗透表现为人工智能资本的不断积累;而积累过程必然带来人工智能产品需求的增加,从而引致相应产业规模的不断壮大。

程。由于人工智能技术性能的加速提升和使用成本的快速下降，其应用推广及对其他要素的替代也呈现出加速态势。从生产函数和宏观增长核算视角来看，人工智能作为一种要素，其对经济增长的支撑作用也将不断提升。①

第三，人工智能协同性特征带来的（生产活动）投入产出效率或者说全要素生产率的提升，在微观层面将体现为企业利润盈余的增加，并最终转化为宏观经济 GDP 的增长；而提升全要素生产率正是发展新质生产力的目标。

第四，人工智能的创造性特征将通过知识生产促进技术进步，从生产函数和增长核算视角来看，最终也将体现为全要素生产率的提升。当前，人工智能创造性促进技术进步的核心在于提高研发效率。在基因组学、药物发现、材料科学、量子物理等领域，研发过程具有"大海捞针"的特点，即能够确定创新存在于已有知识的某种有用组合，但是有用知识范围广泛复杂，要找出来极不容易；而人工智能技术的突破性进展，则使得研究人员能够大大提高识别效率，找出那些最有价值的组合。② 在生物医药领域，应用深度学习技术和已有的数据，可以较为准确地预测出药物试验的结果；对于早期的药物筛选（early stage drug screening）来说，便可以减少一些不必要的检验，从而提高筛选效率，识别出那些成功概率更大的候选分

---

① 马克·珀迪、邱静和陈笑冰明确主张，人工智能不仅是生产率提升工具，更是一种新生产要素。参见马克·珀迪、邱静、陈笑冰《埃森哲：人工智能助力中国经济增长》，《机器人产业》2017 年第 4 期。

② A. Agrawal, J. McHale, A. Oettl, "Finding Needles in Haystacks: Artificial Intelligence and Recombinant Growth", NBER Working Paper, No. 14024, 2018.

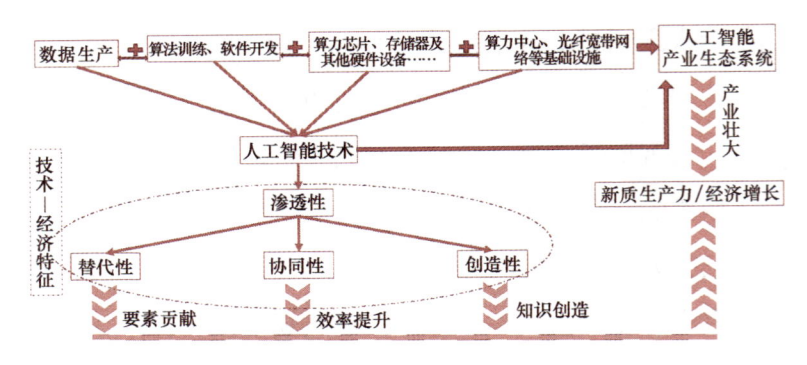

图 12-1　人工智能的技术—经济特征及其新质生产力倍增器作用

子。例如，2020年麻省理工学院的研究人员利用AI系统对包含61000多个分子的数据库进行筛查，成功找出一种超强抗生素，为致敬电影《2001太空漫游》中的超级计算机HAL，将其命名为Halicin（海利霉素）；而谷歌公司推出的AlphaFold2在蛋白质结构预测问题上，达到接近人类实验解析的水平。①人工智能技术的上述应用也使得其被称作一种"发明方法的发明"（Invention of a Method of Invention，IMI）。②

三　中国发展优势与面临的挑战

中国发展人工智能技术、推动其商业化应用的优势主要体现在两方面。一是超大规模市场优势所带来的丰富应用场景和海量数据资源。早在2010年中国便成为全球规模第一的制造业大国，不仅拥有最为完整的工业体系，更拥有全球最多的互

---

① ［美］亨利·基辛格、［美］埃里克·施密特、［美］丹尼尔·胡滕洛赫尔：《人工智能时代与人类未来》，胡利平、风君译，中信出版集团2023年版。

② I. M. Cockburn, R. Henderson, S. Stern, "The Impact of Artificial Intelligence on Innovation", NBER Working Papers, No. 14006, 2017.

联网用户群体。截至 2023 年年底，中国网民数量达到 10.92 亿，并在电商、外卖、网约车等垂直细分领域发展出多个用户规模数亿的超级平台。这些为人工智能技术特别是 AGI 技术的推广应用提供了巨大的空间，也将源源不断产生海量数据资源。二是有为政府与有效市场结合的制度优势，有助于从国家整体战略出发，布局重点科技攻关、部署数字新基建，夯实人工智能发展底座，降低企业应用人工智能的进入门槛和使用成本，进而加速其渗透性和赋能作用的发挥。

当然，中国发展人工智能技术、应用推广也面临着诸多挑战，主要有以下几点。一是在人工智能核心能力上与美国存在明显差距，且正面临美国技术封锁和打压。美国在基础算法、底座模型、训练数据、算力芯片、高端人才等方面都具有明显优势。中国推出的百度"文心一言"、阿里"通义千问"、华为"盘古"、讯飞"星火"等大模型，虽然也表现出强大的能力，但是在算力芯片禁售及其他约束条件下，模型算法的优化迭代受到很大限制。长期来讲，面临各方面技术差距拉大的风险。二是生成式人工智能和通用人工智能技术的快速推广应用，在短期内将带来大规模的岗位替代，加大劳动力市场就业压力，并在中长期内加剧收入分配的极化趋势。由于生成式人工智能的替代对象是以往具备较高进入门槛和专业背景的白领岗位，大学毕业生就业形势将越发严峻。三是人工智能技术应用中的技术滥用及伦理问题正日益显现。诸如网络造假、算法操纵等已经严重影响到个人隐私和数据安全，而自动驾驶领域的算法则将触及科技伦理方面的权衡和争议。

四 应对策略

当前，通用人工智能技术革命的帷幕已经拉开。把握住此次机遇，加快发展人工智能技术及其应用推广、切实发挥其新质生产力倍增器作用，对于提高全要素生产率、实现高质量发展、助力中国式现代化进程有着重要现实意义。面对人工智能技术发展和应用中的挑战，应充分发挥好中国既有的市场优势和制度优势，尽量补齐短板，并提前对可能发生的负面冲击采取预防性措施。

一是充分发挥超大规模市场优势，以市场需求带动关键核心技术领域研发攻关。针对美国打压禁售引发的对国产替代需求增加，切实转化为国内厂商研发攻关的内在动力，以需求带动攻关突破和优化迭代，真正实现化危为机。二是从完善社会保障制度和提高公民数字素养（人工智能素养）两方面入手，更好地应对可能发生的就业冲击。三是创新人工智能监管治理，在算法治理基础上，加大科技伦理层面的治理和规范，让人工智能技术的发展和应用保持在有益可靠的轨道上。

第二节 未来生物医药

2020年4月习近平总书记在浙江考察时指出，抓紧布局数字经济、生命健康、新材料等战略性新兴产业、未来产业，大力推进科技创新，着力壮大新增长点、形成发展新动能。

健康是人类追求美好生活的永恒话题，随着科技进步不断拓展医学的边界，未来生物医药成为这个时代最令人激动的领域之一。未来生物医药是未来产业的重要组成部分，由前沿生物医药技术推动，当前尚处于孕育阶段，未来在疾病预防、诊断和治疗方面具有广泛的应用前景。

一 全球发展进展与趋势

（一）总体趋势

近年来，生物医药产业已经成为全球高技术产业中最活跃、竞争最激烈的领域，总体呈现以下趋势。

一是全球医疗需求强。随着科技进步、对疾病更深刻的理解以及现代生物医药的发展，人类的预期寿命在过去几十年中持续上升，患者的生活质量也得到了显著提升，然而全球疾病负担依旧高企，[①] 美国 2022 年医疗保健投入占 GDP 的比例高达 17.3%。[②]

二是各国重视程度高。生物医药产业的良性发展是保障一个国家国民健康的关键，各国政府对其高度重视。2021 年，美国总统科技顾问委员会向美国总统提交了《未来产业研究所：美国科学与技术领导力的新模式》，旨在将生物技术等五大前

[①] GBD 2021 Diseases and Injuries Collaborators, "Global Incidence, Prevalence, Years Lived with Disability (YLDs), Disability-adjusted Life-years (DALYs), and Healthy Life Expectancy (HALE) for 371 Diseases and Injuries in 204 Countries and Territories and 811 Subnational Locations, 1990–2021: A Systematic Analysis for the Global Burden of Disease Study 2021", *The Lancet*, Vol. 403, 2024, pp. 2133–2161.

[②] M. Hartman et al., "National Health Care Spending in 2022: Growth Similar to Prepandemic Rates", *Health Affairs*, Vol. 43, No. 1, 2024, pp. 6–17.

沿领域作为未来产业研究重点领域。① 2024 年，欧盟提出建立"欧洲战略技术平台"，旨在增加对包括生物技术在内的三大战略技术领域的投资。②

三是与基础研究关系紧密。美国经验表明，FDA 于 2010—2016 年所批准的所有新药都直接或间接与美国国立卫生研究院（NIH）所资助的基础科研有关。③ 生物医药基础科研的突破将催生新的前沿生物医药技术，进而又将推动未来生物医药的发展。

（二）全球未来生物医药布局方向

前沿生物医药技术是未来生物医药的基石，为此，我们从全球主要国家的主要科研资助机构，在 2018—2022 年所支持的 27911 个生物医药技术研究项目中梳理出其重点布局的 30 个热点技术方向（见图 12-2）。④

二 中国发展现状与形势

近年来，中国生物医药创新能力已从全球第三梯队进入第二梯队⑤，发展现状与形势可概括为三个"持续"。

一是产业总体规模持续扩大。2019—2023 年，中国生物医

---

① The President's Council of Advisors on Science and Technology, "Industries of the Future Institutes: A New Model for American Science and Technology Leadership", 2021.
② G. Ragonnaud, M. Mileusnic, "Strategic Technologies for Europe Platform (STEP)", 2024.
③ E. Cleary et al., "Contribution of NIH Funding to New Drug Approvals 2010–2016", Proceedings of the National Academy of Sciences, Vol. 115, No. 10, 2018, pp. 2329-2334.
④ 详见《未来产业发展趋势研究 2023：未来生物医药》，西湖大学未来产业研究中心，http://rcif.westlake.edu.cn/xwdt/xwdt_2165/202306/P020230613376045958127.pdf。
⑤ 王美华：《中国医药，迈向创新》，《人民日报》（海外版）2021 年 2 月 2 日。

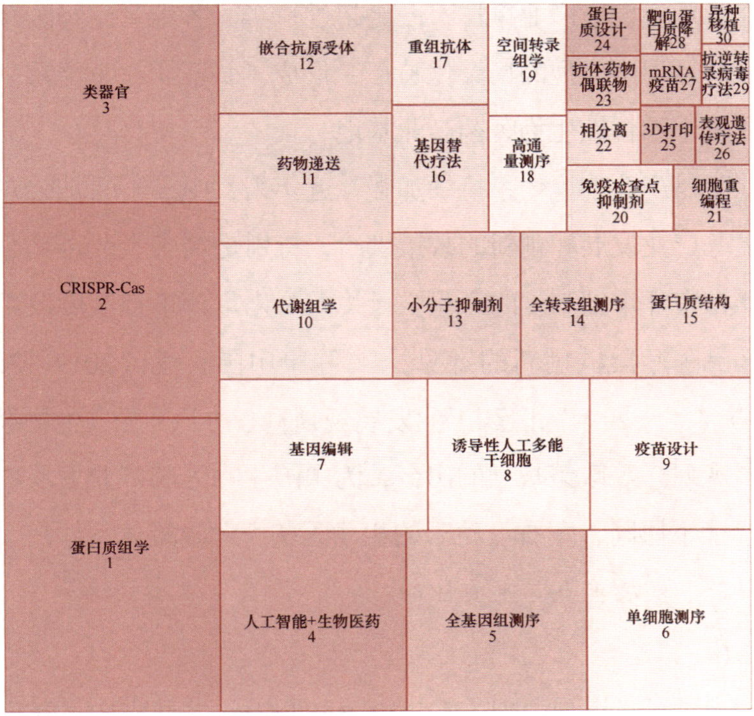

图 12-2　全球生物医药研究的 30 个关键技术点

药产业市场规模复合年均增长率为 7.48%。截至 2023 年，中国生物医药产业市场规模达到 4.39 万亿元。[①]

二是区域发展格局持续优化。截至 2022 年 6 月，中国已批准成立的 173 个国家级高新技术产业开发区中，生物医药类创新产业集群共 75 个。在包括国家级高新区和国家级经开区在内的 390 多个国家级产业园区中，超过 200 个园区将生物医

[①] 观研天下：《中国生物医药行业发展趋势分析与未来投资预测报告（2024—2031 年）》，2024 年。

药作为重点发展产业集群，占比超过一半。各地区生物医药产业发展呈现出典型的集聚化特征，形成了长三角、京津冀、珠三角三个综合性生物医药产业基地。

三是产业政策体系持续加强。近年来，中国不断加强对生物医药产业发展和创新的政策供给，特别是《关于改革药品医疗器械审评审批制度的意见》《关于深化审评审批制度改革鼓励药品医疗器械创新的意见》《健康中国行动（2019—2030年）》《"十四五"医药工业发展规划》《"十四五"生物经济发展规划》等政策规划的出台，为中国生物医药产业发展构建了"上下协同、左右互动"的生物医药产业政策体系。

三 发展重点与主要任务

（一）科学谋划中国未来生物医药重点发展方向

为了科学谋划中国未来生物医药的重点发展方向，我们基于前述30个全球主要国家重点资助的生物医药关键技术，构建了技术性和产业化组成的二维指标体系，运用德尔菲专家咨询法面向专家开展问卷调查访谈，最终形成对这30个关键技术的综合得分（见图12-3）。[①] 其中，技术性得分越高代表其社会价值越高，且在中国实现突破的难度越小；产业化得分越高代表其经济价值越高，且实现产业化的综合成本较低。如图12-3所示，可以大致将所有技术点划分为两个部分，其中处于右上角的技术点，需要从产业发展方面予以特别关注和有

---

① 详见《未来产业发展趋势研究2023：未来生物医药》，西湖大学未来产业研究中心，http://rcif.westlake.edu.cn/xwdt/xwdt_2165/202306/P020230613376045958127.pdf。

力支持。处于左下区域的技术点，需要持续关注其技术发展情况，避免出现错失"赛道"的不利局面。

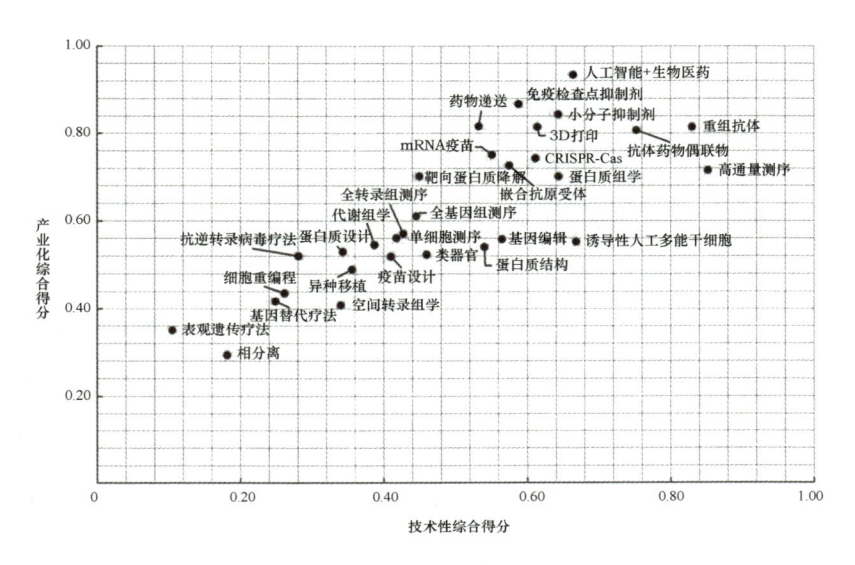

图12-3　30个关键技术点综合得分

(二) 中国未来生物医药值得关注的十大重点领域

基于上述分析，结合当前中国未来生物医药的发展现状与形势，在充分考虑专家调研反馈后，我们探索性提出中国未来生物医药需重点关注和大力支持的十大领域（排序不分先后）。

1. 领域一：人工智能+生物医药

人工智能+生物医药（AI for Biopharmaceuticals）是指企业和研究机构通过结合人工智能和生物医药技术，实现生物医药领域的创新突破。人工智能作为全球科技发展的重点，其与生物医药的结合已成为科学研究和产业发展的新范式。在新药研发、蛋白质结构预测和设计、智能诊断及精准医疗等子领域中，人工智能+生物医药的应用已展现出重塑生物医药研究和产业现状的潜力；未来，人工智能将赋能生物医药的更多方面，并带来产业创新和实际收益。

2. 领域二：重组抗体

重组抗体（recombinant antibody）是指利用重组 DNA 等分子生物学技术产生的抗体。由于重组抗体具有已知的氨基酸或 DNA 序列，使其生产过程可以高度标准化，满足大规模生产需求，并保证批次间一致性。重组抗体可通过工程改造进行人源化或结构重排，以降低免疫原性或增强特定功能。相关技术亦助力其发展，例如，噬菌体展示可用于高通量筛选，快速发现具有潜在成药性的候选抗体；无细胞表达合成体系可支持无宿主限制的快速抗体生产，适用于复杂抗体的制备。

3. 领域三：小分子抑制剂

小分子抑制剂（small molecule inhibitor）是指分子量小于 1000 道尔顿的小分子类药物，能够通过与目标生物分子直接结合并降低活性，或阻碍生化反应来发挥作用。这类药物在临床上广泛应用，且是生物医药研究中重要的工具药。得益于分子量小，小分子抑制剂在口服吸收性、细胞/屏障渗透性、药代动力学性质等方面具有优势，使其在药物研发中受到偏好。随着人工智能、计算化学、分子对接、蛋白质结构解析和预测等技术的发展，小分子抑制剂的研发正在加速。

4. 领域四：高通量测序

高通量测序（high-throughput sequencing）是指以高通量、

快速、高效且经济的方式对各种生物序列（如 DNA、RNA、蛋白质等序列）进行测序。高通量基因测序应用领域已十分多样化，包括全基因组测序、RNA 测序等，以及新兴的长读测序、单细胞测序等。随着未来的生物医药研究重心可能从基因组学扩展到蛋白质组学，高通量蛋白质测序也可能成为新的产业化增长点。生物医药硬件和软件技术（如人工智能和生物信息学）的协同发展也给高通量测序带来新机遇。

5. 领域五：药物偶联物

药物偶联物（drug conjugate）是指一类运用特定的连接子（通常是化学链）将具有靶向定位性的配体和效应分子连接起来而产生的药物。其核心理念是定位配体发挥靶向投递作用，效应分子发挥治疗作用。药物偶联物的构成可以用"定位配体—连接子—效应分子"的公式进行概括，依据定位配体的不同可细分为抗体药物偶联物、多肽药物偶联物、蛋白药物偶联物、小分子药物偶联物等多种类型。新技术如定向偶联、多价偶联等，为药物偶联物带来了新机遇。

6. 领域六：治疗性基因编辑

治疗性基因编辑（therapeutic gene editing）是指一类通过对基因进行靶向编辑进而获得治疗效果的疗法。治疗性基因编辑核心技术之一是开发能够高效编辑基因的分子工具，如 CRISPR-Cas 因其可编辑范围广、易用、高效和低成本而被广泛应用。治疗性基因编辑技术的优化将关注提高编辑效率、精确性、扩展可编辑基因序列范围，并降低安全风险等。除了 CRISPR-Cas，其他基因编辑技术（如 PiggyBac 转座子、TALEN

和 ZFN 等）也在继续发展，这些技术被应用于治疗性基因编辑的前景也值得持续关注。

7. 领域七：细胞治疗

细胞治疗（cell therapy）是指一类将活细胞移植入患者体内以实现治疗效果的疗法。细胞治疗可以根据所治疗用细胞类型而进一步细分，如基于免疫细胞的细胞免疫疗法、基于干细胞的干细胞疗法等。细胞免疫疗法中的 CAR-T 及相关疗法是近年来的突破，通过工程化 CAR 基因改造 T 细胞，使其能特异性杀伤肿瘤细胞。干细胞疗法利用干细胞的自我更新和多分化潜能对病变或衰老细胞进行修复和功能重建。技术如诱导性多能干细胞和细胞重编程，为治疗提供新途径。

8. 领域八：新型药物递送系统

新型药物递送系统（novel drug delivery system）是指采用具有较高技术壁垒的新型药物递送技术对各类药物进行递送的系统，以实现在空间、时间及剂量上全面调控药物在生物体内的分布。其能够通过调节药物的递送和释放位置、体内代谢行为、缓释控释特性、透生理屏障特性等方式，提高药物疗效，并降低毒副作用。随着各种新型药物（如基因药物、mRNA 药物、多肽及蛋白质类药物、细胞药物等）被开发，人们也需要更多新型药物递送系统以满足对这些药物的递送需求。

9. 领域九：免疫检查点抑制剂

免疫检查点抑制剂（immune checkpoint inhibitor）是指一类针对肿瘤的免疫治疗药物，其主要机理是通过阻断一类被称为免疫检查点的蛋白质，以恢复免疫系统对肿瘤细胞的杀伤能力，从而起到肿瘤治疗作用。目前获批的这类药物主要包括针对 PD-1/PD-L1 和 CTLA-4 的单克隆抗体。当下在研免疫检查点抑制剂还包括针对其他新靶点的抗体，以及能同时靶向多个免疫检查点的双/多特异性抗体等。随着对肿瘤免疫机理理解的深入，更多适用于不同类型肿瘤的免疫检查点抑制剂预期被开发。

10. 领域十：脑机接口

脑机接口（brain-computer interface）是指一种人机连接方式，其可以将脑信号直接与机器（如计算机、芯片或机器人肢体等）建立通信通路。其允许从神经系统中识别和提取记忆、决策和情感等信息，并据此调控神经系统活动。脑机接口预期将推动脑科学和人工智能等领域的研究，并在神经精神疾病的临床领域实现更广泛的应用。例如，其能帮助深入研究大脑信息编码机制，启发新型人工智能算法的开发；监测和治疗神经精神疾病；帮助残疾或瘫痪病人恢复活动能力等。

（三）发展建议

结合未来生物医药的特点、全球发展趋势以及中国的国情，我们提出如下发展建议。

1. 加大原创基础研究的支持力度

基础研究的开创性和颠覆性直接决定了人类对生命科学的认知水平，提升基础研究水平已成为中国的重要科技战略目标。中国基础研究经费投入规模世界第二，中国生物医药已经进入原始创新阶段，资助效能提升需要转向原创基础研究领域布局。因此，一是加大财政对原创基础研究的经费投入与保障力度。二是健全多元的基础研究资金投入机制，建立政府投入引导、社会力量参与基础研究的畅通渠道。

2. 打造国际化人才"引育用留"体系

一是加强人才"引育"体系建设。支持引进一批站得高、看得远、可以把握全局的世界顶尖人才和团队，造就规模宏大的青年科技人才队伍，支持前沿交叉学科体系建设，培养生物医药复合型人才。二是优化人才"用留"评价和激励。以培养拔尖创新人才为目标，实现从支持"项目"向支持"人"转变，支持科研人员开展自由探索研究。进一步深化人才评价制度改革，引导和激励广大科技工作者聚焦原创性、突破性、引领性成果进行科研创新。

3. 加强打造系统化科研创新平台

一是依托具备前沿研究基础和创新人才队伍建设的单位，重点引进能够引领世界科技前沿、善于整合科研资源的"帅才型"战略科学家。二是在生物医药技术前沿领域布局"超链接"型研发机构，布局建设若干生物医药前沿科学中心和交叉学科中心，探索生物医药源头性技术创新路径。三是构建生命健康创新联合体，依托北京、广东、浙江等地良好的生物医药研发产业化基础，重点打造一批具有全球影响力的生命健康创新集聚区与国际一流的诊疗中心。

4. 推动智能化赋能未来生物医药

一是要加快完善数据要素治理体系，不断创新数据要素流通机制。二是要推进新一代信息技术与生物医药产业深度融合，加快人工智能赋能创新研发。建设国家生命健康大数据中心，实现全国范围的医疗数据统筹用于生命科学和医学专业领域的通用智能系统的开发，通过通用智能技术在生命健康领域的应用，赢得通用智能发展主动权；[①] 同时显著改善基层医疗诊治水平，低成本普及医疗分诊，降低医疗负担并增进广大人民群众的健康水平。

第三节 新兴生物材料

材料是人类赖以生存和发展的物质基础，材料科学的进步已成为推动未来人类健康的关键因素，新兴生物材料的研发和应用有望显著促进未来健康的发展，催生新的未来产业，加速形成新质生产力。[②]

一 全球发展进展与趋势

生物技术革命浪潮席卷全球，生物技术的进步为生物材料的设计和应用提供了新的科学基础和技术手段，而生物材料的发展又不断扩大了生物技术的应用范围，两者相互促进，共同推动了现代医学、生物科学的发展。

(一) 生物材料已成为各国生物经济布局的重点领域

为了促进材料研发转型，2011年美国首次提出了材料基因组计划；2014年，美国国家科学技术委员会（NSTC）出台

[①] Z. Yang, Y. Wang, L. Zhang, "AI Becomes a Masterbrain Scientist", bioRxiv, 2023.

[②] 本节内容改编自西湖大学未来产业研究中心和美国化学文摘社共同研究的《未来健康：新兴生物材料》，数据源自 CAS Content Collection™，更多内容请进一步参考此报告。

《材料基因组计划战略规划》，首次提出了生物材料等 9 个重点材料领域的 61 个发展方向。2021 年，美国国家科学技术委员会发布了 2021 版《材料基因组计划战略规划》，强调材料基因组计划推动材料创新的潜力。在材料基因组计划范式指导下，美国国家科学基金会发起了材料创新平台计划，以加速材料研究的进步，并在生物材料创新领域实现应用。2022 年，德国联邦政府教育和研究部发布《材料研究资助要点文件》，提出重点加快材料研究的数字化以及加强材料研究中的生物技术应用。2020 年，日本政府发布的《综合战略 2020》提出发展 AI 技术、生物技术、量子技术、材料技术四大战略性基础技术，并将健康医疗作为六大战略性应用领域之一，重点推动相关领域的科学技术创新。2023 年，韩国科技部发布《国家战略技术相关新材料发展战略》，提出开发多器官功能协调材料、针对性治疗自主控制材料、模拟生命体的压电材料、靶向治疗自主控制材料等 9 种未来材料。

（二）当前全球生物材料研发的热点领域

为了准确识别新兴生物材料的发展趋势，西湖大学未来产业研究中心和美国化学文摘社（CAS）合作，结合各领域科学家专业研判和 CAS 数据分析结果（见图 12-4），筛选出生物材料领域中 8 个发展最快、最活跃、最有前景的新兴领域，包括抗细菌材料、脂质材料、生物墨水、可编程材料、蛋白质材料、自愈合材料、生物电子材料、生物医用可持续材料（排名不分先后）。

通过期刊发表趋势分析，这 8 个新兴生物材料领域可分为

图 12-4　新兴生物材料关键概念的词云

资料来源：西湖大学未来产业研究中心和美国化学文摘社共同研究的《未来健康：新兴生物材料》，数据源自 CAS Content Collection™。

两类。一类是在过去 10 年间呈现指数增长的领域，包括生物墨水和自愈合材料。在过去 10 年间，这 2 个领域的期刊发表数量大约增长了 10 倍，正在经历科研创新的热潮。另一类是在过去 10 年之前就已有较多的研究活动且至今一直在稳步增长的领域。抗细菌材料、脂质材料、可编程材料、蛋白质材料、生物电子材料、生物医用可持续材料的期刊发表数量在过去 10 年间增长了 2—4 倍，其中脂质材料和生物医用可持续材料由于新冠疫情引起了人们的极大兴趣。这些领域虽然研究起步较早，但依然保持着稳定的发展势头，反映出它们在科学研究和实际应用中具有持续的重要性和潜在的增长空间。

二　中国发展现状与趋势

中国历来高度重视人民群众身体健康和生命安全以及与之密切相关的生物材料产业发展。《"十三五"国家科技创新规划》明确提出要在新材料技术和先进高效生物技术领域重点发展新型、先进生物医用材料，重点布局可组织诱导生物医用材料、组织工程产品、新一代植介入医疗器械、人工器官等重大战略性产品，提升生物医用材料产业竞争力。"十三五"和"十四五"国家重点研发计划分别在"生物医用材料研发与组织器官修复替代""诊疗装备与生物医用材料"重点专项中进行了任务部署，推动生物医用材料科技创新和产业发展。

在国家的重点部署和大力推动下，相关领域研发方面取得巨大的进展（见图12-5至图12-12）。在上述8个领域中，中国专利申请数量（包括商业实体和非商业实体）在7个领域（除生物墨水外）跻身前二，展现了中国在生物材料创新上的领先地位。无论是商业实体还是非商业实体，中国在抗细菌材料、自愈合材料、生物医用可持续材料3个领域的专利申请数量均位于全球之首。在可编程材料、蛋白质材料、生物电子材料3个领域，中国的非商业实体专利申请数量排名第一，商业实体专利申请数量紧随美国之后排在第二位。在生物墨水领域，美国非商业实体专利申请数量排名第一，中国非商业实体排名第三；美国商业实体专利申请数量排名第一，中国商业实体排名第四。这反映出中国在推进基础科研和技术应用方面的强劲动力，同时也凸显出和美国相比中国科技创新转化能力的不足。这些领域内中美两国的杰出表现预示着，在将这些新兴生物材料应用于未来健康领域并实现其产业化方面，两国拥有巨大的潜力，同时中美两国未来在相关领域的竞争也会更加激烈。

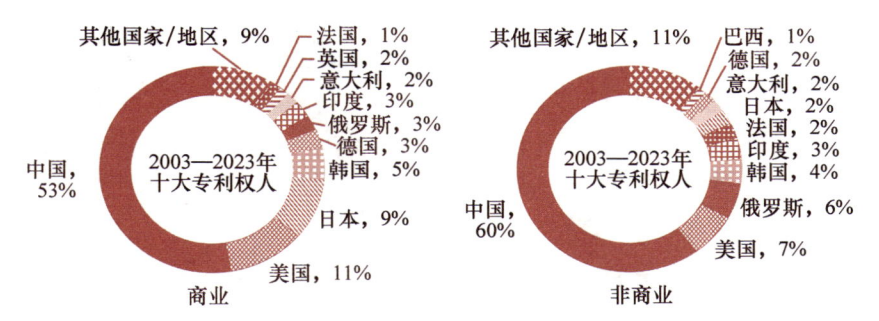

图 12-5　抗细菌材料相关专利分布

资料来源：西湖大学未来产业研究中心和美国化学文摘社共同研究的《未来健康：新兴生物材料》，数据源自 CAS Content Collection™。

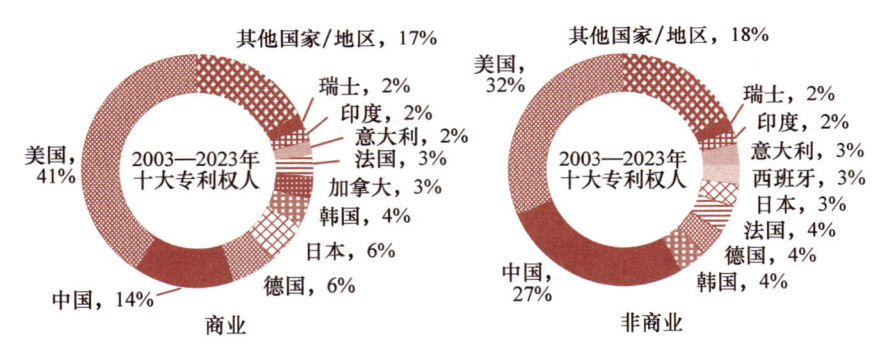

图 12-6　脂质材料相关专利分布

资料来源：西湖大学未来产业研究中心和美国化学文摘社共同研究的《未来健康：新兴生物材料》，数据源自 CAS Content Collection™。

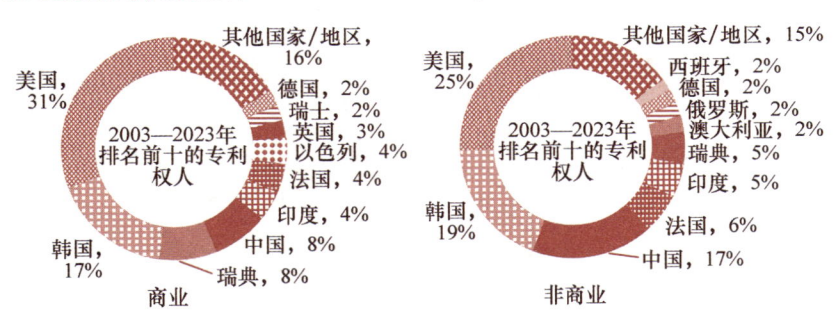

图 12-7　生物墨水相关专利分布

资料来源：西湖大学未来产业研究中心和美国化学文摘社共同研究的《未来健康：新兴生物材料》，数据源自 CAS Content Collection™。

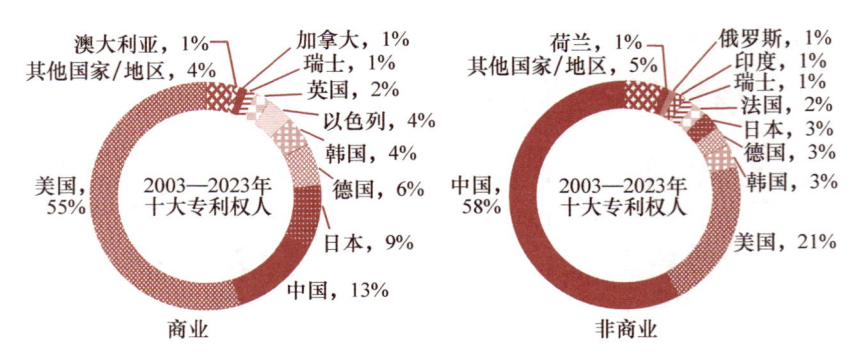

图 12-8　可编程材料相关专利分布

左图（商业）2003—2023年十大专利权人：美国 55%，中国 13%，日本 9%，德国 6%，韩国 4%，以色列 4%，英国 2%，瑞士 1%，加拿大 1%，澳大利亚 1%，其他国家/地区 4%。

右图（非商业）2003—2023年十大专利权人：中国 58%，美国 21%，韩国 3%，德国 3%，日本 3%，法国 2%，瑞士 1%，印度 1%，俄罗斯 1%，荷兰 1%，其他国家/地区 5%。

资料来源：西湖大学未来产业研究中心和美国化学文摘社共同研究的《未来健康：新兴生物材料》，数据源自 CAS Content Collection™。

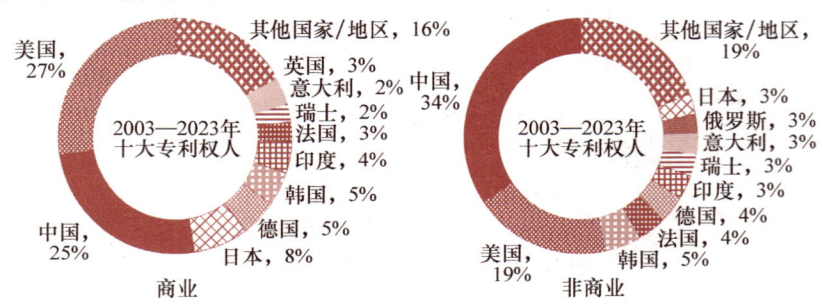

图 12-9　蛋白质材料相关专利分布

左图（商业）2003—2023年十大专利权人：美国 27%，中国 25%，日本 8%，德国 5%，韩国 5%，印度 4%，法国 3%，瑞士 2%，意大利 2%，英国 3%，其他国家/地区 16%。

右图（非商业）2003—2023年十大专利权人：中国 34%，美国 19%，韩国 5%，法国 4%，德国 4%，印度 3%，瑞士 3%，意大利 3%，俄罗斯 3%，日本 3%，其他国家/地区 19%。

资料来源：西湖大学未来产业研究中心和美国化学文摘社共同研究的《未来健康：新兴生物材料》，数据源自 CAS Content Collection™。

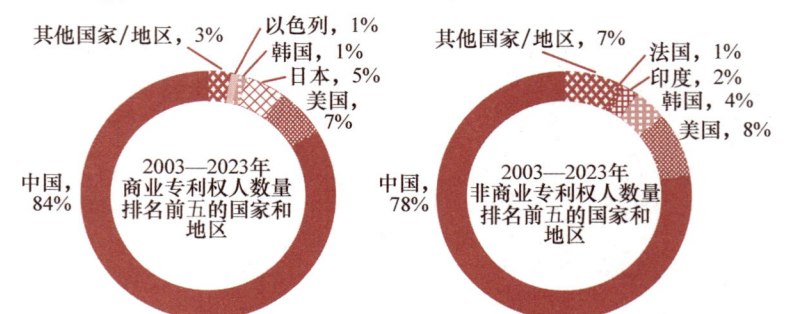

图 12-10　自愈合材料相关专利分布

左图 2003—2023年商业专利权人数量排名前五的国家和地区：中国 84%，美国 7%，日本 5%，韩国 1%，以色列 1%，其他国家/地区 3%。

右图 2003—2023年非商业专利权人数量排名前五的国家和地区：中国 78%，美国 8%，韩国 4%，印度 2%，法国 1%，其他国家/地区 7%。

资料来源：西湖大学未来产业研究中心和美国化学文摘社共同研究的《未来健康：新兴生物材料》，数据源自 CAS Content Collection™。

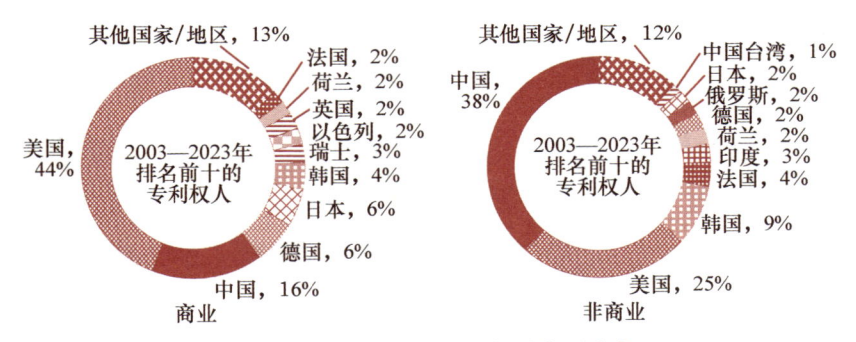

图 12-11　生物电子材料相关专利分布

资料来源：西湖大学未来产业研究中心和美国化学文摘社共同研究的《未来健康：新兴生物材料》，数据源自 CAS Content Collection™。

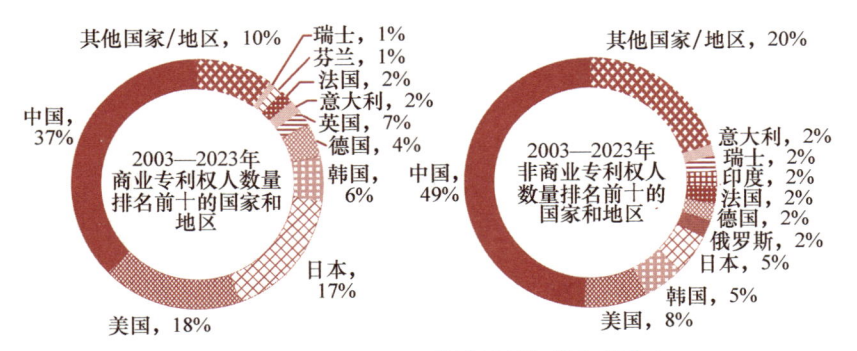

图 12-12　生物医用可持续材料相关专利分布

资料来源：西湖大学未来产业研究中心和美国化学文摘社共同研究的《未来健康：新兴生物材料》，数据源自 CAS Content Collection™。

三　发展重点与主要任务

新兴生物材料是未来产业的重要发展领域，更是未来经济社会发展和满足人类健康美好生活的重要支撑，重点谋划新兴生物材料，找准中国在该领域发展新质生产力的关键发力点，有利于加速促进中国生命健康领域高质量发展。

（一）发展重点

1. 抗细菌材料

抗细菌材料是指一类具备能够抑制细菌生长和繁殖或杀灭细菌的特性的生物材料。抗细菌材料的范围除了涵盖抗生素结合材料，也包括抗菌聚合物、抗菌肽、抗菌酶、纳米材料、噬菌体等非传统抗生素结合材料。在应对日益严峻的抗生素耐药性问题时，抗细菌材料提供了一种减少抗生素使用、延缓耐药性发展的有效策略。目前，纳米基材料（如纳米颗粒、纳米纤维、纳米片等）、水凝胶、脂质体、量子点已逐步成为抗细菌材料的热点。

2. 脂质材料

脂质材料是指基于脂质分子设计的一系列生物材料。脂质材料利用脂质的生物相容性和多功能性，通过形成如脂质体、脂质胶束、固体脂质纳米颗粒、纳米结构脂质载体和外泌体等多种脂质纳米载体，来克服药物递送中的诸多挑战，如提高药物的溶解度、稳定性、生物利用度以及实现靶向递送。得益于其独特的性能，脂质材料在药物递送领域发挥着关键作用，同时也在医学成像、化妆品、食品、农业等其他领域展现出广泛的应用潜力。热门的脂质材料纳米载体结构包括脂质纳米颗粒、外泌体、乳剂、病毒样颗粒、脂质前药纳米颗粒等。

3. 生物墨水

生物墨水是指用于生物打印的一种特殊生物材料。生物墨水通常包含活细胞、天然或合成聚合物以及其他辅助材料，旨在制造三维生物结构如支架、组织和器官。生物墨水利用复杂的物质混合物来模仿自然组织的环境，提供必要的机械强度和支持结构，同时具有促进细胞的增殖、分化和正确的细胞—细胞交互等作用。通过在材料中整合生物活性物（如生长因子等），生物墨水能够创造出促进组织发育和修复的微环境，从而在组织工程、伤口愈合、疾病建模和个性化医疗等多个生物医学领域发挥关键作用。主要的生物墨水材料包括天然聚合物、合成聚合物、细胞材料等类型。其中，以活细胞及细胞衍生材料为代表的细胞材料是最受关注的领域之一，包括最常用的干细胞、成纤维细胞、内皮细胞、细胞外基质等，最受关注的天然聚合物包括海藻酸盐、透明质酸等多糖，多肽、丝蛋白等蛋白质材料，透明质酸甲基丙烯酸酯、甲基丙烯酸酰化明胶等合成材料。

4. 可编程材料

可编程材料是指能够在外部刺激或环境变化的影响下，按照预先设定的顺序改变其形状、理化性质或功能的生物材料。这种材料的可编程性赋予了它们时间相关的控制能力，使其在各种应用场景中，如药物递送、智能植入物和传感器等，展现出极大的潜力。通过精确响应环境因素（如 pH 值、温度、光照、电场或磁场等），或者特定的化学或生物信号，可编程材料能够提供创新的解决方案，以满足复杂的生物医学应用需求。新兴的可编程材料主要包括木质素、金属有机骨架、聚多巴胺、DNA 等。DNA 是一种比较特殊的可编程材料类型，利用 DNA 碱基配对，可以合成对特定化学环境产生响应的高度可控的纳米结构。

5. 蛋白质材料

蛋白质材料是指由一种或多种蛋白质组成的生物材料。蛋白质材料能够自然地或通过人为设计自组装成具有特定功能和结构的复杂形态。蛋白质材料的组成可以包括丝蛋白、胶原蛋白、角蛋白等，它们因具备生物相容性、生物可降解性、生物可吸收性和自组装性等优良特性，而在生物医学领域得到了广泛应用，如药物递送、组织工程、水凝胶、伤口愈合、植入物表面功能化、电子皮肤等。蛋白质材料不仅具有出色的力学和物理性能，而且因其天然来源，具有极高的生物相容性，使其成为生物医学研究和应用中的重要资源。热门的蛋白质材料包括丝蛋白、骨桥蛋白、角蛋白等结构蛋白，弹性蛋白和节肢弹性蛋白等弹性蛋白，贻贝足蛋白等黏附蛋白等。

6. 自愈合材料

自愈合材料是指能够在遭受机械、热或化学诱导的损伤后，无须外部干预自行恢复其原始性能和功能的生物材料。自愈合材料可通过内部的可逆交联机制或物质的相互扩散等方式，实现对裂纹、切口或断裂的自动修复。在生物医学领域中，自愈合材料由于其生物相容性和类似生物组织的力学性能，展现出极大的应用潜力和研究价值，在如伤口敷料、植入器械和支架等应用场景中被广泛研究和使用。自愈合材料领域在期刊和专利出版物中使用量相对增长最快的物质包括二异氰酸酯类，其次是醇类、天然聚合物壳聚糖和海藻酸钠以及石墨烯等。

7. 生物电子材料

生物电子材料是指能够在生物电子学领域中应用的生物材料，它们使电子设备能够以植入或附着于生物体表面的方式与生物系统（包括人体）整合。通过生物电子材料使得电子设备能够与生物体在分子、细胞和器官等水平发生相互作用，因而其在多种生物医学领域具有广阔的应用前景，如实时监测器官（如大脑、心脏）活动、传递治疗性电信号、药物递送、化学传感以及新型假肢装置等。值得关注的生物电子材料有天然聚合物、有导电性的合成聚合物、纳米材料复合物、生物可吸收材料等。

8. 生物医用可持续材料

可持续材料是指一类在不损害未来世代满足其需求的能力的前提下，能够满足当前需求的生物材料。可持续材料通常具有可生物降解或可堆肥的特性，由生物基或可再生资源制成，并且比被替代的材料更环保。在生物医用领域，可持续材料可被应用于包括个人防护装备、医用包装、纺织品以及其他一次性实验室或医用用品，旨在减少对化石燃料的依赖，减轻不可降解废物对环境的影响，同时保持所需的生物相容性、无毒性和机械稳定性等关键性能。热门的生物医用可持续材料包括纤维素、淀粉和壳聚糖等天然聚合物，聚乳酸、聚己内酯等合成聚合物等。

（二）主要任务

1. 持续加大新兴生物材料领域的研发投入

中美两国在相关领域的研究成果处于领先地位，但中国相关成果的产业化还存在较多障碍，关键技术的突破尚需持续的研发投入，特别是生物墨水和自愈合材料这两个快速增长的新兴领域。其他生物材料领域的产业化同样面临共性问题，中国需要持续加大相关领域的研发力度才能保持与美国的竞争态势。

2. 建立系统化的一站式材料性能评价平台

许多新兴生物材料需要进行更广泛的体内试验和临床试验，以确定和解决植入或注射到体内的材料在毒性、免疫反应和长期生物相容性等方面的问题。监管机构通常不单独对新兴生物材料进行审批，而是将审批焦点放在这些材料被整合应用于最终医疗产品的安全性和有效性上。因此，建立一个系统化的一站式材料性能评价平台尤为重要。平台应具备快速测试和评估常见材料性能的能力，以确保材料的安全性和有效性符合临床应用的严格要求。平台通过提供标准化、自动化、智能化的测试流程，大幅缩短材料从实验室到市场的评估和转化时间。评估结果不仅能够为科研团队提供及时的反馈，优化材料设计和性能，也能够作为向监管机构提交审批申请的重要数据支持，加速审批流程。此外，系统化的平台还能够促进跨学科合作，集合材料科学、生物医药、临床医学、自动化、人工智能等领域的专家智慧，共同推进新兴生物材料的研发和应用，为未来健康领域带来革命性的进步。

3. 鼓励学科交叉赋能新兴生物材料创新发展

新兴生物材料领域呈现多样化趋势，既包括各领域使用材料种类的多样化,也包括应用的多样化。在广泛的应用场景中,药物递送、伤口愈合、组织工程、传感器等是多个领域中的突出应用;然而某一特定领域的发展无法全面满足这些关键应用的复杂需求,从而凸显了跨领域、跨学科的交叉科学研究的紧迫性、必要性。建议科技部门设立相关的交叉研究专项,通过跨领域、跨学科的整合来激发材料科学的创新活力,为提升具体应用的性能提供更广泛的解决策略。目前,人工智能飞速进步,已经被广泛用于自动分析新兴生物材料的材料性能、高通量虚拟筛选新材料等各个方面,加速新兴生物材料创新和产业化,未来人工智能赋能的材料研发将成为材料科学领域的一个关键组成部分。

4. 加强新兴生物材料的产学研合作,强化企业科技创新主体地位

从这8个新兴生物材料领域来看,中国商业实体的专利申请数量明显少于非商业实体,科技创新驱动产业创新的能力不足。因此,需要进一步加强新兴生物材料的产学研合作,促进知识流动和技术转移,进而更有效地将科研成果转化为商业产品。为相关领域企业提供政策支持,激励企业加大创新投入,强化企业科技创新主体地位,促进相关方的有效合作,共同解决新兴生物材料领域产业化面临的相关挑战,促进科技成果的有效转化和广泛应用。

第四节 商业航天

在商业化程度提高、火箭和卫星制造技术及发射技术进步等多种因素的共同作用下，火箭发射和卫星制造的成本大幅度降低，对航空服务的需求快速增长，航空领域呈现出日益增大的经济价值，在引起各国政府高度重视的同时，也吸引了众多企业加入航天领域，商业航天蓬勃发展、潜力巨大，成为新兴产业的重要组成部分和经济增长的新动能新引擎。

一　全球发展现状

（一）商业航天的内涵与构成

"航天"是人类对地球大气层以外的宇宙空间进行探索、开发和利用的各种科学研究、生产和服务、军事和国防等活动。早期的航天活动由于投入大、风险高、经济效益低，主要面向科学研究与为政府、军队和国家安全服务，不太看重航天活动的直接经济回报。商业航天则是以商业利润为目标，按照市场经济原则对太空进行探索、开发和利用。与传统的航天活动相区别，商业航天的特征在于利用市场机制实现资源的配置、实现价值的创造。如果经济活动属于航天领域，并且利益分配是通过市场机制进行的，则可以把这些活动称为商业航天活动。[1] 商业航天与传统航天的区别详见表12-1。

表12-1　　NASA对传统航天与商业航天模式的界定

要素	传统航天	商业航天
产品所有者	NASA	研制企业
合同类型	成本+利润	固定价格

---

[1] 王洋主编：《商业航天工程导论》（上册），中国宇航出版社2022年版，第1—2页。

续表

要素	传统航天	商业航天
合同管理	NASA+主承包商	公私伙伴管理
用户	NASA	政府和非政府用户
能力验证投资	NASA 根据项目节点提供投资	NASA 只采购能力
NASA 的角色	NASA 决定需求和实施途径	NASA 只确定需求，实施途径由企业决定
需求定义	NASA 确定详细需求	NASA 确定顶级能力需求
成本结构	NASA 承担全部成本	NASA 与工业界分担成本

注：NASA 为 National Aeronautics and Space Administration 的缩写，指美国航空航天局。
资料来源：王洋主编：《商业航天工程导论》（上册），中国宇航出版社 2022 年版，第 2 页。

商业航天的构成可以从不同的角度进行划分。由于航天活动是对太空的探索，因此从与地球距离的远近可以分为近地空间航天、宇宙空间航天和宇宙深空航天。近地空间是指从地心起 1.015—6.6 个地球半径的空间，主要包括人造卫星及火箭的制造与发射以及相应的卫星运营等航天服务；宇宙空间航天则包括更远宇宙空间的航天器的制造与发射、空间基地建设；宇宙深空航天则包括对宇宙深空资源的探索以及太空移民计划的探索等。① 受航天技术的先进性和经济性制约，宇宙深空航天仍由各国政府所资助，尚未进入商业化阶段。商业航天主要集中在近地空间、宇宙空间，又主要以近地空间为主。从构成商业航天的价值链、产业链环节，有研究将其分为运载火箭、

---

① 艾媒咨询：《2021—2022 年中国商业航天产业发展趋势专题研究报告》，2022 年。

人造卫星、载人航天、深空探测以及空间站五大方向,① 或者分为电子元器件厂商、材料及燃料厂商,卫星研制商、发射服务提供商和地面设备制造商,卫星运营商与卫星应用服务提供商,终端用户(包括政府、企事业单位、个人)。② 也有研究将其分为上游的航天器制造、中游的火箭发射与地面设施、下游的航天应用。航天器制造主要包括卫星制造与火箭制造;航天应用主要包括卫星通信、卫星导航、卫星遥感等传统应用,以及卫星互联网、太空旅行、太空采矿、深空探索、太空清理等。③

(二) 全球商业航天发展情况

1. 全球商业航天总体情况

根据 Bryce Tech 的数据,2022 年全球太空经济总规模为 3840 亿美元,其中卫星产业为 2813 亿美元,非卫星产业为 1033 亿美元。在卫星产业中,卫星地面设备为 1450 亿美元,卫星服务业为 1133 亿美元,卫星制造为 158 亿美元,发射服务为 70 亿美元;在非卫星产业中主要是政府预算,达到 1017 亿美元,其中美国政府预算为 593 亿美元,非美国政府预算为 424 亿美元(中国为 155 亿美元,欧洲为 143 亿美元,日本为 46 亿美元,俄罗斯为 30 亿美元,印度为 17 亿美元)。④

---

① 头豹:《2022 年中国商业航天概览(摘要版)》,2022 年 6 月。
② 山西证券:《商业运载火箭发展提速,打破商业航天运力瓶颈》,2023 年 11 月。
③ 招商证券:《天地一体万物互联,星链组网蓝海市场——[卫星互联网]行业深度报告》,2023 年 9 月。
④ Bryce Tech, "2022 Global Space Economy", https://brycetech.com/reports.

2. 火箭发射

2016—2020 年，全球火箭发射次数分别为 85 次、90 次、114 次、102 次和 114 次，呈现平稳增长的态势。2021 年，全球火箭发射开始加速增长，2021 年达到 146 次，2022 年为 186 次，2023 年则增加到 223 次。在 2023 年的 223 次发射中，成功 211 次，失败 11 次，部分成功 1 次，共将质量合计 1481.37 吨的 2934 个载荷送入太空轨道。美国在火箭发射领域具有明显优势。2023 年的 223 次发射中，美国占 116 次，中国占 67 次，俄罗斯占 19 次，欧洲占 3 次，其他国家占 18 次，美国发射次数占比 52.02%，中国占 30.04%；如果按入轨载荷质量算，美国为 1244.46 吨，占比 84.0%，中国为 123.38 吨，仅占 8.3%。而且美国在发射次数和载荷质量方面的占比提升明显，2021 年美国发射 51 次，还低于中国的 56 次，到 2023 年美国发射次数已经比中国多 49 次。全球火箭发射的快速增长与结构变化，很重要的一个原因是民营火箭发射公司的崛起。传统上，火箭发射技术尖端、投入大、风险高，主要由政府航天机构或国有企业承担。但是 SpaceX 在发动机并联、火箭回收技术上的突破，使得在火箭推力和发射载荷质量、发射成本、发射周期等方面均有了显著提升。2023 年，仅 SpaceX 的猎鹰火箭就执行了 96 次发射任务。①

---

① 艾瑞咨询：《为全人类——2024 年中国民商参与航天产业现状及未来展望》，2024 年 3 月。

3. 在轨航天器

2022年年底，全球共有在轨卫星6718颗，其中美国、中国、英国、俄罗斯分别为4529颗、590颗、563颗、174颗，占比分别约为67%、9%、8%和3%。① 分领域来看，美欧的高轨通信卫星、低轨通信卫星全球领先，中国则在大中型遥感卫星、导航卫星数量上居世界第一。近年来，通信卫星增速很快，2017—2021年，全球卫星通信市场规模年均增速为12.0%。商业通信卫星在全球在轨卫星中的占比从2018年的28%提高到2022年的63%。② 2022年，全球通信卫星发射1956颗（美国有1793颗，欧洲有122颗，中国有27颗，俄罗斯有5颗）。通信卫星又以低轨为主，低轨通信卫星发射数量从2014年的14颗增加到2022年的1863颗，占通信卫星发射数量的比重从28.0%提高到99.2%③，而且轨道高度持续下降，2016年平均轨道高度为14382千米，2021年下降到1295千米。④ 到2022年年底，全球共有在轨通信卫星4784颗，其中美国3800颗（79.43%）、欧洲670颗（14.01%）、中国98颗（2.05%）、俄罗斯48颗（1.0%）、日本和印度均为16颗（0.33%）。⑤

---

① 中信建投证券：《卫星互联网：星海辽阔，邀你摘星揽月（一）》，2023年10月。
② 招商证券：《军工行业卫星互联网系列研究报告2：卫星互联网持续催化，中国星座未来可期》，2023年10月。
③ 中信建投证券：《卫星互联网：星海辽阔，邀你摘星揽月（一）》，2023年10月。
④ 华泰证券：《商业航天：关注卫星生产制造》，2022年5月。
⑤ 招商证券：《卫星互联网持续催化，中国星座未来可期》，2023年10月。

4. 卫星应用服务

通过将一定数量的卫星成规模组网，形成能够向地面和空中终端提供宽带互联网接入等通信服务的网络即卫星互联网或卫星星座。卫星星座由于接入的卫星数量多且相互之间能够进行通信，不但相对于传统通信卫星具有更广泛的覆盖，而且当个别卫星出现故障后其功能可被星座中其他卫星接替，因此具有更强的容错性与生存能力。卫星互联网自20世纪80年代起步，最开始连接速率仅为Kbps级别，在连接速率达到Mbps级别后应用的步伐加快，目前已经触达Gbps的门槛。[①] 卫星互联网功能的提升吸引了大量用户的加入，成为近年来航天服务业快速发展的热点。在2023年发射的3004颗卫星中，通信2337颗、遥感236颗、科学实验205颗、预警71颗、技术试验50颗、电子侦察46颗、气象26颗、货运及载人飞船16颗、深空探测9颗、导航8颗。在通信卫星中，星链（Starlink）卫星1984颗、一网（OneWeb）卫星132颗。[②] 国外主要卫星互联网星座计划如表12-2所示。星链公司不仅在卫星组网方面遥遥领先，而且商业市场拓展快速推进。2021年2月，星链的订阅人数仅为1万人，到2023年9月已经达到200万人。Quilty Space预测，2024年3月底Starlink的订阅用户达到270万，2024年收入有望达到66亿美元（比2023年提升80%），EBITDA预计

---

① 中信建投证券：《卫星互联网：星海辽阔，邀你摘星揽月（一）》，2023年10月。
② 艾瑞咨询：《为全人类——2024年中国民商参与航天产业现状及未来展望》，2024年3月。

表12-2 国外主要卫星互联网星座计划

国家	星座名称	运营公司	计划数量（颗）	频段	总投资	当前进展
美国	Starlink	SpaceX	41914	Ku/Ka/V/E	预计超300亿美元	已发射5399颗（截至2023年11月初）
美国	Kuiper	Amazon	一代3236；二代4538	Ka	预计超100亿美元	2023年10月发射首批2颗原型卫星
美国	Boeing	Boeing	2956	V	预计52亿美元	2022年发射1颗实验星，2023年11月宣布推出计划
美国	Globalstar	Globalstar	1389	L/S	33亿美元	在轨32颗
美国	Orbcomm	Orbcomm	780–835	VHF	超过5亿美元	在轨35颗
美国	Iridium	Iridium	780	L/Ka	超过50亿美元	二代在轨75颗（含9颗备份）
英国	OneWeb	OneWeb	1980	Ka/Ku/V	预计70亿美元	截至2023年3月在轨618颗
德国	KLEO Connect	KLEO	1050、1425	Ka	—	已发射2颗
俄罗斯	Sphere	Roscosmos	638	—	预计超68.67亿美元	方案设计
加拿大	Telesat Lightspeed	Telesat	198	Ka	35亿美元	已发射1颗实验星
韩国	Samsung	Samsung	4600	V	预计38.3亿美元	方案设计
印度	SpaceNet	Astrome	198	—	—	方案设计

资料来源：招商证券：《卫星互联网持续催化，中国星座未来可期》，2023年10月；华泰证券：《商业航天，关注卫星互联网建设》，2023年1月；中泰证券：《卫星互联网行业专题：低轨卫星开启通信变革》，2023年11月。

达到 38 亿美元。① 卫星导航是卫星应用的另一个重要领域。根据欧盟空间计划署（EUSPA）的预测，全球卫星导航系统（GNSS）下游市场的设备和服务收入将从 2021 年的 1990 亿欧元增加到 2031 年的 4920 亿欧元，其中通信增值服务的收入预计从 1260 亿欧元增加到 3540 亿欧元。②

二　中国发展现状

1. 总体发展情况

2014 年《国务院关于创新重点领域投融资机制鼓励社会投资的指导意见》与 2015 年国家发展改革委等有关部门出台的《国家民用空间基础设施中长期发展规划（2015—2025 年）》等文件鼓励民间资本参与航天产业，一批商业航天公司相继成立（见表 12-3），社会对商业航天的投资也开始增加。2015 年，中国商业航天产业披露的融资事件 29 起、融资规模仅为 0.6 亿元，2016 年增长到 45 起、4.2 亿元，2017 年增长到 46 起、16.8 亿元，2020 年为 42 起、97.6 亿元，2021 年有所下降，但仍有 35 起、64.5 亿元。航天企业年注册数量从 2015 年的 6127 家增长到 2019 年的 44013 家，2020 年和 2021 年也保持在 1.5 万家以上。2020 年中国商业航天市场规模突破

---

① Rachel Jewett, "Starlink on Track to Hit ＄6.6B in Revenue This Year, Quilty Report Estimates", May 9, 2024, https://www.satellitetoday.com/finance/2024/05/09/starlink-on-track-to-hit-6-6b-in-revenue-this-year-quilty-report-estimates/.

② 东莞证券：《商业航天深度报告：卫星导航应用领域不断深化》，2023 年 4 月。

1万亿元，预计 2024 年达到 2.3 万亿元。[①]

表 12-3　　　　　　　　国内主要商业航天公司

名称	成立时间	所有制性质	代表产品
航天科工火箭技术有限公司	2016 年	国有	快舟、羽舟、巧舟、轻舟火箭
中国长征火箭有限公司	2016 年	国有	长征火箭
深圳翎客航天技术有限公司	2014 年	民营	RLV-T 系列火箭
北京蓝剑航天空间科技有限公司	2015 年	民营	朱雀系列火箭（天鹊甲烷发动机）
北京零壹空间科技有限公司	2015 年	民营	灵龙系列火箭
北京天兵科技有限公司	2015 年	民营	天龙系列火箭（天火煤油发动机）
北京星际荣耀空间科技有限公司	2016 年	民营	双曲线系列火箭（焦点 1 号、2 号甲烷发动机）
江苏深蓝航天有限公司	2016 年	民营	星云系列火箭（雷霆 R1 煤油发动机）
北京九州云箭空间科技有限公司	2017 年	民营	凌云、龙云液氧甲烷发动机
北京星途探索科技有限公司	2017 年	民营	探索一号、星途一号
北京星河动力空间科技有限公司	2018 年	民营	谷神星火箭（苍穹煤油发动机）
广州中科宇航探索技术有限公司	2018 年	民营	力箭系列火箭
北京宇航推进科技有限公司	2018 年	民营	沧龙一号、沧龙二号液氧甲烷发动机
山东东方空间科技有限公司	2020 年	民营	引力系列运载火箭

资料来源：山西证券：《商业运载火箭发展提速，打破商业航天运力瓶颈》，2023 年 11 月。

[①] 艾媒咨询：《2021—2022 年中国商业航天产业发展趋势专题研究报告》，2022 年。

2. 火箭发射

2016—2021 年，中国共完成 207 次发射任务，"长征十一号"实现海上商业化应用发射，"捷龙一号""快舟一号甲""双曲线一号""谷神星一号"等商业运载火箭成功发射。2023 年，中国实施 67 次火箭发射，将 221 个航天器送入太空，发射次数和航天器数量均刷新中国纪录。① 商业航天呈现蓬勃发展势头，在 2023 年的 67 次发射中，商业航天企业参与了 17 次。② 2023 年，民营商业火箭发射次数从 2022 年的 5 次增加到 13 次，成功次数从 3 次增加到 12 次，成功率大幅度提高。③ 民营运载火箭公司从小型固体火箭起步，经过几年的发展有多款固体运载火箭发射成功，目前正在进行液体火箭可回收、利用技术的研发。2023 年 4 月，天兵科技自主研发的天龙二号遥一运载火箭首发成功；6 月，中科宇航力箭一号遥二运载火箭成功发射"一箭 26 星"；④ 2023 年 7 月，"蓝箭航天"朱雀二号火箭发射成功，这是世界上首款将载荷成功送入预定轨道的液氧甲烷火箭；2023 年 11 月和 12 月，"星际荣耀"的双曲线二号可重复使用液氧甲烷验证火箭进行了两次飞行试验。⑤ 2022 年 11 月，航天科技集团六院自主研制的设计推力 500 吨级液

---

① 中华人民共和国国务院新闻办公室：《2021 中国的航天》，2022 年 1 月。
② 中信建投证券：《全球商业航天发展如火如荼，美国 SpaceX 独领风骚》，2024 年 1 月。
③ 华泰证券：《商业航天大年开启，关注行业机遇》，2023 年 5 月。
④ 华泰证券：《2023 商业航天回望：产业迎奇点时刻》，2024 年 1 月。
⑤ 民生证券：《卫星互联网建设与应用推进，商业航天新势力整装待发》，2023 年 11 月。

体发动机整机试车成功；2023年2月，天兵科技110吨推力液氧煤油火箭发动机"天火十二"完成第二次全系统热试车。①在火箭回收和复用技术方面，深蓝航天在2021年7月实现中国首例液氧煤油火箭垂直回收试验"蚱蜢跳"，2022年5月其"星云-M"1号试验箭完成了1千米级垂直回收飞行试验；2022年9月，航空六院自主研制的液氧煤油发动机实现重复使用。此外，面向商业航天发射的海南国际商业航天发射中心一号发射工位竣工。

3. 卫星应用服务

中国国有和民营企业发布了多个星座计划（见表12-4），例如，航天科技、航天科工在2016年分别启动"鸿雁"和"虹云"星座计划，中电科38所在2019年启动"天象"星座。2021年4月，中国组建中国卫星网络集团有限公司，将对"虹云""鸿雁""天象"等多个星座进行统筹协调。②2020年9月，中国以"GW"为代号向国际电信联盟（ITU）申请了距地面590—1145千米的两个低轨卫星星座，合计12992颗卫星。③2021年航天二院空间工程公司建成年产240颗卫星的智能生产线，同年吉利科技集团旗下年产500颗卫星的台州星空智联投产，2023年上海格思航天（ODM）年产300颗卫星的

---

① 东方财富证券：《商业航天，星辰大海启航正当时》，2023年3月。
② 中信建投证券：《卫星互联网产业趋势及投资机会分析》，2023年11月。
③ 招商证券：《军工行业卫星互联网系列研究报告2：卫星互联网持续催化，中国星座未来可期》，2023年10月。

G60卫星数字工厂投产。① 据有关机构预测，中国卫星互联网市场规模将从2021年的292.5亿元扩大到446.92亿元。② 在卫星遥感方面，"资源三号"03星、"环境减灾二号"A/B星、"海洋一号"C/D星、"海洋二号"B/C/D星、"风云四号"A/B星的发射，预示着中国对地观测迈进高空间分辨率、高时间分辨率和高光谱分辨率时代。③ 在导航卫星方面，2021年中国卫星导航与位置服务产业总体产值达4690亿元。④

表12-4　　　　　中国主要卫星互联网星座计划　　　　（单位：颗）

	运营方	用途	卫星数量
GW星座	中国卫星网络通信集团公司	卫星互联网（宽带）	12992
G60星链	上海垣信卫星科技有限公司	卫星互联网（宽带）	12000
鸿雁星座	东方红卫星移动通信有限公司	卫星互联网（宽带）	320
天基互联星座	上海蔚星数据科技有限公司	卫星互联网（宽带）	186
虹云工程	中国航天科工集团有限公司	卫星互联网（宽带）	156
天地一体化信息网络	中国电科38所	卫星互联网（宽带）	100
行云工程	航天行云科技有限公司	卫星互联网（宽带）	80
瓢虫系列卫星	西安中科天塔科技股份有限公司	卫星互联网（宽带）	72
银河Galaxy	银河航天	卫星互联网（宽带）	900

---

① 民生证券：《卫星互联网建设与应用推进，商业航天新势力整装待发》，2023年11月。
② 华泰证券：《商业航天，关注卫星互联网建设》，2023年1月。
③ 中华人民共和国国务院新闻办公室：《2021中国的航天》，2022年1月。
④ 东莞证券：《卫星导航应用领域不断深化》，2023年4月。

续表

运营方		用途	卫星数量
天启	北京国电高科科技有限公司	卫星物联网	38
吉利未来出行	浙江时空道宇科技有限公司	遥感、导航、通信技术融合应用	240

资料来源：中信建投证券：《卫星互联网产业趋势及投资机会分析》，2023 年 11 月；山西证券：《国防军工行业 2024 年策略：商业航天含苞待放，国防工业持续景气》，2023 年 12 月；南京证券：《低轨卫星互联网启动，天地一体通信迈向 6G》，2024 年 4 月。

三　全球发展趋势

1. 空天地一体成为未来网络发展方向

国际电联发布的《IMT 面向 2030 及未来发展的框架和总体目标建议书》提出，未来 6G 系统的一个关键目标是泛在连接，重点是解决没有或几乎没有覆盖地区的互联网覆盖。[①] 基于地面固定的蜂窝基站目前实现的全球移动通信网络覆盖面积仅占全球陆地面积的 20%、占地球总面积的 6%，解决移动通信网络的全覆盖，必须依靠卫星通信与地面移动通信的深度融合。[②] 天基（卫星通信网络）、空基（飞机、热气球、无人机等通信网络）、陆基（地面蜂窝网络）、海基（海洋水下无线通信及近海沿岸无线网络）等通信网络的组合，将形成覆盖太空、天空、陆地、海洋等空间领域的泛在信息网络。[③] 目前，3GPP 组织立项的非地面网络（NTN）正致力于将卫星通信与

---

① 中信建投证券：《卫星互联网：星海辽阔，邀你摘星揽月（一）》，2023 年 10 月。
② 华泰证券：《商业航天大年开启，关注行业机遇》，2023 年 5 月。
③ 民生证券：《卫星互联网行业深度报告：天似穹庐，笼盖四野》，2022 年 12 月。

5G 网络融合，以实现更广泛的网络覆盖。①

2. 卫星制造的批量化

早期的高轨道卫星大多采取根据任务的不同进行"定制化"研发和制造的模式，虽然卫星负载模块多、功能强，但是也造成研发和制造投资大、周期长。卫星互联网星座的快速发展要求进行快速的大批量部署、及时补充，这就需要改变过去的定制化模式。低轨卫星的功能专一、体积较小、数量大，因此可以使用工业大规模生产模式。② 通过模块化设计可以提高通用性和复用率，采用工业级元器件可以显著降低制造成本，生产线的柔性化又可以更好地适应不同种类卫星的制造。在传统的研发和制造模式下，一颗卫星的生产周期长达数年，造价上亿美元，而采用批量化生产模式后，SpaceX 一周可以制造 45 颗卫星，OneWeb 佛罗里达工厂每周可以制造 15 颗卫星，造价降至 50 万美元。③

3. 火箭的回收、复用与高载荷

发动机占到火箭成本的一半以上，对一级助推器进行回收和翻新后重复利用，可以大幅度降低火箭发射成本。SpaceX 的猎鹰九号火箭在 2016 年 4 月完成首次海上垂直回收任务，并在次年 3 月将回收的火箭再次成功发射。2023 年 7 月 9 日，SpaceX 创下 16 次成功发射并回收利用的纪录。截至 2023 年 10 月 10

---

① 华泰证券：《商业航天大年开启，关注行业机遇》，2023 年 5 月。
② 东方证券：《卫星互联网产业系列报告一：卫星互联网：6G 空天地一体网络的关键》，2023 年 7 月。
③ 华泰证券：《商业航天：关注卫星生产制造》，2022 年 5 月。

日，猎鹰9号火箭复用一级火箭占当年发射总量的94.12%。①此外，SpaceX 用液体发动机取代固体发动机，不但是火箭回收的需要，而且液氧煤油燃料的成本显著低于固体燃料。据估计，SpaceX 星舰的发射成本将降至200美元/千克，发射成本相较俄罗斯联盟号下降了97%。② SpaceX 发射成本变化及其与各国的比较详见图12-13。SpaceX 推动卫星和运载火箭的批量化制造、开发火箭可回收技术，不但推动了发射成本的大幅度降低，而且显著缩短了发射周期，也加快了"星链"星座的部署。SpaceX 的发射周期从2022年平均10.7天发射一次缩短到2023年平均5.8天发射一次。③ 适应卫星互联网发展和更远期太空移民，需要开发运载能力更强大的火箭，以更低成本将更多的载荷发射到太空。为增加火箭推力，SpaceX 一方面提高单台发动机推力（如猛禽发动机推力提升至230吨），另一方面增加单枚火箭的发动机数量（星舰共安装了33台发动机）。④ SpaceX 的猎鹰和猎鹰重型火箭的最大运载能力分别为22.8吨和64吨，目前正在开发验证的星舰可以将最大150吨的有效载荷送至轨道，使得星舰推力远超 NASA 的土星5号火箭118吨的纪录，并将入轨载荷发射成本降至50—100美元/千克。⑤

4. 军民深度融合

以近地轨道通信卫星为载体的卫星互联网在构建广泛覆盖

---

① 山西证券：《商业运载火箭发展提速，打破商业航天运力瓶颈》，2023年11月。
② 东方财富证券：《商业航天，星辰大海启航正当时》，2023年3月。
③ 南京证券：《低轨卫星互联网启动，天地一体通信迈向6G》，2024年4月。
④ 华泰证券：《商业航天：2023有望成为行业大年》，2022年7月。
⑤ 华泰证券：《星舰三飞：商业航天迎"Sora 时刻"》，2024年3月。

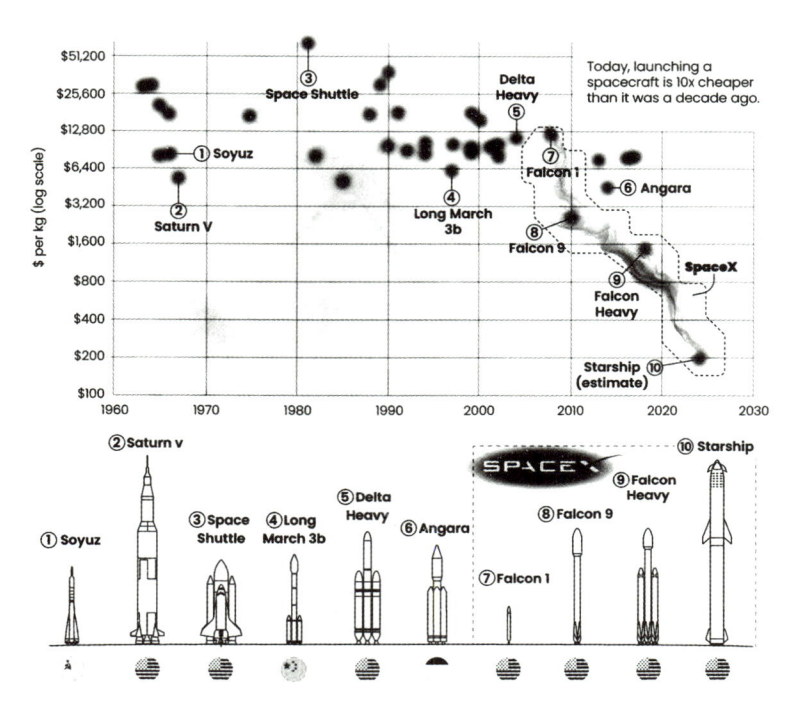

第十二章　未来产业：引领新质生产力发展潮头　　　　　　　　　　331

图 12-13　SpaceX 发射成本变化及其与各国的比较

资料来源："The Cost of Space Flight Before and After SpaceX", January 27, 2022, https://www.visualcapitalist.com/the-cost-of-space-flight/。

的高速商用互联网且用户数量快速增长的同时，也表现出巨大的军事价值。在俄乌冲突中，SpaceX 的"星链"低轨卫星星座得到实战应用，显著提升了乌军在网络通信、地面遭遇、情报信息、精确打击、无人机支援、反网络电子干扰等方面的能力。① 为满足美国国防和情报机构的需要，SpaceX 于 2022 年 12 月发布"星盾"（Starshield）卫星网络。"星盾"具有安全

---

① 彭中新等：《"星链"在俄乌冲突中的运用分析与思考启示》，《战术导弹技术》2022 年第 6 期。

性、模块化设计、互操作性、快速开发和部署、弹性和扩展能力等特征,① 通过军用载荷的分散部署,显著增强了美国太空力量的隐蔽性和抗毁性。

5. 太空旅行与太空移民是商业航天的"星辰大海"

除了低空卫星发射和卫星互联网星座这一新的热点外,以SpaceX、亚马逊旗下蓝色起源为代表的商业航天公司也在致力于载人航天和对深太空的探索。SpaceX 曾在 2022 年 4 月将 4 位普通民众送至太空;2024 年 5 月,蓝色起源成功将 6 名付费客户送上太空边缘并安全返回地面,完成第 7 次载人飞行,总计将 37 人送到国际公认的太空高度。SpaceX 研发可回收技术和高载荷的星舰火箭,最终目标是希望能够以足够低的成本将载荷运往火星,实现在火星上建造一座城市的"火星梦"。

四 发展重点与主要任务

商业航天已经展现出巨大的发展前景,成为世界各国重点布局的领域。加快中国商业航天发展,在战略上要加强"占频保轨",在战术上要加强卫星制造和火箭发射能力,在制度上要通过深化改革建立适应商业航天发展的体制机制。

第一,加强"占频保轨"。太空轨道资源是一种稀缺的战略资源,地球近地轨道最多能容纳大约 6 万颗卫星。全球卫星轨道和频率由联合国下属的国际电信联盟(ITU)进行统一管理。计划发射商业卫星的企业经由所在国家电信主管部门向 ITU 提出申请,经 ITU 审议后由本国电信主管部门批准发放频

---

① 华泰证券:《商业航天大年开启,关注行业机遇》,2023 年 5 月。

谱。ITU制定的《无线电规则》规定，近地轨道和频率的分配遵循"先来先得"和"先到先得"的原则，并要求在提交申请后的7年内发射第一颗卫星，9年内和12年内必须完成发射规划总数量的10%和50%，14年内全部发射完成，[①]卫星网络7年寿命截止后继续部署，也要满足2年内、5年内、7年内必须部署完成10%、50%、100%的要求，并且实际在轨运行的卫星数量必须保持在95%以上。地球近地轨道智能容纳6万颗卫星，目前仅SpaceX就申报超过4.2万颗，英国OneWeb申报了6372颗，中国虽然轨道资源规划了1.3万余颗，但美国的实际在轨卫星数量遥遥领先。凭借强大的火箭发射能力、低廉的成本和大规模卫星制造，SpaceX未来的优势将更加明显。目前，世界主要国家都在加快卫星互联网的部署步伐。中国如果不能加快低轨通信卫星的发射部署，将来会处于没有轨道可发射卫星的困境，不仅卫星互联网发展受到制约，而且影响到国防安全。

第二，加强卫星制造和火箭发射能力。中国在卫星制造能力、火箭发射能力和发射成本等方面均与SpaceX存在明显差距。一是要增强卫星制造能力。星链、OneWeb单星重量分别为260千克、147千克，平均造价分别约为50万美元、100万美元，折合制造成本分别为1923美元/千克、6803美元/千克。而中国长光卫星正在研制中的第四代卫星成本折合28571美

---

① 中信建投证券：《卫星互联网：星海辽阔，邀你摘星揽月（一）》，2023年10月。

元/千克,① 大幅度超过星链和 OneWeb 的制造成本。中国需要尽快实现卫星的模块化、批量化制造,加快卫星制造速度、降低制造成本。二是要解决商用火箭运力不足的问题。中国在火箭最大有效载荷、一箭多星发射数量等方面均与美国存在较大差距。截至 2022 年 3 月,中国一箭多星的纪录是长征八号遥二运载火箭的 22 颗卫星,而 SpaceX 的猎鹰 9 号火箭曾一次将 143 颗卫星送入轨道。中国"长征"系列火箭的发射成本为 4 万—9 万元/千克,而 SpaceX 的猎鹰 9 号重型 LEO 轨道运载成本仅为 1 万元/千克,② 星舰发射成功还将推动发射成本进一步下降。中国需要加强火箭技术的研发,加快提升火箭的推力、实现一级火箭的回收利用。

第三,深化航天领域体制机制改革。要缩小与美国在商业航天领域的差距,加快中国商业航天产业发展,必须深化改革。针对国有航天企业,要鼓励其更多地承担商业航天业务,加快推动商业航天板块的发展壮大;深化科技创新体制改革,鼓励进行大推力发动机与火箭、垂直回收、火箭复用等新技术的研发和工程化;深化企业经营管理体制改革,鼓励商业航空子公司进行更加市场化的治理机制、股权结构和薪酬机制改革。针对民营航天企业,要加大航天市场对民营航天企业的开放,促进国有航天企业加大对民营航天企业的采购力度,鼓励

---

① 招商证券:《卫星互联网系列研究报告 2:卫星互联网持续催化,中国星座未来可期》,2023 年 10 月。
② 招商证券:《卫星互联网系列研究报告 2:卫星互联网持续催化,中国星座未来可期》,2023 年 10 月。

GW 星座、G60 星链在同等条件下向民营火箭公司采购发射服务；推动民营与国有航天企业的合作，促进国有航天企业通过组建合资公司、混合所有制改革等方式，向民营航天企业转移先进技术；加强国家航天发射基地向民营火箭公司开放，支持民营火箭公司建立自有的航天发射基地；鼓励各类风险投资基金、产业投资基金支持商业航天企业发展，支持商业航天企业上市融资。

第五节 未来制造

2024 年 1 月，工业和信息化部等七部门联合发布了《关于推动未来产业创新发展的实施意见》。其中，明确定义"未来制造"是涵盖"智能制造、生物制造、纳米制造、激光制造、循环制造"等制造新方式形成的"柔性制造、共享制造"新模式，推动"工业互联网、工业元宇宙"产业新生态的发展。

综合未来制造的种类可以看出，智能制造与生物制造将融合成未来制造的新方式，纳米制造和激光制造将改变未来制造的物质和能源的供给方式，循环制造、柔性制造和共享制造将造就未来制造的新模式。本节将重点从生成式 AI 的角度，对未来制造的路径、全景等方面进行论述。

一 未来制造的发展进程

目前，整个人类社会正在经历一场由生成式人工智能技术引领的技术革命与产业革命，其核心在于把生成式 AI 作为智能引擎赋能各个产业。未来制造的发展将经历三个阶段，简称为赋能智造、具身智造和自生成智造。

第一阶段，生成式 AI 赋能制造。在这一阶段，随着通用人工智能的飞速发展，其发展速度远高于制造业，基于大模型形成的逻辑推理、知识压缩、自动编程、多模态融合等能力为制造业进行赋能升级。这一阶段，制造业产生的海量数据将成为人工智能进化的重要原料，新质生产力将数据、知识、模型作为新要素，AI 将从通用大模型走向面向工业领域各行业的垂直大模型。这些模型与生产工艺相融合，赋能工业领域的各个生产场景，形成整体制造业智能升级的第一阶段。

第二阶段，具身智能制造。随着生成式 AI 对工业的渗透、嵌入和改变，工业制造的物理载体将发生根本性的变革，传统的各类机器将变成不同类型的机器人：人形机器人将作为新型通用工具逐步代替人类劳动力；仿生机器人将汲取所有生物的运动优势，成为拓展制造时空的新型劳动生力军；而大量的传统工业机器将通过生成式 AI 改变各类机器的大脑、中枢神经、小脑，形成新的泛在智能机器人。通过这一变革，以机器人为新质劳动力的具身智能制造时代来临了。具身智能制造不再仅仅局限于一台设备，而是从具身智能机器人拓展为具身智能产线、具身智能工厂，并与未来制造其他要素进一步交叉融合，形成完整的具身智能制造体系。

第三阶段，自生成智能制造。随着具身智能体系的进化和演变，智能制造产业链量变积累将产生质变，三类机器人（人形机器人、仿生机器人、泛在智能机器人）将具有自复制、自进化，进而自我繁殖的本质能力；具身车间将具有自设计、自加工、自装配、自复制的能力，具身产业链将依据客户的个性化需求自动生成客户需要的产品，并且让产品自我进化成为生成式智能产品——全产业链流程的生成式智能制造新范式将诞生。

二 国内外现状与趋势

（一）国际发展现状与发展趋势

通用人工智能发展迅猛，ChatGPT 5 即将问世，是通用 AI 的颠覆性变革；英伟达掀起具身智能的浪潮，体现机器人具身智能大脑的"GR0001"问世；特斯拉的人形机器人已经进入工厂，开始替代生物人上班……国际生成式 AI 的探索已经覆盖了制造业的研发设计、生产过程管控、经营管理、产品服务优化等全生命周期。

（二）国内发展现状与发展趋势

国内基于生成式 AI 赋能制造体系已火热开展。基于生成式 AI 的语言理解、生成创作、模拟预测、多模态等核心能力，切入研发、设备、生产、管理等核心环节，探索设备与工业系统的自然语言交互与推理、工业代码与图文内容的涌现式生成、基于全局信息的高效高精度预测优化、多源多模态数据融合转换分析等应用场景。工业大语言模型，主要应用于工业问答交互、内容生成，以提升任务处理效率为主，暂未触及工业核心环节；专业任务大模型，主要围绕研发环节形成辅助设计与产品研发，进而增强研发模式的创新能力；多模态与视觉模型，在装备智能化和视觉识别领域的应用初见成效。

三 具身智能制造——垂直领域人工智能与智能制造的深度融合

（一）具身智能制造的特点

具身智能制造最大的特点是机器人已经成为劳动者和劳动工具的合体，将逐步代替人的劳动进行自主生产。这一显著特点带来以下三大优势。

第一，减少乃至全部去掉人对制造过程的参与，既降低人工成本，减少操作的误差，也提高了工艺效率。

第二，人作为劳动者脱离了制造过程，物流、能力流和信息流交互可逐步达到物理最高速度。

第三，人脱离了烦琐重复的劳动，将集中于创新创造过程。

（二）具身智能制造升级未来制造方式

1. 具身智能机器人与细胞工厂融合

具身智能机器人体系与生物制造的细胞工厂融合，可以实现制造无生命产品、有生命产品和硅碳基融合新物种产品的新型体系。

2. 具身智能机器人与纳米制造和3D增材制造融合

具身智能机器人与纳米制造和3D增材制造的融合，可以实现对微纳尺度材料的精确控制和微观结构的定制化制造。

3. 激光制造和人形机器人的灵巧手融合

具身智能制造体系将人形机器人的灵巧手与激光制造技术相结合，可以实现复杂结构微小部件的高精度加工和组装，推动高端制造个性化生产的发展。

4. 具身智能机器人与循环制造融合

具身智能机器人重整废料和废品成为再生资源回收到资源输入端再利用,形成了"资源—生产—产品—废料再生—再循环"的循环制造,推动产业链的可持续发展和绿色转型。

(三) 具身智能制造打造未来制造新模式

1. 具身智能体系赋能柔性制造

通过引入具身智能制造体系,将彻底打破由美欧创造的"自动流水线—三层次生产管理—自上而下计划生产"的生产模式,整个生产组织完全是基于工业互联网的"P-to-P"的立体化链接,从而实现对生产过程的灵活调度和动态调整。这种制造模式才是真正的柔性化生产模式,它将大大提高生产资源的利用率和效率。

2. 具身智能体系赋能共享制造

共享制造平台可以将制造企业和资源供应商进行连接,实现生产资源的共享和协同利用,推动产业链的资源整合和价值共享。

(四) 具身智能制造形成未来制造新业态

具身智能体系与互联网及元宇宙的一体化构建,意味着将智能制造技术与数字化世界相结合,实现数字化、虚拟化和实体化的无缝连接。通过整合具身智能制造体系和互联网技术,可以构建数字化智能化制造平台,实现对制造过程的实时监控、数据分析和优化调整。同时,结合元宇宙技术,可以实现对物理世界和虚拟世界的无缝交互,为产品设计、生产和销售提供全新的可能性。

四　生成式智能制造体系——从具身智能制造走向通用智能制造的未来制造体系

（一）生成式智能制造的重大意义

生成式智能制造是在 AI 通用大模型出现以后，才产生的颠覆性的创新型智能制造。它是冯·诺依曼自复制自动机理论与大模型融合产生的新制造模式。具身智能制造体系产生之后，生成式智能制造体系产生的条件就已经具备，人类可以开始把具身智能制造升级为生成式智能制造，它将使得未来制造涵盖无机制造和有机制造，并开启新物种的生产制造。

（二）生成式智能制造体系的组成及构建

通用 AI 大模型的出现，使得我们重新审视冯·诺依曼的自复制自动机理论，找到了通用 AI 大模型与自复制自动机的结合点，把生成式智能从信息领域的语言生成升华到物理世界的生成式自动机生成。

融合冯·诺依曼的自复制自动机原理与通用 AI 大模型，生成式自动机共包括四个部分：仿生机器人通用构造器、模因编码复制机、通用 AI 控制器、3D 打印通用工具。

1. 仿生人形机器人通用构造器

仿生人形机器人通用构造器是生成式智能制造体系的通用构造器，是生成式智造的主体。它汲取人类及生物的万能制造的通用属性和物理机器的能量及三维空间运动属性，基于冯·诺依曼的自复制自动机理论而设计。该构造器呈现为仿生人形机器人的变胞式构型，还包括可自组装和可重构的模块化零部件，这些零部件可以自主设计和自行组合成不同形态和功能的仿生人形机器人。此外，仿生人形机器人通用构造器将利用先进的材料技术，如纳米技术和柔性电子技术，使得机器人本体更具可塑性和灵活性。

2. 模因编码复制机

模因编码复制机是生成式智能制造体系中的模型程序编码自动生成器，它是受冯·诺依曼自复制自动机理论启发而设计的。对于生物而言，基因编码包含生命体全部的遗传信息；而对于人工智能模型而言，模因编码描述了 AI 模型中全部的架构信息和参数信息。模因和基因一样，遗传和交叉亲代的信息受到环境因素影响，进行变异等操作。这些模因编码被应用于人形机器人通用构造器中，指导机器人制造出符合特定功能和场景的子代机器人，使生产过程变得更加智能化和个性化。

3. 通用 AI 控制器

通用 AI 控制器是生成式智能制造体系中的智能控制核心，它是冯·诺依曼的自复制自动机理论和具身智能技术的结合体。基于生成式人工智能（GPT）框架的通用控制器，具有自我学习和自适应能力，不仅能够指导和监督人形机器人通用构造器的工作，还能够协调各个机器人之间的配合，在群体层面实现协同合作，确保生产流程的高效运行。通过通用控制器的智能化管理，制造过程变得更加可控和可预测，大大提高了生产效率和产品质量。

4. 3D 打印通用工具

3D 打印通用工具是生成式智能制造体系中的重要辅助工具。利用机械臂操作 3D 打印笔或打印设备，根据模因编码和设计要求，由金属、塑料、柔性电子等原材料，快速制造出各种复杂的零部件和组件，完成机器人自我零件的打印过程。打印零部件包括机械零部件（减速器、齿轮箱）和控制元器件（电路板、电机）。3D 打印通用工具的灵活性和定制化能力使得制造过程更加快速、便捷，并且降低了制造成本。

（三）生成式智能制造体系的自复制、自进化、自繁衍原理

自复制、自进化和自繁衍描述了自动化系统在复杂性和目标上的逐级提升：从基本的自我复制（即系统能够精确复制自身的设计和功能）到自我进化，其中系统在复制时能够引入新的组件或变异，从而逐步提升其功能和适应性。最终，自我繁衍通过群体智能算法实现生成式制造系统的大规模扩展和功能增强，以适应更广泛的生产需求和环境变化。

1. A+B+C 自我复制

在生成式智能制造体系中，A 代表人形机器人通用构造器，B 代表模因编码复制机，C 代表通用控制器。这三个组件共同实现了自复制自动机的原理。[①] 当需要制造新的人形机器人 X 时，通用控制器 C 命令编码复制机 B 拷贝两份描述 Φ（X），再命令构造器 A 按照 Φ（X）来实际制造 X，并把其中的 1 份 Φ（X）删除。最后，C 会把 X 和剩下的那份 Φ（X）捆在一起，并把它们从 A+B+C 的组合中间分离出去。这样一来，我们就制造出了 X+Φ（X）这样的组合。按照以上原理，

[①] John von Neumann, A. W. Burks eds., *Theory of Self-Reproducing Automata*, University of Illinois Press, 1966, pp. 72–73.

如果我们用（A+B+C）来代替 X，并进行上述同样的操作的话，那么（A+B+C）+Φ（A+B+C）的自动机组合，就可以制造出自动机组合（A+B+C）+Φ（A+B+C）。新的机器人通过复制原有的机器人设计和编码，实现自我复制。

2. A+B+C+D 自我进化

自复制自动机还可以实现自我进化的功能。这里 D 代表任何自动机，让 X 代表 A+B+C+D。那么（A+B+C）+Φ（A+B+C+D）就可以制造出（A+B+C+D）+Φ（A+B+C+D）。也就是说，自复制机器不仅有复制自己的能力，还有生产出其他组件 D 的能力，创造出新的副产品。①

现在考虑（A+B+C+D）+Φ（A+B+C+D）这个自动机。"变异"是指中间有一个零件发生随机的变化。如果变异发生在描述 Φ（A+B+C+D）上面，那么系统制造出的就不再是它自己，而是修改后的自己，下一代自动机能否继续复制取决于变异发生的具体位置，这就是可遗传变异的基本过程。

通用控制器 C 通过不断学习和优化制造过程中的数据和反馈信息，可以对人形机器人通用构造器和模因编码复制机进行调整和改进。这样，制造体系可以不断进化和提升，适应不断变化的制造需求和环境。

3. A+B+C+N*D 自我繁衍

为了能让人形机器人通用构造器可以大规模复制和进化出

---

① John von Neumann, A. W. Burks eds., *Theory of Self-Reproducing Automata*, University of Illinois Press, 1966, pp. 72–73.

新的人形机器人,在通用控制器中引入群体生成式人工智能(Swarm-GPT)。这是一种群体智能算法,模拟了自组织生物群体的行为和演化机制,人形机器人通用构造器能够实现群体协作、信息共享和任务分工,利用群体智慧实现对生产过程的自主调节和优化,从而实现自我繁衍和进化,不断适应不同的生产需求和环境变化,形成可持续的指数型增长。

4. 个性化定制

生成式智能制造体系不仅可以实现大规模的自我复制、自我进化和自我繁衍,还能够实现个性化定制的制造过程。模因编码复制机能改变现代机器人的模型信息,可以根据用户的需求和设计要求,定制化地生成模因编码,从而制造出符合特定需求的个性化产品,使得制造体系能够适应不同的市场和用户需求。

综合前文对未来制造的发展三阶段的论述,生成式智能制造过程应是产业链层面的群智涌现及其二次价值曲线的增值。生成式智能制造体系通过工业互联网和工业元宇宙,形成了网络化的群体智联体系,整个生产过程是各种智能体的群体运动,这是一个非线性的复杂运动过程,分分秒秒产生价值的增值。

生成式智能制造体系所体现的新质生产力及价值,在于其革命性的影响。首先,它带来了高效生产能力,通过智能机器人、自适应控制系统等先进技术的应用,实现了生产过程的高效率和高精度,从而加速了生产周期,提高了生产效率,降低了生产成本。其次,它实现了灵活生产方式,通过模块化设计和智能控制系统，制造企业可以快速调整生产线，实现个性化定制和小批量生产，满足不同客户的需求。此外，引入群体生成式人工智能的通用控制器实现自我繁衍和进化。这种群体智能算法模拟了自组织生物群体的行为和演化机制，实现了人形机器人通用构造器的群体协作、信息共享和任务分工。利用群体智慧实现对生产过程的自主调节和优化，从而更好地适应复杂多变的生产环境。

总而言之，未来制造和新质生产力之间应为"质态"与"形态"之间的双向驱动。未来制造应是新质生产力的主要应用阵地，新质生产力的不断发展和创新，为未来制造产业体系的培育和形成指明了方向。

第十三章
传统产业：增强新质生产力发展的基础支撑

　　发展新质生产力不是忽视、放弃传统产业，要防止一哄而上、泡沫化，也不要搞一种模式。

——习近平总书记在参加十四届全国人大二次会议江苏代表团审议时的讲话（2024年3月5日），《人民日报》2024年3月6日

　　传统产业是中国经济发展起步早、优势明、规模大的存量盘，是制造业的主体、现代化产业体系的基底，也是新技术嫁接应用的重要载体、新兴产业繁育衍生的重要支撑，产业转型升级、拓展发展空间的潜力巨大。培育发展新质生产力必须做好改造提升传统产业这篇大文章，没有传统产业转型升级支撑的新质生产力是不完整、不全面的。

第一节　传统产业发展的基础优势

一　规模体量优势

中国是世界上最大的制造业国家,制造业增加值占全球比重近30%,连续多年位居世界首位。根据世界银行公布的2020—2022年各国制造业规模取平均值,中国制造业增加值达到4.58万亿美元;排名第二的美国制造业增加值为2.37万亿美元,约为中国的1/2;排名第三的日本制造业增加值为1.02万亿美元,仅为中国的1/5。中国拥有41个工业大类、207个工业中类、666个工业小类,是全世界唯一拥有联合国产业分类中全部工业门类的国家。从传统产业来看,中国既有国际竞争优势明显的纺织、服装、家具等消费品工业,也有技术水平领先的钢铁、有色、建材、化工等原材料工业,还有满足民生需要的农副食品加工、食品制造、饮料、医药等基本民生工业,更有支撑经济社会循环的机械制造、燃油车、家电等高加工度工业,传统产业门类之齐全、基础之扎实在全球少有国家可以媲美。根据工信部等部门的相关数据,中国石化化工、钢铁、有色金属、建材、机械、汽车、轻工、纺织等传统制造业增加值占全部制造业的比重近80%,在稳定经济、促进就业、扩大出口等方面发挥着关键支撑作用。

二　质量效率优势

在纺织、服装、家具、金属、化工等传统产业,中国绝大多数产品在经济和性能指标上已经达到甚至超过世界先进水平，产品的科技含量持续提高，具有全球一流的生产效率和产品质量。根据国家市场监督管理总局统计监测数据，2023年中国制造业产品质量合格率达93.65%，较2022年提高0.36个百分点，总体水平持续稳中向好。国际知名品牌商大量贴牌中国传统制造产品，足见其对中国企业和产品的认可。耐克、阿迪达斯等国际品牌商对供应商在开发设计、快速响应、生产能力、质量管理、环保社会责任等方面有着严格要求，往往绑定核心供应商并给予较大订单份额。在国际品牌服装供应链中，中国申洲国际、即发集团、晨风集团等企业占据稳固的主导地位，其中，耐克、阿迪达斯、彪马、优衣库订单占申洲国际营业收入的82%左右。人工技能和数字智能融合不断加深，为中国传统产业效率和质量提升注入了强大动能。目前，中国纺织行业生产设备数字化率达到55.6%，数字化生产设备联网率达到49%，阿里巴巴"犀牛智造"成为全球首个纺织服饰行业"灯塔工厂"，表明中国企业在数字化智能化转型上引领全球纺织服装行业发展。

三 集群配套优势

产业集群是产业分工深化和集聚发展的高级形式，是产业、区域乃至国家提升竞争力和创新力的重要载体。经过长期发展积累，中国形成了一批具有国际竞争力、产业链韧性、本土根植性的传统优势产业集群，如内蒙古呼和浩特乳制品集群、山东青岛智能家电集群、浙江宁波绿色石化集群、广东佛山泛家居产业集群等传统产业集群。以佛山泛家居产业集群为例，其总产值超过 1 万亿元，涵盖铝材、五金、家具等 26 个细分行业，拥有国内最完善的家居配套产业链，产品出口全球 100 多个国家和地区。上下游深度协作的产业集群能够集聚大量高端人才、创新资本、技术资源和平台设施，为知识创新外溢和技术扩散提供有利条件。以长沙工程机械产业集群为例，在中联重科、三一重工、铁建重工、山河智能等领军企业带动下，区域创新链、产业链、资金链、人才链不断完善，集群创新和竞争能力不断增强，在新技术、新产品开发上不断取得突破。

第二节　传统产业培育新质生产力的问题制约

一　传统技术路径的效率效益空间缩小

传统产业是在技术引进基础上发展起来的，发展路径多是发达国家已有技术、成熟产能向发展中国家的转移。经过几十年的快速发展，部分传统产业发展已经进入生命周期尾部，成本比较优势减弱、技术引进合作空间变小、市场需求瓶颈显现，提高生产效率和效益水平的空间不断缩小。同时，一些传统产业尚未摆脱低水平扩张模式，产品同质化现象严重，市场价格竞争日趋激烈，结构高端化进展滞缓，难以适应需求升级趋势，导致产业长期处在低效率低利润水平。2023 年，中国规模以上工业企业营业收入利润率从 6.81% 降至 5.76%，单位用工的营业收入水平也徘徊不进甚至略有下降。在发达国家高筑"科技封锁小院""产业隔离高墙"的情况下，国内企业获取外资企业技术外溢的空间被大幅压缩，产业发展动能受到削弱。从持续高质量发展来看，传统产业亟须摆脱技术引进和对外依赖的传统路径，走出技术创新、高效发展的转型新路径。

表 13-1　　　　　中国规上工业效率效益水平变化

指标	2021 年	2022 年	2023 年
营业收入（亿元）	1279226.5	1379098.4	1334390.8
利润总额（亿元）	87092.1	84038.5	76858.3
平均用工人数（万人）	7439.2	7549.2	7350.8
营业收入利润率（%）	6.81	6.09	5.76
单位用工营业收入（万元/人）	171.96	182.68	181.53

资料来源：根据国家统计局数据计算而得。

二　关键技术核心领域卡堵阻塞严重

在全球产业分工协作体系中，一些关键核心领域技术难度大、市场壁垒高、产业生态封闭，长期被国外供应商把持控制，中国自主创新产品在质量、性能、服务上相比国际先进水平还有一定差距，成为导致产业链供应链运行不稳、风险突出的"卡脖子"环节。例如，中国高端食品机械对进口技术和设备依赖度较高，大型成套设备相比发达国家存在不小差距。国产农业机械在作物长势环境感知、作业质量在线监测、部件智能化调控等智能领域"卡脖子"问题突出，关键核心零部件长期依赖进口。作为中国优势出口产品，农药生产集中在原材料、中间体、非专利药制造等环节，国内农药基础科学和技术短板突出，技术被动跟随特征明显，对国际农化巨头到期技术专利依赖严重，国内常用的 300 多种农药仅十余种为自主创制。

三 产业链供应链组织治理能力偏低

受国际分工锁定和经济发展阶段影响，中国多数企业在全球产业链供应链治理中处于附属地位，跨国公司则发挥着产业链供应链组织者、治理者作用，成为拥有强大话语权和影响力的链主企业，如纺织服装领域的阿迪达斯、耐克、优衣库等，电子信息领域的戴尔、苹果、英特尔，汽车领域的丰田、大众、特斯拉等。在发达国家逆全球化战略引导下，部分跨国企业试图降低对中国的产业链供应链依赖，国外制造商、采购商、品牌商回流母国或转投东南亚等地区的倾向增加，中国产业链条上的代工生产、加工组装和中间品供应企业因失去"头部"引领和市场联系遭受巨大冲击。例如，重庆计算机设备高峰时期产量约 1 亿台，受广达、鸿海、和硕、仁宝、纬创等代工企业在越南转移布局等因素影响，2022 年微型计算机设备产量降至 8631.92 万台，下降 19.6%。因此传统产业链迎来深度重构，亟待培育壮大更具主导性和控制力的本土链主企业。

四 产品绿色化低碳化转型任务繁重

党的十八大以来，中国制造业绿色发展已取得阶段性成就，推动钢铁、石化化工、纺织等重点用能行业能效水平大幅提升。受经济发展任务重、碳排放基数大、资源禀赋条件等限制，传统制造业绿色低碳转型任务繁重，需要在技术结构、能源结构、产品结构等方面进行全面而深刻的变革。根据"全球能源和二氧化碳数据"数据库，2022年，中国单位GDP能耗为2.07吨标准煤/万美元，在世界主要大国中能耗强度排名第三，远高于世界平均水平（1.60吨标准煤/万美元）以及美国（1.50吨标准煤/万美元）、日本（1.11吨标准煤/万美元）、德国（1.00吨标准煤/万美元）、法国（1.03吨标准煤/万美元）、英国（0.77吨标准煤/万美元）等发达国家。2022年，中国单位GDP碳排放量为4.01吨二氧化碳/万美元，在世界主要大国中碳强度排名第二，远高于世界平均水平（2.60吨二氧化碳/万美元）及美国（2.28吨二氧化碳/万美元）、日本（1.91吨二氧化碳/万美元）、德国（1.53吨二氧化碳/万美元）、法国（0.98吨二氧化碳/万美元）、英国（1.06吨二氧化碳/万美元）等发达国家。与发达国家通过产业转移实现绿色低碳转型不同，中国绿色低碳发展道路更具系统性和根本性，任务也更加艰巨和繁重。

第三节　传统产业改造提升的主要路径

一　加快结构高端化升级"出新"

一是加强产业基础领域创新攻关。新质生产力建立在稳固坚实的产业基础之上。聚焦基础零部件、基础元器件、基础材料、基础软件、基础工艺和产业技术基础，发挥国家战略科技力量支撑作用，优化国家制造业创新中心、产业创新中心、国家工程研究中心等制造业领域国家级科技创新平台布局，大力发展基础共性技术研发机构，多渠道组建新型共性技术平台，加强基础领域共性技术、高端技术、前瞻性技术研究攻关，对标国际提升产品技术水平和质量性能，在可靠性、稳定性、精密性和使用寿命上下功夫，提高基础产品供应保障能力，夯实发展"硬质"基底。

二是实施重大技术装备攻关工程。重大技术装备是国际竞争的焦点，具有技术含量高、集成难度大、关联面广、成套性强、带动作用大等特点。围绕国家重大战略产品需求，在燃气轮机、电力能源装备、船舶与海工装备、工业母机、现代农机装备等领域，努力突破一批具有创新性、标志性的重大技术装备。鼓励产品研制单位和使用单位合作开展自主创新，围绕应用需求组建用户、工程设计、研发制造等单位共同参与的创新联合体，协同推进重大技术装备研制，强化重大技术装备示范推广应用。

三是培育质量标准等竞争新优势。质量品牌建设有利于开启向上竞争赛道。充分发挥先进标准的引领作用，选择具备优势的行业与国外中高端产品开展质量与性能比对，引导企业参照国际先进标准组织生产，提高参与制定修订国际标准的能力，逐步缩小与国际先进水平的差距，增强优质产品供给能力。引导企业深入开展全面质量管理，推广先进质量管理模式和管理体系，建立全周期全流程质量安全追溯体系，重点解决关键产品质量难点问题。加强质量检验检测和认证能力建设，支持搭建面向不同行业的质量安全检测技术示范中心和第三方检验检测平台，全面推行产品认证制度。

二　推进全面智能化转型"促新"

一是深度推广智能制造新模式。发挥"制造+智能"优势，聚焦工艺、装备、软件等核心领域，攻克智能感知、高性能控制、人机协作、精益管控、供应链协同等共性技术，培育推广智能化设计、网络化协同制造、大规模个性化定制等新模式，分领域、分类别推进智能场景、智能工厂、智能车间建设，加快生产经营过程向数字化、网络化、智能化方向转型升级。结合国情实际，提高人机结合水平，更好发挥技术技能人才优势，更好释放智能制造潜能，通过智能化转型促进制造业增效率、降成本、提品质，走符合中国国情的智能化道路。

二是加快产品"智能+"升级。面向便捷、智能、美好生活需要，鼓励企业运用物联网、云计算、人工智能等技术，以智能装备和智能产品开发为重点，大力发展工业级智能硬件、智能船舶、智能可穿戴设备、智能家居等新型智能产品，对工业产品的功能、结构、流程、外观进行整合优化，大力发展"智能+"产品，提高新兴和高端市场开拓能力。积极发展基于智能产品的场景化应用，加快智能产品在工业、交通、医疗、教育、国防科工、健康养老等重点行业领域的应用推广，打造重点应用示范项目，提升智能产品的市场接受度和认可度。

三是构建新型供需产销关系。依托"互联网+"和数字信息技术，提高市场数据重组、客户信息整理、用户参与设计能力，鼓励消费者反馈体验和需求，推广应用协同创新、用户参与等新模式，重塑研发设计环节。依托数字营销网络、数据挖掘分析、沉浸互动式体验等技术手段，推进市场运营理念和销售渠道创新，整合生产端和消费端数据资源，建立供应和需求联动机制，实现市场、研发、产品、营销、供应间的高效连接。深入挖掘用户个性化、差异化需求，做到精准识别响应需求，提供差异化产品，培育扩大新型消费市场，真正做到"走到需求身边""走进消费者心里"。

三 深化链条绿色化重塑"更新"

一是加快开发绿色低碳技术装备。绿色低碳转型是大势所趋，正在形成新的产业赛道。加快绿色低碳先进适用技术研发，聚焦化石能源绿色智能开发和清洁低碳利用、可再生能源大规模利用、储能、二氧化碳捕集利用和封存等重点领域，实施一批具有前瞻性、战略性的国家重大科技示范项目，组织一批产业化专项工程，促进绿色低碳技术创新成果快速产业化，培育形成一批绿色增长点。培育发展节能环保装备产业，统筹推进绿色制造公共服务平台建设，为中小企业提供产品绿色设计、能源高效节约、清洁生产改造、资源循环利用等专业服务，促进绿色低碳技术装备推广应用。

二是全面推进绿色产品供给消费。聚焦产品全生命周期绿色化，引导企业推行绿色设计，开发更多具有无害化、节能、环保、高可靠性、长寿命和易回收等特性的绿色低碳产品。编制发布绿色低碳技术、装备和产品应用场景案例，引导新技术、新装备、新产品规模化应用，构建绿色消费。推动电商平台和商场、超市等流通企业设立绿色低碳产品销售专区，在大型促销活动中设置绿色低碳产品专场，积极推广绿色低碳产品。在绿色工厂、绿色园区、节约型机关、绿色学校、绿色社区、绿色出行、绿色建筑等创建行动中，将绿色低碳技术、装备和产品推广应用纳入评价体系，更好发挥示范带动作用。充分发挥政府采购引导作用，严格落实绿色采购制度，加大政府绿色采购力度，逐步将绿色采购制度扩展至国有企事业单位。

三是完善绿色低碳标准规则体系。绿色发展，规则先行。进一步完善并强化绿色低碳产品和服务标准、认证、标识体系，推进节能家电、节水器具等绿色产品认证，大力提升绿色标识产品和服务市场认可度和质量效益。依法完善产品能效、水效、能耗限额和碳排放、污染物排放等标准，定期对强制性标准进行评估，加快节能标准更新升级，大力淘汰低能效产品。实施能效、水效领跑者制度，建立节水强制性标准体系，强化高耗水行业用水定额管理。健全"双碳"标准，完善碳排放统计核算体系，推动能源消耗总量和强度调控逐步转向碳排放总量和强度"双控"制度。推动标准、认证、计量与国际接轨，在全球绿色制度型开放与合作中占据领先优势。

第四节　重点行业培育新质生产力的重点任务

一　食品工业

食品工业在稳经济、促民生、保就业中发挥了不可替代的作用，是关系国计民生的重要产业。根据中国食品工业协会数据，2023年中国规模以上食品工业企业超过4万家，实现营业收入9.0万亿元，同比增长2.5%，增速较2022年放缓3.1个百分点；利润总额为6168.0亿元，同比增长2.3%，增速较

2022年放缓7.3个百分点，营业收入利润率为6.8%，比2022年低0.2个百分点。从规模占比来看，食品工业支柱产业地位突出，规模以上食品工业企业数量占全国规模以上工业企业数量的8.4%、营业收入的6.7%、利润总额的8.0%、增加值的5.9%。从国际对比来看，食品工业是中国进口逆差的主要贡献领域，产业转型升级空间巨大。2023年，中国食品出口额为5382.3亿元，进口额为14629.8亿元，贸易逆差为9247.5亿元。

由于国内大市场需求稳定、进口替代空间巨大，食品工业扩容上量、结构升级的潜力不容小觑，发展新生产力要加快生产制造技术创新升级，摆脱低端、同质、价格竞争发展路径，向高端、细分、品质市场要空间。加快开发功能性健康产品，重点发展功能性蛋白、功能性膳食纤维、功能性糖原、益生菌类、生物活性肽等保健和健康食品。加大食品工业科技投入，加快技术工艺革新，推动现代生物技术、信息技术、智能制造技术等与食品产业深度融合，不断催生新的生产工艺、新的产品和服务模式。提升全链条品质保证能力，增强高质原料资源供给，强化应用食品检测技术和信息化管理系统，提升供应链质量、源头品质水平。深入实施"三品"战略，努力培育民族食品品牌，实施中华老字号保护发展工程，以品牌创新促进消费升级。

二 纺织服装行业

纺织服装产业是中国传统优势产业，也是中国重要的、深度嵌入国际分工的出口创汇产业。根据中国纺织工业联合会数据，中国纺织制造产业能力与贸易规模稳居世界首位。2022年，中国纺织品服装出口额达 3409.5 亿美元，其中，纺织品出口额为 1568.4 亿美元，服装出口额为 1841.1 亿美元。总体来看，纺织服装行业已经进入增长下行阶段。2022 年，规模以上纺织业和服装服饰业分别实现营业收入 26157.6 亿元和 14538.9 亿元，分别比 2021 年下降 1.1% 和 4.6%。作为典型的出口导向型产业，中国纺织品服装出口在主要市场份额下降明显。2018—2022 年，中国纺织品服装在美国市场进口份额占比由 36.6% 下降到 24.7%；在欧盟市场进口份额占比由 33.2% 下降到 32.3%；在日本市场进口份额占比从 57.8% 下降到 55.4%。美国时尚产业协会发布的 2022 年度报告显示，美国品牌商对中国依赖度不断下降，近 1/3 的受访企业 2022 年在中国的采购额未超过其采购总额的 10%，80% 的企业计划在未来两年继续减少从中国采购。

受比较优势减弱、投资和订单外迁影响，纺织品服装行业要守住规模体量的难度很大，发展新质生产力关键是研发应用数字化智能化新技术，加快从质量效率优势向价值链高端跃升，提升发展"含金量"，通过做强高端环节、增强品牌价值、优化市场结构挖潜增长空间。加快产业链上游补短板，重点发展高性能、多功能、轻量化、柔性化纤维材料，提高碳纤维、芳纶、超高分子量聚乙烯纤维等产品国产化水平，积极开发生物基化学纤维、智能纤维、纳米纤维等新兴前沿产品。加快新型制造范式创新推广，完善工业互联网、大数据中心等行业新型基础设施，推动加工工艺向高速度、高效率、高精度方向迭代升级，研发推广复合材料三维编织、纤维3D打印等三维加工技术，提高生产柔性化、智能化水平。加快产品结构升级，提高产品科技感、体验感、价值性、功能性，提升医用纺织品、功能性服装等高端产品占比。进一步激发国内消费潜能，打造消费新场景，丰富消费体验，积极培育纺织品服装在智能家居、文娱旅游、体育运动、国货"潮品"等领域的新消费增长点，以高效优质的产品供给满足个性化、多元化消费需求。加快培育外贸新动能，持续深化产业国际交流合作，积极拓展新兴出口市场，打造多元化出口格局。

三 石化化工行业

石化化工产业基础属性突出，对国民经济循环、产业链供应链稳定、战略性新兴产业发展等的支撑保障作用突出。中国建立起涵盖各专业领域、上下游相互衔接、齐全配套的石化化学工业体系，产业规模全球领先，主要产品产能和产量稳居世界前列。根据国家统计局数据，2022年度石油和化工全行业实现营业收入16.6万亿元，进出口总额为1.1万亿美元，销售收入占到世界化学工业的44.9%，超过美国、欧洲和日本的总和。目前，中国大宗化工产品已经迎来需求瓶颈，高精尖产品仍有较大发展空间。根据中国石油和化学工业联合会数据，2022年中国原油总加工能力达9.18亿吨，加工量为6.8亿吨，同比下降3.4%；甲醇总产能超过1亿吨，聚氯乙烯产能达2642万吨，对二甲苯（PX）总产能达到3494万吨，均已不存在供给短缺问题。

　　石化化工产业发展新质生产力核心是突破关键核心和前沿技术，加快从"粗放+引进"发展路径向"精益+创新"发展路径转型，向精尖材料、技术改造、自主创新拓展增长空间。对标美国、日本、欧洲等处在全球化工发展第一梯队的国家和地区，力争在化工新能源、化工新材料、高端精细化学品、生物化工和节能环保等高端领域实现追赶超越，培育壮大高端化精细化的产业新增长点。抓好占化学工业销售收入70%的传统化学工业改造升级这个机遇，加快生产工艺优化，提高产品质量性能，降低生产成本和资源能源消耗。打造面向未来下一代产业新的技术储备库，聚焦生命科学、材料科学、生物制造、能源环境、健康管理等领域方向，加快重点实验室、工程实验室、工程技术中心、企业技术创新中心等创新载体建设，集中力量推进重大关键技术协同攻关，高质量布局建设各类中试平台，强化工业性示范应用，打通"从实验室到市场"的通道。

第十四章
新能源：推动清洁能源革命

能源安全事关经济社会发展全局。积极发展清洁能源，推动经济社会绿色低碳转型，已经成为国际社会应对全球气候变化的普遍共识。我们要顺势而为、乘势而上，以更大力度推动我国新能源高质量发展，为中国式现代化建设提供安全可靠的能源保障，为共建清洁美丽的世界作出更大贡献。

——习近平总书记在二十届中央政治局第十二次集体学习时的讲话（2024年2月29日），《人民日报》2024年3月2日

"生产力"是指人类利用科技革命的成果，克服自身能力局限，扩展活动范围，创造更多的物质财富的能力，它反映人类与自然界的相互关系，也反映了人类社会的发展水平。2023年年底召开的中央经济工作会议提出，要以科技创新推动产业

创新，特别是以颠覆性技术和前沿技术催生新产业、新模式、新动能，发展新质生产力。因此可以说，新质生产力就是指利用当今最先进的科技发展经济的能力。

第一节 新能源对发展新质生产力的重要意义

能源是现代科技和生产力发展的基本要素。社会生产力的发展离不开人类使用能源的技术与方式的进步，能源开发利用方式标志着一个时代的生产方式与生产力水平。自工业革命以来，能源开发利用方式与社会生产力的发展进步紧密地联系在一起。每次科技革命带动的工业革命都伴随着能源开发利用的变革，二者如影随形。从18世纪60年代第一次工业革命到当今如火如荼的第四次工业革命，社会生产方式依次经历了机械化、自动化、信息化和当今的数智化的变革，与之相应的是主导能源的转换，即从煤炭、油气、电力到新能源的发展。发展新质生产力，必须高度重视新能源的发展。

新能源技术被视为世界科技创新的战略先导技术之一，已成为国际技术竞争的前沿和热点领域，是世界大国战略必争的高新科技产业。新能源产业属于资金技术密集型产业，上下游环节较多且涉及领域广，投资带动力和技术扩散能力强。大力发展新能源，有利于抢占全球能源变革先机，掌握绿色低碳趋势下国际技术竞争的主导权，塑造产业竞争新优势，推动中国产业向全球价值链中高端迈进，为中国式现代化建设提供安全可靠的能源保障。

第二节　能源转型的动力与新能源发展的二元引力

一　科技革命与能源结构的演变

18世纪60—80年代，英国人瓦特改良了蒸汽机，机器生产极大地提高了生产效率，其中包括采煤的效率和工业生产的效率。蒸汽机的应用与普及拉动了对煤炭的需求，煤炭的大规模生产也使远距离的航海有了动力保障。随着煤炭使用范围的扩大，人类完成了第一次能源转型，由薪柴等传统生物质能源向煤炭转变。内燃机的发明进一步提高了能量转化的效率，同时增加了对石油和天然气的需求。化工技术的发展增加了对化石能源资源的多样化利用。石油和天然气资源的开发，除了为人类发展提供了高密度能量，也提供了更多的化工原料，进一步带动了纺织、冶金、交通运输、机械制造等现代工业的发展。现代工业的崛起反过来又巩固了石油和天然气在能源中的地位。到20世纪60年代，全球除了中国、印度等少数国家以外，其他国家基本上都完成了从煤炭到石油的转型，即第二次能源转型。与此同时，随着19世纪末电力的发明和使用，化石能源逐步由终端消费转变为发电的燃料，电力成为人类更广泛使用的动力。电力在工业领域中的应用，使生产自动化有了更加便捷的动力，工业生产实现了规模的快速扩张和生产效率的显著提升。20世纪下半叶，科学技术迎来爆发，[1] 原子能、

---

[1] J. E. Mcclellan, H. Dorn, *Science and Technology in World History*, Baltimore: Johns Hopkins University Press, 2006.

电子计算机和空间技术的发明和使用开启了第三次工业革命，将人类带入信息化时代，电力消费逐步成为主要终端消费能源。

二 新能源发展的二元引力

21 世纪以来，风力发电与光伏发电、非常规油气、先进核能、新型储能、氢能等新兴能源加速发展，正在形成第四次能源转型的浪潮。但与前三次能源转型不同，本次能源转型的动力除了来自科技进步外，还有对化石能源环境影响的进一步认识及发展理念的转换带来的驱动力。

化石能源含有温室气体的主要成分。化石能源消耗产生的温室气体正在加快地球气候变暖，使人类生存和发展面临重大挑战。根据 IPCC 第六次评估报告，2011—2020 年全球地表温度比工业革命时期上升了 1.09℃，其中约 1.07℃ 的增温由人类活动引起，特别是化石能源的生产和使用。[1]

21 世纪以来，全球极端天气事件频发，气候变化风险加剧，积极应对气候变化、绿色低碳发展已成为全球最大公约数。绿色低碳发展成为国际社会的道德制高点，[2] 发展清洁能源成为人类社会可持续发展的重要路径。第七十届联合国大会通过《2030 年可持续发展议程》将"确保获得清洁且可负担

---

[1] IPCC, *Climate Change 2021: The Physical Science Basis: Working Group Ⅰ Contribution to the Sixth Assessment Report of the Intergovernmental Panel on Climate Change*, Cambridge: Cambridge University Press, 2021.

[2] 史丹：《"双碳"目标下，"十四五"能源发展的新特征与新要求》，《中国能源》2021 年第 8 期。

的能源"列为可持续发展的17个目标之一。①

当前，新一轮科技革命和产业变革方兴未艾，以通用人工智能为代表的新一代信息技术在构建人类社会新范式的同时，带来了算力需求的爆炸式增长，引发能源消耗急剧增加。根据中国信息通信研究院的预测，2030年全球算力规模将达到56ZFlops，年均增速超过65%。② 以现阶段中国数据中心用电量数据推算，2030年承载算力的基础设施年耗电量将达到44.8万亿—67.2万亿千瓦时，③而国际原子能机构预计，在化石能源仍保持一定比重的前提下，2030年全球总发电量也仅为33.3万亿千瓦时。④ 能源供给不足将成为制约人类社会进步的重要因素。加之气候变化风险加剧，以化石能源为主导的能源体系将难以满足社会生产力发展的新需要。资源依赖度低、技术依赖度高的新能源及可再生能源发电技术已经发展成为全球技术竞争和博弈的焦点。⑤

在需求的强力牵引下，全球在新能源领域开辟了新赛道，率先完成能源绿色低碳转型，将占据世界经济发展的道德制高

---

① 《变革我们的世界：2030年可持续发展议程》，2016年1月13日，外交部网站，https://svideo.mfa.gov.cn/ziliao_674904/zt_674979/dnzt_674981/qtzt/2030kcxfzyc_686343/zw/201601/t20160113_9279987.shtml。

② 《中国算力发展指数白皮书（2022年）》，2022年11月4日，中国信息通信研究院网站，http://www.caict.ac.cn/kxyj/qwfb/bps/202211/P020221105727522653499.pdf。

③ 陈晓红等：《我国算力发展的需求、电力能耗及绿色低碳转型对策》，《中国科学院院刊》2024年第3期。

④ "Energy, Electricity and Nuclear Power Estimates for the Period up to 2050", September 26, 2022, IAEA, https://www.iaea.org/publications/15268/energy-electricity-and-nuclear-power-estimates-for-the-period-up-to-2050.

⑤ 陈振林、王昌林主编：《应对气候变化报告（2023）：积极稳妥推进碳达峰碳中和》，社会科学文献出版社2023年版。

点和形成国际竞争的新优势。在此背景下，世界各国纷纷向低碳经济转型，目前全球已有100多个国家签署了温室气体减排协议。中国要坚定实施创新驱动发展战略，把握好新一轮科技革命和能源转型带来的历史机遇，加快发展新质生产力。

第三节 新能源技术创新与发展[①]

新能源技术的快速发展是世界百年未有之大变局的重要变量。当前，新一轮科技革命正在兴起，颠覆性技术空前爆发。面对日益严峻的能源危机和气候环境危机，世界各国加大对可再生能源的研发投入，新能源技术创新进入空前活跃期。

一 太阳能利用技术

太阳能利用技术是指人类主动利用太阳能资源，并将其作为一种有效的能源形式用于生活和生产的技术。按照原理与技术不同，太阳能技术分为光热技术以及光伏技术，其中太阳能光热技术是将太阳辐射能转化为热能并加以利用，太阳能光伏技术则是将太阳辐射经过半导体转化为电能。

目前，全球利用技术最为广泛的是光伏发电技术，光伏技术的关键是光电转换效率和生产成本。中国光伏成本近年来呈现大幅度下降的趋势，光伏组件成本已降到不足1元/瓦光伏，在全球具有较大的竞争力。最先进的太阳能光伏技术是效率超过25%的高效晶体硅太阳电池和效率超过30%的钙钛矿薄膜/

[①] 中国科学院：《2022高技术发展报告》，科学出版社2023年版。

晶体硅叠层太阳电池。刮涂法、狭缝涂布法、喷墨印刷法和真空蒸发法等，将成为钙钛矿薄膜/晶体硅叠层太阳电池大规模制造的技术支撑。

与光伏发电技术不同的是，光热发电是可储存的。从国内外进展看，太阳能光热技术前沿目前包括太阳能与热泵的结合，以及规模化储热两个方向，主要技术包括太阳能中温集热技术、太阳能空调与热泵技术、太阳能蓄热技术以及光伏和光热集成技术。太阳能光热发电主要采用聚焦集热技术，包括槽式、塔式、碟式和线性菲涅耳式发电技术。未来，太阳能热利用将进一步向太阳能集热系统与高温热泵的结合、中温太阳能集热器和各类吸收或吸附制冷机的有机组合的方向发展。

二 风力发电技术

风能是近年来技术最为成熟、发展最为迅速的可再生能源之一，利用方式主要为发电。从国内外进展来看，风能发电技术呈现四个发展趋势。

一是风电机组大型化。近年来，以通用、西门子、维斯塔斯等为代表的企业相继发布了单机容量15MW级，叶片长度107米以上、风轮直径220米以上、扫风面积4万平方米左右的大型风电机组，并开展运行测试。未来，风电机组大型化趋势将进一步加快，根据全球风能理事会预测，2030年海上风电机组单机容量将达到20MW。中国近年来加大了对大功率风电机组的开发投入，多家企业推出10MW以上机型，部分企业发布了16MW级海上机组，与国际先进水平差距持续缩小。

二是海上风电向深远海发展。德国、英国等海上风电领先国家已开始向深远海布局,能源开发利用类型也由单一风电向风电和氢等多种能源综合开发利用转变。中国近年不断加强海上风电开发利用,不仅形成了包括征集装备制造、基础施工到风机吊装等完整、成熟的产业链,而且通过规模发展实现了成本的大大降低。目前,中国已成为世界上风电装机规模最大的国家,未来将加快向深海发展,并以此为基础探索构建海洋可再生能源多能互补系统。

三是新型大功率风能利用技术创新活跃。随着风力发电技术加速成熟,国际上开始展开对可替代现有产品的风能转换与利用技术及新型技术路线的广泛研究,大型海上漂浮式垂直轴风电机组、多风轮风电机组、轻量化部件相继问世,高空风电以及风能制热(非电利用技术)研究也得以开展。中国紧跟技术潮流,积极布局不同技术路线的风能技术探索研究,高空风电、聚风式风电、瓦兆级新型风电、风能制热等前沿技术研究均已起步。

四是风电基础性、支撑性技术不断进步。数字技术与风力发电技术融合,增强了风电场的管理能力,保障了风电规模迅速膨胀情况下的发电效率、运维成本和风电场寿命。回收利用技术的研究开展也为未来风电机组部件大规模淘汰导致的资源浪费提供了解决方案。中国风电基础性、支撑性技术积累偏弱,数字化程度偏低,且尚未系统开展对风电机组零部件回收利用的相关研究。

三 海洋能技术

海洋能包括潮汐能、潮流能、波浪能、温差能和盐差能。

潮汐能方面，英国是最早研究潮汐发电的国家，并开展了全世界最大的潮汐能发电计划。2021年英国推出浮动式O2潮汐能发电平台，与拦坝式潮汐能发电方案相比更具成本优势，对生态环境的影响也更小。中国曾在20世纪60—80年代建设过一批小型潮汐电站，但目前大部分都已关闭。近年来随着可再生能源多能互补发电系统技术的发展，中国建成首座潮光互补型智能光伏电站，实现了潮汐发电技术与光伏发电技术的融合。

潮流能在国际上已进入大型化和规模化发展阶段，技术发展以欧洲国家为主导。目前，加拿大正在投资建设第一个漂浮式潮流能阵列项目，韩国在欧洲的帮助下正在开发4.5MW的潮流能试验场。中国近年来在水平轴潮流能发电技术上进展迅速，能源转换效率已接近40%。此外，中国还掌握了半直驱传动结构、电液变桨系统等大型潮流能机组关键技术。

波浪能方面，美国研发的摆线波能转换器最高能源转换效率可达到38%。中国在波浪能技术上与美国同处第一梯队，中国研制的波浪能装置整机转换效率达到15%—20%，能量转换系统达到80%以上。此外，中国研发的振荡浮子式波浪能装置在自由度获能方面取得重要突破，实现了发电效率的大幅度提高，对解决中国波浪能资源能量密度偏低[①]导致发电量远低于

[①] 中国波浪能资源能量密度偏低，大部分海域能流密度仅为2kW/m—10kW/m，而欧美国家和地区能流密度为30kW/m—90kW/m，差距较大。

欧美装置的问题具有重要价值。随着海洋资源开发利用向深海发展，中国已经开始布局大型漂浮式波浪能捕获发电技术和装置。

温差能方面，目前研究重点集中于装置大型化、热力循环高效化和温差能的综合利用三个方面。韩国率先研制出兆瓦级温差能发电机组，在此基础上法国、美国、日本近年来也先后开展了10MW级海洋温差能电站的研究和建设。中国在该领域的研究起步较晚，目前仍处于实验验证阶段。

盐差能技术近年来在国际上没有重大进展，中国盐差能技术也尚处于实验室阶段，未来的研究重点是如何提高膜组能量密度。

四 先进核能技术

核能包括裂变能和聚变能，裂变能技术目前已较为成熟，聚变能技术则尚处于研发阶段。聚变能是人类最理想的清洁能源，而可控核聚变技术被称为"终极能源"技术。

裂变能技术目前的一个重要方向是快堆技术，包括钠冷快堆技术和铅冷快堆技术，其中较为成熟的是钠冷快堆技术。高温气冷堆技术为核能综合利用提供了新的方式，其示范工程现已实现"两堆带一机"模式下的满功率稳定运行，为下一步工程投产运行奠定了基础。中国还在钍基熔盐实验堆、加速器驱动的先进核能系统相关技术方面取得突破，不断夯实提高燃料利用率和核能安全的技术保障。

聚变能方面，在各种聚变堆方案中，托卡马克装置的热核聚变堆（ITER）进展较快，中国在参与 ITER 计划的同时，将目标瞄准在下一代中国聚变工程试验堆上，旨在解决 ITER 和核聚变示范堆之间存在的物理与工程难题，推动中国磁约束核聚变研究实现新的突破。

五　电化学储能技术

储能技术是保障能源绿色低碳转型顺利推进的关键技术，不仅有效解决了可再生能源消纳和电网调峰问题，而且在新能源汽车、智能交通、智能建筑、数字基础设施、智能制造等领域也发挥了重要支撑作用。以储能时长为依据，电化学储能技术可分为短时高频储能技术（0.5 小时以内）、中短时长储能技术（4 小时以内）和超长时间储能技术（4 小时以上）。

短时高频储能技术包括高功率电容器技术、高功率电池储能技术和高功率飞轮技术。技术优势主要集中在中国、美国、日本、韩国等国家。其中，高功率电容器技术主要应用于电网储能，目前中国研制的高功率电容器功率密度涵盖 10—60Wh/kg，可满足电网调频、风电调控、能量回收等多种储能用途。美、日、韩三国研制的高功率电容器最大功率密度仅为 13Wh/kg，难以满足电网储能需要。高功率电池储能技术方面，新一代高功率锂离子电池已经达到 138Wh/kg，可实现 10 倍充放电，但在技术成本和电池寿命上存在不足。高功率飞轮技术主要应用于动态不间断电源、车辆制动能量回收储存等领域。目前美国已建成 20MW 飞轮储能阵列调频电站，日、韩等国也相继开展基于高温超导磁悬浮的飞轮储能技术研究，中国在该领域虽然取得了一定进展，但研究成果多数停留在理论仿真阶段，尚未进行实证研究。

中短时长储能技术方面，最成熟的是锂离子电池系统集成技术，其中磷酸铁锂体系和三元体系电池最为常见。固态锂离子储能电池安全性更高，具有较大的发展潜力，但在国际上仍处于实验室研究阶段。中国在锂离子储能电池技术上处于世界领先地位，不仅攻克了全生命周期阳极锂离子补偿技术难题，而且已经形成固态储能系统的模块化构建能力。此外，中国还在钠离子储能电池技术、液态金属电池技术、水系电池储能技术方面与世界先进水平"并跑"。掌握了钠离子储能电池关键材料及电芯批量化生产工艺；设计出液态金属电池高比能电极体系，开发出容量200安培小时的液态金属电池；掌握了以锂钠混合离子电池为主的水系金属离子电池技术路线。

超长时间储能技术方面，液流电池储能技术成为世界关注的焦点，在英国、美国、日本、德国等国家的推动下，全钒液流电池已进入商业化示范阶段。压缩空气储能技术作为最适合大规模储能的技术也实现了长足发展，绝热压缩空气储能、液态空气储能、等温压缩空气储能和超临界压缩空气储能等新型压缩空气储能技术，正在推动压缩空气储能突破技术瓶颈。中国在液流电池工程化应用和高效压缩空气储能技术方面取得了系列进展，开工建设了全球最大的200MW/800MW·h全钒液流电池储能电站，突破了100MW级先进压缩空气储能关键技术，在系统动态优化设计与控制、宽负荷组合式压缩机、高负荷轴流膨胀机和蓄热换热器等方面实现了根本性技术跨越和提升。热泵储能、重力储能、固体颗粒储能等新型超长时间储能技术，将成为未来长时间储能技术发展的主要趋势，但目前中国在这些领域尚未有实质性进展。

六　先进制氢技术

氢能作为一种质量能量密度高、使用过程环境友好的二次能源，是重要的能源载体，对可再生能源发展具有重要影响。

制氢技术包括三类。第一类是以化石能源为一次能源，通过直接热裂解和蒸汽重整制氢。这是目前大型制氢系统采用的主要方式，由于一次能源是化石能源，因此也叫作灰氢。过去此类制氢技术的进步主要表现在催化剂和反应器材料的更新上。但超临界水煤气化技术的出现打破了传统煤炭转化利用技术的局限性，成为世界煤炭转化利用的前沿方向，美国等主要发达国家正在积极开展相关制氢技术的基础研究。中国在超临界水蒸煤制氢技术方面取得了重大突破，成功构建出一套五模块并联的超临界水蒸煤气化制氢反应系统，并完成了长时间连续稳定生产的检验验证，使制氢成本大幅降低至 0.58 元/标准立方米。

第二类是可再生能源制氢，即所谓的绿氢，制氢方法包括光催化直接分解水制氢、光电化学直接分解水制氢、太阳能光伏电解水制氢、生物质气化制氢、微生物发酵制氢及太阳能热化学分解水制氢等。其中，光催化/光电化学直接分解水制氢技术是该领域未来的重点方向。在光催化直接分解水制氢方面，中国研制出的二维 C_3N_4 纳米片使光氢转化效率达到 1.16%。在光热技术耦合催化分解水制氢方面，中国科学家利用太阳能聚光器以 P25 为光催化剂，实现了 36 个太阳光强度下的制氢，使产氢速率提高了 1211 倍。由中国研发构建的 218 平方米平板式太阳能光催化分解水制氢示范系统，实现了光催化反应体系与光催化反应器的高效耦合以及系统的集成优化。

第三类是多种一次能源耦合制氢。目前研究比较多的是采用光热技术去耦合化石能源制氢、耦合生物质气化制氢和耦合光催化分解水制氢等。在光热技术耦合化石能源制氢方面，中国科学家利用聚光太阳能光热集成系统，将能量转化效率提高至 46.5%。在太阳能聚光供热耦合生物质气化制氢方面，中国科学家采用太阳能聚焦供热耦合超临界水生物质气化系统，使生物质在较低温度下完全气化并实现高效耦合。

第四节　新能源促进新质生产力发展的作用机制

能源革命为科技革命提供了动力支持，科技革命又进一步推动了能源技术的革新。新一轮科技革命和产业变革趋势下，能源技术的创新突破，以及现代信息、新材料、先进制造技术与能源技术的深度融合，使能源生产与消费方式发生深刻变革。

一　能源技术创新促进新能源产业发展

当前，能源技术创新是新一轮科技革命和产业变革的关键所在，也是能源领域形成新质生产力的核心驱动力。新能源、非常规油气、先进核能、新型储能、氢能等新兴能源技术的加速迭代使能源发展呈现新格局。

一是风电、光伏发电等新能源技术成熟度和技术经济性不断提升，新能源的利用效率和使用成本均有所改进。从能源利用效率来看，目前风力发电能源利用效率已达到40%—50%，光伏发电也已接近34%，且仍有较大技术进步空间。[1] 相较于燃煤发电35%的能源利用效率，新能源已表现出明显优势。从技术经济性来看，新能源发电技术成本在规模效应和"干中学"效应的作用下也已快速下降。[2] 据测算，太阳能光伏学习率为20.2%，陆上风电学习率为23.0%，海上风电学习率为10%，[3] 在过去十年，全球风电和光伏发电项目平均度电成本分别累计下降超过60%和80%。[4]

二是新能源利用效率的提高和成本的下降大大提升了清洁能源的竞争力，加速了对化石能源的替代。根据国际能源署公布的数据，[5] 进入21世纪后，全球化石能源消费占终端能源消费比重由68.63%下降至2021年的64.95%，电力占终端能源消费总量比例从15.5%上升到20.6%，其中可再生能源发电

---

[1] 王元丰：《能源革命促进新质生产力爆发》，《可持续发展经济导刊》2024年第Z1期。

[2] S. Isoard, M. Soria, "Technical Change Dynamics: Evidence from the Emerging Renewable Energy Technologies", *Energy Economics*, No.6, 2001, pp.619-636.

[3] 数据来源于数据世界（Our World in Data），https://ourworldindata.org/cheap-renewables-growth。

[4] 数据来源于国际可再生能源署（IRENA）发布的"Renewable Power Generation Costs in 2021"。

[5] 数据来源于国际能源署（IEA），https://www.iea.org/data-and-statistics。

占比从 15.5% 上升到 24.7%。中国在清洁能源技术领域优势明显。截至 2023 年年底，中国全国清洁能源发电总装机达 15.29 亿千瓦，占全国发电总装机的 52.38%。水电、核电、风电、太阳能发电等清洁能源发电占比 33.74%，① 已建成全球最大的清洁发电体系。全国电能在终端能源消费占比接近 28%，较 2000 年提高近一倍。

二 新能源带动新产业和新业态发展

能源技术是现代工业技术的基石，能源技术与工业领域前沿技术融合，将进一步驱动产业融合，推动产业链与价值链实现跨领域拓展。能源技术带动多产业联动发展，形成新增长点。例如，电池技术的升级换代带动了新能源汽车的快速崛起。随着新材料、电子信息、汽车制造、人工智能等新技术的深度融合，新能源汽车形成了一条从上游有色金属及化工原材料，到中游零部件制造，再到下游整车制造、销售及后市场服务的完整产业链。② 技术融合驱动下，新能源汽车产业由"链式关系"向跨领域多主体参与的"网状生态"演变。③ 新能源技术在其他领域的融合应用也催生出一系列新模式新业态。例如，建筑光伏一体化为解决建筑业高能耗问题带来了新的技术路径，并逐渐成为绿色建筑的重点发展

---

① 数据来源于国家统计局。
② 刘志彪、姚志勇：《中国产业经济学的发展与创新：以产业链分析为主线》，《南京财经大学学报》2021 年第 5 期。
③ 《国务院办公厅关于印发新能源汽车产业发展规划（2021—2035 年）的通知》，2020 年 10 月 20 日，中国政府网，https://www.gov.cn/zhengce/zhengceku/2020-11/02/content_5556716.htm。

方向。该技术把光伏电池组件整合进建筑材料，将光伏发电功能集成于建筑材料之上，通过能源自产自消，降低建筑能耗。再如，新能源技术与农业相结合催生光伏农业，在缓解土地资源紧张的同时实现了经济与生态的协同发展。上述新业态的形成是能源生产与能源消费一体化趋势下，产业链、价值链整合的结果，也是新科技改变能源生产和消费方式最直观的体现。

三 低碳能源技术推动化石能源产业升级

油气勘探开发技术的突破，推动油气工业由"常规"向"非常规"发展。非常规油气是指用传统技术无法获得自然工业产量、需用新技术改善储层渗透率或流体黏度等才能经济开采、连续或准连续型聚集的油气资源。[①] 由于资源量丰富，开发潜力远超常规油气，对缓解能源供需矛盾、降低能源安全风险、推动能源结构调整具有重要意义。近年来，油气工业上游科技领域不断取得突破，非常规油气理论和开发技术逐渐成熟，技术经济性持续改善。油气勘探从"常规"向"非常规"跨越。数据显示，2020年全球石油总产量为76.26亿吨油当量，其中非常规油气占比25%，[②] 非常规油气已成为全球油气生产的重要组成部分。中国非常规油气资源丰富，非常规石油可采资源量是常规石油的0.8倍，[③] 非常规天然气可采资源量

[①] 邹才能等：《非常规油气地质学理论技术及实践》，《地球科学》2023年第6期。

[②] 邹才能、潘松圻、马锋：《碳中和目标下世界能源转型与中国能源人新使命》，《北京石油管理干部学院学报》2022年第3期。

[③] 袁光杰等：《我国非常规油气经济有效开发钻井完井技术现状与发展建议》，《石油钻探技术》2022年第1期。

是常规天然气的近3倍。① 随着油气勘探开发关键技术的创新突破，近年来中国致密气、煤层气和页岩气相继实现规模有效开发，致密油和页岩油取得重要进展。2022年，中国非常规油气产量达9460万吨油当量，占油气总产量的25%,② 正在成为未来增储上产的重要战略接替。根据非常规油气资源条件和工程技术发展趋势综合预测,③ 2035年中国非常规石油产量将超过5000万吨，大约占全国石油总产量的1/4；非常规天然气产量有望达到1300亿立方米左右，大约占全国天然气总产量的1/2。

CCUS作为现阶段实现化石能源净零排放的唯一技术选择,④ 在化石能源发电和工业过程减碳、降本、增效方面具有巨大潜力。⑤ 国际能源署（IEA）预测，全球若要在2070年实现碳中和，CCUS减排需求将达到104亿吨二氧化碳，其中化石能源碳排放捕集需求为67亿吨，占全球累计减排量的15%。近年来，中国CCUS集成优化技术取得较大进步，CCUS产业实现快速规模化发展。截至2023年9月，中国CCUS示范项目109个，较2021年年底增加69个，捕集能力达到600万吨/

---

① 邹才能等：《碳中和目标下中国天然气工业进展、挑战及对策》，《石油勘探与开发》2024年第2期。
② 《美丽中国，能源强国》，2024年3月13日，《中国石油石化》杂志社网站，http://www.chinacpc.com.cn/info/2024-03-13/topic_8182.html。
③ 汤广福：《加快构建新型能源体系支撑保障国家能源安全》，《前进》2023年第5期。
④ 张贤等：《中国二氧化碳捕集利用与封存（CCUS）年度报告（2023）》，中国21世纪议程管理中心、全球碳捕集与封存研究院、清华大学，2023年。
⑤ 张贤等：《我国碳捕集利用与封存技术发展研究》，《中国工程科学》2021年第6期。

年，较2021年增长一倍，① 项目规模由30万吨、60万吨扩大至百万吨级、千万吨级，推动了电力、油气、化工、水泥、钢铁等多个行业的低碳发展。据预测，中国能源消费总量将于2030—2035年达峰，其中化石能源消费峰值将达到43亿吨标准煤左右。② CCUS技术在化石能源大规模低碳化利用方面的关键作用将保障碳达峰、碳中和目标顺利实现。

四 新能源技术促进了能源系统的重构和组织变革

中国能源产业正在由资源主导型向技术主导型转变。新能源技术、新材料技术、电子信息技术、数字技术等新技术的跨界融合，推动特高压输电技术、分布式电源与储能技术等先进能源互联网电网技术进步，有效缓解了能源产业发展的资源分布约束。③ 随着数字技术、互联网技术与分布式电源与储能技术的深度融合，微能源网迎来较快发展阶段。未来以分布式开发和本地化利用为特征的微能源网系统将取代以集中生产和被动消费为特征的传统能源系统。④ 不仅会打破电力系统即发即用的传统模式，⑤ 而且将实现能源生产者与消费者行为决策主体从二元向一元的转换。⑥

---

① 2021年数据来源于科技部；2023年数据来源于《推动形成CCUS战略产业》，2024年2月29日，网易，https：//www.163.com/dy/article/IS5CBPL605508GA4.html。
② 数据来源于《中国能源展望2060（2024年版）》。
③ 赵晶等：《大型国企发挥产业链链长职能的路径与机制——基于特高压输电工程的案例研究》，《管理世界》2022年第5期。
④ 钱志新：《能源微网系统——中国未来经济可持续发展的基石》，《中国科技产业》2013年第4期。
⑤ 陈磊等：《工业互联网与能源互联网对比及其融合发展探析》，《科技管理研究》2021年第16期。
⑥ 李萌、潘家华：《碳中和愿景下零碳微单元建构研究》，《中国特色社会主义研究》2023年第5期。

中国能源资源和能源消费呈逆向分布，70%以上的能源需求集中在中部和东部沿海地区，但能源资源集中分布在远离需求中心的西部和北部地区。受能源资源分布影响，中国形成了跨区域、远距离、大规模的能源输送模式，不仅造成能源浪费，而且限制了新能源的大规模发展。新一轮科技革命和技术融合趋势下，中国能源产业将按照中央提出的新型能源体系方向发展。新型能源体系是党的二十大报告中提出的能源新概念，是党中央对能源战略部署的继承和深化。新型能源体系是对以往能源利用模式颠覆性的"破坏式创新"。新型能源体系改变了能源仅作为"能量"提供者的单一角色，通过能源利用方式和能源消费结构的根本性变革，社会发展摆脱对化石能源的过度依赖，增强可持续发展能力。

新型能源体系与经济社会发展间的交互影响超越以往。前两次能源革命形成了相对独立的能源行业边界和能源产业链条，奠定了能源行业作为基础性行业的地位。新一轮能源革命则使能源与经济社会的融合程度空前提高，一方面，新型能源体系深刻地影响和引领经济社会各个领域的变革；另一方面，绿色低碳、智慧高效的能源需求成为能源体系构建的决定因素。新型能源体系作为现代产业体系的重要组成部分，正在推动能源行业成为基础性、战略性、前沿性并重的行业。

因此，百年未有之大变局的背景下，构建新型能源体系蕴含着巨大的"破局"机遇。坚持系统观念、做好顶层设计，科学理解新型能源体系的主要技术特征和经济特征，准确把握中国在构建新型能源体系进程中面临的重大挑战，将有助于探索一条以能源革命助推经济高质量发展、协同实现经济价值与生态价值的中华民族复兴之路。

第五节 加快发展新能源的原则与重要举措

一 加快发展新能源应坚持的原则

（一）坚持全国一盘棋的方针

新质生产力是符合新发展理念的先进生产力质态。新发展理念把协调发展放在中国发展全局的重要位置，以发展新质生产力推动能源领域高质量发展，必须坚持统筹兼顾、综合平衡。能源行业作为国民经济的重要组成部分，关系到国计民生和国家安全，其发展必须符合国家整体发展战略和规划。坚持全国一盘棋方针发展能源新质生产力，体现了国家层面对于能源发展的全局性思考和统一规划。中国能源资源分布不平衡，区域之间发展水平差异较大。以"一盘棋"思维推动能源新质生产力发展，一是有利于综合考虑区域能源供需平衡和资源环境约束，优化能源资源配置，推动区域能源协调发展，统筹推进新能源与传统化石能源协调发展，保障能源供应的稳定性和可持续性。二是有助于打破清洁能源发展的地域壁垒，通过国家层面的统筹协调安排，规划建设跨区域外送通道，破除能源新质生产力发展的体制机制障碍。三是在全国统一框架下，可以集中力量进行前沿能源关键技术攻关，形成能源领域的科技创新合力，提高科技创新效率，增强能源行业整体竞争力。

（二）坚持先立后破的方针

新质生产力代表最先进的生产力形态，以技术创新推动能源产业降本提质增效，帮助其重新塑造竞争优势。由此可能吸引部分地区或企业，盲目废旧立新，以"不破不立"之决心追求成为新质生产力的标杆。新质生产力的形成和发展是一个漫长的过程。一方面，新技术、新理念的引入可能会破坏原有的运营模式，如果在新的生产力尚未稳定形成之时贸然废除原有模式，可能导致区域性甚至系统性风险。例如，新型能源体系下，可再生能源的大规模、高比例并网将对电力系统稳定运行提出挑战。新能源波动性和电力系统灵活性限制要求煤电在能源转型进程中继续发挥基础保障和系统调节作用，形成传统煤电与新能源协调发展的局面，避免电力供应不足的现象出现。另一方面，新质生产力虽以科技创新为驱动，但其基本内涵在于生产力要素的变革及其组合优化，而且需要一个过程去形成与之相适应的新型生产关系。习近平总书记曾指出，绿色转型是一个过程，不是一蹴而就的事情。要先立后破，而不能够未立先破。2024年全国能源工作会议再次强调，要立足中国能源资源禀赋，坚持稳中求进、以进促稳、先立后破。能源作为国民经济命脉，关乎国计民生和国家安全。因此，在形成新质生产力的过程中，必须坚持先立后破方针，保障能源供应安全可靠。

（三）坚持因地制宜的方针

生产力要素的构成与组合是新质生产力的基本内涵，具有显著的区域烙印。① 中国地区之间能源资源禀赋、经济基础和技术积累方面的差异性，决定了各地发展能源新质生产力具有鲜明的区域特色。能源科技创新是能源新质生产力的核心要素，能源产业是能源新质生产力发展的承载主体。中国区域技术创新能力、区域产业布局的梯度差异以及各区域之间的制度差异，客观要求发展能源新质生产力不能套用同一种模式。应遵循客观规律，因地制宜，牢牢把握自身在国家能源发展战略中的定位，依靠区域特色和优势，在锚定国家发展全局的前提下实现错位发展，形成既符合国家能源发展战略导向要求，又符合自身实际的能源新质生产力发展道路，为全国加快形成和发展新质生产力提供有力支撑。坚持因地制宜方针发展能源新质生产力，各地区能够在融合互动发展的过程中拉长自身长板，协同推进能源领域产业链、供应链、创新链、人才链跨区域融合和错位竞争，在全国层面加快形成优势互补的能源高质量发展格局。

二 新能源促进新质生产力发展的重要举措

（一）以构建新型能源体系为载体，加快培育能源新质生产力

1. 加快完善新型能源体系顶层设计，制定出台新型能源体系总体规划

清晰界定核心体系、保障体系和补充体系的基本构成；明

---

① 蒋金法、盛方富：《在发展新质生产力中彰显区域特色》，《中国社会科学报》2024年4月30日。

确以体系建设推动功能转换，以功能转换带动能源替代的"先立后破、以立促破"思路；确立传递绿色低碳效益和引导产业协同转型的建设导向。适度超前制定总体规划，动态优化专项能源规划。

2. 推动市场与政府协同发挥作用，着力构建适应建设进程的利益分配机制

处理好能源价格与经济发展的关系，推动能源价格更好反映成本变化趋势。构建适应产业协同转型、地区协调发展和城乡融合发展的利益分配机制。更好发挥政府的引导和保障作用，完善政策支持，引导有效投资，防止一哄而上，规范市场秩序。

3. 推动能源和产业投资方式转型，实现能源科技的持续、融合创新

顺应能源创新驱动，打造开放式新型能源体系。顺应能源成本变化趋势，倡导 ESG 投资理念，加快绿色金融发展，加强财税和产业政策协同。加快构建能源科技创新体系，发挥新型举国体制优势，激发社会创新潜力，推动能源与信息、材料、制造等的融合创新。

4. 以深化电改为抓手推动新型电力系统建设

重点研究适应未来高比例可再生能源的电力市场设计，扩大电力现货市场试点范围，加快健全完善电力市场体系，稳步推动可再生能源进市场。明确电网功能形态调整方向，协同增强集中式电源输送和分布式电源接入能力，加强交直互联、输配协同和主微交互；改革输配电价机制，为配网升级、微网发

展和分布式开发创造条件。改革可再生能源消纳责任权重制度，建立强制绿证交易市场，提高绿证环境权益价值，提升国际认可度。加强电力市场与碳市场协同建设；加强零售市场监管，确保社会用能成本保持在合理区间。

5. 适度超前制定未来能源专项规划并动态调整

深入研究未来 10 年内全球能源（氢能）竞争格局，研判中国在全球氢能及相关产业中的技术地位、贸易条件和竞争实力，及时调整氢能发展策略。尽快研究出台针对补充体系新能源的投资、税收、价格等实质性补贴扶持政策，研究明确扶持对象，限定补贴总额和补贴时限。

（二）以提高要素水平为动力，促进能源新质生产力进一步发展

根据马克思主义政治经济学，生产力是人类认识社会、改造社会的能力，生产力是由劳动者、劳动资料、劳动对象三者构成。习近平总书记 2023 年 9 月在黑龙江主持召开新时代推动东北全面振兴座谈会时强调，加快发展新质生产力，必须坚持科技创新引领，实现人才强、科技强进而促进产业强、经济强，要加快实现高水平科技自立自强，支撑引领高质量发展，为全面建设社会主义现代化国家开辟广阔空间。新质生产力源于传统生产力的跃升，是由劳动者、劳动资料、劳动对象的进步而形成。

1. 发展新质生产力，要把人才放在更加重要的地位

新一轮科技革命的影响，劳动者从事知识创造的水平和能力显得越来越重要。新能源是集多种知识与技术为一体的战略

性新兴产业，新能源发展需要更多高层次的创新人才和复合型的技术人才，新型能源体系的建设发展也需要具有全局观念和系统性思维的管理人才。推动能源转型和新能源发展，要形成与之相适应的人才培养体系，畅通教育、科技、人才的良性循环，完善人才培养、引进、使用、合理流动的工作机制。根据科技发展新趋势，优化高等学校学科设置、人才培养模式，为发展新质生产力、推动高质量发展培养急需人才。要健全要素参与收入分配机制，激发劳动、知识、技术、管理、资本和数据等生产要素活力，更好体现知识、技术、人才的市场价值，营造鼓励创新、宽容失败的良好氛围。

2. 加强设备更新改造，提升能源产业的数字化水平

中国正在进行新一轮的设备更新改造，要通过设备的更新换代，加强能源产业的数字化转型，加强对数字资产的开发利用，充分发挥数据要素的乘数作用。要进一步加强能源互联网的建设，利用大数据技术，强化新能源发电与气象技术的融合，提升新能源装机利用小时和发电预测准确率，建设智能调度系统，加快分布式能源系统的发展。进一步提升中国能源装备制造水平，发展新型储能材料。

中国是世界能源生产大国、消费大国、贸易大国，部分技术处于世界领先地位，基本建成了完整的能源产业体系，但中国尚未构建起能源数字化产业链，导致中国本国能源数据统计有较长的时滞、缺乏系统全面的统计。产业发展战略、投资决策所需要的全球能源信息更多的是依靠 BP、IEA 所发布的全球

能源统计报告。由于能源数字化产业链不健全，中国不能及时准确地分析全国各地区能源供需状况及其相关因素，从而影响中国能源投资建设。多年来，中国能源供需关系总是在过剩和短缺方面大幅度振荡，对国民经济健康稳定发展、能源投资和企业运行经济效益产生较大的负面影响。建议成立专业化的机构，强化能源矿产资源数据、能源气象数据、能源生产数据、能源区域数据和能源需求数据的收集整合分析，为宏观决策和企业运营提供可靠的依据。

3. 增强国际能源治理，统筹能源发展与安全

能源市场是全球化的市场。新能源产业的发展正在改变全球能源地缘政治格局，与新能源发展相关的稀土、萤石、钾盐、铝、钨、锂、钴、锑和晶质石墨是未来全球科技所需的重要原材料，对其需求正在快速增长。2019年，美国倡议建立包括澳大利亚、刚果（金）等10个国家在内的矿业生产大联盟。欧盟拟定了"加强欧盟内部原材料采购和加工的可持续性，加强第三国供应多元化，加强基于规则的原材料开放贸易，消除国际贸易扭曲"等措施。全球能源关键矿产之争及新能源产业链之争已经上演。中国要在油气储备的基础上，增加关键稀有金属的储备。加强与稀有金属矿产丰富国家的经贸合作，要实现高水平的对外开放。

新型能源系统所面临的安全问题更为复杂，一是能源系统呈现网络化发展，系统内外联系量大面广，安全事故影响具有连锁性；二是风电、光电等不稳定性电源供应和电动汽车等不

确定性电力需求双向增长，电力系统的安全稳定保障是新型电力系统中最重要、最基础的部分。新型能源（电力）系统建设要把安全防御体系建设放在重要地位。电力安全系统既要加强硬件的安全，也要加强软件的安全；既要供给侧安全，也要需求侧安全；既要数量的平衡，也要质量的提高。中国要紧跟能源技术前沿，超前规划布局关键技术，强化新型能源电力系统产业链建设。要重点关注能源领域的"卡脖子"技术和核心元器件、高端原材料、基础工艺等关键环节，加强自主创新，打通全产业供应链，以能源先进装备制造为重点，提高产业配套能力，保障产业安全稳定发展。就新型电力安全运行来看，精准地分析预测风电、光伏发电的出力以及需求的变化，对新型电力系统的安全稳定运行具有重要作用。中国要充分挖掘能源数据的价值，利用大数据技术提高中国能源安全风险的预判能力。做到新型电力系统中每一部分每一环节都需要有风险分析，并备有相关处理预案。

第十五章
数字经济：新质生产力的"当头炮"

　　加快发展数字经济，促进数字经济和实体经济深度融合，打造具有国际竞争力的数字产业集群。优化基础设施布局、结构、功能和系统集成，构建现代化基础设施体系。
　　——习近平《高举中国特色社会主义伟大旗帜　为全面建设社会主义现代化国家而团结奋斗——在中国共产党第二十次全国代表大会上的报告》，人民出版社2022年版，第30页

　　数字经济既是构成新质生产力的主要内容，也是驱动新质生产力发展的关键因素。近年来，随着以人工智能、大数据、移动通信、物联网、云计算、区块链等为代表的新一代数字科技的革命性突破和产业化扩散应用，数字技术和数字经济成为新质生产力发展的内生动力，推动人类社会进入全新的科技革命与产业变革的交汇关口。习近平总书记深刻指出："综合判断，发展数字经济意义重大，是把握新一轮科技革命和产业变

革新机遇的战略选择。"① 站在历史交汇处，我们要抓住机遇，把不断做强做优做大数字经济，当作新质生产力发展的"当头炮"，实现与新一轮科技革命和产业变革同频共振。

第一节　数字经济驱动新质生产力发展的逻辑机理

数字经济驱动新质生产力发展是以数据资源作为关键生产要素，以数字技术为核心驱动力量，以现代信息网络、算力中心等新型基础设施作为重要载体，推动全要素生产率加速提升和经济结构跳跃式优化的过程。数字经济对生产要素赋能，主要表现为劳动者数字素养和数字技能的跃升，数字科技推动的机器设备、基础设施等生产工具和生产条件的跨越式改善，以及劳动对象范围的极大扩展等。促动机制包括数字科技创新成为新质生产力发展的核心引擎，数据要素在新质生产力发展中的乘数效应，以及组织变革带来的内生活力等。底层逻辑的现实表现包括促进交易成本降低、提升要素配置能力，以及提升产业链韧性与抗风险能力等。

一　数字科技创新是新质生产力发展的核心引擎

"科学技术是第一生产力"②，生产力的发展与跃升离不开科技创新。科技创新不仅是人类与物质世界建立联系的重要方式，也是推动生产力发展最直接的动力源。习近平总书记深刻指出："科技创新能够催生新产业、新模式、新动能，是发展

---

① 《习近平谈治国理政》第四卷，外文出版社 2022 年版，第 205 页。
② 《邓小平文选》第三卷，人民出版社 1993 年版，第 274 页。

新质生产力的核心要素。"① 理解把握数字科技在催生和推动新质生产力发展的动力机制和逻辑内涵，必须深刻认识数字科技革命性突破在新质生产力发展中的核心作用和典型特征，科学把握数字科技与传统技术融合发展促进传统生产力跃升的模式路径。

（一）数字科技革命性突破是催生新质生产力的主要动力和源泉

回顾历史，我们可以清晰地看到，全球每一轮新产业的爆发式涌现，都始于极少数技术的革命性突破。这类技术位于整个社会生产体系的最底层，具有推动生产力跳跃式"质变"的巨大潜力，又能被广大产业吸收和应用。数字科技创新催生的本轮科技革命和产业变革，可追溯到1946年世界第一台通用计算机ENIAC的诞生和1968年美国国防高级研究计划局建立阿帕网。自20世纪90年代互联网技术商业化应用以来，特别是自2010年前后移动互联网技术广泛应用以来，数字经济驱动的新质生产力进入快速发展的轨道。近年来，人工智能等新一代数字技术的加速突破应用，为新质生产力发展提供了源源不断的新动力，从根本上改变了产品、生产制造和产业的形态，摆脱了传统经济增长方式和生产力发展路径，不断催生新业态、新产业。

同时，数字科技的链式、群式和网络化集成创新特性，推动了劳动者、劳动资料、劳动对象等生产要素创新性配置，催

---

① 《加快发展新质生产力　扎实推进高质量发展》，《人民日报》2024年2月2日。

生了生产力发展的新模式。数字科技创新的开放性与包容性，实现了创新网络开放性，各类创新主体能够基于数字技术实现即时链接以及瞬时互动，推动产业链内的上下游企业之间的创新合作，促使产业（或区域）内逐步从企业间的散点式创新合作网络走向基于数字经济驱动的产业创新生态。在数字技术驱动的创新生态系统内部，各类创新主体通过虚拟集聚与线上线下协同等方式集聚，能够更有效地开展创新合作，且开展知识吸收、知识捕获、知识共享和知识整合的交易成本更低，最大限度地聚合相应的创新资源以实现共享。

（二）数字新技术与传统技术融合发展是促进传统生产力跃升的重要途径

从产业创新模式来看，传统产业创新模式一般表现为同一产业链范围内的上下游企业开展合作创新、协同创新以及支撑产业链的各类创新主体与知识主体的产学研协同创新，产业创新的涵盖主体、知识共享范围以及创新扩散范围都相对有限，且由于知识的独占性以及产业内部分核心企业的技术垄断性，产业内各类创新主体开展创新合作以及知识共享的成本相对较高，一定程度上抑制了产业创新绩效。尤其是产业链内的大企业往往基于规模优势以及资源能力优势，挤占或者侵蚀产业内中小企业的创新空间，常常抑制或者延缓了产业内的颠覆式创新等技术范式的出现。

数字科技创新和服务渗透到传统产业，与传统产业的专有技术相结合，会发生神奇的"化学反应"。科技创新对传统产业的产品、生产流程和业务模式进行全面改造，推动传统产业深度转型升级，促使传统产业迸发新生机，促成"老树"发"新枝"，推动传统生产力的"质变"。数字新技术与传统技术融合发展，推动传统生产力跃升为新质生产力，主要通过产品高端化、流程工艺再造和商业模式再造三种途径。第一种途径是通过开发更加高技术、高端化的产品实现传统产业的跃升。传统产业的产品技术含量、附加值往往较低，数字新技术创新、市场需求升级等因素可以驱动传统低技术、低附加值的产品向数字新技术、高附加值的产品转变。第二种途径是数字新兴技术通过和传统技术的融合创新，再造传统产业生产流程和工艺。传统产业之所以"传统"，一个重要原因就在于生产技术落后、工艺流程老化、生产效率较低。随着数字技术的不断迭代成熟，以及技术应用成本下降，数字新技术不仅为传统产业的技术改造、工艺流程优化创造了条件，而且数字新技术与传统技术融合创新，使传统产业深度转型升级，催生新质生产力加快发展。第三种途径是通过数字技术的应用，推动商业模式再造和传统产业服务化转型，实现价值链攀升和新质生产力培育，推动中国传统产业从"微笑曲线"[①] 低端的生产制造环节，向产业链、价值链的高端攀升。

（三）数字新技术的突破、融合和裂变，推动生产力跳跃式"质变"

考察历次工业革命可以发现，每一轮科技革命和产业变

[①] "微笑曲线"（Smiling Curve）又叫"附加值曲线"，是宏碁集团创办人施振荣提出的著名理论。

革,都呈现出共同的结构性特征。即在科技浪潮兴起的阶段,突破性技术创新涌现主要基于基础科学研究的突破,具有很强的科学驱动特点。在这个阶段,主导技术路线并不清晰,大量企业特别是创业企业基于自己对未来主导技术和主导商业模式的理解,大规模进入市场,从而形成"大规模试错"的市场竞争范式,并往往伴随着资本的大规模进入。当新技术以及与之相匹配的商业模式逐渐趋于成熟,这些技术的新应用开始催生大量新的产业,此前的资本投入开始转化为可见的商业利益,科技浪潮开始进入第二阶段,即大规模产业化阶段,这时的突破性技术创新涌现具有显著的需求拉动特征。

数字经济发展过程中,人工智能、大数据等通用技术和服务是动力产业,更加高效、安全、可靠、稳定的信息网络和算力基础设施是新型基础设施,智能制造、无人驾驶等率先获得技术成熟和市场应用的领域是先导产业,而新兴技术和商业模式向传统能源行业、消费品行业、装备行业、服务业的广泛渗透,使这些产业成为引致性产业,并与动力产业、先导产业和新基础设施产业一起,共同构成新经济完整的产业体系。经过过去近30年的智能化、网络化和数字化技术累积,以数字技术为核心的新一轮科技浪潮逐渐步入大规模产业化阶段。这类技术位于整个社会生产体系的最底层,具有推动生产力跳跃式"质变"的巨大潜力,又能被广大产业吸收和应用。随着这些技术被各行各业广泛采用,生产力才得到了重大跃升。

二 数据要素赋能新质生产力具有乘数效应

数字经济时代,数据作为关键生产要素的价值日益凸显。

数据要素因存在报酬递增、低成本、可重复利用等特点，成为区别于工业经济时代劳动、土地、资本的全新生产要素，独立存在于生产部门之中，成为产业创新发展和能级提升的全新生产要素。同时，它与劳动要素、资本要素等传统生产要素有机结合，推动生产力发展各个环节效率的不断提升，不仅呈现了新质生产力的新质态，也成为催生新质生产力的"加速器"。

（一）数字经济时代数据的技术经济特征

《现代汉语词典》将数据定义为"进行各种统计、计算、科学研究或技术设计等所依据的数值"[①]。数字经济条件下，数据的定义要比传统定义宽泛得多，不仅包括上述这些数值，也包括其他各种在传统数据定义下不被认为是数据的，既可以是以文字、图片、视频等各种形式记录、存储、传递的信息，甚至还可以是被编码为由"0""1"组成的二进制字符串。

数字经济时代数据要素所具有的显著技术经济特征，主要表现在以下几个方面。一是可重复使用且复制成本较低。数据可以低成本地无限复制给多个主体同时使用，一个主体对数据的使用并不妨碍其他使用者的再使用。二是增长的无限性和非排他性。随着数字技术加速渗透到经济社会的方方面面，数据资源供给规模呈现指数级增长，而且可以重复使用，打破了传统要素有限供给对增长的制约。三是对其他要素的支撑性和融

---

① 中国社会科学院语言研究所词典编辑室编：《现代汉语词典》第 7 版，商务印书馆 2016 年版，第 1218 页。

合性。数据要素能够与技术、劳动、资本等其他要素融合，且能对其他要素发挥强大的支撑效应。四是流动便捷性和规模经济性。与传统生产要素相比，数据流动便捷，且数据规模越大其蕴含的价值越高，数据使用者越多，从数据中挖掘的价值越大。

（二）数据要素是新质生产力发展的关键生产要素

生产要素的高效率配置是实现生产力跃迁、形成新质生产力的必要条件。随着数字经济的快速发展，数据作为关键生产要素进入生产函数，并由此形成数据生产力。数据作用于不同主体，与不同要素结合、协同、融合，对于拓展新知识、开发新技术、优化新工艺可产生倍增效应，大大提高生产效率。这个过程循环往复，能够在新的生产率水平上通过聚变扩能，形成更优化的知识、技术和工艺。数据要素与技术、人才、管理等传统生产要素的融合不断加深，能够通过业务流程优化、服务水平改善等提升生产力水平，驱动生产要素从低生产率部门向高生产率部门转移，让生产要素不断流向效率更高、效益更好的环节以创造出新质生产力。

数据要素是生产力协同的关键要素。数据要素的显著特征，决定了其在驱动新质生产力发展时，能够渗透到产业链的研发设计、生产制造以及销售服务体系之中，将极大地拓展劳动对象的范围和空间，优化要素配置水平，形成数据要素驱动的开放式创新网络、数据要素驱动的智能制造体系，以及数据要素驱动的用户体验与用户定制化服务，这极大地提高生产力资源的配置效率。同时，通过数据自动传输、大数据分析以及人工智能数字技术等实现生产力各要素的协同，实现生产经营不同环节之间的有效衔接，提升生产力协同的质量。

数据要素能够促进科技创新，推动新质生产力加快发展。推动科学数据有序开放共享，将实现以科学数据助力前沿研究、支撑技术创新，推进跨学科、跨领域协同创新。伴随高性能算力、智能算法等技术的迅速发展，在海量数据的驱动下，科学研究范式得以由传统的假设驱动向基于科学数据进行探索的数据密集型范式转变。借助高性能计算技术、人工智能技术等，将数据科学和计算智能有效结合，利用 AI 技术学习、模拟、预测与优化自然界和人类社会的各种现象，可以更精准快捷地解决许多科研问题，加快推动科学发现和科技创新。比如，基于海量、多元生物数据构建起的人工智能算法模型，在几天甚至几分钟内就能预测出以前要花费数十年才能得到的、具有高置信度的蛋白质结构。

数据的安全高效流通为新质生产力发展创造了广阔空间。传统生产方式下，信息的传递效率往往较低，在很多环节之间难以进行有效的信息交流，导致企业对内外部情况的变化反应速度慢、效率低，从而影响企业的生产效率。在数字化时代，数据要素的发展使实时数据传输成为可能，传感器技术、物联网设备等的广泛应用，使得大量实时数据得以迅速传输和处理，促进了信息的实时更新和传递。此外，数据要素的发展促进了数据压缩和优化算法的研究，有效减少了数据传输的负担和传输时间，也加快了信息传递速度。信息的实时更新与传输不仅能够有效降低生产各个环节的沟通成本，提高企业组织生产和运营效率，还有助于企业通过对实时信息的掌握，及时调整生产策略，最终提高生产效率。尤其是在高度数字化、智能化的信息环境中，可以实现以数据为纽带的人才、技术、资本、管理等创新要素的价值链联动，使创新资源实现最优配置。

（三）数据与技术、场景深度融合不断催生新产业、新业态、新模式

数据之所以能够成为生产要素，从根本上来讲，与其自身承载的信息价值密切相关。数据要素的价值实现主要分为两个阶段：第一阶段是数据要素作为承载信息的物理符号，可以对现实世界的各类信息进行记录与存储，这是数据发挥其价值作用的重要前提；第二阶段是数据要素作用于生产活动，与技术、场景深度融合、开发与利用，完成其价值创造过程。

在与技术、场景深度融合的过程中，数据要素的海量性使人工智能等前沿算法取得了突飞猛进的发展，推动产业实现深度转型升级，催生新产业、新业态、新模式。比如，通过道路状况、交通流量和车辆行驶等数据的互联互通，对车辆传感器数据、用户行为偏好及其他相关信息进行汇聚分析，推动智能网联汽车和交通行业的业务模式变革。在数字技术和数据要素双轮驱动下，数字技术与传统产业深度融合、数字经济和实体经济深度融合，形成"数字技术—数据要素—应用场景"三位一体的数字产业链，贯通生产、流通和消费全环节。比如，数据要素与制造环节相结合，构建横向端和纵向端兼容的集成智

能网络，能够提升制造业网络化和智能化水平，推动产业体系向先进制造、柔性生产、精准服务、协同创新的方向转型升级，促进制造业价值链向"微笑曲线"两端延伸。此外，围绕数据采集、分析、处理等，也将催生出一批以数据业务为主营方向的数据商等新业态，以及数据标注工程师、算法工程师、数据管理师、数据合规师等新兴职业。

三 数字经济驱动新质生产力发展的组织特性

数字经济驱动新质生产力发展的组织特性，是相对于传统的非数字创新组织而言的，这方面不同国家间存在很大差异。中国驱动新质生产力发展的数字创新组织特性主要表现为，在企业组织方面主要是中短期导向、盈利目标明确的数字创新领域中，通过高强度内部竞合制度安排，形成了独特的强激励优势；在产业组织方面，通过多平台企业和丰富的应用场景，强化了数字创新的范围经济和多路径探索；在产业安全方面，表现为数字经济组织需要相对高效地实现跨创新主体的预期引导和行为协调。

（一）组织协作与激励机制的深刻变革，促进了企业创新效率的跃升

驱动新质生产力发展的数字企业组织，既具有传统创新型组织的普遍特征，又在可重构结构、敏捷开发流程、高度去中心化的协作与激励等方面表现出诸多异质性，这些特征在驱动新质生产力发展中发挥着组合效应。

在组织结构上，虽然创新型企业都需要解决组织复杂性攀

升的问题，但传统的企业组织结构设计通常致力于降低组织的复杂度，便利各类职能在"保持简单"的条件下得到整合，数字创新企业组织则根据数字创新的技术与架构特点调整组织结构形式。其突出特点之一是在组织结构模块化的同时，采用可重构结构来"消化"甚至"拥抱"复杂度，而不是像传统创新组织那样仅仅通过削减组织层级和模块数量来"降低"复杂度。为了在掌控复杂性的同时，保持知识多样性和创新灵活性，面向数字创新的企业将组织拆分为大量可重构的行动单元，围绕创新机会（而不是面向特定领域和职能）进行频繁的再配置。由此，规模庞大的企业也能够突破组织惯性，围绕不断涌现的数字创新机会组织活动，可以"以复杂应对复杂"。

在组织流程上，尽管提升效率是企业的共同追求，但数字经济背景下，企业面对的是更高不确定性的技术动态和更快变化的用户偏好，需要在问题复杂且难以预定义的情况下适应不断调整的创新目标和需求，这催生了以试错、反馈、迭代为核心的敏捷流程。特别是在数字技术和产品生命周期普遍缩短的背景下，数字创新企业能够突破线性瀑布流程，从"优化流程+减少迭代"转向"快速启动+鼓励迭代"。

在组织协调上，虽然创新型企业普遍推崇通过"去中心化"提高员工的自我激励水平和创新参与度，但数字经济背景下，企业为了更好地抓住数字技术生成性导致的众多"意外发现"、促进员工主动识别并自发行动将这些"意外发现"转换为创新成果，在推动非层级化、去中心化协调方面更进一步，创造出了全面消除层级关系、彻底下放权力、完全围绕自组织的合弄制①（又称全体共治制）。由于数字技术的高度不确定性加剧了内部监管难度和机会主义行为，员工需要具备类似企业家一样的自我激励水平，组织单元之间需要基于自主交流的信任与协同，才能在面对数字创新机会时主动追求机会并寻求必要的协作，避免层级制的延迟和其他不利影响。因此，越来越多面向数字创新的企业开始将非层级化的自组织作为主导。

（二）技术范式与经济范式协同演进，重塑了技术创新与产业组织协同耦合能力

工业革命以来，传统产业组织形式主要表现为核心企业等生产组织，通过规模经济与范围经济效应提升生产效率与生产动能，经济组织之间往往存在高竞争壁垒，竞争的一般路径是通过核心企业的技术创新形成主导技术优势，或提升市场集中度等手段获取超额利润。这种技术与经济范式一旦形成，在位经济组织依赖于技术垄断、技术标准或者规模经济与范围经济优势，挤占市场利润空间，抑制了创新的多元化和产业的进一步发展。在数字经济驱动下，生产力的组织质态，从传统企业组织形式迈向平台型、链式产业组织和专精特新企业等多种组织形式。这些新组织成为支撑新质生产力发展的核心组织载体，其链接的市场范围也从传统企业链接的单边市场走向双边市场，平台、链式企业通过搭建互动平台，快速集聚双边用户

---

① Brian J. Robertson, *Holacracy: The New Management System for a Rapidly Changing World*, Henry Holt & Company, 2015.

及其他互补者，共同参与价值共创与价值增值共享，并以双边市场特有的同边网络效应与跨边网络效应参与市场竞争，推动了生产力发展的技术范式与经济范式协同演进，极大地提高了经济组织的创新与管理效率。

相应地，在数字经济驱动新质生产力发展的经济范式下，传统创新者、生产者、消费者等市场组织角色将被重新定义，产业链上下游企业的界限一定程度上在新的组织场域内被打破，呈现跨产业链融合以及跨生态位协同的产业生态链群，在各个链群内能够依赖链主为价值牵引中心开展跨生态位的价值共创，进而催生新技术、新业态与新模式，重塑技术创新与产业组织协同耦合能力。同时，数字经济推动的技术范式与经济范式协同演进，打破了企业在交易性投入与创新性投入之间的平衡，并使这一平衡更多地向创新性投入倾斜，从而提高了企业的创新能力。

（三）跨主体预期引导与协调，极大地提升了经济体系的抗风险能力和治理水平

产业链安全的核心是产业链内企业在面对重大外部冲击或者不确定性事件中的抗风险能力与企业韧性。由于传统产业链内的各类主体信息与知识的封闭性，其在风险信息与技术信息等难以被产业链内其他上下游企业所完全知晓；面对风险，即使存在产业链内的企业间合作创新，也难以形成面向整个产业链安全性的集体行动。同时，在传统经济形态下，产业链之间的协同成本相对较高，产业链转移的固定成本更高，一旦整个产业的某一核心企业遭遇外部不确定性事件冲击或者非经济因

素冲击，将导致产业链整体的创新协作与生产协作受到巨大冲击。比如在新冠疫情冲击下，一些传统产业链受到巨大冲击甚至遭遇断链风险，其成因主要是某一核心企业难以复工复产导致传统经济形态下的单链式产业链关系破裂。

而数字经济驱动新质生产力发展，不仅在技术和产品形态上区别于既有的技术，更重要的是数字技术能够有效驱动数字创新的创新体系既具有创新体系的一般规定性，也在结构和功能方面具有特定性。在数字经济驱动下，数字化核心产业作为数字经济时代经济发展的动力产业，其数字技术及数字化能力不断向其他产业溢出，引致经济发展水平不断提升，推动了新质生产力的不断发展。在此过程中，数字经济驱动不同的经济主体通过线上与线下协同的方式开展协同创新与开放式创新，可以通过数字智能技术快速获取与及时预判产业链上下游或者关联产业的相关风险信息，对各类其他创新主体的创新动态开展可视化解构。在遭遇外部不确定性事件冲击下，产业链核心企业和各类经济组织能够立足数字技术，向整个产业创新生态系统的各类创新主体开展跨界重组与资源重新配置，打破传统产业生态下的信息孤岛、数据孤岛，传统经济形态下的单一链式结构被网络化与柔性化的网络结构替代，实现各类主体的互联互通，不仅大大提高了产业链的柔性程度，也提高了整个经济体系的抗风险能力和现代化水平。

第二节　数字经济驱动中国新质生产力发展的现状分析

党的十八大以来，以习近平同志为核心的党中央站在统筹中华民族伟大复兴战略全局和世界百年未有之大变局的高度，将发展数字经济上升为国家战略，努力推动网络强国、数字中国建设，不断完善数字基础设施，以数字技术赋能传统产业，加快培育新业态、新模式。数字产业化加快发展，产业数字化转型稳步推进，为中国发展新质生产力打下了坚实基础。

一　数字经济驱动新质生产力发展取得显著成效

近年来，中国在数字经济规模、数字基础设施建设、数字技术创新、数字治理制度建设等方面取得了举世瞩目的发展成就，数字经济总体规模连续多年位居世界第二，数字经济已成为新质生产力发展中最活跃、增长最迅猛、影响最深刻的部门、最关键的力量，数字经济已成为中国新质生产力的"发动机"和"加速器"。

（一）数字经济规模不断扩大成为新质生产力的重要增长引擎

数字经济驱动新质生产力发展的核心产业形态是数字产业化与产业数字化，前者主要是数字技术驱动的全新产业业态，具体包括软件业、电信业、电子信息制造业和互联网行业等，后者主要是传统产业嵌入数字技术、产品、服务所融合形成的新质生产力。近年来，中国产业数字化转型稳步推进，服务业数字化水平大幅提升，工业数字化转型加速，工业企业生产设备数字化水平持续提升，更多企业迈上"云端"，大数据产业规模快速扩大。数字产业化取得显著进展，人工智能、大数据、区块链、云计算等新兴数字产业异军突起，新业态、新模式日新月异，移动支付、视频直播、远程会议、智慧物流等竞相发展，数字经济为新质生产力发展提供了强大动力。

根据中国信息通信研究院发布的《中国数字经济发展研究报告》，2022年，中国广义数字经济（数字产业化+产业数字化）同比名义增长10.3%，已连续11年显著高于同期GDP名义增速。一方面，在数字产业发展上，2018—2019年，中国信息传输、软件和信息技术服务业季度增速接近或超过20%，高于GDP和制造业增速几乎都在15个百分点以上。2023年，信息传输、软件和信息技术服务业季度增速尽管有所下降，但仍超过10%，且高于GDP和制造业增速5个百分点以上。另一方面，传统产业的数字化转型进程也不断加快。计世资讯[①]对中国部分重点行业数字化转型市场现状进行调研的数据显示，2018—2020年，中国制造业数字化转型的市场规模及增长率不断攀升，在规模上从2018年的近2000亿元攀升到2020年的近2500亿元。而工业互联网是传统制造产业数字化转型的主要表现，相关统计显示，2019年中国工业互联网经济增加值为2.13万亿元，同比增长47.3%，工业互联网平台正在成为中国制造产业数字化转型的关键，也成为数字经济驱动新质生产力发展的关键载体。

（二）数字基础设施对新质生产力发展形成有力支撑

超前部署以数字化、网络化、智能化为核心的新型基础设

---

① 计世资讯（CCW Research）是中国ICT产业权威的市场研究和咨询机构。

施建设，是发展新质生产力的重要保障。目前，中国已建成全球规模最大的光纤和第四代移动通信（4G）网络，移动千兆（5G）和固定千兆（光纤）接入用户规模均居全球第一，技术水平也在全球处于第一方阵。

在通信网络方面，中国已实现"市市通千兆、县县通5G、村村通宽带"，建成全球规模最大的固定和移动通信网络。2023年，中国累计建成5G基站337.7万个，5G移动电话用户达8.05亿户，IPv6地址资源总量居世界第一，10G-PON及以上端口规模超过1000万个，千兆宽带用户突破3000万户，千兆光纤网络具备覆盖4亿户家庭的能力，全国达到千兆城市标准的城市数量累计已达207个，互联网骨干网总体性能迈入世界前列，移动物联网终端用户数成为全球主要经济体中首个实现"物超人"的国家。

在算力基础设施建设方面，中国算力总规模居世界第二。2022年，中国数据中心机架总规模超过650万标准机架，数据中心算力总规模超180 EFLOPS，位居世界第二，累计建成153家国家绿色数据中心，全国规划在建的大型以上数据中心平均设计电能利用效率（PUE）降至1.3。在2023年全球超级计算机评比组织Top 500发布的第61期超算榜单中，中国内地有134台上榜，居世界第二。IDC等机构发布的《2022—2023全球计算力指数评估报告》显示，中国、美国分别以82、71的算力指数排在前两位，且明显高于第三名的日本，其算力指数为58。在数据资源方面，2022年中国的数据产量为8.1 ZB，全球占比10.5%，居世界第二；2022年的存力总规模超1000

EB，数据存储量为 724.5 EB，占全球数据总存储量的 14.4%。

（三）数字科技创新水平显著提升，为有效推动新质生产力加速发展奠定了基础

近年来，中国数字科技创新能力的快速提升，成为发展新质生产力的关键，尤其是人工智能（AI）等新技术领域基础研究的加速创新，为新质生产力发展奠定了坚实基础。2012—2021 年，中国数字科技论文发表量为 50.7 万篇，略低于美国的 52.6 万篇，居世界第二位，但远超过第三位德国的 15.1 万篇，而且中国数字科技论文发表数量和前 1% 数字科技"顶尖论文"数量分别在 2019 年和 2020 年超过美国，并逐年扩大相对美国的优势。以人工智能领域为例，自 2010 年以来，中国 AI 期刊论文和会议论文发表量一直居世界第一。2021 年，中国 AI 期刊论文发表量占全球的 39.8%，远远高于欧盟和英国的 15.1%、美国的 10.0%；会议论文发表量占全球的 26.15%，高于欧盟和英国的 20.29%、美国的 17.23%。2021 年，中国 AI 期刊论文引用占全球比重为 29.07%，超过欧盟和英国的 21.51%、美国的 15.08%；中国 AI 会议论文引用占全球比重为 22.02%，略低于美国的 23.85%，但高于欧盟和英国的 21.59%。2021 年全部 AI 论文发表量前 10 位的机构中，前 9 位均来自中国。

（四）数字治理制度的不断完善，有效改善了新质生产力发展生态

近年来，中国数字治理制度不断完善，数字创新生态系统不断优化。近年来，中国在数字经济领域的制度治理水平不断提升，促进了新质生产力发展生态的有效改善，尤其是在平台经济反垄断监管等方面，不断出台了相关法律法规（见表15–1），完善平台经济治理。2020年，中央经济工作会议将加强反垄断、防止资本无序扩张作为2021年经济工作的八项重点任务之一，要求完善数字规则，完善平台企业垄断认定等方面的法律规范，加强监管，提升监管能力，坚决制止垄断行为。

表15–1　近年来平台经济反垄断领域的立法实践

	部门	颁布或通过时间	相关的主要内容
《中华人民共和国电子商务法》	全国人大常委会	2018年8月	将"电子商务平台经营者"单独列为一节；第二十二条在现有的反垄断立法基础上，将技术优势、用户数量等方面作为市场支配地位的考量因素
三部反垄断配套规章制度	国家市场监督管理总局	2019年6月	规定市场份额认定的指标范围、认定具有市场支配地位的特殊考虑因素、以低于成本价格销售商品的特殊情形
《关于平台经济领域的反垄断指南》	国务院反垄断委员会	2021年2月	对平台经济反垄断领域问题作出了较为细化的规定
《最高人民法院关于充分发挥司法职能作用 助力中小微企业发展的指导意见》	最高人民法院	2022年1月	明确加大反垄断和反不正当竞争案件审理力度，依法严惩强制"二选一"等不正当竞争行为，依法认定经营者滥用数据、算法、平台规则等优势排除和限制竞争的行为
《关于推动平台经济规范健康持续发展的若干意见》	国家发展和改革委员会等九部门	2022年1月	对于平台经济，坚持发展和规范并重

资料来源：根据政府部门相关资料整理。

在数字创新生态系统建设上，无边界性、互联性和可复制性等作为数字创新生态的重要特征，① 有效改善了新质生产力的发展生态。目前，头部科技企业华为、阿里巴巴、腾讯、百度、字节跳动等都纷纷投身于构建基于自身平台的数字创新生态系统，阿里达摩研究院、腾讯研究院、百度 AI 技术平台等相继建立，数字技术与创新生态系统的融合为企业发展新质生产力创造了史无前例的技术创新突破窗口。在价值创造方面，中国数字经济领域区域合作创新发展态势良好，2023 年发布的《数字经济核心产业专利统计分析报告》数据显示，2022 年中国三大城市群长三角、粤港澳大湾区、京津冀数字经济核心产业发明专利有效量分别达到 34.0 万件、29.2 万件、27.6 万件，区域数字技术创新合作潜力得到进一步挖掘，充分释放了数字创新生态系统效能。

二 当前数字经济驱动新质生产力发展面临的主要问题

尽管中国数字经济在规模方面处于世界前列，但是中国数字经济"大而不强"的问题突出，关键技术受制于人，原始创新能力偏弱，产业链安全存在较大风险，数据资源规模庞大但未有效利用，数字企业国际化水平较低，数字经济发展不平衡、不充分的问题仍然较为突出，治理体系还需进一步完善，数字经济对新质生产力发展的价值潜力还没有充分释放。

---

① 曲永义：《数字创新的组织基础与中国异质性》，《管理世界》2022 年第 10 期；刘洋、董久钰、魏江：《数字创新管理：理论框架与未来研究》，《管理世界》2020 年第 7 期。

（一）关键领域数字技术创新能力不足，数字企业原始创新能力与美国存在较大差距

虽然在规模方面处于世界前列，但是中国数字经济驱动新质生产力发展的产业短板也非常突出。一是产业基础能力不强，数字核心元器件仍然受制于人。精密传感器、工业软件、操作系统、数据库等基础数字产品和服务严重依赖进口，高端芯片、传感器等元器件与美国等领先国家还存在代际差；工业控制、芯片设计等基础工具类软件基本依赖进口或授权使用。二是集成电路等核心产业风险较大。制程进步严重受阻，智能芯片与美国的差距有进一步拉大的风险；极端情况下重要装备和材料可能被"锁死"和"断供"，导致产业停摆；美国联动盟友加速对中国"脱钩""断链"；生态壁垒抬高，且美国在人工智能领域更有优势；划时代产品创新不足，存在赶超机会窗口丧失的风险；产业链协同不足，导致资源耗散。三是先进技术存在差距。从底层技术创新来看，欧美发达国家在底层技术和应用技术领域不断形成新的垄断优势，前沿数字科技的基础理论以及科技服务大多由发达国家的科技公司原创，在一些关键技术领域中国仍然受制于欧美等发达国家。

在企业层面，中美数字企业的原始创新能力也存在较大差距，掣肘了数字企业新质生产力的发展。一方面，从研发投入来看，2022年全球市值前十的数字企业中，六家美国数字企业的平均研发费用为341.7亿美元，同比增长28.3%，平均研发强度为14.6%；四家中国数字企业的平均研发费用为52.4亿美元，同比下降1.4%，平均研发强度为8.7%。亚马逊、谷

歌、微软的年研发经费均在400亿美元量级，而研发投入在百亿美元量级的中国数字企业屈指可数。另一方面，中国数字企业国际化发展水平低。互联网巨头的市场主要是在国内，国际业务比重低，只有抖音国际版 TikTok、拼多多国际版 Temu 等少数应用在国外比较流行，拥有规模较大的海外用户，相比之下，美国数字高科技公司进入世界许多国家并成为热门应用，国际业务收入在其营收中占有很高比例。

（二）数据资源规模庞大，但未有效利用

目前，中国对数据所有权、采集权、使用权、共享权等相关物权界定尚未厘清，数据安全治理监管机制亟待建立完善，数据要素交易市场规模偏小且尚需规范，导致数据资源的数字红利无法充分释放，从而未能有效促进中国新质生产力发展。一方面，数据要素交易市场规模偏小问题相比美国更为突出。IDC 的研究报告《数据时代 2025》显示，2010 年以来，全球新产生的数据规模以 27% 的速度增长，2018 年中国新产生数据规模总量已达 7.6 ZB，超过了美国的 6.9 ZB，成为世界第一数据资源产量大国。然而，根据 OnAudi-ence.com 网站的估算，2019 年中国数据要素市场（交易服务）的规模约为 33 亿美元，按 5%—10% 的佣金率推算对应的交易规模为 330 亿—660 亿美元，仅有美国的 20%。另一方面，中国在公共数据开放方面也亟待强化。[①] 从国际组织 Open Data Barometer 发布的

---

① 蔡跃洲、马文君：《数据要素对高质量发展影响与数据流动制约》，《数量经济技术经济研究》2021 年第 3 期。

世界各国公开数据得分来看，2017年，在全球115个参与评分的国家和地区中，中国位列第71名，综合水平仅得到20分（百分制）；而从分值结构来看，中国的数据应用和影响力子项得分较低，分别只有11分和10分。这也从侧面反映出中国数据资源庞大的数字红利未得到充分释放。

（三）数字鸿沟未有效弥合，数字经济国际竞争力差距存在拉大风险

从国内来看，中国数字经济发展不平衡，不同区域和不同行业的数字鸿沟未有效弥合，阻碍了新质生产力发展。中国数字企业主要集中于一、二线大城市，未来数字经济的持续高增长可能会进一步拉大地区间的经济差距，数字经济的用户集中于城市地区，农村地区、老年人的智能终端普及率和互联网服务的使用率较低，数字服务的快速扩散可能会形成人群之间新的数字鸿沟。

特别是近年来，美西方国家对中国数字科技和产业"打压"范围不断扩大、强度不断加大，同时数字技术不断出现了颠覆性重大创新，使中国数字经济与美国的差距有所拉大，[①]主要表现在以下三个方面。一是美国科技公司引领人工智能大模型技术路线的发展，ChatGPT、Sora等大模型的技术水平领先且进入应用部署阶段，中国在数字前沿科技领域的差距有所拉大。二是在颠覆性科技创新的驱动下，美国互联网公司的市值快速增长，微软、苹果的市值超过2万亿美元，英伟达、亚马

[①] 江鸿：《直面大国博弈：中国数字经济战略重塑》，经济管理出版社2023年版。

逊、Alphabet（谷歌）、Meta 的市值超过 1 万亿美元，相对中国互联网领先公司腾讯、阿里巴巴等的优势显著拉开。三是受科技原创能力偏弱、美元资本退出、国内资本市场不完善等因素影响，代表未来发展潜力的中国独角兽企业的规模和估值占全球的比重明显下降，与美国的差距存在进一步拉大的风险。

（四）数字经济驱动新质生产力发展的生态环境尚需进一步完善

目前，国内一些产业的产业链内还没实现深度融合交流、资源共享共建、优势能力互补，未能形成充分的上下游协同、创新高低协同，以及与周边区域形成共同发展、利益共享的产业协同发展机制，从而无法为发展新质生产力提供一个良性循环的生态环境。以集成电路行业为例，各地大量上马集成电路项目，大量重复投资、低效投资问题初现，高端制程制造、高端设备、材料、EDA 软件等突破的协同性不足。除此之外，由于共性技术难以直接创造经济利润，前期投入加大，回报周期较长，很多企业对共性技术重视不够，共性技术供给体系不完善、总量不足和质量不高的问题日益成为制约企业创新发展的瓶颈，影响新质生产力发展水平的提升。

三 中国数字经济推动新质生产力发展面临的机遇与挑战

数字经济颠覆式创新技术"应用爆发"阶段到来，超大规模市场和丰富场景为中国新质生产力发展提供了广阔空间和巨大机遇。同时，中国"杀手级"数字应用突破缓慢，数字底层技术受制于人，欧美等西方国家从资金、人才、技术、数据等全场域对中国科技创新实施"脱钩断链",钳制了中国新质生产力的发展。

(一)数字经济颠覆式创新技术"应用爆发"阶段到来,为新质生产力发展提供了广阔空间

近年来,中国瞄准数字经济关键核心技术和重点领域发力,牵引和带动新质生产力加速发展,在一些数字科技不断成熟和产业转化的同时,不断有新的颠覆性科技创新涌现出来,展现出催生新产品、新模式、新业态、新产业的巨大潜力,为新质生产力发展提供了广阔空间。全球著名IT咨询公司Gartner[①]根据对上千种新科技发展趋势的分析研判,每年都会有新的数字科技出现在新兴技术成熟度曲线上,也会有老技术在曲线上消失,体现出数字科技颠覆性创新排浪式涌现的特点。近期出现影响力巨大的新技术是以ChatGPT、Sora为代表的人工智能大语言模型(Large Language Model,LLM),元宇宙、Web3.0被视为潜力巨大的前沿技术,引起各界高度关注。颠覆性的数字科技及其带动的商业模式和产业业态创新,不但会在中短期形成战略性新兴产业,而且随着新一轮科技革命和产业变革的持续深入推进,还会形成代表更长期发展方向的未来产业和经济发展模式,推动新质生产力加速发展。

(二)超大规模市场和丰富场景有利于新质生产力的发展壮大

在数字经济驱动新质生产力发展的过程中,中国超大规模

---

① 该咨询公司每年会发布包括30项新兴技术和趋势的Gartner新兴技术成熟度曲线。

市场、海量数据和丰富应用场景优势，为数字经济驱动新质生产力发展提供了核心支撑力和驱动力。与产业端的应用相比，消费端的市场规模大、容错能力强、专业知识要求低，内需驱动在数字经济发展中发挥重要作用。[①] 首先，传感器、机器人、数控机床等传统技术更加智能化、精准化，且成本不断下降，具备了大规模应用的经济基础。其次，在消费互联网发展过程中，大数据、云计算、物联网、移动互联网、人工智能等新技术更加成熟，逐步能够满足产业特别是工业生产活动高度精准性的要求。当前，不但消费互联网公司发展出服务商业企业的能力，而且涌现出更多专注于产业端解决方案提供的专业化数字技术企业，成为推动产业互联网发展的重要力量。最后，随着日益广泛连接的建立与企业的跨界发展，消费领域的数据逐步与产业界数据连通，实现了跨产业互联和从产品研发设计到用户使用的全生命周期数据循环。随着数字经济的发展，不仅消费互联网数字红利和流量增量成为拉动新质生产力发展的动力源，产业互联网也将成为数字经济驱动新质生产力发展的"新蓝海"。

（三）中国数字创新平台呈多平台特征，数字底层技术受西方国家掣肘

中国数字创新平台企业呈现显著的多平台特征。多平台经营特征对于中国数字创新来说，既是优势也是挑战。一方面，

[①] 左鹏飞、陈静：《高质量发展视角下的数字经济与经济增长》，《财经问题研究》2021年第9期。

多平台模式可以同时带来规模经济和范围经济，增加数字创新的收益和内在动机；同时，多平台模式也使得平台积累了大量的、差异化的资源以及多领域知识，有助于平台企业进行跨领域的数字创新。例如，以消费者业务起家的阿里巴巴，凭借其大规模的用户优势、行业数据优势以及强大的技术能力，开始向产业互联网平台（钉钉平台）延伸，带动了工业领域的数字创新。另一方面，多元化经营的平台也可能在网络效应的驱使下形成"一家独大"的垄断局面，产生"赢家通吃"效应。这不仅会压缩其他创新主体的数字创新空间，还可能因为平台企业的自我优待、"杀手型"并购等策略性行为直接阻碍数字创新，① 掣肘企业新质生产力发展。

此外，与美国的工业互联网平台相比，中国工业互联网平台侧重于行业数字化应用，多是基于平台架构的浅集成，很多平台在数据处理分析模型、数据采集设备、软件开发平台等关键核心零部件和技术方面存在较强的对外依赖，这增加了数字创新的自主可控风险。同时，由于中国数字经济"换道超车"，撼动了美国在数字科技、数字产业的领导力、产业链掌控权和经济利益，美国为维护全球科技和产业霸主地位，联合其盟友施展"组合拳"，对中国数字产业发展进行打压遏制，包括供应链"去中国化"、推动与中国科技"脱钩"、利用数字治理规则实施"规锁"、加快美元资本退出等，加大了中国数字底

---

① 孙晋：《数字平台的反垄断监管》，《中国社会科学》2021 年第 5 期；张文魁：《数字经济领域的反垄断与反不正当竞争》，《社会科学文摘》2022 年第 6 期。

层技术创新和新兴产业发展的难度和风险。

第三节　数字经济驱动中国新质生产力发展的对策措施

习近平总书记强调，"新质生产力是创新起主导作用，摆脱传统经济增长方式、生产力发展路径，具有高科技、高效能、高质量特征，符合新发展理念的先进生产力质态"①。数字经济作为新一轮科技革命和产业变革的重要驱动力量，已经成为推动中国新质生产力发展的重要引擎。因此，必须立足数字经济这一大背景，深刻把握数字经济时代生产力演进发展的规律，聚焦创新能力、数据要素、数字基础设施、现代产业体系、融合发展、数字治理以及国际国内环境等方面，不断推动中国新质生产力的向前向好发展。

一　协同提高数字创新能力，塑造新质生产力发展的核心动能

2023年9月，习近平总书记在主持召开新时代推动东北全面振兴座谈会时强调，要加快形成新质生产力，增强发展新动能。以数字经济引领中国新质生产力发展，就是要在深刻理解数字发展驱动新质生产力发展的底层逻辑基础上，统筹协调、集聚式发展，通过创新技术进步和体制机制进步，形成政府和市场双向嵌入、集中化和扁平化融合的创新模式，不断塑造新质生产力发展的核心动能。

---

①《加快发展新质生产力　扎实推进高质量发展》，《人民日报》2024年2月2日。

（一）推动数字技术创新和应用

一是加强对数字前沿技术创新的研判和引导。国家层面要结合世界主要国家布局重点，研判前沿数字科技发展趋势和市场潜力，发布"数字关键新兴技术清单"并定期更新，引导数字科技创新和产业发展方向。二是强化数字应用基础研究和前沿研究。加强国家对数字基础研究产出的制度保障和政策引导，强化企业科技创新主体地位。三是推动数字关键核心技术自主创新。准确把握重点领域科技发展的战略机遇，选准关系全局和长远发展的战略必争领域和优先方向，利用新型举国体制以"非对称竞争优势"为目标，构建数字底层技术"分级分类"攻关体系，构建高效强大的数字共性关键技术攻关体系。四是加快数字技术促进产业发展进程。从数字技术的"工具思维"向数字经济的"生产力思维"转变，通过开源开放、商业模式和应用场景等创新，将其迅速转化为赋能千行百业的生产力和大生态，促进创新链与产业链融合，优化布局，实现生产力的跨越式发展。

（二）推进科技创新体制机制变革

一是构建与新质生产力相适应的科技体制机制。优化科研项目管理机制、完善科技成果评价机制、加强科研诚信建设，依托数字平台对创新项目从申请、立项到成果转化的全过程进行协调管理，推动生产要素的创新性配置。鼓励数字科技企业与大学、科研机构在基础研究领域的合作，形成科研机构的人才优势与数字科技企业的数据、算力优势的创新合力。二是深化科技创新体制机制改革，释放全社会创新、创业和创造动能，引导创新要素投向核心技术攻关，培育竞争力强的主导企业和"专、精、特、新、尖"的中小企业，提升中国在全球数字时代的影响力和竞争力。三是构建国家创新体系。将科技创新与产业发展融合作为关键内容，加强新一代信息技术在高端装备制造领域的应用，突破智能制造装备软硬件瓶颈，拓展服务模式创新，提升装备制造效能，推动产业向价值链高端延伸，加强绿色改造升级，提高资源回收利用效率。

二　发挥数据要素赋能作用，增强新质生产力发展的质效

数据要素作为生产力协同的关键要素，其显著特征决定了对新质生产力发展的赋能作用。[①] 要探索建立多样化的数据开发利用机制，完善数据开发利用生态环境，加快培育数据要素市场，充分释放数据要素的乘数效应，充分发挥数据"新"要素的关键价值。要加快促进数据要素流通和提升市场化配置水平，充分发挥其促进新质生产力发展的关键作用，不断增强新质生产力发展质效。

（一）创新与完善数据要素开发利用机制和生态环境

一是以实际应用需求为导向，探索建立多样化的数据开发利用机制。推进数据标准化体系建设，形成更加完整贯通的数据链，从宏观层面全面统筹国家大数据战略，强化数据信息安全。鼓励重点行业创新数据开发利用模式，在确保数据安全、保障用户隐私的前提下，调动行业协会、科研院所、企业等多

---

① 李涛、欧阳日辉：《数据是形成新质生产力的优质生产要素》，《光明日报》2024年4月23日。

方参与数据价值开发。鼓励更多社会力量对具有经济和社会价值、允许加工利用的政务数据和公共数据，以数据开放、特许开发、授权应用等方式，进行增值开发利用，为新质生产力发展匹配良好的体制机制。二是繁荣数据开发利用产业生态。支持技术型、服务型、应用型等多种类型的数据商发展，鼓励为数据合规、质量评估、估值定价等提供服务的第三方专业机构发展，稳妥发展场内数据交易机构，增强服务类平台的互联互通功能，为新质生产力发展创造良好的生态环境。

（二）加快数据要素市场化流通

一是加快构建数据要素市场规则，培育市场主体、完善治理体系，促进数据要素市场流通。鼓励市场主体探索数据资产定价机制，推动形成数据资产目录，逐步完善数据定价体系。二是规范数据交易管理，培育规范的数据交易平台和市场主体，建立健全数据资产评估、登记结算、交易撮合、争议仲裁等市场运营体系，明确数据确权、交易流通、权益保护、安全治理、流程监管等制度规范，严厉打击数据黑市交易，提升数据交易效率，为新质生产力发展营造安全有序的市场环境。

（三）因地制宜促进数字场景开发与推广

支持和鼓励创新数据开发利用场景，加强需求牵引，推动智能制造、商贸流通、交通物流、金融服务、医疗健康等重点领域打造更多应用场景，促进数据要素与其他要素深度融合，催生新产业、新业态、新模式，为新质生产力发展注入新活力。全面实施制造业数字化技术改造，推动制造业产业链从材料、零部件、整机、成套装备到生产线的智能改造，推进智能化、数字化技术在重点行业的研发设计、生产制造、物流仓储、经营管理、售后服务等关键环节的深度应用。进一步挖掘制造业下游应用市场的潜在优势，加强制造业、数字经济与下游应用市场对接，以人工智能、5G、无人驾驶等新一代信息技术的产业化、商业化，带动传统产业向新质生产力转化。

三 强化数字基础设施建设，打造新质生产力发展的坚实平台

加快新型基础设施建设，牵引数字经济发展全局领先。习近平总书记指出，要"加快新型基础设施建设"[①]。数字基础设施作为新型基础设施，是数字经济发展的前提、产业创新与升级的关键，为新质生产力的发展提供了坚实的平台支撑。未来数字技术的交叉融合，迫切需要更多集成数据、算力、算法的融合性基础设施，为可能产生的组织形态、商业模式等变革提供底层支撑。

（一）系统构建数字基础设施

一是要适度超前布局数字基础设施。在继续保持5G和千兆光网稳步快速建设势头的同时，加快建设以全国一体化数据中心体系、国家产业互联网等为抓手的高速泛在、天地一体、云网融合、智能敏捷、绿色低碳、安全可控的智能化综合性数字信息基础设施，加快形成全国一体化算力体系，打通新质生产力发展的数字"大动脉"。

---

① 习近平：《不断做强做优做大我国数字经济》，《求是》2022年第2期。

二是要规模化部署数字基础设施。推动5G-A/6G、千兆光网/万兆光网、FTTR、高速无线局域网、卫星互联网、云网融合等新型网络技术创新，加快高性能计算、异构计算、智能计算、量子计算、类脑计算等突破，推动云网、算网协同发展，研究制定算网基础设施发展规划，推动数字大科学装置与满足数字前沿技术和数字未来技术产业化转化的新型基础设施建设，为新质生产力发展提供有效支撑。

（二）提升数字基础设施应用水平

一是要强化政策引导，促进东西部算力高效互补和协同联动，引导通用超算中心、智能计算中心、边缘数据中心等合理梯次布局，加快数据空间、高速数据网等技术的研究，推动区块链以及联邦学习、多方安全计算等隐私计算技术的应用，为新质生产力发展创造安全、可信、便捷的数据流通环境，为促进跨行业、跨地域数据要素流通、开发、利用提供基础设施支撑。

二是要加快推动数字基础设施领域相关标准制修订，完善节能降碳标准体系，支持开展信息通信设备能效、绿色运维、高效制冷等标准研制工作。推动建设国家绿色数据中心，加强绿色设计、运维和能源计量审查，为新质生产力绿色发展打下坚实基础。

四　深化数实融合，提升新质生产力发展的韧性

习近平总书记强调："要把握数字化、网络化、智能化方向，推动制造业、服务业、农业等产业数字化，利用互联网新

技术对传统产业进行全方位、全链条的改造,提高全要素生产率。"① 科技突破需要利用"硬件"生态系统,制造业可融入数字"基因",与虚拟世界相融。通过加快数字经济和实体经济融合,推进制造业数字化,加强工业互联网基建,打造良好发展平台,提高安全保障,实现新质生产力和新型工业化的双向互动,打造新质生产力的发展新优势和新动能。

(一)加快发展战略性新兴产业与布局未来产业

一是要以战略性新兴产业为重点,激发新质生产力的发展潜力。积极构建产学研深度融合的技术创新体系,坚持服务于国家战略需要,以企业为主体、市场为导向、基础研究创新成果为依托,着力布局战略性新兴产业。推动发展人工智能产业,加强核心算法研究,并将其与新能源汽车、电子商务、金融和医药等多领域结合,推动战略性新兴产业全面开花。加强战略性新兴产业集群和产业园区建设,构建各具特色且优势互补的战略性新兴产业体系。大力推进数字产业集群建设,利用产业间溢出效应实现产业升级,巩固优势产业领先地位。

二是要以未来产业前瞻性布局为引领,抓准新质生产力的发展先机。把握科技创新与市场需求趋势,根据不同地区的资源禀赋、产业基础以及科研条件的差异化特征,构建全国各区域协调发展、重点培育且优势互补的产业链条,打造一批未来产业先导区。充分利用中国人才优势,构建应用导向的科研创新平台,加强交叉学科融合创新与开放合作,强化技术攻关,

---

① 习近平:《不断做强做优做大我国数字经济》,《求是》2022年第2期。

突破形成先进技术优势，引领、推动未来产业的前瞻性布局，打造具有国际竞争力的新质生产力产业集群。

（二）促进形成新产业、新业态、新模式

一是培育壮大数字经济核心产业。利用数字技术的溢出效应和网络协同效应，拓宽应用范围，丰富应用场景，在人工智能、大数据、电子信息等领域打造一批具有国际竞争力的数字产业集群，在颠覆性数字技术推动的新产品、新模式创新所形成的若干新赛道形成全球领先优势。二是加快促进产业数字化。利用数字技术促进产业链上下游的全要素数字化升级、转型和再造，将产品研发、生产、销售等过程与数字经济深度融合，增强产业链关键环节竞争力，推动传统产业尤其是制造业生产方式、组织方式的数字化转型和智能化升级，优化市场的供需匹配机制和资源配置效率，塑造产业发展的新动能、新优势。三是加快发展新业态、新模式。通过融合现有业态和数字业态跨界，探索过程中出现的生产消费新环节、新链条、新模式，加速产品和服务迭代，加快发展新业态、新模式，更好满足和创造新需求。

五 统筹社会发展，厚植新质生产力发展的沃土

推动新质生产力发展在社会发展的不同阶段，所对应的社会、环境和对象是不同的，需要通过数字化赋能社会全方位发展，不断优化发展环境，为培育新质生产力厚植发展的沃土。

（一）优化数字发展环境

一是提高数字政务智能高效水平。加快创新数字政务制度

规则，推进政务数据有效共享、政务高效协同。统筹部署一体化政务系统建设，推进技术融合、业务融合和数据融合，加强政府数字化履职能力建设，提高公共服务在线服务效率。二是增强数字社会普惠便捷能力。基于多层次、个性化生活需求，统筹推进智慧城市、数字乡村、智慧社区和家庭建设。三是提升数字治理能力。推进形成政府、企业、其他主体协同治理机制，构建多元化数字治理格局。促进信息资源平等交换，发挥东部地区优势，巩固中部地区基础，支援西部地区新质生产力建设。促进模式创新，提升市场效率，推动东、中、西部地区协同发展，兼顾效率与公平，缩小新质生产力地区差距。

（二）培养拔尖创新人才

培养方面，要构建完善的数字人才培养体系，优化数字学科设计，大力培养能熟练运用现代信息技术，拥有互联网思维与创新思维的复合型高端人才。评价方面，要构建以科技创新质量、绩效与实际贡献程度为核心的新型评价激励机制和科学、公正、全面的人才评价体系，充分考虑数字技术领域的特殊性，采用多元化的评价方式，多方位衡量拔尖创新人才的创新思维、实践能力和团队精神。引进方面，瞄准国际化高层次人才引进，拓宽人才引进渠道，完善人才流动机制，健全人才服务体系，加快打造创新人才集聚高地。

六 坚持内外联动，拓展新质生产力成长空间

2022年12月，习近平总书记在中央经济工作会议上强调，要大力发展数字经济，提升常态化监管水平，支持平台企业在

引领发展、创造就业、国际竞争中大显身手。面对美西方国家对中国数字经济发展的打压遏制，中国需要坚持内外联动，有机协同政府和企业，聚焦重点领域突破，构建国际合作"微生态"，保持和提升中国数字经济国际竞争力，不断拓展新质生产力成长的空间。

（一）推动政府和企业有机协同

数字经济发展在政府与市场的二元互动下，不断协同提升国际竞争力，在市场运行规律层面依赖于数据生产要素激活、数字技术创新涌现与数字产业化和产业数字化不断壮大；数字经济新的发展规律对政府功能定位提出新要求，数字经济发展进程中独特的市场失灵现象引发的数字企业垄断、数据成为独特生产要素引发的数据隐私与数据安全、全新数字技术鸿沟与收入不平等、数字技术创新规律特征都呼唤政府重塑市场治理功能定位。其中，政府对数字经济国际竞争力提升的功能定位于战略部署与规划引领、政策制定与政策优化、创新主体培育与壮大、生态系统建设与治理、数字监管体系建设五个层面，数字企业国际竞争力聚焦大力提升数字企业原始创新能力、积极鼓励和引导数字企业"走出去"、进一步完善数字产业生态系统三方面发力。

（二）构建国际合作"微生态"

准确把握全球数字科技创新和产业发展新趋势，在深化已有全球创新和产业发展国际合作，维护和不断推动全领域、全方位开放"大生态"下，根据不同国家的竞争态势和能力水平等因素，聚焦重点领域构建差异化合作的"微生态"，为中国新质生产力发展不断开拓新领域、打造新空间。要积极探索数字时代的国际合作新模式,顺应数字经济发展趋势和国际分工、贸易环境的变化,以数据信息为纽带,以数字经济与"智能+制造"发展为契机,积极探索与共建"一带一路"国家产能和贸易合作新模式,带动数字化跨境制造网络的形成。要重点围绕电力、家电、电子信息制造等中国具有优势且能够发挥新兴市场国家比较优势的产业,推进双方以数据信息为重要纽带,在产业链层面进行深度合作,实现双方共赢,打造跨境信息网络互联互通、产业链供应链融合的模板。同时,把握数字经济改变贸易规则的机遇,发挥中国在超大规模市场和数字技术应用场景丰富的优势,多渠道增强整合和配置全球资源要素的能力,着重在农产品和农化产品、电子信息元器件、关键矿产资源和能源等领域增强对全球技术、中间品交易渠道的影响力和控制力,积极构建建立在数字经济基础上的、中国主导或有影响力的全球要素市场和交易体系,为新质生产力的发展创造广阔的国际空间。

第十六章
因地制宜：打造各具特色的新质生产力发展高地

各地要坚持从实际出发，先立后破、因地制宜、分类指导，根据本地的资源禀赋、产业基础、科研条件等，有选择地推动新产业、新模式、新动能发展，用新技术改造提升传统产业，积极促进产业高端化、智能化、绿色化。

——习近平总书记在参加十四届全国人大二次会议江苏代表团审议时的讲话（2024年3月5日），《人民日报》2024年3月6日

"因地制宜发展新质生产力"是习近平总书记在参加十四届全国人大二次会议江苏代表团审议时作出的重要论述。此后，在地方调研和中央政治局会议上，他多次强调，要因地制宜发展新质生产力。这一重要论述，为各地结合实际推进生产力变革指明了方向、提供了遵循。

第一节　充分认识因地制宜发展新质生产力的重要意义

一　构建合理区域分工体系、推动区域高质量发展的必然选择

高质量发展是全面建设社会主义现代化国家的首要任务和新时代的硬道理。区域高质量发展是高质量发展的重要内容。发展新质生产力需要与地区的资源禀赋、产业基础和科研条件相适应，引导生产要素顺畅流向发展新质生产力的领域。由于不同地区处于不同的发展阶段，新质生产力的发展也会呈现区域特征。例如，东部地区经济基础较好，应加大科技创新力度，发展高端制造业和现代服务业；中部地区区位交通和市场优势突出，应积极承接产业转移，协同推进科技创新与产业创新，促进创新链产业链资金链人才链融合发展，打造一批新的先进制造业基地；西部地区资源禀赋各异，产业基础相对薄弱，应立足自身实际，发展特色产业和优势产业。这有助于防止产业发展中出现"一哄而上"的现象，避免资源浪费和要素低效率配置。通过精准分类指导，结合各地产业、科技、要素发展实际因地制宜发展新质生产力，可以形成符合当地发展实际的产业图谱，有助于明确各区域发展定位，扬长避短，优化资源配置，有助于解决现阶段我国区域发展不平衡不充分的问题，促进区域协调发展。

二　促进生产关系与生产力更加适应加快培育经济新动能的重要途径

生产关系必须与生产力发展要求相适应，这是由新质生产

力发展的客观规律性和主观能动性共同决定的。从客观规律性来看，因地制宜发展新质生产力强调在认识和运用自然、社会和经济规律的基础上，根据各地的发展实情制定相应政策。从主观能动性来看，因地制宜发展新质生产力强调各地要根据其生产力发展状况，在深入调查研究的基础上大胆创新，勇于探索适合本地区发展的新路子。当前，中国各地区生产力发展水平不同，所处新型工业化、信息化、城镇化和农业现代化发展阶段不一致，因地制宜发展新质生产力有助于各地根据自身条件，把握各自发展阶段的规律性特征，积极有效地探索发挥优势、展现特长的新路子，推动不同地区的技术突破和要素配置优化组合，从而找到符合自身发展实际的推动生产力跃迁的路径。这将会极大地解放和发展生产力，有助于适应不同地区特点和需求，促进各地区新产业、新业态和新动能的培育。

三 推动各扬所长、形成合力、加快抢占新一轮科技革命和产业变革制高点的必由之路

新质生产力特点是创新，关键在质优，本质是先进生产力。历次科技革命带来的颠覆性技术创新，带来社会生产力的大解放和生活水平的大跃升。一些国家抓住科技革命和产业变革的难得机遇，综合国力迅速增强，甚至一跃成为世界强国。当前，新一轮科技革命和产业变革深入发展，一些重大颠覆性技术创新正在创造新产业新业态，中国发展面临千载难逢的历史机遇，新质生产力应运而生并在实践中不断发展壮大。因地制宜发展新质生产力有助于充分发挥不同地区比较优势，用好用足各地区科技产业人才基础和资源禀赋积极拓展多元技术路

线和突破路径，有助于充分发挥社会主义集中力量办大事的制度优势和超大规模市场优势形成发展合力，能够给新质生产力发展带来"1+1>2"的规模效应，进而在时间性和空间性的良性互动中精准把握新领域新赛道的新趋势新方向，在激烈的国际竞争中赢得先机，有助于中国在新一轮科技革命和产业变革中赢得主动。

第二节　准确把握因地制宜发展新质生产力的具体要求

一　发展新质生产力不是忽视、放弃传统产业

新质生产力是技术革命性突破、生产要素创新性配置、产业深度转型升级等多种因素共同作用的结果，不仅局限于"高精尖"和"白菜心"，也包括传统产业高端化、智能化、绿色化、融合化发展等内容。传统产业不等于落后产业、无效产业，中国传统产业量大面广，是中国产业发展的基本盘，是建设现代化产业体系的基座。传统产业发展能为新质生产力培育提供支撑并拓展市场空间，传统产业应用新技术进行改造升级，也能"老树发新枝"，形成新的活力。发展新质生产力，所有的产业都有改造提质升级的空间。对此，要用全面、辩证、发展的眼光观察和理解。要坚持新兴产业培育和传统产业改造升级两手抓，汇聚形成加快构建现代化产业体系的强大合力。

二　要防止一哄而上、泡沫化

当前，发展新质生产力，各地区各部门积极行动、干劲十

足。梳理全国地方两会发现，已有超过 30 个省级行政区把培育和发展新质生产力作为 2024 年工作的重点。多个地区纷纷制定有关加快形成新质生产力的行动方案、实施方案、指导意见和三年行动计划等政策文件，有的还出台了推动战略性新兴产业集群和未来产业等具体领域产业发展的实施方案。越是此时越要冷静，不要一窝蜂，不要赶时髦，特别是不能以行政手段强行发展新质生产力，否则很可能导致项目投资过多和资源重复浪费，反而影响地方经济社会正常发展。要正确处理好政府与市场关系，政府主要通过制定相关政策和出台相应法律法规为新质生产力的发展提供方向性指导，而市场则依靠价格机制和竞争环境来激发市场主体的创新动力，并推动科技成果的实际应用和产业化转化。需谨防脱离实际、盲目攀比、任性蛮干、一哄而上等不良倾向。

三　不要搞一种模式

中国幅员辽阔、人口众多、地理形态多样，各地资源禀赋、区位条件和发展水平存在很大差异，发展重点难点不尽相同，发展新质生产力不能简单套用单一发展模式。各地要根据本地的资源禀赋、产业基础、科研条件等，有选择地推动新产业、新模式、新动能发展，避免同质化、重复化、无序竞争的低水平发展。比如，科技资源富集地区要紧扣科技创新核心要素，加快构建完善的创新生态，推动原创性、颠覆性技术快速涌现，打造原始创新策源地。国家级制造业集群和产业基地要着力推动制造业转型升级，促进科技创新与产业创新紧密结合,实现创新驱动发展。资源型地区要加大资源的精细化、高值化开发利用,将资源优势转化为经济发展优势,促进经济新增长点培育。沿边开放地区重点促进边境经济合作区、跨境经济合作区、跨境旅游合作区等平台高质量发展,大力推动沿边开发开放。

四 要坚持"先立后破、因地制宜、分类指导"

"先立后破"主要指培育新质生产力要把握时度效,处理好新兴产业和传统产业改造升级的关系。不能新的吃饭家伙还没拿到手,就把手里吃饭的家伙先扔了。在新能源没有发展起来的时候,不能把传统能源都关掉。在新动能没培育起来的时候,不能把传统动能都抛弃掉。"因地制宜"主要指培育新质生产力要结合本地区实际,依托现有产业基础和资源条件发展特色优势产业。东部沿海地区要更加注重原始创新能力和集成创新能力的提升,加大科技创新力度,发展高端制造业和现代服务业;东北地区依托其特有的工业基础,坚持对国有企业经营管理体制进行分类改革,围绕装备制造业进行技术创新,促进高新技术同传统制造业紧密结合,提升优势产业自主创新能力;中西部地区要立足自身实际,结合本区域特色产业和优势产业大力推动先进适用技术拓展应用,促进产业深度转型升级。"分类指导"主要指各地要根据不同类型新质生产力的成长路径和规律进行分类推进,精准施策。不同质态的新质生产力需要的产业基础、要素条件、体制机制是不同的,因此需要精准匹配,分类指导,宜农则农、宜工则工、宜商则商。

第三节　扎实推进打造一批各具特色的新质生产力发展高地

一　加快打造一批科技创新引领区

在激烈的国际竞争中，要开辟新领域新赛道、塑造新动能新优势、培育形成新质生产力，最根本的还是要靠科技创新。经过多年发展建设，中国研发投入、人力资本、创新平台等科技创新条件不断改善，重大关键技术领域追赶步伐加快，新兴前沿技术领域不断取得突破，创新驱动发展能力不断增强。2023 年，中国全社会研发经费投入超过 3.3 万亿元，研发投入强度提升到 2.64%，超过欧盟 2.3% 的总体水平，全球创新指数排名居第 12 位，拥有深圳—香港—广州、北京、上海—苏州等全球顶级科技创新集群。为进一步推动实现高水平科技自立自强，推动原创性、颠覆性技术快速涌现，需要支持长三角、粤港澳大湾区、京津冀、成渝等有条件的地区加快建设科技创新引领区。

一是健全有利于关键核心技术突破的新型举国体制。在国家层面建立多部门协作机制和合作大平台，把集中力量办大事的政治优势和发挥市场机制有效配置资源的基础性作用结合起来，探索"揭榜挂帅"等新的政策支持方式，鼓励、引导金融机构以市场化方式参与支持重大技术研发，形成部门、地方、全社会参与的格局。加强面向颠覆性技术创新的知识产权保护制度建设，探索市场经济条件下充分尊重市场规律，最大限度尊重与激发各类创新主体活力与潜能的产学研联合创新新模式。健全国有企业科技创新激励、考核评价和容错制度，支持领军企业加大原创技术探索和投入。

二是完善有利于抢占世界科技前沿的原创技术激发机制。建立完善基础研究投入机制，稳步增加基础研究财政投入，通过税收优惠等多种方式激励企业加大投入，鼓励社会力量设立科学基金、科学捐赠等多元投入，提升国家自然科学基金及其联合基金资助效能，建立完善竞争性支持和稳定支持相结合的基础研究投入机制。建立完善鼓励自由探索的基础研究运行机制，对基础研究优势显著的高校和科研院所进行长期、稳定的资助，鼓励科研人员开展无特定任务导向基础研究项目，探索试点 10—20 年长周期项目支持，避免预设选题、固化思路、急功近利。支持科研人员自由选题、自行组织、自主使用经费，鼓励科研人员聚焦重点领域和关键问题开展多方向、多技术路线自由探索。支持基础研究人员开展跨学科、跨领域、跨团队交叉研究合作。建立完善支持基础研究的创新激励机制，推进基础研究经费"包干制"，给科研人员更大的自主权，推行代表作制度，探索长周期评价和国际同行评价，建立以学术贡献和实际价值为导向的人才评价体系，为科研人员打造高效工作环境。

三是建立有利于集聚全球创新要素的开放合作机制。加大力度营造国际化科研环境，给予有竞争力的薪酬待遇和个人所得税优惠，加大对在美华人领军科学家和青年科学家的吸引，积极吸引中东欧科学家来华工作。切实放开市场准入，利用中国超大规模市场优势，加大战略性新兴产业和未来产业等关键领域的外资吸引力度，形成技术外溢和创新共享，增强科技创新的国际吸引力。加大大科学装置和世界级科技基础设施对外开放力度，定期征集国际科学研究团队需求，并加大向海外高校、科研机构和企业的开放力度，明确数据共享等方面的规定，提高大科学设施使用效率的同时促进中外科技交流合作。主动融入全球科技创新网络，深化国际科技交流合作，重点推进全球前沿技术成果研发与转化，打造各具特色的全球科技创新高地。

二 着力建设一批现代化产业先行区

培育形成新质生产力，现代化产业体系是重要载体。近年来，中国现代化产业体系建设成效显著，补链延链步伐加快，战略性新兴产业和未来产业加快发展，部分优势产业竞争力进一步增强，建成了世界上最为完整的产业体系，门类齐全和总量规模优势突出，但也存在科技与产业结合不紧密、自主产品应用生态不完善、产业链资金链人才链融合发展不够等问题。要依托实体经济和先进制造业发展基础较好的地区，坚持科技创新和产业创新一起抓，加强国家级开发区、高新区和科创园区、战略性新兴产业集群和世界级先进制造业集群等平台载体建设，着力构建以科技创新为引领、以先进制造业为骨干的现代化产业先行区。

一是促进科技与经济紧密结合。深入推进全面创新改革试验，把产业体系和科技体系更好地贯通起来，从制度上确立企业技术创新主体地位，畅通企业科技人才职称评审和院士评选通道，鼓励企业加大长期科技创新投入，根据产业实际需求加大科技研发或向全社会提出科技攻关需求，政府着力提供场景和采购订单等支撑，产学研多方合作做"有用的研究"，解决科技—经济"两张皮"问题。鼓励多行业交叉融合，推动数据资源开放共享，提升数据资源应用效能，解决部分行业长期存在的难题。

二是促进金融和实体经济深度链接。聚焦现代化产业体系和实体经济升级发展方向，结合短板产业、优势产业、传统产业、新兴产业不同环节不同阶段的融资需求，调整优化金融机构布局和绩效考核评价要求。根据"力度要够、节奏要稳、结构要优、价格要可持续"的要求，着力构建多元化、运转高效的金融服务体系和健康的资本市场，积极发展风险投资，壮大耐心资本，为现代化产业体系建设的初创企业、中小微企业、专精特新企业和领军企业等提供精准有效的金融服务。特别是，大力支持中小微企业、绿色发展、科技创新、制造业等重点领域，推动实体经济融资成本稳中有降，增强金融支持实体经济的可持续性，发挥好金融在促消费、稳投资、扩内需中的积极作用。

三是持续推进世界级产业集群建设。依托现有的 45 个先进制造业集群和 66 个战略性新兴产业集群，通过集群强化各类企业技术经济联系，推动要素、资源向集群集聚。提高产业链上下游协作配套能力，着力打造世界级先进制造业集群、具有国际竞争力的数字产业集群、战略性新兴产业集群和现代服务业集聚区，巩固制造业体系完备性、提升现代产业的先进性。

三 积极培育一批绿色生产力示范区

新质生产力本身就是绿色生产力，新质生产力具有保护生态环境、促进人与自然和谐共生的内生特点。中国牢固树立"绿水青山就是金山银山"理念，大力推动发展方式绿色转型，绿色发展取得系列重要成就，已成为全球最大的可再生能源生产国，工业绿色发展取得了积极成效，能源资源利用效率持续提升，新能源汽车、光伏等绿色产品供给能力显著增强。要依托生态环境比较好或绿色资源较为富集的地区，积极培育一批绿色生产力示范区，为发展方式绿色转型和实现碳达峰碳中和目标提供更加有力的支撑。

一是推动产业向绿色低碳转型。中西部广大地区不能始终作为产业梯度转移的被动接受者、发展路上的跟随者，必须摆脱传统路径依赖，充分发挥自身特色资源禀赋，进一步创新发展思路和举措，努力走出一条具有自身特色的绿色发展新路子。要按照调高调轻调优调强调绿要求，围绕资源循环利用、生态环境保护和治理、节能降碳、清洁能源、应对气候变化等重点领域，加快转变经济发展方式，扎实推进产业结构调整，大力发展绿色经济、循环经济、低碳经济，持续提高绿色供给水平，构建绿色低碳循环经济体系，不断提升经济发展质量和效益。东部地区也要因地制宜，加快发展碳捕集、利用与封存（CCUS），新型储能，新能源汽车、新能源飞机、绿色船舶等新兴绿色产业，不断壮大绿色增长新引擎。同时，进一步提标准、优存量、扩增量，统筹推进源头减量、产品性能提升、先进材料替代和再生循环利用，推动传统高耗能产业向低碳内涵增长转变。

二是推动能源结构绿色低碳转型。搭建更多高水平绿色创新平台，促进绿色低碳领域产学研深度合作，推进先进储能以及低碳、零碳、负碳等关键技术研发，不断提高开发利用效率和技术水平，推动成果规模化应用，加快形成新质生产力。高质量推进风光电热等项目建设，探索多能互补、综合利用的新模式，打造高比例可再生能源供给消纳体系，持续增强经济发展绿动能。

三是建设生态文明示范区。持续打好蓝天、碧水、净土三大保卫战，加强自然保护地和生态保护红线"空天地"一体化监管，推动实现生产、生活、生态"三生"融合，促进生态制度、生态安全、生态空间、生态经济、生态生活、生态文化全方位高质量发展，建设一批人与自然和谐共生的国家生态文明建设示范区。

四 探索形成一批高端要素汇聚配置区

推动形成新质生产力，必须加强生产要素配置方式创新，让各类先进优质生产要素向发展新质生产力顺畅流动。其中，既包括土地、资本、劳动力等传统要素创新配置方式，也包括人工智能、绿色能源、数据、空天、深海、频率等新型要素形态。必须深化对高端要素支撑新质生产力形成规律的认识，加快建设一批高端要素汇聚区，全面提高要素协同配置效率和配置能力，引导各类要素协同向先进生产力聚集。

一是激发传统要素活力。打造市场化法治化国际化营商环境，实施建设高标准市场体系行动，健全要素参与收入分配机制，促进商品要素资源在更大区域范围内畅通流动，深化劳动力市场改革，引导劳动力要素合理畅通有序流动，探索"工业上楼"等土地立体开发模式，加快健全和完善多层次资本市场，大力发展创业投资、风险投资，全面优化支撑新质生产力发展的金融供给，充分激发土地、资本、劳动力等传统要素活力。坚持人才是第一资源，不断创新体制机制，让各类人才如雨后春笋般竞相成长。

二是提升新型要素引领配置能力。深化对人工智能、绿色能源、数据、空天、深海、频率等新型要素形态确权、定价、交易、流通、使用规律的认识，加快相关新型要素流通和使用规则制定，大力培育发展数据要素市场，激发数据要素创造和流通，构建适应新质生产力发展的数据要素产权制度体系，积极推进新型要素交易所、期货市场和定价中心等平台载体建设，努力形成吸引高端要素资源的强大引力场。

第十七章
防范风险：加强前沿科技发展的伦理治理

要加强人工智能发展的潜在风险研判和防范，维护人民利益和国家安全，确保人工智能安全、可靠、可控。要整合多学科力量，加强人工智能相关法律、伦理、社会问题研究，建立健全保障人工智能健康发展的法律法规、制度体系、伦理道德。

——习近平总书记在十九届中央政治局第九次集体学习时的讲话（2018年10月31日），《人民日报》2018年11月1日

进入21世纪以来，随着纳米、生命、信息、认知等会聚技术的迅猛发展和大数据、人工智能、神经科学等突破性创新，科技创新的社会伦理风险日益凸显。2017年以来，在基因编辑、人工智能战胜人类围棋棋手等事件的推动下，科技伦理问题成为世界关注的焦点，各种科技伦理规范和伦理治理机构纷纷建立，出现了人类科技发展史上的"科技伦理时刻"。经

过40多年的努力，中国在科技现代化的道路上取得了举世瞩目的成就，从科技后发国家发展为科技大国，并正在以高质量的研究与创新迈向科技强国。

当我们大力发展科技创新驱动的新质生产力，在前沿科技领域勇闯"无人区"时，各种突破性创新必然会遭遇与之相伴的伦理风险，因此必须加强科技伦理治理以促进中国科技事业的健康发展，让科技更好地造福人类，推动人类命运共同体的构建和发展。在今后的科技发展与治理中，无论是科技伦理风险的预警与跟踪研判，还是重大科技项目的伦理评估与审查，都使得制度化、系统化和全覆盖的科技伦理评估审查机制的建立势在必行。同时，在科技伦理治理中凸显协同性、相称性、负责任和可问责等已成为兼顾创新发展和科技向善的基本策略。

第一节　为科技创新构建伦理软着陆机制

当代科技活动已进入人的生命、认知和智能等深层次领域之中，如何应对复杂的价值抉择和伦理冲突，如何敏捷地研判和治理与科技创新相伴随的伦理风险，如何使创新发展与伦理价值对齐，已经成为人工智能和基因技术等突破性科技发展必须优先考虑的问题。在伦理先行、敏捷治理、强化科技伦理审查和监管等治理思路的指导下，科技伦理治理正在为科技创新和科技驱动的新质生产力的发展构建起必要的伦理软着陆机制。

一　中国国家科技伦理治理体系的基本构建

2019年以来，中国先后通过一系列的举措启动科技伦理治理体系建设。

（1）成立国家科技伦理委员会及生命科学、医学和人工智能分委会，由此推动了区域、部门和机构的科技伦理委员会的建立。（2）2022年3月，中共中央办公厅、国务院办公厅印发了《关于加强科技伦理治理的意见》，提出伦理先行、依法依规、敏捷治理、立足国情、开放合作等治理要求，明确了增进人类福祉、尊重生命权利、坚持公平公正、合理控制风险、保持公开透明等伦理原则。（3）生命科学、医学和人工智能分委会列出各自领域伦理高风险科技活动清单，如对人类生命健康、价值理念、生态环境等具有重大影响的新物种合成研究，侵入式脑机接口用于神经、精神类疾病治疗的临床研究，对人类主观行为、心理情绪和生命健康等具有较强影响的人机融合系统的研发等。（4）加强科技伦理审查工作，2023年2月，国家卫生健康委、教育部、科技部、国家中医药局联合印发了《涉及人的生命科学和医学研究伦理审查办法》；同年9月，科技部等十部门联合发布了《科技伦理审查办法（试行）》。这两个"办法"将推动开展科技活动的高校、科研与医疗卫生机构、企业等层面的科技伦理（审查）委员会的建立，在常规审查的同时建立需要开展专家复核的科技活动清单制度，对可能产生较大伦理风险挑战的新兴科技活动实施清单管理。（5）中国科协会同相关部门、机构、群体正在发起筹建中国科技伦理学会，以加强中国的科技伦理研究和政策咨询工作。（6）在数字治理领域积极有为，继算法备案、深度合成管理等办法之后，国家互联网信息办公室联合国家发展改革委等部门发布了

《生成式人工智能服务管理暂行办法》。

二 科技伦理风险关乎社会对科技创新的信任和支持

世界各国和全社会之所以如此重视科技伦理，最根本的原因是它越来越影响到社会对突破性科技创新的信任和支持。大量前沿科技和突破性创新的发展经验表明，如果不充分重视科技的社会伦理风险防范，科技创新很可能会因为某些科技伦理事件成为新闻焦点，引发各方对潜在风险的焦虑，从而不得不作出必要的伦理调整。

一方面，很多科技前沿的探索实验触及科技伦理的边缘地带，如果对突破伦理边界的活动缺乏专业认知和道德敏感性，不能主动地与同行进行公开讨论并向管理部门披露问题，贸然前行往往很容易触碰科技伦理底线，结果必然是欲速则不达。另一方面，诸多应用性的突破性创新的本质是科技—社会的整体创新。这类新兴技术的发展可能遭遇的壁垒不仅是技术方面的，而且很可能因为显现出的社会伦理风险而遇到来自社会的不信任和抵制。在这两种情况下，由于科技伦理风险意识的缺失，前沿科技研究和突破性创新都可能不得不进行伦理回调。不论是否存在误判，这种被动的伦理回调难免会对科技创新造成负面的影响。

为了确保中国高水平科技自立自强之路，使科技创新获得全社会更广泛的信任和支持，从而发展出真正的新质生产力，科技必需走向创新和向善统一的正确方向，科技伦理治理任重道远，大有可为。

三 科技活动的后果与风险有待更深入的认识

众所周知，科技创新尤其是突破性创新往往会因为各种问题而陷入"死亡之谷"，在科技伦理问题备受重视的今天，科技伦理治理的关键目标应该是为创新构建必要的保护空间。为此，应该对科技活动的后果与风险的评估和预见规律有深入的认知。

针对技术的社会影响的评估，未来学家阿玛拉（Roy Amara）曾提出著名的阿玛拉定律，即人们总是高估一项技术所带来的短期效果，却又低估它的长期影响。这一定律的启示在于，对于突破性创新的弊端，应该注意到外界的评判和社会舆论容易出现偏颇，特别是可能会因为对未知风险的焦虑而将它们放大为对该技术的极度不信任，管理者要避免在政策层面高估其负面影响而过度治理和刚性监管。

对于科技的社会伦理风险的预见，科技政策学家科林格里奇（David Collingridge）曾经提出过著名的"科林格里奇困境"，指出了人们在预见和防范技术长远发展时所面临的一个双重约束困境（double-bind problem）。其一是信息困境，即人们很难在技术生命周期的早期对一项技术的社会后果进行预见；其二是控制困境，即当人们不希望出现的后果被发现时，技术却往往已经成为整个经济和社会结构的一部分，以至于难以对其加以调控。由此可见，对科技创新带来的复杂未知社会伦理风险进行预见和认知虽尤为困难，却不得不为之。而正因为如此，对这一问题的根本化解之道是将其作为科技创新的内在环节，将科技伦理规范和价值观作为"从0到1"的创新的有机目标。具体而言，为了促进科技创新的发展，应从价值观和伦理规范等软约束入手，尽早在科技活动的全过程引入伦理治理框架，以增强相关责任主体的社会伦理风险意识，促使他们在具体的创新实践中思考行为的对错，做出合乎正确价值观和伦理规范的抉择。

由于科技产生的影响日益复杂和难以预见，科技伦理问题与风险出现以后再进行事后治理往往被动和低效，因此科技伦理必须与研究和创新同步，发展颠覆性科技甚至要提前考虑伦理风险。由此，必要的伦理调节成为研究和创新的内在环节，将伦理价值嵌入产品和应用的伦理设计、可信任与负责任的研究与创新等将日益成为主流的科技创新模式。

四　面向深度科技化时代挑战的中国智慧

进入21世纪以来，在信息通信技术、生命科技、数据与智能科技等新兴科技力量的推动下，科学与技术呈现出加速整合的态势，深度科技化成为新的技术时代的基本特征，亟待相应地展开深度哲学反思和系统伦理审视。更重要的是，面向深度科技化时代的挑战，我们要有一种历史与思想的自觉，那就是这些审视是在中国通过自立自强迈向科技强国的语境中进行的；从科技创新和应用的总体情况来看，我们已经站在科技与价值相激荡的时代潮流之中，只能依靠自身对切身经验的思考直面深度科技化时代的挑战。在面向深度科技化时代的伦理审度与调适中，中国科技哲学研究应该在理论与实践层面迈出四个具有中国思维特质的新向度。

从代表中国传统思想精华的有机整体论视角出发，拓展关系哲学和生成哲学的向度。在人与技术、人与自然、人与机器的关系的理解上走出二元论的思维架构，寻求开放性的实践智慧。在中国传统哲学思想中，科技对世界和人的构建是具有局限性的"术"，而"术"的运用需要"道"来驾驭，人与器也应保持适当距离以免沉溺其中。面对加速变迁的深度科技化时代，应该搁置技术乐观主义与悲观主义、技术决定论与社会建构论、古典技艺与现代技术、解放与束缚、自由与控制、器与道等观念层面的二元对立，转而从人在与世界和技术的关系中生成和安身立命的维度，主动直面技术时代引发的总体性问题。一方面，对技术的伦理追问不应仅关注已存在的价值冲突或被动地等待伦理难题的出现，而应该通过具有连续性和加速度的思考，纵观不断变迁的技术趋势，积极地对其进行前瞻性评估，全面权衡其可能的伦理影响。另一方面，应该意识到技术伦理审度的关键，在于揭示技术对世界、社会和未来的建构中固有的不透明性，不断提高洞察新技术及其运作机制的能力，使其中可能存在的不确定性风险、不公正的情况乃至失控的危险得以及时地纳入伦理辨析与考量之中。在此过程中，中国传统哲学思想中"执中"与"权变"观念的运用尤为重要。所谓"执中"，就是要拓宽视野以超越对立的视角，从而在更大的整体视野中达成平衡；所谓"权变"，就是辨时应势，唯变所适，实现不同视角和力量的动态协调。

进一步而言，这种主动敏捷而执中有权的技术伦理审度，旨在激发人们在技术时代发展出一种新的美德，促使人们形成和保持对其技术化生存境遇的道德敏感性，通过不断的自我提升养成敏锐的道德洞察力等技术时代应该具备的道德能力与伦理素养。这种伦理素养强调的是一种整体性的"技术—伦理"认知能力，是洞悉事实与解决问题的能力和价值敏感性与人文关怀的融通。一方面，在对技术活动中不同能动者之间相互冲突与纠缠的价值进行具体分析的基础上，试图通过现实利益的权衡，寻找相关伦理问题在实践中可接受的解决方案；另一方面，依据对技术构建中内在的不透明性的认知，力图超越基于成本—收益分析和风险—受益比的现实抉择，尽量消解技术可能带来的各种消极后果。

从"参赞天地之化育"的向度，重新思考人类与自然和技术共生的可能性。如果说"如何科技地栖居在这个世界上"是一个由世界传导到中国的难题，那么现在是我们拿出可以从中国传导到世界的应对之道的时候了，而其中的关键则在于人如何积极有为地参与到技术对世界、社会和未来的建构之中。对此，中国传统哲学思想强调人应该"参赞天地之化育"，促使技术尽人之性、尽物之性、尽己之性、尽天地之性。如果以"尽性"作为科技的目标，就更容易认识到技术对世界、社会和未来的深度建构应该以万物尽性而共生为限。为此，技术对世界的重构，要充分考量自然生态和人类生命的脆弱性，技术对社会的型构要有助于给人创造自由而全面发展的空间，技术对未来的创构要以人可以承受的节奏推进，而不应让人为技术进步付出过高的代价，由此寻求人与自然和技术创构共生的技术时代的未来观和宇宙生命观。

从技术赋能的向度探讨技术善用的现实路线图。从以人为本的角度看，技术创新应该是一种赋能活动。中国在文化和制度上可以进一步发挥以技术促进群体团结的优越性，探寻技术善用的中国路径。一是由效率逐渐转向兼顾效率与公平。一方面，坚持包容普惠，促使不同的个体和群体能够更加有效和公平地接近科技资源、分享科技红利、消弭技术鸿沟。另一方面，以赋能促进赋权，通过科技赋能赋予社会生活中的个人和共同体以更大的成就自我的空间。二是恰当运用技术的调节功能，促使技术的杠杆朝着有益社会的方向撬动。其策略是以有约束力的技术手段对科技创新和应用中的人与人、人与技术之间的关系作出必要调整，使人们在科技时代的生活更加美好和谐。在此过程中，应在反复测试和细腻调适的基础上，作出审慎的动态协调。

走向"技术—伦理"参与式预见的向度，推动科技伦理的敏捷治理。新兴科技的试验性与高度不确定性使得科技伦理规范必须不断地探索新的方法与工具，更好地预见未来和更有效地鼓励公众参与，通过系统的价值厘清与权衡机制，做出兼具包容性和稳健性的伦理抉择。为此，一方面要审视伦理原则与标准、伦理矩阵、建设性与参与性评估、伦理预见与影响评估等伦理工具的有效性与局限性，使其得到有效运用。例如，运用伦理矩阵这种技术伦理预见工具，可以对一项新技术所涉及的利益相关者对于该技术潜在的伦理问题的不同观点进行比较和分析，从多个视角使其伦理诉求得到更全面的展现。另一方面，应在此基础上，探讨如何构建整体性、容错性和敏捷性的全球科技伦理治理架构的可能方案。值得指出的是，在新兴科技伦理建构中，中国正在通过试验推广和重点突破的策略探寻适应性与敏捷治理之路。例如，根据科技部印发的《国家新一代人工智能创新发展试验区建设工作指引（修订版）》，上海等创新试验区已在人工智能法律法规、伦理规范、安全监管等方面展开试验探索。又如，在一般科技伦理审查制度尚未建立的情况下，面对公共卫生的挑战，相关部门针对突发应急状态下的科技伦理审查制度进行了调研。目前，无论是新兴科技的评估工具还是治理架构，从中国到世界所面对的共同难题是，如何既能规避不可接受的伦理风险，又能缓解新兴技术创新所导致的创新者与使用者皆为之困扰的双重伦理焦虑。展望科技未来，中国智慧不能缺席。

第二节　前沿科技的深层次伦理风险与应对之道

21世纪以来，纳米、人工智能、基因科技、合成生物学等颠覆性前沿科技方兴未艾，科技已成为无处不在和人类须臾不可离的强大力量，但同时也带来了越来越多亟待应对的科技伦理风险。为此，世界各国对前沿科技伦理问题及其治理日益重视，中国从国家层面相继颁布了《关于加强科技伦理治理的指导意见》和《科技伦理审查办法（试行）》等规范性文件，明确了迈向高水平科技自立自强之路应该遵循的伦理原则、治理框架和审查机制。

纵观由近年来出现的基因编辑、人类动物嵌合体、人脸识别、算法推荐、脑机接口、深度合成以及ChatGPT等生成式人工智能所引发的伦理争议，不难看出，前沿科技的风险不单是技术能力的增强所诱发的违背既有伦理和法律的技术滥用等问题，更在于新技术能力的涌现对既有技术社会系统的冲击所导致的结构性价值冲突和深层次伦理风险。换言之，所谓深层次伦理风险，是指由于前沿科技研发越来越多地涉及对人、自然和社会的根本性、全局性的改变，前沿科技的发现和创新必然引起各种复杂的价值伦理矛盾，由此造成的伦理风险是结构性的，往往既难以通过一般的风险收益比较加以权衡，也不能诉诸简单的伦理原则加以有效规范。因而科技伦理治理要真正做到"伦理先行"，必须对前沿科技研发活动中的深层次伦理风险有较为系统的认知，进而从科技创新的整体层面分析其原因，寻求具有全局性和预见性的应对之道。

一　前沿科技研发中的七大深层次伦理风险

当前，中国科技伦理治理的主要策略是，坚持促进创新与防范风险相统一，客观评估和审慎对待科技伦理风险，强化对科技活动的全生命周期的风险评估和监督管理，预见和防范可能出现的具有严重影响的不确定性风险。为了更有效地贯彻实施这一策略，还应对以下七个方面的深层次科技伦理风险有所认识。

（一）由科学认知活动缺乏伦理边界意识所造成的突发风险

依照一般看法，"科学无禁区、技术有边界"，但这一观念已经跟不上认知、智能等前沿科技领域伦理风险日益加剧的趋势。在合成生物学、基因编辑、脑机接口等领域，科学研究和实验本身就涉及对生命和智能过程的干预，基础研究和转化应用研究如同"旋转门"而难以绝对区分，特别是认知和神经等前沿科学研究可能会极大地影响人的自主、认知、隐私乃至精神等生命权利。例如，涉及对青少年群体的心理和行为的干预与诱导的研究，其伦理风险不仅仅是这类研究是否会对青少年的身心造成显见的伤害、由此获得的知识会不会被滥用和恶意使用，更在于研究者能不能意识到这类研究本身是否合乎伦理（换言之，是否会遭受不合伦理的质疑）、是不是要有一个边界和限度。特别是在运用全新的技术干预人的生命和精神时，纵使对其中所涉及的伦理问题缺乏系统深入的认知，研究者至少应有一种伦理规则意识和边界意识。由此，相关主体才可能从一般科技伦理和生命伦理原则出发，通过讨论和对话制定具体科技活动中的防护措施和限制措施。更重要的是，在遇到科技伦理敏感问题时，这种规则意识和边界意识会促使研究者将相关讨论推进到科学共同体、社会公众乃至国际社会层面，从而使这类技术研发应用可能带来的深远伦理影响得到深入探讨，相关的责任与权利问题也可由此得以提出。例如，随着脑机接口等神经与认知技术的发展，在这类技术应用于神经认知系统尚处于发育和不稳定阶段的青少年时就应有更严格的边界。还应注意的有，可记录大脑活动的神经技术会不会影响人的精神与思想隐私等问题，作为应对是不是应该相应地赋予人们思想隐私权等神经权利，或者划定神经技术对人的精神干预的必要底线。而实际上，这种边界意识和底线意识的缺失在科研人员中并不罕见。

当前，伦理高风险科技活动清单的制定和复核机制固然为涉及伦理敏感性的科技活动设定了具体边界，但如果科研人员和管理者不能在认识上形成伦理边界意识，那么高风险清单所设定的具体边界很可能仅被当作合规的标准；如果相关人员不会在研究中主动认识和探索应有的伦理界限，科技界就有可能再次发生基因编辑事件之类严重践踏伦理底线和红线的恶性事件，出现突发性科技伦理风险。值得指出的是，所谓边界意识并不是简单的禁区意识，而是在认识上强调：一方面，应将存在高伦理风险的科学研究限定在现有科学认知和技术手段可控的范围内，为科技风险设定安全边界；另一方面，要充分认识到前沿科技领域涉及的伦理敏感问题，在认真厘清可能的伦理争议的基础上，划定目前不应该逾越的伦理边界。显然，对前沿科技伦理边界更为积极、主动、全面和动态的探究，是坚持促进创新与防范风险相统一的关键，也是实现敏捷治理的基础。

(二) 前沿科技对生命权利的深远影响所引发的不可逆风险

在大数据、人工智能、元宇宙、深度合成等前沿科技研发应用中，经常出现数据泄露、隐私侵犯等伦理风险，危及人的生命、隐私、尊严以及其他合法权益；很多数据的采集具有侵略性，海量数据一旦出现信息安全和伦理问题，很难通过删除数据等方法对相关违背伦理和法律的研发应用造成的后果进行矫正。例如，ChatGPT 等生成式人工智能通过采集海量的网络数据训练大模型，产生大量文字、图片和视频内容，其中存在诸多有争议的侵权行为，但由于其机制的复杂性和过程的不透明性，很难逐一确认和维权。对这种具有全局影响的颠覆性创新所带来的不可逆风险，现有伦理法律规范和监管措施难以应对。而这一伦理困境表明，前沿科技的伦理和法律研究应建立在更为系统深入的科技哲学、历史、文化、社会学和人类学等跨学科研究之上。

类似地，在生命医学领域，基因编辑和人类动物嵌合体研究虽然具有极大的有益前景，但也存在高度不确定性的风险。特别是在涉及人类种系的生殖技术和赋予动物具有接近人类智能的人类动物嵌合体研究中，必须认识到冒失地改变人类基因可能造成的不可逆风险。认识到这些不可逆的风险，一方面，有助于相关研发和应用更加负责、透明和可问责，走向更具伦理可接受性和社会稳健性的研究与创新；另一方面，有助于对具体的不可逆风险展开系统深入的研究，推进理论、方法和工具创新，探寻更加安全和更符合人类长远与共同利益的研究路径。

（三）前沿科技研发目标与人的权益的结构性冲突导致的伦理两难

近年来，在内容推荐、金融风控、生物特征识别等领域出现了过度采集数据、行为操纵、信息茧房、大数据杀熟、算法歧视等在伦理和法律层面存在争议的问题，相关部门在数字平台治理和金融科技治理层面推出了一系列规范和监管措施，实现了较好的治理效果。但值得指出的是，其背后存在着数据驱动的智能技术原理和现有社会伦理法律之间的结构性冲突。一方面，内容推荐等必须建立在对大数据的采集与分析之上；另一方面，这些数据所反映的是人们的行为记录和生物特征。也就是说，两者之间的冲突是结构性的，必然会导致伦理两难。例如，元宇宙和自动驾驶技术必然以采集人和场景中的相关数据为前提，这将在一定程度上与隐私保护和信息安全相冲突。这种结构性的冲突使得由此造成的伦理风险难以从根本上得到治理。如果不深入探讨如何解决这些结构性的矛盾、如何通过形成新的伦理和法律规范突破这种伦理两难，则不难想象，随着情感识别等新应用的普及，类似的结构性冲突和由此造成的伦理两难将持续存在，而且更具争议性。

值得指出的是，当前生成式人工智能的发展正在推动一场知识生产方式的革命，文字、图片、视频不再仅仅作为网络和媒介内容，而成为大规模自动化知识生产的原料。由此就带来了知识产权保护和发展新的知识生产引擎之间的结构性冲突，对内容的不同理解——作为知识生产原料的人工智能生成内容与作为信息安全监管对象的网络媒介内容——正在导致一种新的伦理两难。类似地，不难预见，运用自动化智能系统提高效率和"机器换人"之间的冲突，可能会成为未来几年不得不应对的科技社会难题。

（四）物理世界与数字世界界限模糊所引发的"真相"消失的伦理困境

近年来出现的虚拟现实、元宇宙、深度合成和生成式人工智能，使得物理世界（真实）与数字世界（虚构）的界限日渐模糊，特别是虚拟影像的逼真度越来越高，引发了"真相"消失的社会伦理困境。从现实世界的角度看，随着这些技术的发展，它们很容易被用来混淆伪造的内容和真实的事实，甚至可用于虚构对特定事件和历史的虚假集体记忆，从而干预人们的社会认知，操控人的意识和精神，即有可能导致大规模的伪造真相和意识操控等社会认知伦理和精神伦理层面的颠覆性影响。

然而，数字技术的发展又是未来科技社会的趋势，从认知对象到认知过程的虚拟化趋势越来越显著，虚拟的生活和实践越来越多地可以与物理世界的生活相互替代，虚拟世界中的"不良"行为对人在现实世界中的伦理和道德的影响日益成为莫衷一是但又必须直面的真问题。同时，越来越多的内容将由计算机和人工智能生成，因此，很难再通过"真实"和"虚假"的严格区分应对"真相"消失的伦理困境。更为复杂的是，在科学研究和金融科技等实际应用中，合成数据既可以用于造假，也可以用于矫正样本不足等带来的数据偏差，已经很难用真和假来区分真实数据与合成数据的合伦理性。

（五）智能社会系统中的人机信任问题及其伦理风险

当前，在智能客服、自动驾驶和医疗人工智能应用中出现的人机信任问题值得关注。在智能化早期，自动化和智能化系统的技术问题和服务质量问题可能会导致安全事故和人身伤害的发生，引起人们对技术的不信任感，而这显然会影响对前沿科技发展的社会认可和接受。人们对机器缺乏信任显然不利于科技更好地赋能社会发展，但如何增进人们对机器的信任，则一方面需要数字和智能技术不断提升其透明度和可解释性，另一方面要从社会学、心理学、人类学和哲学等多学科入手，加强对人机行为和心理的研究，由此探寻增进人机信任和人机共生的综合性的技术和社会举措。

但同时，对机器的过度信任也存在着深层次的伦理风险，特别是人们在面对机器人等存在拟人化倾向的智能设备时，会误以为它们是有意识的主体。随着数字人、对话机器人技术的进步，这种拟人化的情感投射变得更加强烈，有可能导致人们出现认知上和心理上对自动化智能系统的过度依赖。例如，生成式和对话式人工智能很容易被不恰当地当作知识权威、道德权威和精神权威。因此，特别是在将人工智能用于青少年的陪伴、学习和心理引导时，必须考虑到由此可能引发的伦理风险。

（六）由科技社会系统的难以问责所带来的伦理风险

随着生命医学与人工智能等前沿科技的发展，整个社会日渐发展为一种整体性的复杂的科技社会系统，从个人的医疗、就业到国家的战略决策，各项事务越来越多地取决于一个包括人和机器在内的复杂的决策系统。一旦出现某些问题，因为存在人类和机器多种智能体的参与，往往难以追责。例如，某个自动化智能系统因为误判而决定对某一区域采取不必要的限电措施，或某个智能评分系统对某些考生试卷的自动化评分出现了差错，最后很难找到负责任的主体。随着自动化智能决策系统的普及，很可能会出现数字官僚主义和智能化官僚主义等新的官僚主义的表现形式。

（七）国际科技霸权主义所带来的国际政治伦理风险

近年来，美国在科技领域对中国采取的"脱钩""禁售"等所谓"去风险"等打压策略正在形成一股国际科技霸权主义的逆流。值得关注的是，在生成式人工智能的发展过程中，中国地区的用户在很多应用软件（包括自动翻译软件）上无法注册，这无疑是科技霸权主义的表现。近期，在芯片、量子计算和核聚变领域，美国明显存在抢占制高点、巩固计算霸权和形成新的能源霸权的盘算。在21世纪前20年全球化作为世界主流时期，中国科技在一段时间采取了跟随与合作战略，西方一方面存在将中国视为没有规则的"野蛮的东方"的偏见，但另一方面也出现了将不合伦理规范的研究拿到当时科技伦理监管制度尚不健全的中国和其他地区的"伦理倾销"。在美国推行《芯片与科学法案》、不断采取"小院高墙"等政策的影响下，美国对中国在价值观和伦理上的偏见和质疑将进一步扩大，并且会与意识形态纠缠在一起。对此，我们应有清晰的认知，应立足人类命运共同体和更加美好的科技未来的大视角，从事实和学理层面予以必要的应对。

二 深层次科技伦理风险的预控和应对之道

当前，前沿和新兴科技的发展日益走向一种我们尚未能把握其全貌的深度科技化时代，无论是其中所呈现的深层次的伦理风险，还是新兴科技驱动的科技社会的革命性变化，都表明我们要用一种更加开放和审慎的态度深化认识、预控和应对可能出现的科技伦理风险。

第一，要从树立科学认知的伦理边界意识入手加强科技伦理意识建设，通过科技、伦理、法律等交叉学科研究，探索前沿科技的伦理边界和标准，形成自主的话语权。为了避免国际科技霸权主义置喙，建议通过扎实的学术研究和参与国际主流学术交流推进相关工作。为此，要进一步加强对科技伦理风险的研究和评估，并将这方面的研究能力作为前沿科技创新的核心认知能力。相关关键能力包括三个方面：一是通过跨学科协同，对生命科技和人工智能前沿的具体研究的社会影响和风险展开系统研究；二是通过跨领域探索，聚焦可能出现的跨领域复合性不确定风险，如前沿人工智能与生命科学结合可能带来的机遇与风险等，对其程度和范围作出相对准确的预见和评估；三是整合各学科和各领域，从领域、机构和研究者等维度绘制前沿科技伦理风险地图，以此从总体上提升对前沿科技伦理风险的系统认知。

第二，要将伦理规范、法律规制和技术解决方案三个维度结合起来，设置合理的伦理法律门槛，分级分类管理，构建前沿科技伦理软着陆机制，对深层次的科技伦理风险展开系统性和整体性的治理。值得指出的是，对人工智能等可能出现生产力革命的前沿科技领域的监管，应该尊重科技规律和科技管理规律；对信息安全和内容监管设置的伦理法律门槛应该分级分类，除了少数具有大规模社会动员和重大舆论影响的内容外，应该从容错性的角度使得监管适应人工智能的超速发展；同时需要加强与科技和产业部门的协同治理，共同构建前沿科技伦理软着陆机制。应该看到，在 ChatGPT 的开发过程中，OpenAI

运用"人机价值对齐工程"在原理上解决了价值伦理冲突的调和与矫正，为前沿科技的深层次伦理问题的治理指出了一个可行的方向——人机和人类与技术的价值对齐工程化。

第三，为了不让各种科技伦理原则规范束之高阁，应该通过技术、管理和制度方面的解决方案，形成一套治理机制。其一，通过广泛的调研和预见性研究与评估，建立和不断更新前沿科技领域的科技伦理高风险清单。应通过这些清单的发布和审查复核，让科技共同体、管理者和整个社会认识到具体的科技伦理风险和伦理边界所在。其二，可以从开源创新和开放科学的维度，要求具有较高科技伦理风险的研究和创新活动在启动阶段公开注册，通过数据开放存储与共享，在研究实验的全生命周期保持研究数据的透明性和可核查性，以便及时接受必要的伦理风险评估和审查。其三，要从制度上设计不同部门不同规定之间的接口机制，如在不同伦理审查办法以及伦理委员会之间建立互操作、互认可等相互衔接和协同的机制。

第四，推进科技伦理研究、推动科技伦理传播和教育的关键不仅在于科技伦理学、应用伦理学和伦理学方面的研究、教育和传播，更关键的是增进科技工作者和全民的系统思维与系统风险认知能力，尤其是加强科学、技术、工程哲学、历史、文化、政治、经济、社会等方面的交叉学科和跨学科研究，进而全面提升科技人员和社会公众基于系统性认知的科技伦理素养。

第五，科技伦理治理要注重遵循相称性原则，既要避免松懈，也要防止过于严格。国际科技伦理治理中非常重视的相称性原则，其基本内涵是既不忽视问题，也不夸大问题，而是要根据科技理论风险的程度展开针对性的治理。包括联合国教科文组织新近发布的《人工智能伦理问题建议书》等在内的国际科技伦理指引中都强调了这一原则。从相称性原则出发，一方面，科技发展不要"冲"得过快，科技活动的主体应该认识到为了使科技伦理风险可控，需要及时作出伦理回调；另一方面，在对科技企业的伦理治理、法律规制与行政监管中，应该致力于通过恰当的监管促使其及时作出必要的伦理回调，同时应该避免过于严苛的处置。

第三节　走向负责和可问责的生成式人工智能

近年来，作为新质生产力的时代引擎的人工智能呈现出巨大的创新潜能，也带来了巨大的伦理风险，是当前科技伦理治理的重点、难点和焦点。习近平主席在致信祝贺 2018 世界人工智能大会开幕时强调："新一代人工智能正在全球范围内蓬勃兴起，为经济社会发展注入了新动能，正在深刻改变人们的生产生活方式。把握好这一发展机遇，处理好人工智能在法律、安全、就业、道德伦理和政府治理等方面提出的新课题，需要各国深化合作、共同探讨。"[①] 2023 年 10 月 18 日，习近平主席在第三届"一带一路"国际合作高峰论坛开幕式上的主旨演讲中提到全球人工智能治理倡议。该倡议聚焦人

[①]《共享数字经济发展机遇　共同推动人工智能造福人类》，《人民日报》2018 年 9 月 18 日。

工智能这一事关人类未来的重要领域，系统回答了为什么要加强全球治理以及如何治理的问题，为保障人工智能健康发展提供了中国方案。同年11月初，首届全球人工智能安全峰会在英国召开，来自美、英、欧盟、中、印等多方代表就人工智能迅猛发展引发的风险与机遇进行了深入探讨，凸显了全球对以大模型为代表的生成式人工智能等前沿人工智能的超强技术能力和未来风险的关切。

一　生成式人工智能的社会伦理风险

当前，大模型呈现出泛在应用的趋势，人们更关心的是基于大模型的大量生成式人工智能应用所导致的社会伦理风险。

首先，生成式人工智能可能导致知识生产方式的根本性变革，将对传统的知识产权带来颠覆性影响。目前，人工智能在艺术创作领域的应用受到了大量的侵权指控，但作为一种内容生成技术，不能没有数据作为原料，而其所生成的内容与生产原料存在区别。因此，是否侵权较难界定，并且会随着技术的发展越来越难以界定。这使按照现有法律应该得到知识产权保护的人类创作内容的保护变得越来越困难，同时，对于人工智能生成内容的版权是否应该得到保护也成为一个新问题。鉴于生成式人工智能是一种全新的内容和知识生产方式，其模型训练必须大量使用现有内容，而目前法律上对内容侵权的界定是在这种技术出现之前提出的。因此，如果要发展生成式人工智能并对其实现有效监管，须重新界定其内容使用边界。

其次，生成式人工智能将对工作方式和就业产生根本性冲击。生成式人工智能与人类高度类似的对话能力表明，它将使人机交互的便捷程度大大提升，各行各业现有的工作流程都可能因此得到简化。值得指出的是，大模型生成语言和知识的能力迫使人们将其拥有的类似知识和能力当作"水分"挤了出来，这必然带来对现有工作内容的改变和工作岗位的挤压。特别值得关注的是，这次被取代的可能是受教育程度比较高的专业技术人员，如文秘、咨询、翻译、文创、设计甚至医疗和教育等领域的人员都可能面临失业。这实际上会导致大量专业技术人员教育投入的加速折旧，加大并形成新的数字鸿沟，造成规模更大和更复杂的社会问题。

再次，在社会认知层面，人们有可能因为过度依赖生成式人工智能而将其视为知识权威、道德权威乃至精神权威，产生出人工智能无所不知、无所不能的认知幻象。随着生成式人工智能进一步发展，其很可能成为普通人日常生活中的人工智能助手，帮助解答知识、辨别是非乃至区分善恶。鉴于人工智能并不真正理解其所生成的知识内容以及判断是非善恶，而且会产生错误或随意堆砌和编造的内容，故对人工智能的过度依赖难免放大其生成的不准确内容和知识上的错误，甚至对社会认知产生结构性的负面影响。在金融理财的相关应用中，基于大模型的人工智能顾问可能会出现这方面的问题。另外，生成式人工智能存在过度拟人化趋势。随着人机对话的场景应用日益普遍，在商业服务等应用场景中可能会出现滥用的风险，如利用客户的情感偏好设计误导性的人机对话等。

最后，对基于大模型的生成式人工智能的伦理风险的基本认识是，生成式人工智能的广泛运用会强化目前已经显现的各种社会伦理问题。一是偏见和歧视。如果用于开发人工智能算法和模型的训练数据有偏见，算法和模型也会有偏见，从而导致生成式人工智能的回应和建议出现歧视性的结果。二是信息误导。人工智能语言模型所生成的对话可能会向用户提供不准确或误导性的回应，进而导致错误信息的传播。三是信息滥用。人工智能大模型及其预训练需要收集和处理大量的用户数据，其中必然涉及技术和商业保密数据以及国家安全数据，隐私数据和敏感个人信息可能会被滥用。四是虚假内容及恶意使用。尽管生成式人工智能目前还没有实现大规模商业化社会应用，但从信息网络媒体、虚拟现实和深度合成等技术的发展经验中不难看到，生成式人工智能可能被用于制造不易识别的虚假内容，甚至被恶意使用，从而影响、干预和操纵社会舆论和政治过程。五是对个人自主性的干预。例如，生成式人工智能在商业上可能被用来影响或操纵用户的行为和决策。

二 大模型伦理治理的基本工作思路

大模型是当前人工智能创新的热点领域，其伦理治理应依据中国科技伦理和人工智能伦理治理的指导思想，确立主要的工作思路。正如科技部等十部门 2023 年印发的《科技伦理审查办法（试行）》所强调的，中国开展科技伦理治理的宗旨是"强化科技伦理风险防控，促进负责任创新"。而《新一代人工智能治理原则——发展负责任的人工智能》这一文件的标题再次体现了中国开展科技伦理治理与人工智能伦理治理的指导思想是坚持促进创新与防范风险相统一，推动负责任的研究和创新。而要使这一宗旨得到贯彻，关键在于以下三个方面的认知。

其一，对大模型和生成式人工智能兼具高度创新性和不确定性风险的技术的伦理治理和法律规制本身是一种综合性的协同创新，其目的是使其充分发挥出技术创新潜力的同时又为社会所接受和信任。而欧盟等最早推动负责任创新的初衷就是，保持公众对新兴科技和颠覆性科技的信任。

其二，伦理治理和法律规制所面对的综合性的协同创新实际上是非常复杂和困难的系统工程，需要多方协同共治。从系统和整体创新的角度来讲，研发创新主体和规制监管主体之间的协同尤为重要。一方面，研发创新主体要开展负责任的创新，认真预见与实时发现各种不能忽视的风险，积极采取应对措施；另一方面，规制监管主体要充分了解生成式人工智能给社会与生产生活带来的颠覆性变化，把握其中技术逻辑的变迁，寻求对促进创新发展更具弹性和更为有效的治理。

其三，大模型的伦理治理应基于相称性原则，根据其产生的具体风险确定治理力度。2023年7月发布的《生成式人工智能服务管理暂行办法》提出，"对生成式人工智能服务实行包容审慎和分类分级监管"，强调主管部门将"针对生成式人工智能技术特点及其在有关行业和领域的服务应用，完善与创新发展相适应的科学监管方式，制定相应的分类分级监管规则或者指引"。这一规定无疑体现了促进负责任的创新与敏捷治理的治理原则相结合的精神。对此，有法律学者指出，生成式人工智能的治理应改变中国原有的"技术支持者—服务提供者—内容生产者"的监管体系，实施"基础模型—专业模型—服务应用"的分层规制，并针对不同的层次适配不同的规制思路与工具。具体而言，基础模型层的治理应以发展为导向；专业模型层的治理应以审慎包容为理念，关注重点领域与场景的分级分类，设置合理的法律责任水平；服务应用层的治理应沿用原有的治理理念与监管工具，保证中国人工智能监管的协调性与一贯性，同时还应建立敏捷治理的监管工具箱、细化合规免责制度，给新兴技术发展留下试错空间。①

三 加强科技伦理审查，走向可问责的大模型治理

如何使大模型的研发和应用实现负责任的创新，关键在于可问责的风险评估和监督审查。对此，联合国教科文组织发布的《人工智能伦理问题建议书》指出，应建立适当的监督、影响评估、审计和尽职调查机制，包括保护举报者，确保在人工智能系统的整个生命周期内对人工智能系统及其影响实施问责。为此，技术和体制方面的设计都应确保人工智能系统（的运行）可审计和可追溯。

2023年10月，为规范科学研究、技术开发等科技活动的科技伦理审查工作，科技部会同教育部、工信部、卫生委等十部门联合印发了《科技伦理审查办法（试行）》。这一办法的颁布无疑是加强中国科技伦理治理的新的里程碑，大模型的治理可以此为抓手强化可问责机制。根据审查办法，从事生命科

---

① 张凌寒：《生成式人工智能的法律定位与分层治理》，《现代法学》2023年第4期。

学、医学、人工智能等科技活动的单位，研究内容涉及科技伦理敏感领域的，应设立科技伦理（审查）委员会。

值得关注的是，审查办法对科技伦理委员会的职责提出了很高的专业性要求和能力要求。除了开展科技伦理审查工作，还要按要求跟踪监督相关科技活动全过程，为科技人员提供科技伦理及其风险评估方面的咨询和指导，组织相关的业务和知识培训。为了更好地履行科技伦理审查责任，有效推进可问责的大模型治理，应该在加强相关认识和提升科技伦理素养的基础上推进相应的人才建设。

具体的建议是，从事大模型的机构和企业要注重培养乃至设置内部的科技伦理分析师和科技伦理架构师或科技伦理专员。其中，科技伦理分析师通过把握相关事实和证据，澄清相关观点、概念、问题与选择，为科技伦理审查等工作提供支撑。而科技伦理架构师则负责机构和企业的科技伦理治理的框架设计与整体协同，他们要在全面了解和参与内外相关政策和决策过程的基础上，负责协调机构和企业的科技伦理风险防范，在科技伦理审查工作实施中保障审查主体职责的履行。

作者简介（按本书章节排序）

王昌林，中国社会科学院副院长、党组成员，第十四届全国政协委员，主要从事宏观经济和产业经济研究。

彭绪庶，中国社会科学院数量经济与技术经济研究所信息化与网络经济研究室主任、研究员。

邓仲良，中国社会科学院大学应用经济学院副教授，中国社会科学院人口与劳动经济研究所副研究员。

黄群慧，中国社会科学院经济研究所所长，党委副书记，研究员，中国社会科学院大学经济学院院长，教授，第十四届全国政协委员、经济委员会委员。

郭冠清，中国社会科学院大学经济学院教授、中国社会科学院经济研究所《资本论》研究室主任。

史育龙，习近平经济思想研究中心主任、研究员。

于畅，习近平经济思想研究中心副研究员。

李晓华，中国社会科学院社会发展研究院研究员，重点研究领域为数字经济与产业数字化转型、全球价值链、战略性新兴产业、产业政策等。

柳卸林，中国科学院大学经济与管理学院长聘教授、博士生导师，研究方向为科技创新管理、创新生态系统。

徐晓丹，中国科学院大学经济与管理学院博士后，特别研究助理，研究方向为科技创新管理、工程科技创新。

李雪松，中国社会科学院数量经济与技术经济研究所所长、研究员，主要研究领域为宏观经济理论与政策、经济政策效应评估、战略规划与产业升级等。

李莹，中国社会科学院数量经济与技术经济研究所副研究员，主要研究领域为收入分配、劳动力市场与就业。

方芳，北京师范大学经济与工商管理学院副教授，主要研究领域为公司治理、资本市场、财务会计。

张慧慧，中国社会科学院数量经济与技术经济研究所副研究员，主要研究领域为劳动经济学、发展经济学等。

张晓晶，中国社会科学院金融研究所所长、研究员，国家金融与发展实验室主任；主要研究领域为开放经济宏观经济学，宏观金融理论与发展经济学。

李广子，中国社会科学院金融研究所研究员，银行研究室主任。

李俊成，中国社会科学院金融研究所金融风险与金融监管研究室副研究员。

赵艾，中国经济体制改革研究会常务副会长兼秘书长，主要从事宏观经济、区域经济、经济体制改革、对外开放与共建"一带一路"、碳达峰碳中和、企业管理、国际竞争力比较等方面的研究。

陈曦，中国宏观经济研究院副研究员，主要从事宏观经济理论与政策、产业经济、创新发展等方面的研究。

易宇，中共中央党校（国家行政学院）经济学教研部企业经济与管理教研室教师，主要研究领域为产业经济、科技创新等。

吕薇，国务院发展研究中心创新发展研究部研究员，山东大学经济学院兼职特聘教授，主要研究领域为创新体系与政策、科技体制、高技术产业政策和知识产权政策。

刘国艳，中国宏观经济研究院经济研究所企业与创业室主任、研究员，主要研究领域为财税体制与政策、创业投资、创新创业理论与政策。

张铭慎，中国宏观经济研究院经济研究所企业与创业室副主任、副研究员，主要研究领域为技术经济、企业经济。

姜江，中国城市和小城镇改革发展中心副主任、研究员，主要研究领域为产业经济学、产业政策、科技创新政策及战略性新兴产业、生物经济、城乡融合等。

韩祺，中国宏观经济研究院产业经济与技术经济研究所创新战略研究室副主任、副研究员，中国高技术产业发展促进会副秘书长，长期从事创新创业、高技术产业、战略性新兴产业、生物经济等相关领域政策研究。

蔡跃洲，中国社会科学院数量经济与技术经济研究所研究员、数字经济研究室主任、中国社会科学院大学应用经济学院教授。

刘旻昊，西湖大学未来产业研究中心副主任，西湖大学未来产业研究中心新质生产力培育平台发起人。

沈伟，西湖大学未来产业研究中心副主任、国投科技创新有限公司总经理。

詹御涛,西湖大学未来产业研究中心/战略研究中心副主任。

杨子杰,西湖大学生命科学学院博士研究生。

甘中学,复旦大学智能机器人研究院院长,西湖大学云谷教授,浙江省智能制造专家委员会副主任,浙江省人工智能发展专家委员会专家委员。

徐建伟,中国宏观经济研究院产业经济与技术经济研究所工业经济研究室主任、研究员,主要研究领域为全球产业分工、产业结构演变、制造业转型发展、产业政策调整等。

史丹,中国社会科学院工业经济研究所所长、研究员,研究方向为能源经济、低碳经济、产业发展与产业政策。

曲永义,中国社会科学院工业经济研究所党委书记、副所长、研究员,第十四届全国政协委员,研究方向为技术创新理论与政策、中小企业发展、区域经济和产业经济。

盛朝迅,中国宏观经济研究院战略政策室主任、研究员,主要研究领域为产业经济、发展战略与政策等。

段伟文,中国社会科学院哲学研究所科技哲学研究室主任、研究员。